"十二五"普通高等教育本科国家级规划教材
普通高等教育"十一五"国家级规划教材
"十三五"江苏省高等学校重点教材

Marketing Management
Creating & Conveying
of Demand

市场营销管理

需求的创造与传递

第6版

王龙　钱旭潮　编著

机械工业出版社
CHINA MACHINE PRESS

本书包括理解营销、市场分析、战略确立、策略推进、保障控制5个部分共14章内容，全面清晰地阐述了市场营销的本质、理念、过程与方法。本书的主要特点是：第一，明确提出营销的本质是需求的创造与传递，并以此为主线构建本书的章节内容，着重强化并论述了互联网对营销策略尤其是传播策略的影响；第二，以本土事例为主，内容时效性强，具体包括将知识点具象化的"案例"、描述行业现象的"材料"与引发思辨的"讨论"；第三，突出理论与实践的结合，每章末设置"关键术语""简答题""思考题"模块，总结各章重点理论知识，配合"实践与探讨"和"互联网实践"专栏，融入各行业优秀企业的前沿案例，帮助读者构建起适应新时代市场竞争的营销思维与实战能力。

本书适合市场营销、工商管理、人力资源管理、会计学等专业本科生使用，也可供企业管理、市场营销等从业人士参考。

图书在版编目（CIP）数据

市场营销管理：需求的创造与传递 / 王龙，钱旭潮编著 . --6 版 . -- 北京：机械工业出版社，2025.5.
（高等院校市场营销系列教材）. -- ISBN 978-7-111-78353-4
  I. F713.50
中国国家版本馆 CIP 数据核字第 2025YT0450 号

机械工业出版社（北京市百万庄大街 22 号　邮政编码 100037）
策划编辑：张有利　　　　　　　　责任编辑：张有利
责任校对：王文凭　张雨霏　景　飞　责任印制：李　昂
涿州市京南印刷厂印刷
2025 年 7 月第 6 版第 1 次印刷
185mm × 260mm · 21.25 印张 · 482 千字
标准书号：ISBN 978-7-111-78353-4
定价：59.00 元

电话服务　　　　　　　　　　　网络服务
客服电话：010-88361066　　机 工 官 网：www.cmpbook.com
　　　　　010-88379833　　机 工 官 博：weibo.com/cmp1952
　　　　　010-68326294　　金　书　网：www.golden-book.com
封底无防伪标均为盗版　　机工教育服务网：www.cmpedu.com

前　言

当今世界正处于百年未有之大变局的历史坐标，新一轮科技革命重构产业格局，全球化浪潮遭遇逆流，消费者主权意识觉醒，可持续发展成为全球共识。我国在全面建成小康社会之后，吹响了向第二个百年奋斗目标进军的号角，乘势而上开启了全面建设社会主义现代化国家新征程。"十四五"期间，我国数字经济与实体经济、先进制造业与现代服务业深度融合，"双循环"的新发展格局加速形成，科技创新持续为高质量发展赋能，文化产业繁荣发展，生态文明建设深入推进，民生福祉与国家治理效能也在不断提升。

在此背景下，作为连接生产与消费、供给与需求的桥梁，市场营销也正在经历从理论范式到实践方法的深刻转变。营销从未像现在这样充满创新与变数，理论与实践的碰撞、颠覆与新生让人目不暇接，不禁让营销者感叹"这是最好的时代，也是最坏的时代"。但无论营销环境、思维、体系、要素如何变化，营销本质并未改变，如何创造并传递需求是过去、现在及未来营销者需要解决的根本问题。

自 2005 年《市场营销管理：需求的创造与传递》一书首次出版以来，我们一直致力于以"需求的创造与传递"为主线进行教材体系与内容的建构、编排与深化，使之与时代发展相契合。本书先后修订 5 版，相继入选普通高等教育"十一五"国家级规划教材（2008年）、"十二五"国家级规划教材（2012 年）、江苏省高等学校重点教材（2018 年）、江苏省本科优秀培育教材（2020 年）。本次修订主要呈现以下特点。

（1）编写体例：继续以"需求的创造与传递"为主线，按照营销决策程序，将本书分为理解营销（把握本质）、市场分析（洞悉需求）、战略确立（阐释需求）、策略推进（连接需求）、保障控制（满足需求）5 个部分，帮助读者深刻理解营销的本质，更加全面、流畅地建立营销知识框架与脉络。在具体章节安排上，本书增加了营销数字化工具、场景驱动、社会营销、判断与决策机制、社群营销等理论，在第 11 章、第 12 章将传统理论与互联网冲击及由此产生的数字化转型升级内容相融合，以期更加符合现实业界的营销实践。

（2）课程思政：根植于营销本身的社会性，将"需求的创造与传递"与"引领并满足人民对美好生活的向往"相联结，确立了思政元素挖掘、凝练的主线，从国家、组织、个体3个层面，借助案例、材料、讨论等内容模块，刻画并反映"十四五"期间我国各类营销主体为"创造美好生活"所展开的营销努力与创新。本书在"讲好中国故事"的同时，尽可能多地覆盖不同行业、各类产品的营销场景与特性。

（3）内容模块：各章内容由引语、正文、本章小结、关键术语、简答题、思考题、实践与探讨、互联网实践8个模块构成，其中，引语为知名学者与企业家契合该章内容的观点阐述；正文除理论阐释外，还包括以深化具体知识点为目的的案例、材料与讨论3个小模块，案例反映中国企业的营销实践，材料呈现国情民情、行业数据与理论发展，讨论寻求观点碰撞；实践与探讨侧重于能力训练，要求读者以团队形式进行调查分析，互联网实践模块则引导读者思考营销理论在互联网环境下的适应性与应用性。具有不同挑战难度的多内容模块设计便于满足不同层次读者的学习要求，也利于教学应用与创新。

此次修订与课程建设融于一体，依托市场营销国家级一流本科专业建设点（2021年）与江苏省高校品牌专业建设工程（2022年）形成立体化教学资源。讲授市场营销管理的"营销解码"课程每学期在中国大学MOOC、学银在线平台同步上线，并且面向社会免费开放，是江苏省一流（线上）课程。在过去20年的教材修订与课程建设中，我们的同事黄永春、肖煜、赵冰、贺丽莳、袁猛，同人韩翔、袁海波、刘翠萍、刘彗星、李隽、沈艳、陈清爽、范苗苗，学生张昌国、胡春龙、王雪薇、赵雅楠、陆雨杨、李文强、龚桂英、程家豪、吕晓琳等都曾参与其中，在此对他们的辛勤付出表示感谢，也特别感谢机械工业出版社为本书出版所倾注的极大热忱与辛勤劳动。

受水平和时间所限，本书还有许多不足之处，真诚期待各位专家、同人、读者提出宝贵意见，我们会努力改进，也期望本书能够帮助读者打开营销世界的大门，领略营销科学与艺术交织的魅力，在技术与人文共振的现代社会中解锁营销的无限可能。

编者
2025年4月
于南京江宁叠翠山畔

目　录

第 3 部分　战略确立：阐释需求

第 4 部分　策略推进：连接需求

第 5 部分　保障控制：满足需求

第 1 部分

理解营销：把握本质

所有的企业都知道，市场很重要，营销[⊖]很关键。

越来越多的非营利性组织也意识到，营销在影响力提升、社会资源利用、可持续发展等方面越发不可替代。

作为普通消费者，更能感觉到营销无处不在。营销广泛渗入我们生活的各个角落，并产生潜移默化甚至是颠覆性的影响。

营销从来没有像今天这样被各方所关注，也从来没有像今天这样充满创新与变数。尤其在以创新驱动、绿色可持续发展、区域合作等为基础的世界经济新格局下，营销理论与实践的发展、碰撞与新生令人目不暇接，让人万分期待。

在这种营销无处不在、不断创新发展的整体环境下，我们需要深刻理解营销的本质——需求的创造与传递，明确营销的基本架构，厘清营销的发展脉络。

⊖ 市场营销是英文"marketing"的中文译名，为行文简洁，本书将其简称为营销。

第1章
营销的含义

有些人说，顾客想要什么就给他们什么，但那不是我的方式。我们的责任是提前一步搞清楚他们将来想要什么。

—— 史蒂夫·乔布斯（Steve Jobs）
苹果公司联合创始人

营销理论是在西方企业经营实践和管理思想演变的过程中逐步发展起来的。随着买方市场的逐步形成，营销成为对企业经营及其他组织发展具有普遍指导意义的管理理论。如今，营销已经渗入社会生活的各个方面、各个角落，不管是企业、非营利性组织还是社会中的每一个人，都处在营销的包围中。他们既在营销的影响下不自觉地发生着观念与行为的改变，又主动或被动地推动营销的创新与发展。

但到底什么是营销，很多人并不真正了解。许多销售人员认为营销就是推销、找客户；一些消费者把营销视为广告、促销，是商家刺激购买的手段；部分社会批评家则指责营销是贩卖焦虑、过度消费的主要推手……正确、全面地认识营销有助于消除上述这些错误的刻板印象，有利于营销理论与实践的良性发展。

营销告诉企业等组织应该向顾客提供什么、如何让顾客接受，营销也在告诉顾客如何选择适合自己的产品、如何更好地满足自己的需求与生活。营销既是"卖"的科学和艺术，也是"买"的学问和智慧。

1.1 营销内涵

迈克尔·波特（Michael E. Porter）的价值链理论认为，企业的任务是创造价值，而这种价值创造是由一系列基本增值活动（如生产、销售）和辅助增值活动（如采购、人力资源管理）构成的。那么在此过程中，营销（marketing）是什么，与其他增值活动的区别是什么，有哪些具体职能？本节将从定义、本质及职能三个方面分别对上述问题进行回答，系统呈现营销的内涵。

1.1.1 营销的定义

定义是对某一事物或现象的本质特征与基本属性的概括，是对"我是谁"的回答。什么是营销？不同的机构、学者有着各自不同的理解与界定。

1. AMA 对营销的定义

美国市场营销协会（American Marketing Association，AMA）是以"捕捉最新市场营销动态，发布最新市场营销研究成果"为宗旨，由致力于营销实践、教学与研究的人员组成的非营利性专业组织。在其近百年的发展历程中，AMA 先后发布了 5 次营销定义，反映了不同时期营销实务的要求、营销观念的变化及营销理论的创新与突破，如表 1-1 所示。

表 1-1　AMA 在不同时期对营销的定义

时间	定义
1935 年	营销是将产品和服务从生产者传送至消费者的商业活动
1960 年	营销是引导产品和服务从供应商向消费者流动的商业活动
1985 年	营销是对创意、产品和服务进行构思、定价、促销和分销，并通过交换来满足个人和组织需求的规划与执行过程
2004 年	营销既是一种组织职能，也是为了组织自身及利益相关者的利益而创造、沟通、传递顾客价值，管理顾客关系的一系列过程
2017 年	在创造、沟通、传递和交换提供物中，为顾客、客户○⁻合作伙伴及整个社会带来价值的一系列活动、过程和体系

1935 年的定义　19 世纪下半叶到 20 世纪初，第二次工业革命把人类社会从蒸汽时代推进到电气时代，家庭手工作坊生产逐渐转变为工厂批量生产，随之而来的生产技术的专业化和社会分工使生产率显著提高，人们越来越依靠他人及市场来满足自己的需求，批发商、代理商、零售商等中间商开始根据顾客需求将产品"传送"和分销出去。在时间、地点等方面缩短生产与消费之间的距离，促进产品交换是此时营销的主要职能。AMA 的前身——美国营销教师协会 1935 年发布的营销定义反映了这一现实，早期的营销知识主要出现在分销、商务、贸易等专业课程中。

1960 年的定义　高生产率驱动产量持续释放，企业开始面临竞争与销售压力，销售部门的地位逐步上升。在电视传媒高速发展的契机下，企业在保持分销推力的同时，开始借助广告、推销等手段吸引并说服更多的顾客购买产品，通过引导顾客拉动销售。因此，这一时期的营销任务如 1960 年 AMA 的营销定义所描述的，仍然是缩短生产与消费之间的距离，但依赖"引导"的拉力（推销）与使产品和服务"流动"的推力（分销）两种力量。

○⁻ 第 1.3.1 节对顾客（customer）的概念有较为详细的论述，顾客多指准备或已经购买、使用产品的个人、家庭及组织；而客户（client）多指已经建立长期关系的顾客与合作伙伴（如第 11 章中的中间商、辅助商）。相较于顾客，客户的指向性更强，对象更具体、明确，因此在销售及客户管理过程（第 13 章）中，多采用"客户"的说法，以突出策略及服务的针对性和定制化。

1985 年的定义　当买方市场全面、实质性形成，多样化、个性化需求成为主流以后，管理者充分意识到，企业缺少的并不是批量生产的能力、有效的分销与促销手段，而是顾客和市场。在此情况下，企业开始加强市场调研与预测，就如何进行资源配置、如何影响需求进行实践探讨，市场细分、定位、4P 组合等重要营销理论被提出，营销领域也开始由消费者市场拓展到产业市场、非营利性组织市场，以市场或顾客为导向的营销理念与体系逐步形成。为适应时代与营销发展，AMA 在 1985 年公布了新的营销定义，营销职能已不仅仅是通过分销、推销等活动向顾客传送、交付产品和服务，而是识别顾客需求，并借助"产品开发、定价、促销与分销"等决策与执行活动满足其需求。营销研究成为从生产前的市场调研和产品创意开始，到销售后的顾客服务信息反馈为止的全过程研究。

2004 年的定义　伴随着新旧世纪更替、信息时代与网络社会的到来，营销进入变革期。一方面，服务营销、关系营销等理论极大丰富并改变了营销的核心与面貌；另一方面，为避免过度竞争，企业等组织开始致力于通过提高顾客满意度与忠诚度来形成竞争优势，对顾客及顾客价值的重视达到前所未有的高度。为此，AMA 以顾客为中心，将顾客价值作为主线重新定义营销，强调营销是组织内所有部门的职责，所有部门都应该以顾客为中心进行组织管理，营销不仅要满足组织利益与顾客需求，还要考虑利益者的利益，以此保证组织的可持续发展。

2017 年的定义[⊖]　全球环境的持续恶化、资源短缺、国家间及国家内部日趋加剧的不平等正在破坏人类可持续发展进程，企业面临环境、社会和治理挑战，需要切实遵循商业伦理，履行社会责任。2017 年，AMA 批准发布了新的营销定义，在综合前两个定义的基础上，更为清晰地界定了营销客体包括顾客、客户、合作伙伴和整个社会，强调了营销的社会责任与社会功能，以"提供物"代替了以往定义中的产品、服务，摒弃了产品形态、功能等属性上的差异，万物皆可营销。

2. 营销的其他定义

除 AMA 发布的营销定义以外，被誉为"现代营销学之父"的菲利普·科特勒（Philip Kotler）对营销的界定也具有广泛影响力。在其所著的《营销管理》第 1 版（1967）中，科特勒将营销定义为"企业分析、组织、计划和控制与顾客相关的资源、政策和活动，以在获利的基础上满足目标顾客的需求"。但在第 2 版（1972）中，他将营销管理从营销中剥离出来，认为营销是"一系列促进和完善交换活动的人类活动"，将营销管理定义为"对有关分析、计划、实施和控制的方案进行设计与管理，以实现同目标顾客的交换，从而使多方受益"。第 9 版（1997）则将营销定义为"个人和组织通过创造、提供出售，并同他人自由交换产品和价值，以获得所需所欲之物的一种社会和管理过程"。与凯文·莱恩·凯勒（Kevin Lane Keller）合作的第 15 版（2019）又将之修改为"企业为了从顾客处获得利益回报而为顾客创造价值并

⊖　为吸收并反映营销最新发展，AMA 自 2004 年起每 3 年就对营销定义进行审核和修改。该定义于 2007 年被建议、讨论，2013 年 7 月通过 AMA 董事会审核，2017 年被正式批准。本书以批准时间作为该定义的发布时间。

与之建立牢固关系的过程"。

国内外其他学者与机构也在不同时期从不同角度对营销进行了界定。如营销学跨学科研究方法的奠基人奥尔德逊（Wroe Alderson，1957）认为营销是"发生在消费群体和供应群体之间的交换"。日本市场营销协会（1990）指出营销是"组织基于与顾客、委托人、业务伙伴、个人、当地居民、雇员及有关各方达成的相互理解，通过对社会、文化、自然环境等领域的细致观察，对组织内外部的调研、产品、价格、促销、分销、顾客关系、环境适应等进行整合、集成和协调的各种活动"。服务营销的主要创始人、芬兰学者克里斯廷·格罗鲁斯（Christian Grönroos，2006）以服务和关系营销为逻辑起点，与承诺管理等概念进行耦合，将营销定义为"以顾客为中心，整合组织中所有职能与流程，通过价值诉求来构建承诺，并通过满足顾客期望、兑现承诺，以支撑顾客价值生产过程，从而为顾客和其他利益者创造价值的过程"。国内学者郭国庆（2020）则认为营销是关于美好生活的学问，是"以满足人民日益增长的美好生活需要为目的，通过市场变潜在交换为现实交换的一系列活动和过程"；符国群（2021）则视匹配为营销的基本职能，认为营销是"在一定经营理念指导下通过'匹配'，为供需（或交换）双方与社会创造价值的行动和过程"。

3. 本书对营销的定义

上述定义虽然表达、强调的重点各有不同，但基本认同或包含以下内容。首先，营销要为顾客或利益相关者创造价值；其次，通过交换使产品被特定的顾客获取、使用，满足顾客需求；最后，营销是一种组织职能与社会管理活动。但是，创造价值是组织一系列基本增值活动与辅助增值活动的共同结果，营销活动的贡献、与其他增值活动的不同并未被呈现。同样，交换只是一系列价值达成或供需双方最终各取所得的最后一环或最终表现，上述定义对为什么会发生这种交换、如何促使这种交换也未予以明确。

基于此，在汲取上述营销定义共性的基础上，本书将营销定义如下：兼顾利益相关者的利益并在其支持下，通过需求创造与传递，为组织创造顾客、推动实现人民美好生活而努力的一种管理活动和社会管理过程。该定义包含以下要点。

本质上，营销是对需求的创造和传递。正是这种独特贡献使得营销有别于研发、生产、销售、采购、财务、物流等增值活动，也使得供需双方的交换得以高效发生。本章第 1.1.2 节对营销本质有更为详细的阐述。

目标上，营销为组织创造顾客、推动实现人民美好生活服务。从管理角度，营销为组织创造了顾客。现代管理学奠基人彼得·德鲁克（Peter Drucker）认为创造顾客是企业的目的，营销和创新是企业最基本的两项功能。企业等组织只有通过创造、传递需求，不断创新满足顾客需求，才能吸引更多的顾客，实现组织的可持续发展。从社会角度来看，营销推动人民实现美好生活。美好生活是由一系列具体、相互关联的需求定义的，涵盖物质、精神、社会、环境等各个方面，人民美好生活的实现就是美好生活的各种需求得以满足，并由此形成充实、有保障、可持续的获得感、幸福感与安全感。因此，从某种意义上来说，营销对需求的创造与传递就是向社会创造并提供新的生活标准，引领美好生活，营销的社会意义由此可见。

材料 1-1　　　　　　　　　　　　　　　　　　　　　　　　**课程思政**

美好生活的 12 种期待

2012 年 11 月 15 日，党的十八大闭幕后的第一天，习近平总书记以一句真诚、质朴的话语为新时代答卷起笔："人民对美好生活的向往，就是我们的奋斗目标。"10 年后，在二十届中共中央政治局常委同中外记者见面时，习近平总书记继续强调："我们要始终与人民风雨同舟、与人民心心相印，想人民之所想，行人民之所嘱，不断把人民对美好生活的向往变为现实。"

美好生活是在人们物质需求基本满足之后进一步追求的一种人生幸福、精神充实、品质高端，体现自由情怀，提升人生价值，实现自由而全面发展的实践生活。2022 年 5 月 31 日，人民数据研究院联合巨量算数发布《2022 人民美好生活洞察报告》，报告聚焦民生领域，用数据洞察勾勒出人们对于美好生活的 12 种期待：美有所求、学有所教、病有所医、娱有所享、传有所承、弱有所扶、行有所便、住有所居、食有所安、幼有所育、老有所养、劳有所得。

这 12 种美好生活期待代表着 12 种消费升级场景、12 个产业升级方向，蕴含着人们未意识到、未被满足的巨大需求，释放出全新的商业机遇与企业增长密码。看懂人民所期待的美好，并为之实现这种美好，是营销者、品牌及企业的使命，也是其美好未来的保证。

理念上，营销使组织回归社会公民的本质。营销连接的不仅仅是组织与顾客，还有利益相关者，营销者不仅要考虑组织自身的利益及顾客需求，还要考虑员工、合作伙伴、社会等诸多利益相关者的利益，组织的社会责任被凸显、强调。这也意味着，营销创造、传递需求的对象已由顾客扩大到诸多利益相关者。

形式上，营销是一种管理活动和社会管理过程。营销是一种管理活动，有计划、组织、协调、控制等管理职责，但这并不意味着营销仅由单一部门负责，营销贯穿、渗透于组织的各项职能活动中，需要多个甚至所有部门共同完成。营销连接了组织和顾客、供应商、社会大众等诸多利益相关者，因此，营销不仅由一系列组织内部活动构成，更涉及外部资源的整合及利益相关者的互动，从而与外部形成动态的社会关系，并在此过程中发挥着推动人民实现美好生活的社会功能。故而营销也是一种社会管理过程。

1.1.2　营销的本质

尽管定义会随着社会实践的发展和认知的不断深化而变化发展，但本质是事物本身固有的根本属性，不易受到事物形态、时空、认知等外在环境影响。

营销的本质是对营销在组织创造价值的过程中"扮演什么角色"的回答，揭示营销与其他增值活动的区别，呈现营销在价值创造中的独特贡献。正是这种独特贡献构成了组织中某种职能能否独立存在的基础。若某种职能活动不能明确说明并实际提供独特贡献，则该职能在组织中的角色必定是模糊的，地位是不稳固的。因此，本书认为创造并传递需求是营销的本质。

1. 营销与需求

图 1-1 以企业组织为例，呈现企业创造价值的途径及系列增值活动。辅助增值活动不直接作用于产品实体的形成，而是服务于基本增值活动部门，提供对基本增值活动的支持，包括涉及财务、法务、行政等活动的企业基础设施部门、人力资源管理部门、采购部门与技术研发部门。基本增值活动则与产品实体的形成和使用价值的实现直接相关，包括明确顾客及需求的营销活动、生产加工形成产品实体的生产活动、获取订单的

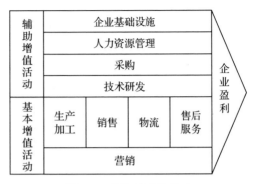

图 1-1　价值链及其构成

销售活动、运输配送的物流活动及售后服务活动。这些活动可以由独立的部门负责，可以与其他活动相整合形成特定部门。

创造价值是企业所有增值活动的共同结果，而非通过单个增值活动的努力就能完成，这也意味着各增值活动在企业创造价值过程中的贡献并不相同。简单来说，在卖方市场下，销售、物流及财务等部门完成了产品对具体顾客的交付，采购、技术研发与生产加工提供了能满足需求的最佳产品。但随着买方市场的形成，尤其当产品技术与品质逐步稳定、成熟，同质化较为明显时，企业想要在研发、生产上保持优势，比竞争对手更好地为顾客创造价值的难度就越来越大，企业经营的重心不得不从"生产后"前移到"生产前"，期望通过掌握顾客需求的内容、规模、变化等，指导企业的研发、生产等经营决策。

以研究并管理顾客需求为核心的营销就成为企业增值活动的起点，并贯穿企业价值链始终，在研发、采购、生产、销售、售后服务等各环节发挥着重要作用，如图 1-2 所示。

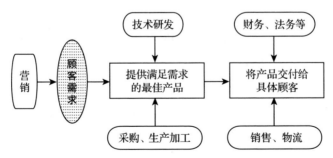

图 1-2　营销与其他增值活动环节的关系

2. 需求创造与传递

营销要研究并管理顾客需求，但并非顾客所有的需求都是合理、可持续的。有些需求是超出顾客自身能力与实际使用情境的；有些需求是短视的，是以牺牲身心健康、生态环

境、社会福祉为代价的；有些需求是不切实际（产品技术短期内难以实现）、不符合商业逻辑的……一味满足顾客需求并不符合企业的社会责任要求。另外，社会与技术在快速发展，产品更新迭代加快，颠覆性产品不断出现，顾客对需求或产品期望的描述越发困难，学习成本变高，针对顾客显性需求提供产品及服务的企业所面临的市场空间将越来越小，竞争也日趋激烈。因此，营销要"告诉顾客该要什么，而非仅仅给顾客想要的"，这也是需求创造背后的基本逻辑。需求创造其实就是营销者通过引导、培育，使顾客明晰自己的需求及需求如何获得满足，当然这种需求必须是合理、可持续的。

需求被创造出来之后，一方面要通过传递来扩大顾客基数，使需求扩散，因为只有达到一定规模的需求在经济上才是有效的；另一方面还要深化需求内容，包括将需求转变为顾客对特定产品的追求、提升顾客需求满足的迫切性等，此时的需求才是现实的。基于此，本书将需求的创造与传递视为营销的本质。

顾客需求的产生是一个复杂的过程，受多种因素影响，因而需求创造与传递是一项系统工程，受制于组织的能力空间、顾客的认知空间及合作者的资源空间的影响，具体如图 1-3 所示。

组织的能力空间是指组织在资源、能力及商业模式等方面的优势程度，它决定了组织能创造什么需求及需求的传递效果、扩散程度；顾客的认知空间反映了顾客对某种需求的认识边界，包括对这种需求认知的显性度、稳定性、发展性、期望度及为满足这种需

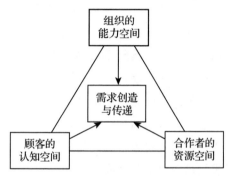

图 1-3　需求创造与传递系统

求的参与度等；合作者的资源空间涉及组织与合作者在知识、资源、能力、目标、执行等方面合作的宽泛性与整合性，合作者可以是行业内的竞争对手、产业链上下游的合作伙伴、跨界组织及政府、社会团体等。

▣ 案例 1-1

共享汽车能不能挺住

艾瑞咨询预测，2025 年中国共享汽车需求约 300 万辆，2030 年将达到 1 200 万辆以上，市场缺口与潜力巨大。但纵观共享汽车市场，友友用车、EZZY、麻瓜出行、途歌、car2go、盼达用车、EVCard、联动云等共享汽车品牌却先后关停退市，前景与现实的巨大落差引发社会对共享汽车能否发展下去的争论。

共享汽车能不能挺住？首先，盈利是关键。共享汽车属于重资产行业，即使是小型普通轿车，单车的购置成本也在 5 万元以上，再加上居高不下的运营网点建设费用、车辆保险投入费用、停车费用、车辆管理费用、拓客引流费用等运营成本，现有的"押金＋消费"的盈利模式很容易导致资金链的断裂。其次，用户体验是共享汽车自救的核心。大多用户对共享汽车是中等里程且临时性的出行需求，需求低频、随机和分散，运营商目前所提供的服务远达不到用户的需求及期待，租还门槛、车辆状况、车内卫生等问题不断消耗用户的使用热情

与口碑。最后，产业配套也是影响共享汽车发展的重要因素。除了安全、信用问题以外，充电桩、停车位不足等难题也需要各利益相关方合力破解，共同营造良好的共享汽车生态系统。

资料来源：纯电车 EV. "四个轮"跑不过"两个轮"，共享汽车还有救吗 [EB/OL].（2022-10-09）[2024-11-05]. https://www.163.com/dy/article/HJ8IFP770552RYHR.html.

1.1.3　职能

职能是对"我做什么"的回答。营销贯穿于价值链的始终，在价值链的各个环节，营销都有所参与并起到重要作用，这也使得营销职能通常由多个部门共同承担。

营销职能受组织性质、规模、业务内容、营销理念等因素的影响而呈现出不同的部门归属与工作职责。例如，在竞争较为激烈的产业市场，集团企业会在集团、事业部、分公司等层面设置相应的营销部门及岗位，包括品牌部、公共事务部、市场部、大客户管理中心、销售部（或运营部）等；⊖规模较小、以销售为导向的快消品企业大多由销售部和企划部承担营销职能；而一些社会服务机构的营销职能则由宣传部或行政部承担。概括起来，企业的营销职能可分为市场分析与规划、部门联动与协调、销售与客户管理三类，如图 1-4 所示。

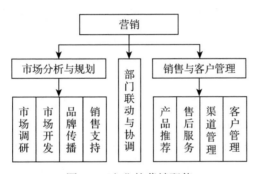

图 1-4　企业的营销职能

市场分析与规划是面向潜在及目标顾客的整体活动，重在唤醒顾客的潜在需求，激发新需求，拉动消费者对产品的搜寻和购买；部门联动与协调负责保障分属不同部门、团队的营销资源（人、财、物、信息等）及活动的高效整合与合作；销售与客户管理则更多是面向具体顾客（包括中间商）的单一活动，通过具体活动的执行与服务提供，一对一地帮助顾客满足需求或解决购后使用问题。营销职能间的相互关系如图 1-5 所示。

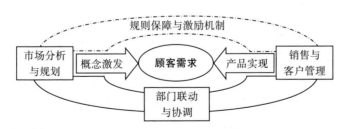

图 1-5　企业营销职能间的相互关系

⊖ 有些企业并不设立名为"营销部"的职能部门，即使设立了"营销部"，其职能也仅相当于"市场部"，主要负责市场分析与营销策略设计。

1. 市场分析与规划

市场分析与规划是企业营销活动与价值增值活动的首要环节，主要包括市场调研、市场开发、品牌传播、销售支持等职责内容。

市场调研是对宏观环境、行业环境、竞争对手、顾客行为的调查和分析。通过市场调研，企业可以全面了解外部环境变化与行业发展动态，掌握顾客需求及行为信息，研判市场机遇与挑战，为组织及各部门决策提供有价值的信息。市场调研本质上是对顾客需求的洞悉。

市场开发的职责是依托市场调研，通过对现有产品营销战略与战术的设计，精准聚焦目标市场，以独特概念、针对性策略来创造并吸引顾客；同时与销售、服务、研发、生产、品控等部门密切合作，根据市场反馈进行服务提升、产品改良与新产品开发，切实提升产品竞争优势。因此，营销者通过市场开发来创造需求。

品牌传播是围绕企业形象及新老产品，通过广告、公关、新闻、事件等传播手段，与各利益相关者互动沟通，建立强势品牌，进而影响顾客购买决策。从某种程度上来看，品牌传播是传递与扩散需求的重要途径。

销售支持主要是面向销售队伍及中间商提供竞品分析、产品培训、销售工具、销售激励等方面的信息、知识、政策、物料，以促进产品销售。销售支持是创造、传递与扩散需求的重要保障。

2. 部门联动与协调

考虑到营销贯穿企业价值链的始终，与各项价值增值活动都存在紧密关系，且营销职能由多个部门承担，因此营销与采购、生产、研发等职能部门及营销本身各部门间的信息共享、资源关联、沟通协作也是营销的重要职能，简称为部门联动与协调。

部门联动与协调为营销活动的高效开展提供规则保障与激励机制，具体包括流程建立与部门协调两项内容，通常与市场分析及规划职能归属于同一部门。

流程建立是为了更好地实现营销与企业运营目标，明确营销业务流程、标准、制度与政策，清晰界定各部门在营销业务流程中的职责边界与内容，监督并执行流程高效、规范运作的活动。

部门协调则是依据营销业务流程规范，预防和解决部门、团队与资源冲突，优化配置，保证营销活动切实围绕顾客需求、为顾客创造价值展开。

3. 销售与客户管理

销售与客户管理是对市场分析与规划决策的执行，是面向具体顾客推荐产品，帮助顾客实现需求，建立稳定的客户关系，达成销售及客户管理目标的活动，主要包括产品推荐、售后服务、渠道管理和客户管理等内容。这部分内容可详见本书第 13 章。

产品推荐是指销售人员通过顾客拜访、现场推荐及借助电话、网络等手段向具体顾客介绍、展示产品，努力将顾客需求转变为对具体产品实际购买行为的活动，是将销售机会转化为订单，从而实现销售目标的过程。

顾客购买完成并不意味着营销的结束。售后服务就是针对售后环节，解决顾客购后实际问题，切实履行合同职责，提升服务质量，从而使顾客满意、忠诚。售后服务职能不仅包括配送、安装、使用培训、退换、保养、维修等服务内容的具体提供，还涉及拓展服务内容、建立服务标准及流程等管理活动。

渠道管理是为实现分销目标，减少渠道冲突，保证销售渠道通畅、稳定，提高渠道效率与贡献而对销售渠道及成员进行的日常管理与监督，包括开发新的销售渠道、维护并优化渠道成员关系、回款、核查产品进销存及营销资源使用等工作内容。

客户管理也称客户关系管理，借助客户数据库与大数据分析等技术，挖掘客户需求及行为偏好，并围绕客户生命周期提供定制化产品与个性化服务，以此增强组织与客户的关系，实现顾客价值最大化与企业价值最大化的合理平衡。目前，以互联网、大数据和人工智能为代表的信息技术正不断推动客户关系管理的创新发展，客户管理在组织中的重要地位也越发凸显。

1.2　营销观念

用于指导组织营销活动及管理的态度、思想及理念统称为营销观念。同营销定义一样，营销观念也是动态发展的，随着生产力的提高与供求关系的变化，分为传统营销观与现代营销观两大类，前者包括生产观、产品观与推销观，后者包括顾客观与社会观，如表 1-2 所示。

表 1-2　五种营销观念

观念	时间	环境	基本观点
生产观	20 世纪 20 年代以前	供小于求	只要产品大量生产且价格合适，就能售出
产品观	20 世纪 20 年代	供求平衡	顾客喜欢质量优、功能多、有特点的产品，并愿意支付高价
推销观	20 世纪 20—50 年代	供求平衡	只要努力推销，产品都可以售出
顾客观	20 世纪 50—70 年代	供大于求	以顾客为中心，比竞争对手更好地满足顾客需求
社会观	20 世纪 80 年代之后	环境恶化	并非顾客的所有需求都要去满足

1.2.1　传统营销观

1. 生产观

生产观（production orientation）的基本观点是"只要产品大量生产且价格合适，就能售出"，反映的是"能生产什么，就卖什么"的经营思想，多被企业在供小于求的市场环境下采用。

20 世纪 20 年代以前，企业生产技术相对落后，生产效率不高，产品供不应求，即使存在产品滞销情况，也多是因为顾客购买力不足造成的产品相对过剩，而非需求饱和下的绝对过剩。因此，以生产为中心，以合适价格扩大产品供应是当时企业经营的重点，企业致力于生产效率、产能的提升及生产成本的降低，生产观也由此产生，具体如图 1-6 所示。

生产观以生产为中心，关注效率与成本，遵循"以产定销"的经营思想，营销主要解决产品从生产者到消费者的分销流转问题，美国市场营销协会 1935 年的营销定义就是对这一营销现实的反映。

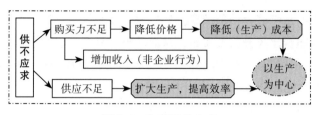

图 1-6 生产观的由来

2. 产品观

产品观（product orientation）的基本观点是"顾客喜欢质量优、功能多、有特点的产品，并愿意支付高价"，为此，企业应致力于制造优良产品，并不断加以改进。当市场供求关系较为平衡，顾客拥有一定的产品挑选余地时，产品观开始被企业采用。

产品观对于企业注重并提升产品质量具有较强的正面意义，但也容易导致功能过剩、性能过剩等营销近视症（marketing myopia），即一味追求产品功能与性能，忽略顾客需求及变化。

营销近视症是美国学者西奥多·李维特（Theodore Levitt）于 1960 年提出的观点。他认为近视症之所以产生，是因为企业管理者存在 4 个错误判断：认为人口的自然增长会自动为产业增长形成一个不断扩大的市场；认为产品不存在竞争性替代品；认为大规模生产一定会形成规模经济；认为产品是最重要的，只要造出了比竞争者更好的产品，就可以获得优势。这 4 个错误判断即使在今天也具有极高的警示作用。

💬 讨论 1-1

智能化配置的加减法

信息技术与制造业的深度融合让我们快速进入智能化时代，智能化配置打破了手机、汽车、手表、门锁、摄像头等传统行业的天花板，对产品进行了重新定义，让我们的生活更加便捷、舒适：外出期间可以通过智能摄像头了解家中宠物的情况，运动中可以用智能手表监测心跳、测算热量消耗，回家途中可以提前设定家中温度，进入车库后车子可以自动泊车在车位，指纹锁开门的同时玄关灯亮起……

但过多技术、功能的叠加也让操作更加繁杂不便，增加了顾客挑选的难度与购买成本。例如，智能手表配有 24h 监测体温与血氧值的功能；指纹锁可以智能抓拍、异常告警、电话视频；家用轿车配有激光雷达、超 500km 的续航里程、语音识别控制等。这些"炫酷"配置真的被大家需要吗？多功能、高配置一定是好产品吗？智能化产品在发展过程中，何时做加法、如何做减法，怎样让技术、功能真正服务于需求是整个行业都需要认真考虑的问题。

3. 推销观

推销观（selling orientation）也称销售观，认为"只要努力推销，产品都可以售出"，代表着"我卖什么，就让顾客买什么"的企业经营思想。推销观盛行于 20 世纪 20 年代末至 50

年代前期，生产力的提高使许多产品开始由卖方市场向买方市场过渡。为了把产品销售出去，企业经营的重心开始转向销售，注重销售人员的培训与促销工具的使用，广告、价格等营销问题被单独加以研究，并反映在美国市场营销协会 1960 年的营销定义中。

推销观认为顾客存在购买惰性或抗衡心理，需要借助推销、促销的外力推动才会形成购买。推销观提高了销售在企业经营管理中的地位，推动了企业对潜在顾客的重视与开发，强调了说服性工作对于产品购买的拉动作用。在顾客需求弹性较高的产品领域（如零食、饮料）或非渴求品领域（如保险、订阅服务），推销观具有明显的销售效果，政治选举、慈善募捐等活动也常奉行这种营销观念。

相较于生产、研发，推销的投入产出比较高，有利于快速提升产品销量，很容易使企业相信"没有推销不出去的产品"。这种绝对推销观脱离了顾客会抱怨、会分享、会转换品牌的现实情况，容易催生夸大宣传、广告轰炸等不良行为，需要高度警惕。

1.2.2 现代营销观

1. 顾客观

顾客观（marketing orientation）[⊖]的基本观点是"以顾客为中心，比竞争对手更好地满足顾客需求"，代表的是"顾客需要什么，企业就生产经营什么"的经营思想，是买方市场条件下形成的一种营销观念。当产品不断升级换代，顾客需求越发多元且对产品的选择日趋精明审慎，企业即使加强销售环节，采用强有力的推销、促销手段仍无法解决产品销售问题时，企业开始意识到必须以需求作为推动企业营销活动的轴心，认真了解市场需要什么，据此生产出比竞争对手更能满足顾客需求的产品与服务。

顾客观是营销思想的一次巨大突破，它把企业经营的出发点从生产转移到市场上来，从以产品为中心转变为以顾客需求为中心，从"以产定销"的经营思路转变为"以销定产"，从通过销售获得利润转变为通过顾客满意获取利润。美国市场营销协会在 1985 年与 2004 年两次对营销的定义中都反映了这种营销思想的变化。

图 1-7 呈现了顾客观的四个基本要素：①"提供优质的顾客价值，让顾客满意"是企业经营的目标，只有这样，企业才能盈利；②企业要持续研究顾客需求及行为，这是企业经营活动的起点，当然，获取并研究竞争对手及其他市场信息也很重要；③采取目标市场战略，明确满足哪些顾客

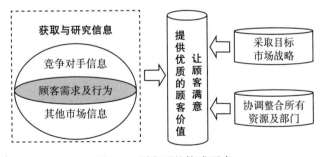

图 1-7 顾客观的构成要素

的何种需求；④高效协调并整合企业内部所有资源与部门，引导整个企业为满足顾客需求共同努力。

⊖ "marketing orientation"可直译为营销观，为避免与营销观念、现代营销观混淆，本书译为顾客观。

2.社会观

进入 20 世纪 80 年代，气候变化、生物多样性遭破坏、环境污染等自然危机开始凸显，争取社会公正、保护自身合法权益、改善社会角色与地位的消费者保护运动在立法、社会意识等方面不断得以突破发展，学术界和企业界开始思考顾客需求与社会福祉之间的关系，社会观（societal orientation）逐渐发展起来。

社会观是对顾客观的补充，认为"并非顾客的所有需求都要去满足"，企业在营销活动中应考虑社会伦理与自然环境问题，将企业利润、顾客需求与公共利益统一起来。企业对顾客需求的满足，不仅要体现顾客的当前意愿，更要顾及社会整体利益，维持社会整体的长远发展。美国市场营销协会最新定义也明确提出营销是"为顾客、客户、合作伙伴及整个社会带来价值"，简单来说，社会观要求企业树立可持续发展理念，在满足顾客需求、增加社会福祉的进程中获取利润。

📺 案例 1-2

拼多多的高质量发展转型与社会观

在电商行业竞争日益激烈的当下，拼多多这个曾以低价策略迅速崛起的平台正开启品牌转型之路。2023 年，赵佳臻出任拼多多执行董事和联席首席执行官后，提出拼多多要进入高质量发展新阶段，其中高质量生态、高质量供给、高质量消费是 3 个主要方向。

平台生态治理是高质量生态建设的"一号工程"。赵佳臻上任后，先是推出"未成年人保护"专项行动，全面下架和禁售亚硝酸盐，对"非厨刀具"实行严控措施；接着，面向商品、店铺、搜索、视频、直播、客服、评论，开展对封建迷信和色情低俗的整顿行动；此外，整治盗版，保护版权，对盗版、违规产品和店铺严厉整治，扩大绿通成员单位的覆盖面，将权利人维权绿色通道常态化。拼多多也未忘记助农兴农的初心，推出"农云行动"，采取帮扶培训、农产品零佣金、农货物流专用体系等措施，优化大规模、精准、高效的供求匹配，将"产销对接"升级为"产销直连"，在实现高质量供给的同时，帮助农产地解决人才、品控和品牌等诸多瓶颈问题，有力推动了农产品的标准化、品牌化、数字化发展。在高质量消费上，拼多多充分发挥"多实惠"与"好服务"的拉动效应，加强消费者对平台的信任，进一步激发消费潜能的释放。

资料来源：赵继成 . 新任 CEO 接棒 45 天，拼多多有点不一样 [EB/OL].（2023-05-22）[2024-12-05]. https://business.sohu.com/a/677969384_153916.

营销观念的发展反映了企业经营思想与运营模式的转变。在传统营销观中，企业以生产、产品为导向，遵循"生产什么，就推销、销售什么"的经营哲学与"制造—销售"的运营模式；而在现代营销观中，企业以顾客需求为导向，秉持"顾客和社会需要什么，就生产、销售什么"的经营哲学，运营模式也转变为"感知—响应"。营销观念其实并无优劣之分，只是对现实市场矛盾的反映，即使在现代社会，传统营销观仍有存在的现实基础，企业要根据当前所面临的社会现实与自身情况明确营销理念。表 1-3 归纳总结了推动营销观念发展的主要因素。

表 1-3　推动营销观念发展的主要因素

原因	说明
供求关系	当供求关系由相对过剩演变为绝对过剩时，即使价格合理的产品也不可能自行销售，与顾客的沟通变得越发重要
消费需求	随着社会经济的发展，人们的消费需求也在升级发展，从物质需求发展到精神需求，从注重产品本身发展到购买消费过程，从被动接受发展到主动参与
信息对称性	随着产品与技术的发展，产品越发复杂、迭代频率加快，交易双方的信息趋向不对称，建立与顾客的信任关系成为组织发展的必要条件
社会关系	随着社会发展与技术变革，个人、群体、组织、国家间的关系越发紧密、多元，交流与融合越发普遍，但碰撞、冲突也不断发生，社会关系日益复杂
人与自然关系	工业技术发展加快、加剧了自然资源的枯竭与生态的恶化，对环境的保护与可持续发展越发紧迫与强烈，企业要履行社会责任

1.3　营销相关核心概念

　　营销既是组织重要的管理职能，也是社会管理系统的一个子系统，有它自身的系统结构和要素。营销系统包括营销客体（顾客）、营销主体（营销者）、营销对象（产品）和营销载体（市场）4 个要素，如图 1-8 所示。这些要素构成了营销的核心概念，是营销理论与实践的基石。

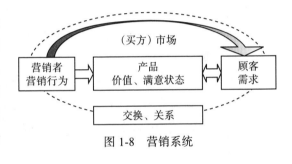

图 1-8　营销系统

1.3.1　顾客及需求

　　顾客及需求是一切营销活动的基础，也是最容易产生歧义、引发争论的一组概念。

1. 顾客

　　广义上的顾客是相对营销者而言的，是指在营销过程中处于被动地位的一方，有内部顾客与外部顾客之分。内部顾客是指在组织内部存在业务或服务关系（被营销）的成员及组织单元，如员工、股东、管理者、财务部门、子公司；外部顾客则是与组织发生业务或服务关系的个人及组织，如供应商、中间商、生产性服务商、购买者、使用者及社会公众。狭义上的顾客是指购买或使用产品的消费者（个人、家庭）及组织（企业、非营利性组织、政府），既包括准备购买（使用）产品的顾客，也包括已经购买（使用）产品的顾客，即用户。[⊖]

　　围绕狭义顾客开展营销活动是营销者的常态化工作内容，但对内部及外部其他顾客的营销也具有重要意义。例如，服务企业为了确保员工能够为顾客提供满意的服务，对内部员工的营销就需要贯穿于服务的全过程，对内营销是其对外营销的重要保障；发电、化工等企业经常面临环境、安全等方面的担忧、质疑与误解，就需要对社区居民、媒体、政府等外部顾客营销，以提高透明度、减少误解、建立信任，促进企业的可持续发展。

　　⊖　后文所出现的"顾客"若未有"内部""外部"的限定，均视为狭义上的顾客。

需要强调的是，从定义看，顾客虽然在营销过程中处于被动地位，但随着互联网及便捷的企业–顾客互动手段的快速发展，顾客不再是消极的被动接收者，越来越多的顾客参与甚至决定了产品价值的界定与创造。因此，企业需要通过各种方式创造更多的顾客体验、互动的条件与机会，敏捷响应顾客的主动需求与反馈，努力打破企业和顾客之间的边界，实现彼此价值的共同创造。

2. 需求

需求是营销最基本、最重要的概念。与需求紧密相关的一组概念是行为、生活方式和经营方式。需求是顾客希望改善目前状态的一种心理愿望。也就是说，当某个顾客在具体刺激下意识到某种缺失，并在心理上产生紧张、不安等不适状态，期望消除、排解这种不适时，需求就会产生。例如，对目前工作不满希望更换工作、对生产效率不满希望改造生产线。需求存在差异，同一刺激对不同顾客形成的顾客需求与程度并不相同，即使是同一刺激对同一顾客，顾客需求也会受到环境、自身情绪等因素的影响。

行为是顾客为满足需求而进行的活动或采取的措施，如寻求产品信息、比较价格、签订合同。需求是行为的根源，但有需求并不意味着一定会产生行为。心理学认为，当个体产生需求后，在环境、心理、能力等诸多因素影响下，会受动机驱动而采取具体行为，一旦行为使其需求满足，这就意味着内心缺失和紧张的状态得以消除，需求从产生到满足的过程也就结束了，如图1-9所示。

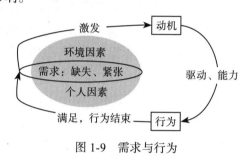

图1-9　需求与行为

生活方式是顾客根据中心目标而形成的生活模式与行为活动的整体特征。所谓的中心目标就是存在于顾客思想中的爱好、价值取向及观念；生活模式与行为活动则表现为日常生活中的行为习惯、对具体的物质与精神生活的向往及因此形成的具体行为。组织的生产方式及在经营活动中与各利益相关者形成的关系统称为经营方式。无论是组织的生产方式发生变革，还是与利益相关者的直接关系发生重大变化，都会对社会经济发展产生巨大影响，进而在微观层面上引发新的需求与行为。

生活方式与经营方式是群体或组织相对稳定的需求与行为的有序集合，与需求及行为的关系类似"集合"与"元素"的关系。生活方式与经营方式的改变必然引发需求及行为的变化。同样，当具有相同指向的新产品、新需求不断出现时，也会对生活方式或经营方式产生影响。

🌐 材料1-2

突然"火了"的露营

随着新冠疫情结束，旅游业逐步复苏，露营作为"微旅行"的代表，因亲近自然、便捷短时的天然优势在年轻群体中迅速蹿红，成为惬意生活的新选择。但露营并不只是一项简单的户外活动，一顶帐篷撑不起"诗与远方"。

艾普思咨询发布的《2022 中国露营市场发展及消费趋势洞察报告》显示：30～39 岁（45.73%）、20～29 岁（36.26%）的青年是露营的主要群体；按网购平台线上销量排名，露营产品包括露营桌椅（21.21%）、帐篷（21.06%）、地垫（17.96%）、炊具（8.37%）、露营灯（8.15%）、吊床（7.23%）、推车（4.09%）、天幕（3.53%）、睡袋（1.67%）、户外电源及预制菜等（6.64%），其中，推车的产品均价（334.9 元 / 件）最高。除此以外，露营的社交、户外属性催生出"露营 + 音乐节""露营 + 研学""露营 + 农家乐""露营 + 运动"等新的业态，以全新的生活场景带动了诸多周边产业的发展。艾媒数据中心数据显示：2022 年中国露营经济核心市场规模达到 1 134.7 亿元，带动市场规模为 5 816.1 亿元；预计 2025 年中国露营经济核心市场规模将上升至 2 483.2 亿元，带动市场规模将达到 14 402.8 亿元。

其实，"需求能否被创造"是营销研究中经常讨论的话题。如果按照经济学对需求的定义"在一定时期，既定价格水平下，愿意且能够购买的商品数量"，需求创造并不值得推崇也无营销意义。营销者要么在顾客购买能力内刺激其购买欲望，但容易引发过度消费、畸形消费等不良现象，有违商业伦理与社会责任；要么降低价格，增强顾客购买能力，但这种价格调整显然更多依赖生产、研发创新所形成的成本优势，而非营销。如果将需求理解为"为了生存、发展而形成的对衣食住行、安全、归属、受人尊重的需要"，那么需求显然是客观的、与生俱来的、不以人的主观意志为转移的，营销不需要也不可能创造需求。但若将需求界定为"希望改善目前状态的一种心理愿望"，需求就可以被创造出来，营销意义及社会性也更为凸显。这是因为，人们对目前状态的满足标准是变化的，营销是促成这种标准变化，引领并推动人民实现美好生活的一个强烈外因，如对食物的追求从饱腹耐饿到营养均衡，对服装的关注从遮羞保暖到彰显个性，对住房的要求从遮风挡雨到舒适节能。

对需求内涵理解角度的不同是引发"需求能否被创造"讨论的主要原因来看。从营销角度来看，创造需求就是要打破顾客目前的满足状态，使其从满足变为不满足，传递需求就是扩散顾客的不满足，将个体的不满足扩大到群体的不满足。具体而言，营销者可以针对消费者提供一种新的生活方式，针对组织机构倡导一种新的经营方式，引领、改变顾客的满足标准与状态。

1.3.2　营销者及营销行为

1. 营销者

营销者是营销过程中处于积极、主动地位的一方，他们创造并传递需求，提供满足需求的产品，并努力寻求交换。通常，卖方是营销者，但当买卖双方都积极主动时，双方均可视为营销者，这种情况称为相互营销。

营销者既可以是企业、政府、公益机构等组织，也可以是个体或是多个个体形成的社群。例如，当个体出于兴趣爱好、职业发展等目的想融入某个群体时，会采取一些行为表明加入的意愿与决心，展现个人价值及与该群体相一致的行为规范；同样，某些社群、团体为了壮大自身、扩大影响力，也会积极推广它们的理念、宗旨。尽管这些行为都不具有商业性，但仍可视为营销行为，这些个体或群体也都是营销者。

2. 营销行为

营销行为是营销者为了创造和传递需求而采取的一系列有计划、有组织的活动。从狭义角度来看，营销行为旨在获取有利的交换条件，实现组织目标，是营销者与顾客关系长期、稳定发展的关键；但若考虑到营销也是一种管理活动和社会管理过程，面向的不仅仅是狭义的顾客，还包括内部与外部其他顾客，营销行为就成为营销者与所有利益相关者乃至整个社会系统的理解与互动的基本手段，并对市场秩序、竞争环境、资源配置效率等产生巨大影响。

营销者发起的营销行为刺激了顾客需求的产生，引导顾客寻求并购买自己的产品，并在使用阶段继续影响顾客，以建立长期、稳定的关系。也就是说，营销行为贯穿顾客购买、使用的始终，购前、购中、购后的营销都很重要；当顾客需求得以满足后，营销者可继续新一轮的需求创造与传递，营销行为是一个持续上升的循环过程。

依据行为逻辑与阶段，营销者创造并传递需求的营销活动可分解为以下流程，如图1-10所示。①洞悉需求就是发现市场机会，营销者对外部环境变化与顾客需求及行为进行调查分析，洞悉未来市场的发展变化，识别顾客未被满足或有待开发的需求；②阐释需求是基于自身资源的有限性与竞争规避的考虑，聚焦目标市场，通过品牌、定位帮助顾

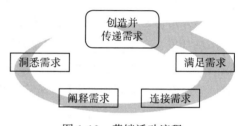

图1-10　营销活动流程

客（目标市场）阐明、拓展需求背后的价值与意义；③连接需求要求营销者借助产品、价格、渠道、传播等方面连接顾客，传递价值，使更多顾客认识、接受这种需求及产品；④满足需求则是营销者要构建销售组织、销售流程，落地营销与销售方案，使顾客购买、使用产品并形成长期、稳定的顾客关系。

依据行为目标与层次，营销行为可分为战略行为和战术行为。营销战略行为是对组织具有全局性、长远性、纲领性的营销行为，包括确定营销导向、进行市场细分、选择目标市场、确立品牌定位、建立营销联盟等；营销战术行为则是指依据组织的营销目标与战略而开展的具体的、具有操作性和创造性的营销行为，如设计产品概念、建立营销渠道、进行广告促销等。无论营销行为如何划分，都是围绕顾客需求及行为展开的。

1.3.3　产品、价值与满意

产品是连接营销者与顾客的桥梁，顾客通过购买、使用营销者所提供的产品来满足需求，而价值、满意则分别体现了产品满足顾客需求的能力与正向结果。

㊀　菲利普·科特勒从企业决策角度，将营销流程概括为R（市场调查）—STP（市场细分、目标市场、定位）—4P（产品、价格、渠道、促销）—I（执行）—C（控制）。本书从需求创造与传递角度所建构的营销流程，在理论逻辑与内容上与其并无区别，只是流程划分的角度不同，本书目录通过结构标题的设置将两种流程相连接。

1. 产品

产品[一]是用于满足需求的载体，可以是有形的、物质性的，也可以是无形的、非物质性的，如服务、体验、活动；既可以是单一内容，也可以是上述形态与内容的组合，如节能服务企业所提供的不仅仅是节能减排设备，还包括工程、技术、服务等。

● 讨论 1-2　　　　　　　　　　　　　　　　　　　　课程思政
双碳目标实现中的"产品"

2020 年 9 月 22 日，习近平主席在第 75 届联合国大会一般性辩论中做出"中国将提高国家自主贡献力度，采取更加有利的政策和措施，二氧化碳排放力争于 2030 年前达到峰值，努力争取 2060 年前实现碳中和"的重大承诺。同年 12 月，习近平主席在气候雄心峰会上进一步宣布了 4 项国家自主贡献目标："到 2030 年，中国单位国内生产总值二氧化碳排放将比 2005 年下降 65% 以上，非化石能源占一次能源消费比重将达到 25% 左右，森林蓄积量将比 2005 年增加 60 亿立方米，风电、太阳能发电总装机容量将达到 12 亿千瓦以上"。2023 年 8 月 15 日，我国"碳达峰碳中和重大宣示"三周年重要成果发布：2020 年，我国二氧化碳排放强度比 2005 年下降 48.4%，超额完成第一阶段国家自主贡献目标承诺，且"十四五"前两年，我国二氧化碳排放强度进一步下降 4.6%，节能降碳成效显著。

"双碳"目标的实现过程是一场广泛而深刻的经济社会系统性变革过程，需要整个社会的共同参与。从营销角度来看，节能服务企业面向制造企业营销节能方案、设备、技术、服务，国家、地方政府、行业协会作为营销者，又能面向谁，营销什么产品呢？

需求和产品之间并不是一一对应的关系，一种需求可以通过多种产品的使用得到实现，一种产品也可以满足多种需求。如自行车、出租车、家庭轿车都可以满足人们的代步需求，但就豪华轿车而言，其既是一种交通工具，又具有财富、地位的象征意义。在现实生活中，需求最常见的表现就是对某种具体产品的需求，企业也往往将注意力投向它们所提供的具体产品而非产品所满足的需求上，认为自己是在销售产品而非提供需求解决方案，从而容易患上产品观中所提及的"营销近视症"。

随着科技进步，产品功能与性能也在不断发展，产品淘汰与更新速度明显加快。尽管需求也在不断变化发展，但其变化速度要慢于产品更新速度，且需求的变化不是淘汰与更新，而是不断提升、丰富与多元，这也要求企业运营更应以需求而非产品为导向。

2. 价值与满意

价值泛指事物表现出来的积极意义与有用性，在不同的学科领域与语境下具有不同的含义与表现形式。在营销领域，价值是一种主观认知，是顾客在产品购买与使用中所感知（或期望）的效用和满足感。但高价值往往意味着高成本，顾客让渡价值（customer-delivered value）的概念由此被提出。

○　若未做说明，后文出现的"产品"均为统称。

顾客让渡价值是顾客总价值与顾客总成本之间的差额，其构成如图 1-11 所示。顾客总价值就是顾客在产品购买与使用中所感知（或期望）的全部价值，包括产品价值、服务价值、人员价值与形象价值；顾客总成本则是顾客购买产品（预计）支付的货币成本、时间成本、体力成本与精神成本。显然，在购买决策中，顾客总是选择能够提供更高让渡价值的产品，这也意味着，产品或价格不是竞争的全部，服务、人员、形象、时间、体力、精神都是差异化的途径。

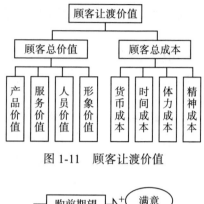

图 1-11　顾客让渡价值

无论是价值还是顾客让渡价值，都是顾客的一种主观判断，是对产品质量、功能及各种利益的感觉与体验，而非真实、客观衡量。这种主观判断在顾客做出购买决策前表现为对产品的购前期望，在购后使用中表现为对价值的实际感知，两者决定了顾客的满意状态。当顾客的实际感知与购前期望相符或超出购前期望时，其所形成的心理愉悦状态，就称为满意；若低于购前期望，则为不满意，如图 1-12 所示。

图 1-12　顾客满意

1.3.4　市场、交换与关系

市场是营销的载体，而交换是市场形成的基础，关系是市场运行的纽带。一切营销活动都是在市场中进行的，营销者与顾客因交换而形成的关系越稳定、持久，市场表现也就越优异。

1. 市场

在经济学中，市场被定义为资源交换和经济活动的场所与方式，从这个角度来看，市场为营销行为提供了环境与平台，并通过价格、供求、竞争等机制对营销行为产生影响。根据买卖双方在交换过程中的地位，市场分为买方市场与卖方市场。买方市场是指产品供大于求时，买方处于相对有利地位的市场，因卖方竞争激烈，买方可以有更多选择并能以优惠价格获得产品；而当产品供不应求时，卖方就处于相对主动、有利的地位，买方需要竞争才能获得产品，且价格较高，这种市场状态就称为卖方市场。

在营销领域中，市场也被理解为具有某种需求的顾客集合。按照购买状态，市场可分为潜在市场、有效市场、目标市场、渗透市场等，详见第 3.3.2 节；按照顾客类型，市场包括消费者市场、企业市场、非营利性组织市场与政府采购市场，详见第 5 章和第 6 章。

买方市场的形成是营销产生和发展的前提。科学技术的进步、社会经济的发展必然导致买方市场的出现，卖方不可避免地在交换过程中处于被动、不利地位。从这个角度来看，营销的任务就是创造局部的卖方市场。

2. 交换与关系

交换是以提供某物为回报而从他人处换回所需之物的行为，是营销最核心的概念。交换的发生需要 5 个条件：①至少有交换双方；②双方都有彼此需要的有价值的东西；③各方都有沟通与运送能力；④各方接受或拒绝对方的供给品是自由的；⑤各方都相信同对方的交换是合适或称心的。具有商业性的交换被称为交易，交易是实现交换的手段。

作为营销术语，关系是指因交换形成的联系与互动。交换本身就伴随着博弈、买卖、合作等关系，交换结果也会对关系产生实质性和决定性影响。例如，在市场交易过程中，如果买卖双方对交易结果都感到满意，那么双方关系并不会在交易结束后终止，反而会得以加强并对下次交易产生正向影响，形成再次交易。也就是说，交换与交易是短期、间断、可变的，而关系则具有长期性、连续性、稳固性。当然，这种长期、稳定的关系就不再仅仅是简单的交易关系，而是包含了信任、承诺、沟通等要素。

市场交换是现代社会价值实现与资源配置的基本手段，也是社会联系与互动的关键桥梁，营销就是探讨如何通过计划、组织和实施，更高效地实现市场交换。在此过程中，因营销导向、活动重心、由交换而建立的关系程度不同，营销发展经历了由交易营销（transactional marketing）向关系营销 (relationship marketing) 转变的过程，具体内容详见第 2.1.2 节。

● 本章小结

1. 营销的定义是动态发展的，存在不同角度的表述。本书将营销的定义概括如下：兼顾利益相关者的利益并在其支持下，通过需求创造与传递，为组织创造顾客、推动实现人民美好生活而努力的一种管理活动和社会管理过程。

2. 营销的本质是需求的创造和传递，该本质是组织在创造价值的过程中，使得营销区别于其他增值活动的独特贡献。营销对需求的创造与传递受组织能力空间、顾客认知空间及合作者资源空间 3 个方面的影响。

3. 营销是组织增值活动的起点，贯穿价值链的始终。在价值链各个环节，营销都有所参与并起到重要作用，这也使得营销职能通常由多个部门共同承担。通常，企业营销职能包括市场分析与规划、部门联动与协调、销售与客户管理 3 项内容。

4. 指导组织活动与管理的营销观念是动态发展的，传统营销观以产品为出发点，遵循"生产什么，就推销、销售什么"的经营哲学，包括生产观、产品观、推销观 3 种观念；现代营销观以需求为出发点，秉持"顾客和社会需要什么，就生产、销售什么"的经营哲学，包括顾客观和社会观。

5. 营销系统由营销客体（顾客）、营销主体（营销者）、营销对象（产品）和营销载体（市场）4 个要素构成。洞悉需求、阐释需求、连接需求、满足需求构成了营销活动的基本流程。

6. 从狭义角度来看，顾客是指购买或使用产品的消费者（个人、家庭）及组织（企业、非营利性组织、政府）；从广义角度来看，顾客是指在营销过程中处于被动地位的一方，有内部顾客与外部顾客之分。随着互联网及便捷的企业–顾客互动手段的快速发展，越来越多的顾客参与甚至决定了产品价值的界定与创造。

7. 需求是顾客希望改善目前状态的一种心理愿望；行为是顾客为满足需求而进行的活动或采取的措施；生活方式与经营方式是涵盖需求与行为的一组更为宽泛的概念，类似"集合"与"元素"的关系，营销者可以通过提供一种新的生活方式或经营方式，引领、改变顾客的满足状态。

8. 营销者是营销过程中处于积极、主动地位的一方，他们创造并传递需求，提供满足需求的产品，并努力寻求交换。营销行为是指营销者为获取顾客或利益相关者的信任与认可，进而得到有利交换条件而采取的各种策略或措施。

9. 产品是用于满足需求的载体，不受形态、内容的限制，价值（让渡价值）、满意状态则分别体现了产品满足顾客需求的能力与结果。在购买决策中，顾客总是选择能够提供更高让渡价值的产品，当顾客购买并使用产品后，顾客所感知到的产品实际状况与购前期望相符或超出购前期望时，所形成的心理愉悦状态，就称为满意。

10. 市场既是资源交换和经济活动的场所与方式，也是具有某种需求的顾客集合。交换是以提供某物为回报而从他人处换回所需之物的行为，具有商业性的交换被称为交易，因交换而形成的联系与互动则被称为关系。

◭ 关键术语

营销　生产观　产品观　推销观　顾客观　社会观　顾客　需求　营销者
营销行为　产品　价值　顾客让渡价值　满意状态　市场　买方市场　卖方市场
交换　关系

◔ 简答题

1. 怎么理解本书所界定的营销？
2. 在组织创造价值的过程中，营销的独特贡献是什么？
3. 需求创造与传递是一个系统工程，受制于哪些因素的影响？
4. 传统营销观与现代营销观反映了企业经营思想怎样的变化？
5. 社会观的主要内容是什么？
6. 简要说明营销活动的基本流程。
7. 依据顾客让渡价值，举例说明企业竞争或差异化有哪些途径。

◓ 思考题

1. 美国市场营销协会在不同时期对营销的定义反映了营销职能怎样的变化？
2. 请举例论证需求可以被创造的观点，阐释你对需求的理解。
3. 展望并对你的营销职业生涯进行规划。
4. 买卖双方交换的仅仅是商品与货币吗？

◉ 实践与探讨

围绕以下问题探访身边的企业，并将结果与同学交流，总结归纳不同营销观的现实基础，提炼影响营销职能设定及部门归属的因素。

1. 该企业践行何种营销观，体现在哪些行为上？

2. 该企业的营销职能有哪些，分别由什么部门承担？

3. 营销观与营销职能、营销部门设定是否存在关系，若是，存在怎样的关系？

◖ 互联网实践

转眼间，淘宝网成立已有 20 多年，一直被称为"万能的淘宝"。尤其当我们面对一种低频需求时，逛淘宝成为我们下意识的选择。淘宝完美演绎了长尾理论——无数个低频微需求可以构筑起一座大厦。淘宝对我们的购物观、消费观及创业观产生了巨大影响。

翻翻你的购买记录，看看都买过哪些产品，哪个最低频，哪家店铺你经常光顾？回顾你逛淘宝的历史，淘宝这些年发生了哪些让你印象深刻的变化，对你产生了什么影响？

第 2 章

营销的发展

我们未来的富有不在于财富的积累，而在于观念的更新。

——彼得·德鲁克（Peter F. Drucker）

如果以"marketing"作为学术概念被应用为标志，[注]营销至今已有 120 多年的发展历史。推动市场营销发展的主因是由生产力发展而带来的供求关系变化。为了适应这种生产力与供求关系的变化，组织不断演进经营哲学与营销理念，形成了生产观、产品观、推销观、顾客观和社会观 5 种营销观念，并在不同时期或不同市场状况下指导组织的营销活动，营销研究也逐渐脱离了经济学，在吸收了管理科学、行为科学、心理学和社会学等相关理论后，成为独立学科并逐步趋向完善。如今，营销已经渗透到从物质生活、情感生活到精神生活的全部领域，营销理论、方法与工具在此过程中不断创新与丰富，社会责任、人文关怀、数字科技等特质不断被强化和彰显。

2.1 发展历程

营销研究与实践初期主要在消费品领域展开，在社会经济、科学技术、顾客需求等因素的发展与推动下，营销理论与实践领域不断拓展，从有形产品到无形产品，从消费者市场到组织市场，从组织外到组织内，从本国到全球，从线下转向线上及线上线下的整合，营销职能也从销售部门中分离出来，成为组织实现以顾客为中心的主导力量。

⊖ 营销思想史奠基人罗伯特·巴特尔斯（Robert Bartels）在其著作《市场营销思想史》中，从语言学角度对营销思想的形成进行了阐述，认为新思想需要新概念来表达，只有当"marketing"作为学术概念被应用时，才表明营销思想的形成。1905 年美国宾夕法尼亚大学克罗伊西（W. E. Kreusi）开设《产品的市场营销》课程，被认为"marketing"首次作为学术概念出现。

2.1.1　发展阶段

100 多年来，营销管理思想不断创新与丰富，营销理论和实践的发展可以粗略划分为萌芽、成长、繁荣与分化 4 个阶段。

1. 萌芽阶段

营销始于 20 世纪初的美国。第二次工业革命使美国等西方国家的经济与生产力迅速提升，消费需求旺盛，市场处于供不应求的卖方市场态势。与此同时，美国铁路建设进入鼎盛时期，贯穿东西部、连接农村与城市的铁路网全面形成，铁路作为主要运输方式促进了产品流动与交换，使得产品交易的市场范围与规模不断扩大，孕育营销思想与理论的环境逐渐形成。

为扩大并促进供给，美国学术界开始关注产品的流通分配，分销活动从生产活动中分离出来并被单独加以考察，"marketing"作为学术概念被确立，产品交换、营销机构的分销作用、营销功能等内容受到关注，这也意味着市场营销学的起源研究从产品的分销、交换、制造等经济学基础性研究活动中拉开了序幕。

2. 成长阶段

20 世纪 20 年代至第二次世界大战结束是营销成长阶段。受制于 1929—1933 年的世界经济危机，社会购买力下降，企业关心的首要问题不再是扩大生产和降低成本，而是如何把产品销售出去，营销研究由高校走向企业与社会，营销实践丰富、推动了营销理论的创新发展。

为解决产品销售问题，企业开始设立营销机构，注重市场调查及广告、推销的运用，用各种方法刺激顾客购买。与此同时，专业的市场调查机构（如 AC 尼尔森）、营销协会（如美国市场营销协会）及营销刊物也纷纷成立，为企业的营销活动提供专业服务与知识储备。在此阶段，营销机构、功能、活动的微观视角研究得以大规模开展，营销职能不断被深化、拓展，逐渐覆盖至调研、品牌管理、创意、广告、推销、分销等领域，营销理论框架开始被整合、塑造，有关"营销原理"的著作大量出现。

3. 繁荣阶段

第二次世界大战结束后，战时膨胀起来的战争生产力向生活领域急速释放，产品供应急剧扩大，市场竞争日趋激烈，买方市场逐渐形成，营销也从经济学中独立出来，成为一门综合性应用学科，以顾客需求为导向的现代营销理论体系得以建立、巩固与完善。

第二次世界大战结束至 20 世纪末是营销理论与实践发展空前繁荣的阶段，新的营销理论与概念不断涌现，表 2-1 选取了该时期具有代表性的部分营销理论。

表 2-1　20 世纪 50—90 年代的主要营销理论

20 世纪 50 年代	20 世纪 60 年代	20 世纪 70 年代
产品生命周期（product life cycle）	4P 组合（four Ps）	社会营销（social marketing）
品牌形象（brand image）	营销近视症（marketing myopia）	定位（positioning）
市场细分（market segmentation）	生活方式（lifestyles）	战略营销（strategic marketing）
营销概念（marketing concept）	扩大的营销概念（the broadened concept of marketing）	社会性营销（societal marketing）
营销审计（marketing audit）		服务营销（service marketing）

（续）

20 世纪 80 年代	20 世纪 90 年代
内部营销（internal marketing）	4C 理论（four Cs）
全球营销（global marketing）	体验营销（experience marketing）
本土化营销（local marketing）	网络营销（e-marketing）
直接营销（direct marketing）	整合营销传播（integrated marketing communication）
关系营销（relationship marketing）	赞助营销（sponsorship marketing）
大市场营销（mega marketing）	营销伦理（marketing ethics）

资料来源：根据菲利普·科特勒（2006）的《营销角色观的演变》（*Evolving Views of Marketing's Role*）整理而成。

4. 分化阶段

20 世纪的结束宣告信息时代与网络社会的到来，互联网、云计算、大数据、区块链、人工智能等新一代信息技术不断取得突破性进展，对竞争规则、消费行为、交易方式等产生深刻影响甚至带来颠覆性变化。与此同时，产业数字化、智能化、绿色化转型不断加速，智能产业、数字经济也改变了全球要素的资源分配方式、产业发展模式与人民生活方式，企业等组织面临前所未有的新机遇与新挑战，营销进入分化阶段，技术创新对营销的推动日趋深远。

一方面，营销环境、平台、过程、范围、价值点在信息时代与网络社会发生巨大变化，一些成熟的营销理论与方法已无法适应社会发展要求，因此分化出新的营销理念及模式，如价值共创、在线信任、线上线下融合营销、社群营销等；另一方面，数据处理、人工智能、生物识别等自然科学与技术开始被运用到营销领域，营销方法与工具呈现出技术驱动、数据驱动的特征，营销科技在市场洞察、顾客画像、定向广告、自动营销等方面发挥出不可替代的作用，营销效率、精准性达到前所未有的高度。

正如过去一个世纪，世界因为技术革新而改变，营销理论与实践也在不断创新与发展，几乎每隔 10 年就会产生新的营销思想。因此，有学者将其中标志性的思想贡献与西方市场演进相结合，从 20 世纪 50 年代开始，以 10 年为间隔，将营销发展阶段细分为战后时期、高速增长期、市场动荡期、市场混沌期、个性化期、价值驱动期、价值观与大数据期 7 个阶段。此外，菲利普·科特勒以营销 1.0 ～ 5.0 时代来呈现营销发展历程，如表 2-2 所示。

表 2-2　营销 1.0 ～ 5.0 时代的进阶发展

发展阶段	营销特征
营销 1.0（产品中心）	在工业化时代，以产品为中心进行营销，专注产品特性与属性，使其比竞争对手具有更高价值，满足顾客的基本需求
营销 2.0（顾客导向）	20 世纪 70 年代，信息技术开始普及发展，以顾客为中心，通过情感与品牌形象塑造，实现差异化与独特性，使顾客与企业建立密切关系
营销 3.0（价值驱动）	基于参与化、全球化和创造型社会的时代背景，立足人文精神层面，强调产品及其营销的社会贡献，通过与顾客的互动和与价值观层面的共鸣形成顾客忠诚，在功能、情感和精神 3 个价值层面与顾客形成共振
营销 4.0（数字革新）	数字时代，以大数据、连接、社群、价值观、新一代分析技术为基础，通过对顾客的线上线下交互、多渠道营销，让顾客更多参与到营销价值的创造中，帮助顾客实现自我价值
营销 5.0（营销科技）	在消费者代际冲突、贫富两极化和数字鸿沟的社会背景下，关注并使用不断增长的"类人技术"（如人工智能、自然语言处理、增强与虚拟现实、物联网和区块链），在营销整体流程中创造、沟通、交付和丰富顾客体验

资料来源：根据菲利普·科特勒在未来营销峰会（2021）的《营销的未来》主题演讲整理而成。

2.1.2　理论变迁

美国市场营销协会对营销的定义及营销观念的转变反映了市场营销百余年的发展变化，成为营销发展历程中的重要"路标"。在此过程中，营销的学科基础越发丰富，研究范式由交易转向关系，营销行为从面向企业拓展到面向社会，营销策略越发丰富。

1. 学科基础从单一转向丰富

早期营销以经济学分支形式出现，消费者的"经济人"假设⊖揭示了市场"交换"的内涵，直接奠定了当时营销研究与实践的行为基础与理论基调，即任何消费行为的发生都是由消费者与生产者的交换实现的，消费者为实现效用最大化，会以理性、经济的方式对自己的消费行为进行决策判断。该学科基础下的营销研究主要存在两种路线：一种以宏观视角，从效用、资源、分配等角度研究商品的流通过程及营销行为（如价格歧视、流通成本、广告）对社会福利的影响等；另一种从微观视角对企业营销的商品、机构、功能及活动展开研究。

20 世纪 50 年代，"社会人"假设⊜与行为科学的发展使营销逐渐从经济学中脱离出来，吸收管理科学、行为科学、心理学、社会学等理论，成为管理学领域的一门独立的综合性学科，营销科学迎来了自己的营销管理时代，"以人为中心"的现代营销观念得以确立，营销研究与实践空前繁荣。进入 20 世纪 90 年代后，随着世界经济全球化和一体化的发展，国际经济、贸易及投资等理论逐步融入营销学理论，信息论、博弈论、控制论、系统工程、计量经济学等现代方法理论越来越多地被营销研究人员采用，营销学逐步走向规范化、定量化和系统化。

进入 21 世纪后，信息技术、人工智能及数字浪潮使营销的创新与发展具有了显著的技术导向性，营销与科技深度融合，营销科技被广泛应用于营销研究与实践，详见第 2.3.2 节。如果说营销从经济学转入管理学领域实现了营销发展的历史性飞跃，那么新技术的发展与应用则为营销发展提供了更为广阔的空间，使营销具有了更多的科技属性。

2. 研究范式从交易转向关系

范式在某种意义上是学科的理论内核，是科学研究中被广为接受的假说、解释方式、准则及理论、方法的总和，代表着对研究对象的一种共识。早期营销研究以交易营销为范式，即以交易为中心，强调交易效率与效果，研究内容集中于交换过程中以何种方式执行营销职能及其所要达到的经济目标，其目的在于促进和完成产品向货币的转化。随着竞争的加剧及企业经营过程中服务性因素的引入，营销研究范式开始由交易营销向关系营销转变。

关系营销是一种旨在建立、发展和维持关系的营销理论与范式，最早由纳德·L. 贝瑞（Leonard L. Berry）提出。相较于交易营销，关系营销将顾客关系视为资产，强调通过与顾客

⊖　"经济人"或"理性经济人"假设由英国经济学家亚当·斯密（Adam Smith）提出，他认为人是理性的，人的行为动机根源于经济诱因，以追求自身利益最大化为目的从事经济活动。

⊜　"社会人"假设最早来自乔治·埃尔顿·梅奥（George Elton Mayo）主持的霍桑实验，为行为科学发展奠定了基础。行为科学将人视为"社会人"，关注人的心理需求、情感状态、组织文化、领导行为和激励对人的行为与绩效的影响，认为购买动机与消费心理直接决定购买行为。

及利益相关者建立并发展长期、稳定的关系来实现业务发展与盈利。关系营销被视为现代营销理论的一场变革，营销研究与实践从关注单一交易转向保留顾客，营销范围从生产前向生产后及整个价值链环节延伸，顾客范畴也由用户拓展到内部市场、供应商市场、影响者市场、就业市场等，对具体的营销策略、生产运作等方面产生巨大影响，交易营销与关系营销的比较维度具体如表 2-3 所示。

表 2-3   交易营销与关系营销的比较维度

比较维度	交易营销	关系营销
研究视角	静态	动态
基本目标	单一的交易	保留顾客
价值体现	产出价值	过程价值
决策重点	售前活动	售后决策及行动
基本战略	吸引新顾客	维护现有关系
营销实施	独立的	一体的、整合的
需求满足	依赖产品和分配	需要借助各种资源
顾客接触	适度的顾客联系，较少的顾客服务	高度的顾客联系，高度重视顾客服务
承诺要求	有限的顾客承诺	高度的顾客承诺
生产要求	大规模个性化	规模化
产品质量	重视产品特征，质量由生产部门把控	强调顾客价值，质量被所有部门关注

关系营销的提出离不开对营销交换过程的突破性认识。与以实物为基础的交易营销不同，关系营销以无形的东西（如承诺、信任）为交换基础，关注交换过程中可能发生的种种相互作用与关系，以及这些相互作用与关系对实现营销目标的影响。需要强调的是，关系营销与交易营销在本质属性、营销导向、运作原则等方面并无本质区别，均建立在交换基础上，以顾客为导向进行营销运作，注重营销绩效，只不过，关系营销从长期的成本 - 收益 / 效益角度进行决策，而交易营销侧重于单次的交易成本 - 收益 / 效益。因此，关系营销与交易营销并不是对立关系，而是一种延伸与发展，关系营销也尚未形成统一、完整的理论体系，实践操作上仍需要与交易营销共存、融合。

3. 营销行为从企业转向社会

随着社会进步与营销发展，营销行为已不仅仅局限于企业与顾客之间的互动，而是逐渐成为营销者与所有利益相关者乃至整个社会系统的理解、互动的基本手段，这种转向背后体现了 4 个方面的营销发展。

营销目标   营销目标从促进销售转向顾客价值及社会利益。在此过程中，学者首先厘清了推销与营销的区别，并逐渐将顾客价值作为营销行为的主线，并随着社会对企业社会责任及可持续发展的关注，也逐渐将社会利益纳入营销行为目标。

营销主体   营销主体从企业扩大到非营利性组织、政府组织及个人。营销不仅适用于企业，越来越多的组织及个人加入营销行列，借助营销思想与方法达成目标。

营销客体   营销客体从消费者扩大到广义顾客。营销目标及主体的拓展使营销客体的类型由消费市场扩大到组织市场及所有的利益相关者，市场区域范围由本地、本国延伸到多国、全球。

营销对象 营销对象从最初的实物产品逐渐增加到服务、体验、人物、组织、事件、地点、财产权、信息、观念,从有形到无形,从物质到精神,从营利性产品到公共产品,具体详见第 2.2 节。

4. 营销策略由组合转向整合

1960 年,杰罗姆·麦卡锡(Jerome McCarthy)将营销要素归结为产品(product)、价格(price)、渠道(place)和传播(promotion),简称 4P 组合,由此确立了营销策略的组合思想,在此基础上又先后出现了大市场营销 6P、服务营销 7P 及创新性的 4C、4R、4V 等策略组合框架与结构。大市场营销 6P 是在 4P 基础上增加了权力(power)与公共关系(publication),服务营销 7P 则基于服务产品特性在 4P 基础上增加了有形展示(physical evidence)、过程(process)及人员(people)策略。到了 20 世纪 90 年代,4P 组合逐步转向 4C 的整合营销理论,以罗伯特·劳特朋(Robert F. Lauterborn)为代表的学者重新设定了营销组合的 4 个基本要素:顾客(consumer)、成本(cost)、便利(convenience)和沟通(communication)。2001 年,艾略特·艾登伯格(Elliott Ettenberg)以关系营销为中心提出 4R 理论,强调企业需要与顾客建立互需、互助、互动的关联(relevance),形成长期、稳定的关系(relationship),对顾客需求及时倾听并迅速反应(reaction),通过为顾客创造价值获取回报(reward),具体如图 2-1 所示。

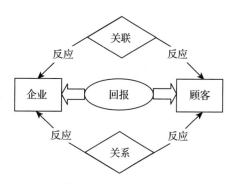

图 2-1 4R 理论示意图

另外,互联网的普及及移动终端、社交媒体的多样化,线上线下营销的整合(online to offline,O2O)成为营销主要模式,且在数字革命与人工智能技术的推动下,以顾客行为决策数据为基础的全链路营销工具被广泛应用。显然,无论是组合策略的增多,4P 到 4C、4R 的发展,还是线上线下营销的整合及全链路营销工具的应用,营销策略呈现出由组合转向整合的特征,整合的范围越来越大,也越来越立体,趋向于全方位,策略内在的协调一致性越发重要。

需要强调的是,4P 与 4C、4R 更多的是策略制定视角的差别:4P 立足于企业,4C 以顾客为中心,4R 强调企业与顾客的互动与共赢。在现实营销运作中,营销者是在 4P 与 4C、4R 中寻求契合点:以 4C、4R 思考,以 4P 行动,即强调先审视顾客需求,和顾客建立关系,再从自身的能力及资源出发进行策略制定与实施。

⊙ 材料 2-1 课程思政

中国营销研究的创新方向

营销是伴随着改革开放被重新引入中国的,营销研究也从最初的复制模仿发展到理论创新阶段,呈现出从构建中国营销理论(theory of Chinese marketing)到构建营销的中国理论(Chinese theory of marketing)再到构建世界通用的营销理论(universal theory of marketing)

的发展路径，而这 3 种理论构建方向也代表了当前中国营销研究的创新与贡献方向。

中国营销理论以西方理论视角研究中国情境中的独特现象或问题，验证西方理论在中国情境中的适用性，进而集合中国情境拓展、补充或修正西方理论；营销的中国理论则基于西方理论不能有效解释中国独特营销问题的判断，着眼于本土情境要素（如文化传统、社会制度），通过建构新理论而非从西方理论中寻求对现象的解释；世界通用的营销理论以西方理论为基础发展研究假设，围绕东西方相同的问题，构建超越任何情境的通用理论。

资料来源：张闯，庄贵军，周南.如何从中国情境中创新营销理论？——本土营销理论的建构路径、方法及其挑战 [J].管理世界，2013（12）：89-100.

2.1.3　组织演变

随着营销理论和实践的发展，承担营销职能的营销组织也在不断发生变化，这种变化包括两个方面：一是在总体的组织架构中，营销部门的地位与其他部门的关系如何？二是营销部门自身的组织形式是怎样的？营销部门在组织架构中的地位变化如图 2-2 所示。就具体企业而言，营销部门的组织形式变化大致经历了单纯销售部门、兼有营销职能的销售部门、独立营销部门和涵盖销售的跨职能部门四个阶段，并且仍在继续发展变化，如图 2-3 所示。

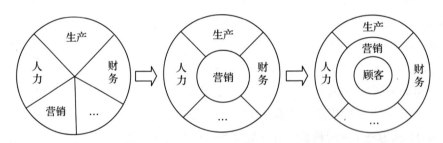

图 2-2　营销部门在组织架构中的地位变化

单纯销售部门　在以生产观念为指导思想的营销发展早期阶段，企业只有生产、财务、人力、销售等几个简单的职能部门。销售由主管销售的副总经理领导，该副总经理既负责管理销售队伍，也直接从事某些销售活动及市场调研、广告宣传等营销工作，其组织结构如图 2-3a 所示。在这个阶段，只要产品合格、价格适当，就能销售出去，因此销售部门对产品的种类、规格、数量等问题，没有太多发言权。

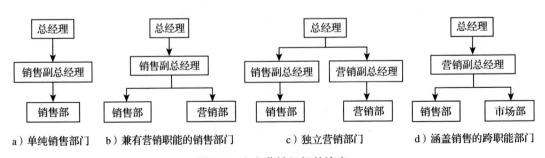

a）单纯销售部门　　b）兼有营销职能的销售部门　　c）独立营销部门　　d）涵盖销售的跨职能部门

图 2-3　企业营销组织的演变

兼有营销职能的销售部门　随着生产力的逐步提高，供求关系总体上走向平衡，企业需要经常性地开展市场研究、广告宣传和促销等营销活动。当这些营销工作达到一定强度并日趋重要时，企业会在销售部门中设定具体的营销岗位，由营销经理专门负责营销工作，或单设营销部门，如图 2-3b 所示。尽管，此时的营销还主要为销售服务，由销售副总经理管理，但营销工作开始呈现出职业化、专业化特征。

独立营销部门　随着买方市场的形成及市场区域与营销范围的逐渐扩大，营销职能逐渐完善，营销的重要性也越来越高，甚至超过了生产、销售，营销部门完全独立出来，专门从事市场研究与营销运作，如图 2-3c 所示。

涵盖销售的跨职能部门　显而易见，销售副总经理与营销副总经理的工作只有保持一致、配合默契，才能实现企业良好运营。同时，当竞争越发激烈时，以顾客为中心成为企业经营理念，市场研究成为企业其他活动的前提，企业的营销职能需要由多个部门共同承担，企业的营销组织就演变为图 2-3d 所示的跨职能部门形态：市场部作为营销职能的主要承担部门，负责市场分析与规划、部门联动与协调，而销售部则具体承担销售与客户管理工作，详见第 1.1.3 节。

2.2　对象拓展

随着营销理念在社会领域的广泛应用，营销对象不断拓展，包括实物、服务、财产权、人物、地点、事件、体验、组织、信息、观念等，具体介绍如下。

实物　营销的发展起源于有形的实物产品的分销流通，实物产品是最早也是最基本的营销对象。

服务　因服务在有形的实物产品的竞争中扮演着越来越重要的角色，越来越多的制造型企业开始向服务提供商的角色转变，营销对象开始由实物产品拓展至服务，并发展出与服务业特点相适应的服务营销理论体系。

财产权　财产权是对所拥有财产的无形权利，包括真实财产（如房产产权）或金融资产（如股票、债券）。既然财产权可以买卖，这个过程自然也就包含了营销力量。

人物　随着娱乐业的发展及政治竞选活动的广泛开展，通过对人物的营销塑造良好的公众形象以获取公众支持成为重要手段。而随着社交媒体的盛行，技术领袖、商业精英、视频内容创造者、求职者都开始强调对自己的营销。

⊜ 讨论 2-1

求职过程中该如何自我营销

从大学毕业找工作开始，你的职业生涯往往会经历多次求职过程。从营销角度来看，求职就是在人力资源市场将自己营销出去的过程。图 2-4 呈现了人力资源市场的需求与供给关系。显然，不同行业的人力资源结构是截然不同的，看似同一岗位的人才需求及要求其实存在差异，并且大多数岗位所要求的能力、素养都具有一定的隐蔽性与不确定性，

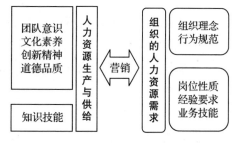

图 2-4　营销角度的人力资源市场

需要通过考核、观察甚至长时间的接触、磨合才能最终确认。因此，做好自我营销，有意识地运用营销理论展示个人能力及素养，是加快个人职业发展的有效途径。那么，该如何在求职过程中自我营销呢？

地点　为了吸引游客、投资、人才，以及提升居民满意度，越来越多的景区、乡村、城市、国家甚至国家间的联盟组织都开始开展营销活动，旅游目的地营销、区域营销、国家营销等理论研究得以发展。

事件　营销者还可以就一些赛事、节庆、文化活动等事件进行营销，如贵州的"村 BA""村超"将体育与农村振兴进行了深度融合，成为事件营销的典范。

体验　体验经济被视为服务经济之后迅速兴起的一种经济类型，个性化体验成为可销售的商品，自然也就成为营销对象。

组织　无论是企业出于盈利的需要，还是慈善组织为了获得社会资源，抑或是政府机构为了应对公共危机，这些组织总是期望在目标公众心目中建立起一种强大且良好的形象。

信息　信息不对称广泛存在于市场交易中，形成了以信息服务为核心的中介机构。特别是网络信息技术的兴起使数据、知识等也成为营销对象，催生了很多互联网企业。

观念　观念是一种精神产品，既包括社会认识与行为觉悟，如绿色消费、室内禁烟，也包括产品或品牌所传递的一些价值理念与主张，如慢生活、快时尚。对社会观念及行为的营销也称为社会营销。

受限于篇幅，本节仅选取服务营销、体验营销与社会营销 3 类对象，管中窥豹地呈现因营销对象不同所形成的营销差异与理论发展。

2.2.1　服务营销

随着社会经济的发展，服务在人们日常生活和国民经济中扮演着越来越重要的角色，服务业已成为全球经济发展的支柱产业，占全球生产总值的 60% 以上。相较于有形产品，服务具有无形性、易逝性、不可分离性、差异性等特征，这就决定了服务组织的运作与管理不同于产品制造企业，以服务活动和服务经济为基础的服务营销研究开始兴起，并逐渐作为一种成熟且相对独立的营销理论被服务组织普遍应用。

1. 服务的特征

服务通常是服务提供者代替或帮助服务接受者完成的一项任务或活动，其结果并不导致任何所有权的产生或转移。服务不仅包括面向个体及家庭消费的消费性服务，如餐饮、娱乐，也包括面向生产者的生产性服务，如软件开发、管理咨询、工业设计；服务既可以作为单独的劳务形态存在，也可以融合于其他产品形态。相较于有形的实体产品，服务具有以下特征。

无形性　服务通常以"活动"的形式提供，活动可以感受，但无形、无态、无质，随活动的发生而存在，随活动的结束而消失。

易逝性　服务无法存储、运输，这就意味着服务半径较为有限，服务难以预先生产、滞后消费。例如，飞机一旦起飞，该航班出售机票的机会就永远消失，任何的空座都意味着收入的损失。

◎ 讨论 2-2

如何使服务需求与供给同步

库存是调节物质产品供给和需求异步的重要方法。但因服务的易逝性，服务供给和需求异步的调节必须另辟蹊径，除了以下做法还有哪些？

①采用差别定价方法使某些需求从高峰期转移到低谷期，或增加低谷期的需求以更好地利用供应能力，如在旅游淡季下调机票、门票、酒店及相关服务的价格。

②为低谷期开发新需求，如大型赛事场所在休赛期承接展会、嘉年华、团建等业务。

③在高峰期简化服务或自助服务，如扫码点单、非店内就餐等。

④提高需求高峰期的供给能力，如在高峰期雇用兼职人员、增加座位等。

⑤提倡供给能力共享，如阶段性使用的专用设备通过各种途径实现多机构共享。

不可分离性　服务的生产与消费是同时进行的，在时间上具有不可分离性。服务提供者向顾客提供服务时，也正是顾客消费服务的时刻，这也意味着顾客必然会或多或少地参与到服务的生产过程中。

差异性　有形的实体产品可以被批量生产或被对手完全复制，但因为无形性与不可分离性，服务难以像有形产品那样标准化。毕竟服务是顾客在与服务提供者或服务设备的互动关系中被生产、消费的，顾客、员工（服务设施）、环境的差异都会影响服务的构成成分及其质量水平，服务品质存在差异性，服务评价难以客观。

2.服务营销特征

服务与有形产品的显著差异使得产品营销理论应用于服务业时存在严重不足，在克里斯廷·格鲁罗斯（Christian Grönroos）、瓦拉瑞尔·A.泽丝曼尔（Valarie A. Zeithaml）等学者研究成果的基础上，⊖以服务质量、关键接触、服务补救、顾客保留、服务便利等为重点的服务营销（service marketing）理论逐渐发展起来，服务营销策略也在 4P 的基础上，增加了有形展示、过程及人员策略，形成 7P 组合。与有形产品的营销相比，服务营销需要重视以下内容。

服务的有形展示　服务是无形的，顾客往往根据服务设施、背景环境、人员仪表、信息资料等有形线索来感知和判断服务质量。因此，如何借助实物、文字、音像、实景、事实及其他可视方式，使服务有形化是服务营销的重要内容。在此过程中，由于品牌及形象具有联想效应及背书功能，因此其建设尤为重要。

过程中的互动　服务的不可分离性使得顾客直接参与服务的生产过程，顾客不仅因此与服务人员、服务设施、服务系统等形成互动，他们之间也会产生互动。顾客参与及互动的事

⊖　服务营销理论研究兴起于 20 世纪 60 年代，并逐渐形成以克里斯廷·格鲁罗斯为代表的北欧学派和以瓦拉瑞尔·A.泽丝曼尔为代表的北美学派。

实要求服务组织能够根据顾客需求的差异保持足够的应变与沟通能力，努力营造并确保顾客拥有良好的互动体验，这也意味着服务的质量管理不仅仅局限于服务的结果，还包括对服务过程及顾客的管理。

供给的扩大与便捷   服务的易逝性、不可分离性使得服务不可能像有形产品一样进行标准化和规模化生产，也无法借助分销渠道进行规模化销售。服务供给的扩大只能在生产与消费的地点连接、人员及设施的数量、服务时间的强度及效率等方面展开，如在消费地建立服务点、增加自助服务设备、延长服务时间等，只有这样，才能保证服务供给的及时、便捷，缩短顾客的等候时间。当然，这也会随之带来服务成本上升、服务资源闲置等问题。

生产者也是营销者   对于有形产品而言，营销人员与生产人员分别隶属于两个相对独立的部门——营销部门和生产部门，但因服务的不可分离性与服务过程中的互动事实，要求服务生产者（提供者）在与顾客的互动中承担了解顾客需求、推荐产品、进行顾客满意度调查、建立顾客档案等营销职责。

组织内部的营销   服务人员的态度、行为直接决定顾客对服务质量的感知，因此，从某种意义上来看，对服务组织的内部营销比外部营销更为重要。内部营销是一种将内部员工视为顾客，从营销角度进行人力资源管理的管理哲学，其营销目标在于创造、维护和强化组织中员工的内部关系，更好地促使他们以顾客为导向，具备优秀的服务意识，从而为外部顾客提供服务，使顾客满意。

● 案例 2-1

胖东来：零售服务的天花板

在零售业的激烈竞争中，胖东来凭借其对产品和服务的不懈追求，从30年前的街边烟酒店发展成为年销售收入突破150亿元的零售巨头，不仅备受消费者信赖，更因独特的企业文化与暖心服务吸引大量游客前往打卡，成为"没有淡季的6A级景区"。

胖东来始终将员工视为企业最宝贵的财富，重视员工需求，通过利益管理与情感管理让"员工开心"。胖东来不仅向员工提供了远高于同城同业同职位的工资待遇，还对员工进行股权激励，创始人于东来仅占公司10%的股权，管理层占40%，基层员工占50%。胖东来规定6h工作制并实行周二闭店制度，春节闭店、下班后禁止拨打工作电话、为员工设立"10天不开心假""委屈奖"……诸多优待员工的措施极大提升了员工对企业的满意度与忠诚感，进而转化为对外服务的动力。

胖东来对顾客服务也是追求极致。一方面，胖东来提供了多项充满细节的免费增值服务，如宠物寄存、车座降温工具、雨具、7种购物车、充电宝、放大镜、冷藏区手套、商品说明、商品选择指南等；另一方面，胖东来为上百个岗位制定了详细的服务手册及视频，厚达263页的操作手册详细规范了从超市卫生间清洁到应对孩子哭闹的各种服务场景，产品售后更是从"不满意就退货"升级为"上门办理退换货"。即使面对投诉，胖东来也秉持开诚布公的姿态，以积极的态度接受并公开处理结果，将每一次投诉视为提升服务质量的宝贵机会，展现出对消费者权益的尊重和对自身责任的担当。

2.2.2 体验营销

自约瑟夫·派恩（B. Joseph Pine II）与詹姆斯·吉尔摩（James H. Gilmore）于 1998 年将人类经济的演进模式划分为农业经济、工业经济、服务经济和体验经济 4 个阶段以来，体验消费、体验营销就逐渐成为营销研究的热点领域，并随着数字化技术的发展不断在实践中创新发展。

1. 体验的特征

体验是顾客在具体消费场景中因互动而产生的令人难忘的感受与经历。场景、互动与感受构成了体验的基本元素：场景是顾客行为与感受发生的背景环境，包括消费场所、硬件设施、软件系统、流程环节、参与角色、产品及服务等元素；互动是顾客以看、听、用、参与等方式，与场景元素进行的相互影响、相互作用的行为；感受就是顾客主观、实时的情绪反应。游客观看的大型实景演出、年轻人闲暇时玩的密室逃脱游戏、用户利用数字销售室研究产品等都是典型的体验行为。作为一种产品类型，体验与实物产品、服务产品的区别维度如表 2-4 所示。

表 2-4　体验与实物产品、服务产品的区别维度

区别维度	体验	实物产品	服务产品
产品实质	实时情绪反应	物质	活动
具体形态	主观的感受与经历	有形的物理实体	无形的任务或劳务
存在方式	在场景、互动中独立存在	独立存在	独立存在或与具体实物融合
消费目标	追求愉悦，享受过程	获得功能，满足生活	解放自我，舒适生活
生产方式	完全由顾客个性化生产	个体或企业生产	顾客参与生产

主观性　作为一种情绪反应，主观性是体验的天然属性。虽然体验需要依托客观的场景，由客观的行为、互动引发，但最终难忘的感受与经历都属于主观范畴，满足的也是顾客追求愉悦、享受过程的情感需求。

个性化　从心理学角度来看，难忘的感受与经历必须在个体的体力、智力、精神、情感等达到某个特定水平（即顾客与场景元素的互动达到一定程度）时才会产生，但个体是有差异的，这就导致即使是相同的场景，当不同顾客的互动不同时，就会形成不同内容与强度的体验。因此，让顾客以个性化方式参与甚至沉浸到整个消费场景中是体验产生的前提。顾客的体验强度又是边际递减的，难忘的感受与经历会随着体验次数的增多而减弱，如何在规模化与个性化之间寻找平衡并满足顾客的体验需求成为体验能否商业运营的关键。

生产者和消费者的统一　与服务产品一样，体验的生产与消费也是不可分离的，但服务是组织及员工生产提供的，而体验是顾客自己生产创造的，组织只是具体场景（包含设施、氛围、事件、情节、流程、仪式等内容）的提供者，顾客在外部场景与内在心理的驱动下，因互动而在脑海中实时形成难忘的感受与经历。这种统一性决定了体验是实时、无形、不可存储的，其生产与消费是不可分离的。

2. 体验营销特征

约瑟夫·派恩与詹姆斯·吉尔摩将体验视为一种经济提供物，将体验经济定义为一种以服务为舞台、以产品为道具、以顾客为中心，创造能够使顾客参与、值得回忆的活动的经济形态。这也意味着价值不仅存在于消费对象（产品和服务）及寻找和处理这些对象的信息过程中，还存在于消费的体验中。以体验为核心产品，以激发并满足顾客体验需求为目标的营销管理活动也就被称为体验营销（experience marketing）。[⊖] 与实物产品及服务的营销运作相比，体验营销具有以下特征。

体验主题主导　顾客的体验消费是为了追求愉悦，拥有令人难忘的感受与经历，因此组织所营造的场景、所设计的互动都需要围绕某一既定的体验主题展开，进而创造出具有吸引力的体验价值。为此，伯恩德·H. 施密特提出用 6E 组合取代传统营销中的 4P 组合，即围绕体验（experience）、场景（environment）、事件（event）、浸入（engaging）、印象（effect）和延展（expand）6 个方面开展体验营销活动。体验主题可以是以感官刺激为基础的娱乐体验、以培养艺术灵感和科学修养为目的的文化体验、追忆过去感怀经历的情感体验、逃避现实遭遇的遁世体验、追求理想生活与价值认同的生活形态体验等，既可以是顾客的独自体验，也可以是与相关群体互动形成的体验，没有程式，贵在创新。当然，在某一既定的体验主题场景下，并不意味着组织与顾客只能创造一种体验，比如恐怖类密室逃脱游戏带给顾客的不仅仅是紧张和刺激，还有益智、团队合作、社交互动等诸多体验。组织需要通过互动流程、接触点的设计来丰富、扩充顾客的体验内容，所生成的多种体验交织的感受与经历才更令人记忆深刻、难以忘怀。

顾客主动参与　在传统营销中，组织与顾客在价值创造与交换中是一种单向的使动关系，组织提供价值的载体（产品、服务）并在市场上与顾客交换，顾客基本处于被动、受支配的地位。即使服务营销强调过程中的互动、关注顾客的参与，但顾客仍是配角，需要为了服务过程的完成而配合参与。但在体验营销中，组织与顾客是双向的互动关系，共同完成体验价值的创造。组织不再是体验的生产者与销售方，而是作为体验的营造者，负责提供能够形成体验的场景及互动条件；顾客是体验的生产者与消费者，只有当顾客主动参与、互动时，体验价值才能被创造、交换。顾客的主动性、能动性在体验营销中被提高到传统营销未曾达到的高度。

数字化支撑　体验营销依赖数字化技术。在传统工业技术与人工模式下，规模化与个性化难以共存。体验是顾客实时的情绪反应，无论是体验本身还是体验的生产过程（顾客与场景元素的接触、互动过程）都极具个性化，难以标准化、规模化，这就使得体验产品的商业运作与营销管理尤为困难。数字化技术及基于数字化技术的人工智能快速发展解决了这一现

⊖　体验营销是将体验作为营销目标，而体验式营销（experiential marketing）则视体验为营销手段，两者存在区别。1999 年，伯恩德·H. 施密特出版 *Experiential Marketing*，将体验引入营销领域，侧重阐述如何利用更丰富的互动形式来提升营销效果。2010 年，施密特发表论文 *Experience Marketing: Concepts, Frameworks and Consumer Insights*，对体验与营销的关系进行了更完整、准确的界定，营销被视为完整顾客体验的重要组成部分。

实问题。数字化技术给体验场景与互动空间带来了颠覆性突破，实现了现实世界与数字世界的融合，强化了顾客体验的内容与程度；而基于数据化技术的人工智能让组织在市场洞悉、体验设计、互动管理、体验测量等方面可以实时、快速、全面决策，摆脱人工模式在个性化上的局限，实现个性化的规模化。

🔍 材料 2-2

数字技术赋能沉浸式体验

沉浸式产业是通过虚拟现实、增强现实、全息投影、智能交互等新一代数字技术与内容创意的深度融合，以带入式情景、多感官包围、互动型叙事、自我发现等方式，让顾客拥有高价值体验（沉浸式体验）的行业总称，涉及文旅、演艺、教育、娱乐、工业等多个领域。

根据头豹研究院的信息显示：2023 年中国沉浸产业消费市场规模已达到 927 亿元，2026 年将突破 2 500 亿元，沉浸产业的发展除了市场内生增长与国家政策驱动以外，数字技术发展也起到巨大的推动作用，具体技术及作用如表 2-5 所示。

表 2-5　推动沉浸式产业发展的相关技术及作用

技术领域	细分技术	技术作用	技术领域	细分技术	技术作用
仿真交互技术	AR/VR/XR	数字内容	区块链技术	分布式存储	唯一性
	传感技术	数字素材		共识机制	可追溯
	全息影像	数字化场景搭建		分布式账本	安全性
人工智能技术	机器学习	智能化		数据传输及验证机制	去中心化流转
	自然语言处理	保障互动		Hash 算法	真实性
	智能语音	自主学习	物联网技术	传感器	链接万物
	计算机视觉	运行效率		网络通信	虚实共生
游戏技术	游戏引擎	虚实共生		物联网管理系统	便捷互动
	3D 引擎	真实性	网络及运算技术	5G/6G	高效传输
	实时渲染	自然交互		边缘计算	轻量化服务
				云计算	低延迟

2.2.3　社会营销

社会营销（social marketing）于 1971 年由菲利普·科特勒和杰拉尔德·泽尔曼（Gerald Zaltman）提出，从早期关注社会观念的接受程度，逐渐发展成为一门研究社会变革的营销理论，即以营销为工具、技术或手段对社会变革运动进行管理，其目的是变革公众的社会观念与公共行为，最终实现社会利益的最大化。与通过政治、法律、技术、经济等强制性方式进行社会变革的方式不同，社会营销致力于通过营销运作使公众自愿而非被迫接受、拒绝、调整或放弃某种行为，对整合社会关系、促进社会公平与正义、维护社会安定团结等方面起到重要作用，被广泛应用于疾病控制、健康促进、环境保护、公共政策等领域。

尽管社会营销的产品是公众的社会观念与公共行为，但行为改变的前提是观念的推广，因此本节更多围绕社会观念进行社会营销的产品分析。

1. 社会观念特征

社会观念是公众所形成的一种共同的精神状态，具体表现为普遍看法、态度或价值观，呈现出以下特征。

精神性　社会观念是一种精神层面的存在，是抽象、非物质性的，对公众行为准则、价值取向及社会文化风貌起到重要指导与支撑作用。

嵌入性　社会观念脱离不了特定的历史、文化和社会背景，并随这些背景的变化而演变。如人们进行健康体检后对疾病的关注从治疗的观念转变到预防，夜跑、骑行等全民健身运动的发展都内嵌着文化与社会背景的特征。

长期性　社会观念的形成与改变需要长期过程，一旦形成则具有一定的稳定性，不会轻易改变。

普遍性　社会观念是在某个社会或亚文化群体中所形成的共识，具有普遍性。尽管社会观念之间也会有矛盾、冲突，个体之间也存在社会观念差异，但这种差异性的普遍程度明显弱于其他精神产品与物质产品。

难以测度性　社会观念的形成与改变更多体现在公众的思想与行为上，社会观念的价值及营销效果难以用具体量化的指标予以衡量，从而加剧了社会营销难度。

2. 社会营销特征

社会营销是对公众观念与公共行为的营销，因而相较于其他产品营销，社会营销具有以下特征。

追求社会利益　社会营销并不追求商业利润，而是以实现社会利益为目标，通过改变公众观念与公共行为实现社会整体利益的提升。因此，社会营销主体主要是政府、行业协会、一些非营利性组织或是上述组织与企业、个人的联合，因参与主体众多，社会营销往往为解决一个具体项目或社会问题而展开，如艾滋病防治、垃圾分类。

管理多重需求　不同于商业交易的产品，社会营销的产品是抽象的观念与行为，公众往往缺乏潜在需求，甚至某些公众对所营销的社会观念或公共行为出现负需求或抗拒、抵触行为，即使公众接受了观念也并不见得会转变其行为，如"吸烟有害健康"已是社会共识，但烟民总是会有各种理由拒绝戒烟。这就意味着社会营销者不仅要培育观念需求、行为需求，还要为改变社会行为提供具体的方法、手段（如产品、技术、方案），并使公众对其产生需求。例如，在全面推进绿色消费的进程中，消费者不仅要形成绿色消费意识，在日常生活中节约资源、保护环境，还要在产品购买与替换中选择高效节能型产品。表 2-6 仅呈现了社会营销者在创造观念与产品的双重需求时所面临的 4 种情形。

表 2-6　社会观念及产品的双重需求创造

对社会观念的需求	对具体产品的需求	社会营销的任务
低（如环保禁塑）	低（如可降解塑料袋）	创造双重需求
高（如消防安全）	低（如家用灭火器）	创造以具体产品为导向的需求
低（如绿色出行）	高（如新能源汽车）	创造以社会观念为导向的需求
高（如餐前洗手）	高（如洗手液）	保持双重需求

营销成效缓慢 社会营销效果需要较长时间才能显现，因而社会营销并不强调即时性，营销评估也较为困难。一方面，社会行为的改变本身就需要长期过程，需要一定规模的公众经历认知、情感和行为多个层面的转变才能实现；另一方面，社会营销过程存在较高的不确定性。让公众自愿而非被迫改变行为是社会营销区别于其他社会变革方式的重要特征。就个体而言，自愿行为往往建立在需求或兴趣的基础上，且当行为收益大于成本时才会发生。但社会营销的成效着眼于社会利益而非个体，个体往往只看到自身行为改变的付出与不便，对社会整体利益的感受不会像具体的产品价值那样深刻与明确，让渡价值较低甚至可能为负，从而拒绝改变行为，导致社会营销的失败。

2.3 方法及工具创新

伴随营销学科的发展及科学技术的进步，越来越多的研究方法与分析技术被应用于营销研究，尤其是在信息技术与数字技术的推动下，营销科技（MarTech）快速发展，许多新的营销工具被催生出来，营销在保持艺术性的同时，其科学性、技术性正日益被强化。

2.3.1 营销研究方法

早期营销研究主要采用规范研究（normative research）方法，即以某种价值判断或伦理标准为基础，运用演绎和归纳，注重从逻辑性方面概括指明"应该怎么样"或"应该怎样解决"的研究方法。规范研究方法起源于经济学家约翰·梅纳德·凯恩斯（John Maynard Keynes）对于经济价值判断的研究，旨在对各种经济问题的好坏做出判断，从而为政策制定与实践指导提供理论依据与判断标准。早期营销以经济学分支形式出现，因此规范研究被用于探讨营销活动的合理性、有效性及策略制定，对营销理论框架的构建、营销策略的制定与营销效果的评估起到重要作用。

当市场营销脱离经济学成为一门独立学科后，以观察法、实验法、案例法为代表的实证研究（empirical research）方法成为营销研究的主要方法，实证研究方法即基于事实、数据，通过检验理论假设或探究现象之间的关系来建立和检验理论的研究方法。相较于以思辨为哲学基础的规范研究，实证研究解决"是什么"的问题，重在通过观察、实验等手段，借助定量和定性分析技术对具体现象进行客观描述、解释与预测，揭示其内在构成因素及因素的普遍联系；实证研究是不加入价值判断，对现象及事实的客观反映与理论建构。随着大数据与人工智能技术的兴起，以及营销研究不断从心理学、社会学、统计学、计量经济学、计算机、神经科学等领域吸收并发展营销研究与分析方法，以机器学习法为代表的新方法开始得到营销研究人员的关注，营销实证研究逐渐呈现出多视角、跨学科、混合化的发展趋势。下面介绍几个常用的实证研究方法。

观察法 观察法是对自然状态下发生的现象或行为进行系统、连续的考察、记录、分析，从而获取事实材料的一种研究方法。根据观察者的介入方式，观察法可分为直接观察和间接观察；根据观察记录的形式，观察法可分为描述性观察、推论性观察和评鉴性观察。尽管观察环境可依据观察目的而有所不同，但被观察者的所有行为及反应都是在自然状态下进行的，因而观察结果更为直接、真实与详尽，但也容易受到各种因素的干扰，可控性较弱。在营销研究中，观察法常用于了解市场供求关系、顾客行为、营销效果等，如客流量、堂食翻台率、问询率、购物路线选择、产品陈列效果、促销活动反应等。

实验法 实验法源自自然科学的实验求证，通过控制一定条件来观察和测量变量之间的因果关系，证实具体的理论假设。根据实验场景，实验法可分为实验室实验、现场实验；根据实验目的，实验法可分为析因实验、探索实验、比较（对照）实验等。但无论何种实验类型，都具有标准、规范的操作程序，主要借助数学和统计方法对数据进行定量研究，因而实验结果（所确定的因果关系）较为客观，具有重复验证性。实验法通常用于营销策略及产品的有效性测试，包括产品概念测试、广告内容测试、新产品推广测试等。近年来，得益于眼动仪、多导生理仪、脑机接口技术等非侵入式生理信号监测技术及手段的不断进步，对研究对象心理、行为、态度的研究实验也在快速发展。营销研究人员可以直接获取研究对象的眼球运动、脑电 / 心电 / 肌电信息、呼吸频率、神经传导等生理指标，更加客观、准确、深入地了解研究对象的情感、认知与行为，当然，实验过程可能引发的伦理、隐私问题也正日益受到关注。表 2-7 罗列了实验法中常用的定量分析方法与技术。

表 2-7 营销实验中常用的定量分析方法与技术

数据采集	数据分析
问卷调查、焦点小组访谈、深度访谈	因果模型
试验和面板设计	加权信赖模型和因素属性
动机研究与投射技术	贝叶斯分析
心理统计特征及活动、兴趣、选择学习	信度和效度检验
生理学技术（如眼动仪）	响应函数
概率抽样	假设形成、推论和显著性检验
营销模型	边际分析和线性规划
	多维标度和态度测量
广告（如 Mediac 模型、Brandaid 模型）	经济计量
销售管理（如 Dealer 模型、Calplan 模型）	时间序列分析
新产品（如 Demon 模型、Sprinte 模型）	权衡分析和联合分析
产品计划（如感知器、存取器）	方差分析
拍卖定价模型、随机品牌选择模型、市场份额模型	多元因变量法
品牌评估模型	多元自变量法

案例法 案例法是通过追踪研究某一具体对象（如个体、群体、组织）的行为，对行为发展过程及典型特征进行广泛收集并深入分析、解释与推理的研究方法。案例法多被视为一种定性研究方法，研究对象具有某种特殊性或典型性，主要揭示个案的内在特定与规律或个案之间的共性与差异，因而常被运用到复杂或独特的营销问题剖析、营销行为优化等研究中，推动了营销新现象、新理论的探索与发现。

机器学习法 机器学习法是一种以数据为驱动的研究方法，其核心思想是利用算法和统计学方法，在没有研究者直接干预的情况下，计算机直接从大数据中发现潜在模式和规律，自动进行预测与决策。在营销研究中，机器学习法对于用户画像的精准构建、个性化内容的优化与推荐、营销效果评估具有其他实证研究方法无法媲美的优势：高效、精准、实时、智能。

2.3.2 数字化营销工具

随着以云计算、大数据、物联网、区块链、人工智能、虚拟现实（VR）和增强现实（AR）等为代表的数字经济产业的飞速发展，营销与科技深度融合，形成一系列帮助组织进行数字化营销的技术、工具、平台，包括监控和数据分析技术、标签管理工具、搜索引擎工具、移动设备优化工具、数据管理平台、内容分发网络、再处置方案、自动化营销系统等，也被统称为营销科技。

数字化技术为组织完成从需求洞悉、计划制订、方案执行、销售转化、顾客运营和效果监测的全部营销流程提供了技术支持，并与营销深入融合，形成了广泛应用于顾客行为分析、内容创意、媒体投放、渠道运营、销售转化、客服管理等场景的系列营销工具，具体如表2-8所示。

表 2-8　数字化营销工具

类型	具体功能及代表性工具
行为工具	行为采集工具：对用户的人口、地理位置等统计数据及点击、浏览、搜索、转换等网络行为进行实时捕捉、记录与跟踪，如百度统计、易观方舟、GrowingIO
	行为挖掘工具：利用数据挖掘、机器学习等技术，从用户数据中提取潜在信息或隐藏模式，挖掘用户需求，预测行为趋势，如数数、Mixpanel
	用户画像工具：基于数据采集、挖掘与分析，通过特征提取与模型训练，对用户进行标签化和分类化，预测用户行为发展并提供决策支持，如诸葛IO、快鲸SCRM、Boardmix
	可视化工具：利用图形、图表等视觉元素和自定义工具展现营销数据和信息，方便营销者快速捕捉数据中的关键信息与趋势，如山海鲸、阿里云DataV
内容工具	内容物料管理工具：将过去单次使用的信息内容拆解成元素和片段，再通过建立内容管理系统，将其标签化、结构化储存，方便调用，如ConTech内容中台
	内容生产工具：根据营销目标、用户偏好及媒体、终端类型，自动创作、自适应延展、高效规模化进行信息内容生产，如宙语AI写作、悟空图像
	内容测试工具：对生成内容进行小规模多变量测试，根据用户反应优化创意元素及内容，如Adobe Target
媒体工具	公域媒体投放工具：对允许所有用户访问其内容的公共、共享性媒体（如抖音、微博、百度、喜马拉雅）进行内容投放、监测与评估，如麦客邮件
	私域媒体推送工具：对个体或组织自主搭建和运营的媒体（如邮件、短信、微信公众号）进行信息推送与个性化互动，如星云留客、星裂变
渠道工具	经销商管理工具：监测管理订单需求，快速准确了解产品进货、库存、分销数据，提供自动对账、核查进销存数据等自助服务，如金蝶的EAS渠道营销服务平台
	线下渠道运营工具：对门店及用户数据、价格与促销、进销存等进行数字化管理
销售工具	销售线索管理工具：基于用户数据的收集与分析，识别、筛选销售线索，进行针对性的销售跟进与维护，实现机会转化，如Neocrm销售易软件
	销售辅助工具：简化成交流程、销售业绩及销售人员管理等，如微链CRM系统
客服工具	客服数据管理工具：汇总、分析各类用户问题，评估用户购后状态，制定个性化的售后支持，提升服务与用户关系管理的质量和效率，如销售易、纷享销客
	客服辅助工具：多平台接入，快速高效响应客服请求，如网易七鱼、芝麻小客服

资料来源：周艳，吴殿义，龙思薇. 新营销变革与趋势 [M]. 北京：经济科学出版社，2021：166-177.

数字化营销工具的出现与应用彻底改变了组织的营销方式，组织的营销手段也越发精准高效、个性化且自动化。营销科技与我国巨大市场的叠加及国家对数字经济的强力推动，使我国在数字化营销工具创新与应用上快速发展，并逐渐引领全球。

◉ 本章小结

1. 产品交易范围与规模推动了营销思想的产生，营销研究源自产品的分销、交换、制造等经济学基础性研究活动，并逐步由高校走向企业及社会。随着第二次世界大战结束，营销理论与实践开始进入繁荣期，进入 21 世纪后，营销进入分化阶段，技术创新对营销的推动日趋深远。

2. 早期营销以经济学分支形式出现，后逐渐成为管理学领域的综合性学科，研究方式也从交易营销转向关系营销，强调与利益相关者的关系建立、发展与维持，营销范围从生产前向生产后及整个价值链环节延伸。

3. 在营销的发展历程中，营销目标从促进销售转向顾客价值及社会利益，营销主体从企业扩大到所有组织及个人，营销客体从消费者扩大到广义顾客，营销对象从最初的实物产品逐渐增加到服务、体验、人物、组织、事件、地点、财产权、信息、观念。

4. 4P 到 4C、4R 的演进一定程度上反映了营销思想的变化，4P 立足于企业，4C 以顾客为中心，4R 则强调企业与顾客的互动与双赢；另外，营销策略也由组合向整合发展，营销策略的整合范围不断扩大，也越来越立体、全方位，从 4P 到 6P、7P，从线下到线上线下营销。

5. 承担营销职能的营销组织也在不断演变，营销部门的组织形式经历了单纯销售部门、兼有营销职能的销售部门、独立营销部门和涵盖销售的跨职能部门 4 个阶段，营销职能逐渐从销售部门中分离出来，成为组织实现以顾客为中心的主导力量。

6. 服务是一种活动，具有无形性、易逝性、不可分离性、差异性的特征，因而服务营销时需要注重服务的有形展示、过程中的互动、供给的扩大与便捷、生产者承担营销职能、组织内部的营销。

7. 体验是顾客在具体消费场景中因互动而产生的令人难忘的感受与经历，具有主观性、个性化、生产者和消费者统一的特征，体验营销具有体验主题主导、顾客主动参与、数字化支撑的特征。

8. 社会观念是公众形成的一种共同的精神状态，表现为普遍看法、态度或价值观，具有精神性、嵌入性、长期性、普遍性及难以测度性的特征，对公众的社会观念与公共行为的营销称为社会营销，具有追求社会利益、管理多重需求、营销成效缓慢的特征。

9. 早期营销研究主要采用规范研究方法，以某种价值判断或伦理标准为基础，注重从逻辑性方面概括指明"应该怎么样"或"应该怎样解决"；此后，实证研究方法成为主流，基于事实、数据，通过检验理论假设或探究现象之间的关系来建立和检验理论，具体包括观察法、实验法、案例法及机器学习法等。

10. 数字化技术与营销深度融合形成的营销工具广泛应用于顾客行为分析、内容创意、媒体投放、渠道运营、销售转化、客服管理等场景，彻底改变了组织的营销方法，组织的营销手段也越发精准高效、个性且自动化。

▲ 关键术语

交易营销　关系营销　4P 组合　6P 组合　7P 组合　4C 组合　服务　服务营销

体验　体验营销　社会观念　社会营销　营销规范研究　营销实证研究

简答题

1. 在营销的发展历程中，其学科基础发生了怎样的变化？

2. 交易营销与关系营销有何区别？

3. 请从营销目标、主体、客体及对象 4 个方面描述营销行为的发展。

4. 如何看待 4P、4C 与 4R 的关系？

5. 在营销的发展历程中，营销部门的组织形式发生了哪些变化？

6. 体验、服务与实体产品存在哪些方面的差异？

7. 什么是社会营销，其营销特征是什么？

思考题

1. 什么因素推动了营销的发展历程，对营销发展具体产生了怎样的影响？

2. 在营销策略上，服务营销与体验营销采用的组合策略分别是什么？

3. 规范研究方法与实证研究方法有何区别，分别侧重哪些方面的营销研究？

实践与探讨

选取你生活中所接触的某项数字化营销工具，回答以下问题，并将结果与选取同样数字化营销工具的同学进行交流。

1. 你与该项数字化营销工具接触的情境是怎样的？

2. 在该项数字化营销工具出现之前，相同情境下你与营销组织是如何接触的？

3. 该项数字化营销工具给你带来了怎样的便利？产生了怎样的营销效果？

4. 该项数字化营销工具是否也给你带来了困扰？请就该工具的改进给予具体建议。

互联网实践　　　　　　　　　　　　　　　　　**课程思政**

烟草流行问题是全球公共卫生重点控制的领域。作为烟草生产、消费大国，我国 2003 年就签署了世界卫生组织的《烟草控制框架公约》，经全国人大常委会批准，于 2005 年正式生效。20 多年来，我国高度重视控烟工作，持续组织实施专项"控烟行动"，在推进控烟立法、加强电子烟监管、推进无烟环境、强化公共场所控烟监督执法等方面取得成效。

但自主自律的健康行为不能仅依赖立法、行政等"硬约束"，更需要社会监督、宣传倡导等"软督促"。登录中国控制吸烟协会、烟草控制资源中心、中国烟草等网站，思考如何运用社会营销理论，针对青少年、大学生、烟民等群体改变禁烟控烟的观念及行为。

第 2 部分

市场分析：洞悉需求

堵车很无奈，但避免了广播电台的消亡；等电梯很无聊，却成就了分众传媒的千亿市值；当步数、运动轨迹、健身打卡成为朋友圈的日常时，Keep 完成了 6 年 3 亿用户的目标；低碳生活渐成风尚，产业升级"向绿而行"，高端化、智能化、绿色化新型支柱产业快速崛起……

有些市场机会苦苦寻求仍不得见，有些市场机会主动敲门却未被听见，有些市场机会一直存在，有些市场机会稍纵即逝。市场机会究竟是什么？在哪里？怎么才能找寻得到？

市场机会显然与需求密切相关。需求既存在于个体与家庭中，也存在于企业等组织机构；需求既受到技术、文化、场景等外部因素的影响，也与角色、偏好、能力等内部因素有关；需求既是动态变化的，也是不断扩散的。营销者只有先掌握需求的基本理论，才能通过对外部环境与顾客行为的监测、分析，洞察顾客需求变化及趋势，发现、创造并抓住市场机会。

第 3 章
需求的认知

愉悦和痛苦不是绝对的状态而是转换的过程。愉悦是人从一个相对不完美状态转换到一个更加完美状态的过程，如果一个人生来就拥有完美，那么他将无法体会愉悦的感觉。相反，痛苦则是人从比较完美的状态转至不那么完美状态时所经历的情感体验。

——巴鲁赫·斯宾诺莎（Baruch de Spinoza）

荷兰哲学家

现代营销以顾客为导向，以顾客需求为中心，营销自洞悉顾客需求开始，至满足顾客需求结束。尽管所有营销活动都建立在洞悉顾客群体需求的基础上，但显然，个体需求的产生及在此驱动下的行为研究是洞悉群体需求的基础。

需求在其简单的表象下有着极其丰富的内涵与表现形式，个体需求扩散为群体需求也有一定的规律可循。营销者只有了解需求产生的原因，清楚需求的类型及划分，才能从各种因素的变化中洞见需求的萌芽，从顾客表述及行为中准确识别其真实含义。当然，需求是动态发展的，营销者需要运用科学方法预测需求的未来变化并进行需求量的测算。

3.1 需求及传递

需求是顾客希望改善目前状态的一种心理愿望，但这种愿望源于何处、强度如何、表现方式是什么？个体需求是如何扩散为群体需求的？接下来将一一解答。

3.1.1 需求产生

当个体在相关刺激的作用下，因当前实际状态与原来期望或理想状态不一致时，就会在心理上产生紧张、不安等不适感觉。当个体期望消除、排解这种不适时，需求就会产生。简单来说，需求就是对实际状态的不满意，如图 3-1 所示。

需求可以由内部刺激——由人体生理机能引发，如饥饿、口渴，也可以受社交、营销等
外部刺激的激发，抑或在内外部刺激的共同作用下产生，如路过餐厅看到美食与促销活动而食指大动。需求产生的关键在于个体能否感知到实际状态与期望状态不一致，而这种不一致取决于个体的阈限水准（threshold level）。若超过阈限水准，个体就会确认需求，进而驱动行为；若未超过，则意味着个体未认识到这种特定需求。阈限是引起个体感觉到某个刺激物存在或发生变化的最小刺激量。不同个体在不同情境下的阈限水准是不一样的，这也就意味着个体对有些需求的认识是瞬间的，而对有些需求的认识则需要长时间才能形成。

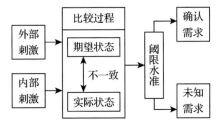

图 3-1　需求的产生

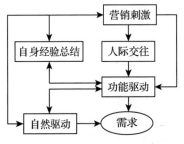

图 3-2　需求产生的内外部刺激

概括起来，导致个体需求产生的内外部刺激包括自然驱动、功能驱动、自身经验总结、人际交往和营销刺激等 5 个方面，如图 3-2 所示。自然驱动和功能驱动是最基本的需求产生力量，其他驱动因素都要通过它们才能发挥作用。

1. 自然驱动

自然驱动是未经意识控制，由人的器官功能自然作用而引发的，如肠胃器官的过快蠕动使人产生饥肠辘辘的饥饿感，进而导致对食物的渴求。自然驱动产生的需求是基于个体生理的，是人类与生俱来的一种本能，因而最为可靠和持久。这种驱动下的需求基本上不受外界干扰，对不同的个体来说，也是基本一致的，营销刺激只能发挥短暂的、有限的作用。

2. 功能驱动

功能驱动是经由大脑反应，因产品的功能属性而引发的，如为了御寒保暖添置衣物，为了拓宽视野、探索未知而购买书籍。功能驱动的需求往往是顾客购买产品的根本原因，也是产品存在和发展的基础。

功能驱动的需求既可以是衣食住行这种基本的日常生活需求，也可以是休闲、娱乐、探索、审美等追求精神愉悦与生活质量的需求。只不过，前者驱动的产品需求规模相对稳定，营销的刺激可能会使这种需求提前释放或扩散转移，但很难改变需求的整体规模与发展趋势；后者驱动的产品需求无论在多样性、扩展性还是可塑性上，都存在较大的弹性空间，营销刺激对这种需求的影响、改变较大。例如，当我们身处美食街时，在食物选择、服务要求、营销刺激等方面，吃饱与吃开心的标准显然不同。

3. 自身经验总结

自身经验总结是指个体将曾经购买、消费的经历、感受、认识形成记忆，在一定刺激或

提示下产生需求。显然，记忆内容及强度影响自身经验总结所形成的需求，美好体验会让人再次产生对这种产品的需求，美好程度越高，需求被唤醒的可能性就越大，而使用缺陷或教训则会使人抵触这种需求或形成纠正行为。

4. 人际交往

人们在交往过程中总是难免要谈到购物、消费及其他生活问题，在此过程中，人们会从多个角度自觉或不自觉地向他人学习购物、消费和生活经验，并且把这种学习来的经验应用于指导自己未来的购物、消费与生活，效仿与攀比是这种需求最为直接的行为体现。和自身经验来自自身经历不同，人际交往是一种来自外部的经验。

人际交往的营销作用包括两个方面，一是改进自身的购物、消费及生活方式；二是效仿，并由此产生新的需求，追求新的产品和生活方式。

5. 营销刺激

营销活动是机构有意识地、主动影响顾客需求及行为的行为。因此，在组织或营销者的营销活动刺激下，个体也会产生需求，但这种需求受到诸多因素的影响，且与营销刺激的强度、频率、持久性等密切相关，需求波动性较大。例如，营销刺激催生的需求会因经济形势不好、收入水平下降而被放弃，也会随着促销力度的加大而增加。

🔘 材料 3-1

冷热不均的奢侈品消费

贝恩咨询公司（Bain & Company）发布的最新数据显示，2023 年除了美洲市场受美国宏观经济的不确定性影响致市场萎缩 8% 以外，全球其他市场的奢侈品销售均实现增长，但备受期待的中国内地市场仅增长了 9%，远低于业内预期。

作为全球奢侈品消费第一大国，中国市场的复苏与发展直接决定全球奢侈品市场的走向。虽然新冠疫情后的整体消费市场已然复苏，但面对行业震荡、收入不稳定等现实问题，不同人群的消费行为差异正在显现。高净值人群并未在冲击中受到太大影响，其奢侈品消费依旧频繁，其购买决策仍由身份象征、独特性和认同感驱动，但不少中产阶级已减少或推迟奢侈品购买，以往的高端消费开始转向必要性支出，消费趋于保守、谨慎与克制，而年轻的仰慕型消费者因不断上升的民族自豪感也在逐渐消解"奢侈品崇拜"，更倾向于带来情感与自我表达的本土或小众品牌。有趣的是，即使消费者在持续压抑他们的奢侈品消费欲望，但很多品牌却选择在此时上调价格。

资料来源：精致商业观察. "冷热不均"的奢侈品消费复苏下，品牌如何直面消费模式差异 [EB/OL]. (2023-08-25) [2025-03-27]. https://www.163.com/dy/article/ID0RGN4O0552U2HZ.html.

上述 5 种需求产生的因素是从个体角度展开的，但从营销者角度来看，需求只有指向所营销的产品才有直接的商业意义。自然驱动与功能驱动的需求决定了问题的解决方向，面向的是所有产品或品类，而后 3 种刺激所形成的需求指向了具体、特定的品牌或组织，从这个角度来看，自身经验总结、人际交往、营销刺激所形成的需求对营销者而言更具决定性。

因此，营销者应注意识别引起顾客某种需求的环境，并充分认识到两个方面的问题：一是那些与本组织产品有实际或潜在关联的需求驱动力；二是顾客需求强度会随着时间的推移而变动，并且会被一些诱因触发或屏蔽。在此基础上，营销者要善于挖掘情境、动机等诱因，既要触发顾客需求，又要将顾客需求指向对本组织产品的需求及购买上。

5 种因素引发的需求强度及稳定性是依次减弱的，这也说明需求是变化的、具有社会性的，是可以由"学习"而产生的，是可以被创造与传递的。当然，对于组织市场的需求而言，其需求的产生与自然驱动、人际交往无关，通常只是从效益或效率出发，确定是否需要更新设备、购买原材料等。

3.1.2　需求类型

既然需求受到诸多因素的影响且是变化发展的，因此，在现实生活中需求就存在多种表现形式、层级、结构等。营销者应尽可能地从不同角度对需求进行解构，进而划分并厘清需求的类型，掌握不同类型需求的特征，以符合其特征的方式去创造、传递并满足它。常见的需求类型划分及内容如表 3-1 所示。

表 3-1　需求的类型

划分依据	具体类型	划分依据	具体类型	划分依据	具体类型
起源	自然需求	需求量	饱和需求	显现状态	现实需求
	社会需求		过度需求		潜在需求
发展层次	生理需求		衰退需求	利益指向	实用性需求
	安全需求		波动需求		享乐性需求
	社交需求	结构	基本型需求	表述	显性需求
	尊重需求		期望型需求		隐性需求
	自我实现需求		兴奋型需求		

1. 按照起源划分

按照起源划分，需求可以分为自然需求与社会需求。自然需求是因生物性或生理性而产生的需求，包括衣食住行、健康、安全等。这些需求是个体与生俱来的，是基于生存与生活延续而产生的。社会需求是在社会互动与合作中，因社会角色、社会行为和社会关系而产生的需求，如社会交往、荣誉感、自我表现等。这种需求是个体作为社会成员在后天的社会生活中习得的，与其心理特征紧密关联。

2. 按照发展层次划分

美国心理学家亚伯拉罕·马斯洛（Abraham Maslow）在 1943 年提出需求层次理论，将人类需求从低到高分为 5 个层次，即生理需求、安全需求、社交需求、尊重需求和自我实现需求，如图 3-3 所示。

生理需求是指人类最基本的身体需求，包括食物、睡眠、栖身之地等。安全需求是指保护自己免受身体和情感伤害，摆脱生存及生活威胁的需求，如人身及财产安全、病有所医、避免失业。社交需求是指与他人建立感情的需求，包括爱情、归属、接纳、友谊等。尊重需求是指自尊和希望受到别人尊重，如独立、威望。自我实现需求是指追求实现自己的能力或潜能，并使之完善的需求。

马斯洛认为需求是由低到高逐级形成并得到满足的，但今天大多数学者认为，任何人都同时存在上述 5 个方面的需求，只是由于受教育程度、收入水平、宗教信仰和成长历程等因素的影响，对各个层次需求的重要性与强度存在差异。简单地说，一个乞丐未必没有自尊的需求，更不会没有安全的需求。

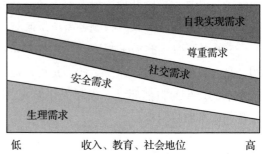

图 3-3　需求层次模型

3. 按照需求量划分

饱和需求　饱和需求又称充分需求，是指市场对某产品的需求量或某需求的顾客总量在当前条件下已经趋于上限。如 2022 年江苏省有线电视数字化率已达到 99.6%，传统有线电视的装机需求已近饱和，难再增长。需求受到诸多因素的影响，任一因素的变化都会引起需求变动，因此饱和需求并非稳定不变。

过度需求　过度需求又称超饱和需求，是指市场对某产品的需求量超过了当时该产品的市场供应量，也指需求量超过了资源承载量。前者会呈现短暂的供不应求，后者则会导致长期的环境恶化，需要通过社会能力、企业克制及正确消费观与营销观的传播，将需求量限制在资源可持续的条件下。

衰退需求　衰退需求是指市场当前对某种产品的需求量在减少。替代产品的出现、经济形势的恶化、消费观念的变化等都会导致需求的衰退。根据其产生的原因与结果，衰退需求也被称为无益需求或否定需求。

波动需求　波动需求又称不均衡需求，是指市场对某产品的需求在数量和时间上呈不均衡的波动状态，如时令性产品、节假日的交通出行等。需求波动往往导致价格的起伏，若波动较大或过于频繁，则会对生产及销售计划产生较大影响，加大运营成本及风险。

⊝ 讨论 3-1

集中式休假的喜与忧

根据文化和旅游部的数据，2024 年国庆黄金周国内出游 7.65 亿人次，较 2019 年同期增长 10.2%，总消费达到 7 008.19 亿元，较 2019 年同期增长 7.9%。交通运输部的数据显示，国庆期间，全国跨区域人员流动量累计 20.03 亿人次，日均 28 618.7 万人次，较 2023 年日均增长 3.9%，相当于全球 1/4 人口乘坐交通工具出去旅行了一次。其中，自驾出行达 158 541 万人次，占交通出行人数的 80% 左右。

黄金周继续见证了假日经济的巨大能量，但"拆前借后"的集中式休假及"翻过人山看人海"的景象也再次引发讨论。赞同者认为，除了宏观层面上的促进消费、带动经济考虑以外，集中式休假方便亲友在一个时间点团聚、远游；反对者则认为集中式休假打乱了正常的生活节奏，降低了休假质量。你怎么看待集中式休假？要不要改革，怎么改革？

4. 按照显现状态划分

现实需求 现实需求是指顾客已经清晰显现并准备寻求满足的需求，同时顾客还具备相应的货币支付能力、购买资格等相关条件。只要市场上有相应的产品供应，顾客需求随时可以转化为对具体产品的购买和消费行为。

潜在需求 潜在需求是指目前尚未清晰显现或明确提出，但未来可能形成的需求。潜在需求通常是某种消费条件不具备所致，如市场上缺乏能满足需求的产品，不具备产品使用条件，顾客不愿意改变消费习惯或消费意识不明确。

5. 按照利益指向划分

实用性需求 实用性需求是指能产生客观的、功能性的应用价值的需求，如打印、理财。实用性需求通常因一项功能性或实用性的任务而产生，顾客对产品的购买与使用具有明确的工具性需求，注重产品的使用效果，对产品的选择、评价标准侧重于属性，较为客观。

享乐性需求 享乐性需求是指能带来主观的、情感上的心理及精神价值的需求，如游戏、看展。享乐性需求通常以追求愉悦、享受过程的情感体验为目的，注重过程，对产品的选择、评价标准偏向情感，主观性强，差异明显。当然，从产品角度来看，产品可以同时满足顾客的实用性需求与享乐性需求，因竞争的加剧，实用性产品已经越来越注重对享乐性需求的创造与满足。

6. 按照结构划分

日本学者狩野纪昭（Noriaki Kano）根据企业所提供的产品对顾客需求的满足程度，提出 KANO 模型，将顾客需求从结构上分为基本型需求、期望型需求和兴奋型需求，如图 3-4 所示。

基本型需求 基本型需求是顾客认为产品"必须有"的属性或功能，是对产品最基本、最低限度的要求。顾客一般认为这种需求是一种当然的需求，不需要表述出来。当产品满足顾客的基本型需求时，顾客只会认为是理所当然的，不见得就满意；但当产品不能满足这些需求时，顾客一定会不满意。

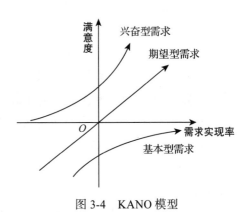

图 3-4　KANO 模型

期望型需求 期望型需求是与顾客满意度成正向关系的需求，是顾客希望获得的一些优质的产品内容及属性。这些内容及属性并不是产品"必须有"的，而是顾客"期望有"的，期望型需求被实现得越多，顾客就越满意。在需求调查中，期望型需求往往是顾客表述的重点，但受到知识结构、表达能力等个体差异和外部环境的制约，顾客有时虽然意识到或希望得到某些需求，但可能很难直接、明确地表达出来。

兴奋型需求 兴奋型需求是很少被顾客意识到或意想到的需求。兴奋型需求往往不在顾客的预期框架中，也很少会被顾客表述出来，但当产品满足了这些需求时，顾客就会产生强烈的惊喜感，顾客的满意度会大幅增加；如果产品不提供这些需求，顾客的满意度也不会因此降低。

7. 按照表述划分

显性需求 显性需求是指顾客已经意识到的，并且能够主动、清楚表达出来的需求。显性需求具有一定的共性化特征，企业可以通过提高研发水平、规模化生产去满足。

隐性需求 隐性需求则是指顾客尚未意识到的，没有直接提出、不能清楚描述的需求。隐性需求通常隐藏在显性需求背后，与某些显性需求存在千丝万缕的关联。尽管顾客也不清楚自身的隐性需求是什么，但当营销者借助显性需求对顾客进行启发、引导时，这种模糊不清的需求会逐渐清晰、明确。例如，在知识创新型产业中，企业往往会先确定一种与顾客隐性需求有关、具有潜在商业价值的创意和构思，然后研发、生产出新产品，通过试用、优化及改良，使新产品趋于完善。

📎 材料 3-2

隐形眼镜：从医疗器械到彩妆神器

隐形眼镜最初主要用于角膜或眼前节疾病的治疗，后广泛应用于生活中的近视、远视、散光等屈光不正的视力矫正。作为医疗用品，耐用性与舒适性是用户主要的显性需求，多年来各大品牌一直在使用周期、材质、含水量、透氧性等方面下功夫。随着颜值经济与悦己思潮的兴起，具有美化、装饰眼睛功能的彩色隐形眼镜（以下称为"彩瞳"）在国内快速增长，MOODY、4iNLOOK、可啦啦等国产品牌相继获得多轮融资，深受资本与市场的青睐，彩瞳色彩、图案形状与妆容的搭配，潮流元素的融入成为产品的主要卖点。国金证券发布的研究报告显示，2016—2021 年，彩瞳在中国的市场规模从 42 亿元增长至 282 亿元，年化复合增长率达 46%，到 2025 年底，其市场规模预计可达 479 亿元。

按照《医疗器械分类目录》，隐形眼镜属于风险级别最高、监管最严格的第三类医疗器械。尽管爱美是人的天性，但对视力矫正者来说，若没有品牌商的教育、引导，恐怕没人会在选购隐形眼镜时将颜值提升与视力矫正联系在一起，隐形眼镜市场也不会由非活性眼科类医疗市场扩大到时尚快消品市场。

需求类型的划分标准及方式反映了需求的具体属性，对需求类型的多角度划分有助于营销者从不同的角度审视需求的内涵。首先，需求类型的划分有助于组织与顾客明确各自对需求的认知。顾客对自身需求的认知程度决定其能否准确描述其需求，组织也只有在多角度、全面了解顾客需求类型的基础上才能把握顾客需求是否显性、现实，是否为组织目前的产品或服务所覆盖，是否需要组织进行市场教育与引导……供求双方只有在完成对需求的各自认知和相互认知的基础上，才能逐渐靠拢、形成交换。其次，需求类型的划分提供了需求创造的方式与途径。需求类型的多角度划分充分说明了需求是有层次结构的，也是发展变化的，顾客对产品的需求从来都不是一个单维、静止的状态。因此，需求的创造不仅仅体现在对一种全新需求的识别与挖掘上，还体现在对现有需求的迭代与升级上，且无论哪种方式，创新生活方式或经营方式都是创造需求的重要途径。

3.1.3　需求扩散

从营销者角度来看，需求只有指向所营销的产品才有直接的商业意义。但一种具体的产品需求不可能同时存在于所有人中，它总是出于某些特定的原因在某些群体的某些人中首先产生，然后再在群体内、群体间及时空范围内传播、被接受，这个过程就是需求扩散或需求传播。从过程上来看，需求扩散包含信息流与影响流两个环节；从形式上来看，需求扩散具有群体内扩散、群体间扩散、空间扩散、时间扩散等形式。

1. 群体与需求扩散

尽管需求的产生与发展具有足够的个人色彩，且随着社会经济的发展与自我意识的崛起，需求的差异化、个性化越发明显，但在现实生活中，因年龄、性别、职业、收入水平、社会地位、宗教信仰、社会认同等方面的相同或接近，部分个体会在消费观念、习惯、需求及消费能力等方面表现出某种一致性或相似性，形成一定的消费群体。也就说，同一消费群体内部的个体在消费心理、需求和行为等方面拥有许多共同之处，不同消费群体之间则存在诸多差异，这就为需求扩散奠定了现实基础。

需求扩散的过程包括信息流与影响流两个环节，信息流呈现信息传递的过程，影响流则体现效果形成及发散过程，如图 3-5 所示。营销者利用电视、互联网等媒介直接面向各类受众传递信息（即信息流），信息虽然可以直接到达受众，但信息的影响需要经过人际传播的多重中介过滤（即影响流），形成多级传播才能最终影响一般受众。这也意味着，在需求扩散的过程中存在影响其他群体或群体其他成员的中间角色，即意见领袖，意见领袖及其影响力的存在促进了需求扩散的速度与范围。

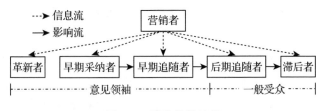

图 3-5　需求扩散过程

㊀　图 3-5 改编自美国学者埃弗雷特·罗杰斯（Everett M. Rogers）1962 年提出的创新扩散模型。罗杰斯根据受众对创新的态度及行为，将受众分为五类：革新者是新思想、新技术的"把关人"；早期采纳者多在社会系统内受到同伴认可和尊重，愿意尝试新事物，具有较大影响力与示范效应；早期追随者不主动领导潮流，但会跟随早期采纳者步伐，在扩散中起着承上启下的作用，其偏好决定新事物能否被广泛推广；后期追随者是社会中相对固定的人群，通常需要社会压力或显著优势证明才会接受新事物；滞后者则较为固执，对新事物有抵制态度。前三类具有意见领袖作用，后两类主要是一般受众。

意见领袖存在于各个社会群体与阶层中，因具有特殊技能、知识、人格或其他特质而对其他群体或群体其他成员产生影响力。这种影响力包括提供媒介信息并对其进行过滤、解释及评价，左右群体及成员的态度倾向，其行为对群体及成员行为具有示范导向性。意见领袖并不集中于特定群体或阶层，并不是正式组织中的正式领袖，通常与被影响者处于平等关系，可以是身边的技术"发烧友"、社交平台上的"UP 主"、因共同兴趣而结识的同好者……

消费群体的形成为规模生产、规模经济提供了市场基础，毕竟只有一定规模的需求才能构成有经济意义的市场。任何组织都不可能将其经济活动或社会管理活动建立在个体需求上，必须把个体需求转变为群体需求，将个体不满足转变为群体不满足，通过需求的扩散来创造、扩大市场，并扩大需求规模。从这个角度来看，需求扩散理论解释了创造需求、传递需求、扩大需求的内在机理。

当然，竞争的加剧及个性化需求迫使组织必须向顾客提供差异化的产品，差异化产品及价值的提供又反向鼓励了顾客的与众不同与个性化追逐。因此，组织必须在个性化和共性化之间寻求平衡，既要鼓励顾客的一致性以形成群体，形成一定的市场规模与规模效应，又要防止群体规模过大导致无法满足顾客的个性化需求。

2. 群体内扩散

群体内扩散是指需求在一个消费群体内部的传播、发散与接受。尽管同一消费群体中的个体大都具有相同或类似的消费需求，但对满足这一需求的具体产品的接受速度是不尽一致的。群体内扩散的一般规律是：群体内的意见领袖先接受了一种新的产品需求，在其示范带动下，群体内其他个体开始效仿、接受，使需求在群体内扩散开来。

🖥 案例 3-1

Keep 7 年：注册用户从 0 到 3 亿

2015 年 2 月 4 日，Keep app 正式上线，但在此之前，Keep 的"埋雷计划"已经启动。Keep 团队在微博、豆瓣、百度贴吧等社交媒体上锁定了近百个健身社群，通过发布高质量的健身贴，吸引健身爱好者的关注，并从中招募了大约 4 000 人的内测团队。这 4 000 人在帮助完善产品功能的同时，也成为 Keep 第一批种子用户。凭借通俗易懂的免费课程及种子用户的示范影响，Keep 仅用了 289 天就获得了 1 000 万注册用户，用了 467 天就使月活跃用户达到 1 100 万，在健身工具类 app 市场上一鸣惊人、站稳脚跟。

2019 年，Keep 注册用户突破 2 亿人，但 app 自制课程仅有 1 200 套，Keep 团队意识到若不增添平台内容的丰富性，将无法吸引更多的新用户，老用户也会被抖音、B 站等平台分流。为此，Keep 引入健身达人、开启直播，开展"万人伸展计划"。健身界顶流帕梅拉、周六野 Zoey、韩小四 AprilHan 等达人纷纷进驻 Keep。优质的达人课程和运动陪伴打破了用户增长的瓶颈，截至 2021 年底，Keep 已积累超过 100 位拥有 50 万以上粉丝的达人，月度百万跟练达人 14 位，意见领袖级健身达人超过 1 000 位，注册用户 3 亿人。此后几年间，Keep 更是与虚拟团体 A-SOUL、马拉松赛事、肯德基等合作，旨在通过场景、圈层与内容的多维出圈，吸引更多群体。

2024 年 8 月，Keep 发布营收公告：报告期内营收 10.37 亿元，同比增长 5.4%，平均月活跃用户和平均月度订阅会员分别为 2 966 万和 328 万，会员渗透率提升至 11.1%；自有品牌运动产品贡献 5.01 亿元营收，占比 48.3%，线上会员及付费内容贡献 4.37 亿元营收，占比 42.1%；截至 2024 年 6 月 30 日，Keep 持有现金及现金等价物 14 亿元。

资料来源：私域流量观察.坐拥数据驱动的 3 亿私域流量池，刘畊宏们打不败 Keep[EB/OL].（2022-05-09）[2025-03-27]. https://mp.weixin.qq.com/s/UszSi1vyKyMBwzx_5I6irQ.

3. 群体间扩散

群体间扩散是指需求由一个消费群体向另一个消费群体的转移与接受，流行是需求在群体间扩散的最典型现象。按照需求扩散的方向，群体间扩散可以分为滴流、横流和逆流 3 种形式。

滴流是需求自上而下引发的需求扩散，即需求先在较高的社会阶层中产生，后逐渐扩散到较低的社会阶层中。例如，奢侈品多被收入较高、经济稳定的人士购买使用，但因其高价、稀缺所形成的象征性，也被初入职场的年轻人追捧。

横流是需求在社会同一阶层中的不同群体之间的扩散，即需求在社会同一阶层的某一群体中率先产生，而后在其引领下向同属同一阶层的其他群体蔓延、渗透，进而扩散。例如，格纹衬衫因穿着舒适、搭配简单，除了成为程序员的日常标配穿搭外，也逐渐被商务人士喜欢。

逆流是需求自下而上引发的需求扩散，即需求先在较低的社会阶层中产生，后逐渐扩散到较高的社会阶层中。例如，牛仔服原是美国西部牧牛人的工装，现已成为从平民百姓到国家总统的风行服装。

4. 空间扩散

空间扩散也称区域扩散，是指需求由一个区域扩散至另一个区域。本质上，需求的空间扩散属于群体间扩散，是按照地理区域对消费群体进行了区分后形成的扩散。通常，不同区域的消费群体在购买力、消费意识、社会文化等方面存在差别。

需求的空间扩散一般只有滴流和横流，即由发达地区向发展中地区、欠发达地区扩散，或在发展程度相同或相近的区域间扩散。逆流现象即使有，也往往是发达地区意见领袖发现、追逐和推动的结果，这也是营销者往往将新品的发布与推广选择在发达地区、一线城市的原因。

5. 时间扩散

任何扩散都存在时间性，需求扩散也不例外，衡量需求扩散的时间指标包括速度和周期性。需求的本质是一种愿望，因此其扩散速度可以很快，现实生活中也常有"引爆需求"的说法。但从产品角度来看，无论是产品的供应还是购买都不可能在较短时间内实现规模化，当然，观念产品、可数字化产品的供应速度另当别论。营销者需要在需求（或产品）扩散速度和产品供应保障间寻求平衡，供不应求容易使竞争者或替代品乘虚而入，甚至可能导致假冒伪劣泛滥，供过于求又会明显延缓资本回收周期、增加运营风险。

需求扩散的另一个时间维度是周期性。周期性是时尚性需求及产品的典型特征，当然，这种周期性并不一定呈现出规律性，不同周期的需求与产品也并不完全一样，一定存在结构、形式等方面的变化。时尚的周期性受到社会文化、经济状况等多种因素的影响，但很多时候是营销的结果，因此，在某种意义上，前卫与复古并无本质区别，都是市场审美观念与购买需求的体现。

需求扩散并不是单一的线性发展，往往多种扩散形式交叉重叠在一起，互相影响、互相渗透，即需求在一个消费群体内部扩散的同时，可能也在另一个消费群体扩散，这种扩散既体现区域上的跨度，也存在时间上的间隔。

⊖ 讨论 3-2
翻红的军大衣能否持久

军大衣曾是军队保暖服装，独特的军事气息和突出的御寒功能使其在 20 世纪 70 年代成为满街蓝灰色年代的一抹时尚，一件难求。到了 20 世纪 80 年代，军大衣已经在老百姓中普及，成为寒冬中的"国民外套"，但随着羽绒服的兴起，军大衣在 20 世纪 90 年代逐渐退出大众视野，仅在冷库劳保用品销售点、冬季景点的游客中心等小众场合可见。

2023 年 11 月 10 日，8 名大学生身穿军大衣走进教室的视频引发全网近 1 000 万人的围观，"军大衣平替羽绒服""军大衣走进校园"成为热门话题，引发抢购热潮，军大衣也因此轻松入围"淘宝 2023 年度十大商品"的候选名单。没人会想到在 2023 年冬天，军大衣会在大学生群体中重获新生，引发购买风潮，更让人难以置信的是，军大衣还火到海外，被誉为"东方的时尚战袍"，100 美元的售价供不应求。对于军大衣的翻红，有社会观察家认为这是"00 后"在整顿羽绒服市场，是对"炫耀式消费"的回应，反映了年轻群体抵制高价、理性务实的消费观念；有网络评论者指出军大衣只是年轻人玩梗的手段，"显眼包"的社交红利难以支撑军大衣的持续热销；时尚人士则强调这是时尚的循环，是交领、斜襟、肩章等军事元素与时尚风潮的再次融合，是消费者审美多元化的表现，是历史沉淀与实用主义的结合……那么，你怎么看待军大衣的翻红？其是否具有持久性？存在怎样的需求扩散？

3.2　需求识别及方法

需求无所不在，但要准确识别顾客的需求并非易事，毕竟需求受到诸多因素的影响，是动态的，且很多时候是潜在的、模糊的。需求识别就是对顾客需求进行清晰、可衡量的描述，通常包括状态识别与因素识别两个环节，如图 3-6 所示。

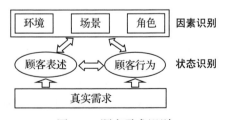

图 3-6　顾客需求识别

状态识别是通过对顾客表述与顾客行为的识别与深入解读，探求顾客真实诉求与期望；因素识别则是通过顾客所处环境、所在场景、所担角色的分析，预测顾客需求状态的未来变化，或通过对外在因素的改变、重建来创造需求。状态识别基于当下，因素识别则更多着眼于未来。

3.2.1　需求状态识别

需求状态是对顾客需求内容及结构、利益、变化、起源等属性、特征的统称，需求状态识别就是营销者理解和描述顾客需求，挖掘并洞悉顾客真实需求的过程，这个过程可以从表述识别与行为识别两个层面展开。

1. 表述识别

顾客在购前、购中、购后的各个阶段会通过问询、评价、问卷调查等多个途径进行需求描述与反馈，告诉营销者需要什么、关注什么、不满什么……显然，顾客的表述呈现了其需求"是什么"，对顾客需求表述的分析也就成为营销者发现顾客需求、解决顾客痛点的最基础、最直接的手段。但顾客表述的需求并不一定是清晰、真实、全面的，很多时候是模糊、虚假、片面的，需要营销者的识别、判断。

首先，顾客需求并非都是显性的，有些需求是潜在、隐形的，顾客自己也不知道需要什么，自然难以清晰表述；其次，出于心理防御、情境压力等方面的考虑，顾客会避免真实表达自己的需求，甚至会给出虚假、错误的感受与想法；最后，受制于知识经验、认知表达、购买偏好等自我能力的约束及营销刺激的影响，顾客很难全面、客观地表述需求，即使所表述的需求看上去较为清晰、明确，但仍可能存在确定性、结构性等问题。

● 材料 3-3

"不贵"的背后

表述的需求：我想买一辆不贵的新能源汽车。

真正的需求：练手、代步，小剐小蹭不心疼。

未表明的需求：维修保养成本低，养车无压力。

令人愉悦的需求：电池终身免费更换，车贷可享受三年免息优惠政策。

秘密的需求：毕业一年多就能买车的"显摆"心态。

2. 行为识别

需求与行为之间存在紧密关系，需求是行为的基础与驱动力，行为是需求的表达与满足方式。顾客表述出来的需求并不一定是真实需求，但顾客行为往往反映其真实需求与偏好，是需求"怎么实现"的呈现。因此，顾客行为识别就是营销者通过对顾客购前、购中、购后各阶段的行为观察，去挖掘、验证顾客真实需求的过程。简单来说，顾客的表述只是提供给营销者一个识别顾客需求的机会，能否识别出真实需求需要借助顾客行为来验证。因此，营销者既要听顾客说什么，也要看他们做什么。对顾客行为的观察、描述框架及相关理论参见第 5 和第 6 两章内容。

3.2.2 影响因素识别

顾客需求及行为不是在真空中形成的，环境、场景[⊖]、角色等外在因素都会对顾客需求状态产生影响。营销者只有识别出影响顾客需求状态的外在因素，清楚其发展走向，才能有效预测顾客需求状态的未来变化，进而支撑并指导营销决策，在竞争中赢得先机。

影响因素识别包含两层含义。一是对影响因素本身的识别。环境、场景、角色等因素本身就具有复杂性，包含众多内容，有些内容是显性的，已经影响或正在影响顾客需求状态，如环境中的文化因素、角色中的职业因素，营销者只需要确认即可；有些内容则是隐性的、潜在的，过去或当前并未对顾客需求状态产生影响或影响甚微，但未来会对顾客需求状态产生较大的、明显的影响，营销者需要识别、描绘出这种新的"形成中"的影响因素，通过这些因素的干预、引导来影响顾客需求状态，进而寻求市场机会。二是对各因素影响程度的识别。环境、场景、角色本身包含众多内容，且不断动态变化，这些内容对顾客需求状态的影响并不相同。无论这些内容是显性的还是隐性的，营销者都需要评估、判断各需求因素及其内容变化对需求状态的影响性，如影响强度、范围、正面性、持久性、可控程度，在此基础上，识别出影响顾客需求状态的关键因素，并通过对这些影响因素进行优先级排序与资源配置，确定未来需求状态的变化走向，做好应变准备。

1. 环境识别

环境识别是指营销者针对影响顾客需求状态的环境因素进行甄别、判断与描述。环境因素包括宏观环境与微观环境两部分内容，其影响具有复杂而多变、广泛且长期等特征，具体内容详见第 4 章。

2. 场景识别

顾客需求与行为总是在特定的时间、空间、氛围中产生和完成的，这些围绕具体顾客存在的各种"背景"因素就构成场景，即场景是在特定时间、空间内发生的，作用于特定主体当下需求及行为的外在因素。因此，不同于环境影响的复杂而多变、广泛且长期，场景更为具体、特定，具有应时、应景的高感知、短时效的特性。

需求与场景相伴而生，需求需要通过场景呈现、表达并实现，即场景是顾客需求依托的场所与"界面"；另外，场景也可以唤醒、激发需求并推动行为达成，即需求可以被场景"生产"出来。尤其是随着大数据、云计算、人工智能、物联网等新兴数字技术的兴起，数据可以将传统意义上难以衡量的场景要素具象化、可视化，有助于产品卖点同顾客需求的对接，实现需求、消费的升级迭代。

需求决定行为，顾客需求又无法脱离场景存在，因此，具有共性需求或行为的顾客可以

⊖ 尽管场景与情境在中文语境下常被混用，但两者在概念及内涵上仍存在区别。场景（scene）多强调物质环境及依托物质环境而形成的氛围、仪式、互动关系等，是具体、可观察的外在因素；而情境（context）的概念较为宽泛，是指在特定时间内事情发展或个体行为活动的状况、情形或即时条件，既包含场景内容，也有任务类型（如首次购买、重复购买）、社会因素（如群体压力）、个体心理因素（如情绪、动机）及个体对环境的体验、倾向、认知等心理知觉。

用场景进行标签化、聚类化。营销者可以通过对场景的细分、识别来洞悉或创造顾客需求，如盒马鲜生的"堂食"、亚朵的"睡音乐"。被细分、识别的场景与顾客的需求、行为细节越匹配，就越有助于营销者发现市场机会，创造更多、更大的顾客价值。

场景识别通常是对以下 4 类场景要素进行甄别、描述：①与时间相关的因素，如季节、节庆、某个重要时刻等；②与空间相关的因素，如地理位置、场所、景观、布局、陈设、动线等，空间可以是现实的、现实增强甚至虚拟的，也可以是实景的、网络的；③与氛围相关的因素，既包括光影、声效、色彩、温度、道具等物理氛围因素，也包括流程、仪式、陪伴、接触服务、互动关系等心理氛围因素，物理氛围因素主要影响主体的感官体验，心理氛围因素因具有一定的社会性而会对主体的社会心理⊖产生影响；④与连接相关的因素，场景中的主体可以是某类消费者、组织中的某种行为人，甚至是虚拟人。从营销角度来看，对没有特定主体的场景识别与分析是没有意义的，因此连接特定主体与场景的媒介、事件（或事项）、社群、产品、品牌等因素是场景识别的重要内容，也是最容易被忽略的内容。

● 案例 3-2

从易快报到合思：以场景驱动发展

报销是企业财务最基础的工作，看似简单，实则让各方头疼不已。员工烦恼垫付、贴票、报销周期长；财务烦恼发票稽核、合规查验；领导烦恼审批烦琐、超标严重；采购烦恼供应商匮乏、采购价高……但报销的逻辑、规则、流程稳定，适合采用标准化的软件管理。

2014 年底，马春荃创建易快报，创业团队敏锐察觉到报销背后的巨大商机，认为消费场景、报销场景、审批场景之间的孤立、隔断是导致报销痛点的关键，报销只是解决了事后消费，而要真正实现企业支出管理的精细化，必须将"事后报销"延伸到"事前预算、事中管控"的消费管理中。为此，马春荃创业团队开始重塑报销的全流程场景，将仅限于企业内部的报销审核延伸到外部消费市场与支付平台，推出易快报 app 并使之与钉钉平台深度集成，为中小型企业提供一站式报销服务，实现消费、报销与费用管理的同步衔接。

2017 年，易快报成立合思商城，包含商旅、出行、用餐、办公采购等众多企业高频消费业务，实现商城与易快报 app 的耦合。合思商城覆盖国内 340 万家酒店及 880 多万家餐饮商资源，方便企业线上采购、员工合规消费，不用垫资、无须报销，商城统一开票支付、自动对账，打通了企业从采购到消费再到财务的全流程管理。

2023 年 4 月 19 日，易快报更名为合思，对外发布合思费控、合思付款、合思收款、合思档案、合思 BI 五大产品线，实现从费控报销软件到财务收支管理平台的战略升级，这也意味着，合思业务实现了从收款到付款、从业务到财务、从管控到分析的全财务场景覆盖，基于连接优势所构筑的面向企业的业财连接生态已经形成。

资料来源：甲子光年. 从易快报到合思：一家 SaaS 独角兽的八年蜕变 [EB/OL].（2023-4-23）[2025-03-28]. https://www.sohu.com/a/669169260_100016644.

⊖　社会心理是个体或群体在社会相互作用中所产生的情绪、态度、习惯、成见等。例如在生日场景中，参加者的构成、推出蛋糕的人、许愿吹蜡烛的仪式感、服务人员的生日歌互动……这些社交互动因素显然会影响场景气氛，会让人惊喜、感动、期待，也可能会令人失望、紧张、尴尬。

3. 角色识别

需求是有主体的，但在需求产生到实现的过程中并非只有一个主体，往往存在多个主体，扮演多种角色，即需求的发起者、决策者、购买者、使用者并不一定统一存在于一个主体中，存在角色的分离，这在组织市场尤为明显。这些主体因性别、年龄、职业、收入、立场、个性等方面的差异，自然使其在需求产生与实现过程中呈现出不同的偏好、取向、习惯等个人特质。

主体的多样、角色的分离、背景的差异要求营销者在需求识别过程中必须明晰需求表述者、行为达成者及场景中的人存在怎样的关系，在需求的产生与实现过程中扮演怎样的角色。概括起来，角色识别主要识别两类内容：①参与者识别，需求产生、实现的过程中存在哪些参与者？通常，参与者包括发起者、决策者、购买者、使用者、影响者，组织市场更为复杂些，还会涉及把关者、批准者等，具体内容详见第 6.2.2 节；②身份信息识别，无论是消费者市场还是组织市场，参与者都是自然人，因此有关参与者身份特征与社会背景的信息需要明确，如年龄、职业、受教育程度等。当然，身份信息的识别是在严格遵守《中华人民共和国个人信息保护法》《中华人民共和国网络安全法》等法律法规的前提下展开的。

3.2.3 需求识别方法

需求识别可借助调查、观察、实验、行为数据等方法展开，每种方法又存在多种方式、手段，如调查法包括问卷调查、焦点小组讨论、深度访谈等，观察法包括设计观察等，实验法包括控制实验等，行为数据法包括数据挖掘等。受限于篇幅，本书在每种方法中各选取需求识别相对准确的一种识别方式进行描述。

1. 深度访谈法

深度访谈法是围绕特定主题，基于询问和受访者的记忆而开展的一种调查法。深度访谈通常是半结构式的，因为无法预知受访者对问题的回答，因此，访谈者在一对一地与受访者交谈时，仅需要围绕事先确定的主要问题与框架，根据受访者的回答随时调整问题顺序、新增访谈问题来探究其内心真实想法与态度。需要强调的是，受访者在访谈过程中的表现，如动作、表情、语气等，也需要同叙述内容一起被记录、分析。

例如，为了洞悉顾客对某产品属性的真实需求与偏好，深度访谈的内容通常由两部分构成：第一部分是要求受访者在不同场景下，识别出有别于其他产品的产品属性或描述该产品属性对其重要性；第二部分是访谈者针对受访者所指出的产品属性进行提问："为什么这个属性对你来说很重要？"受访者通常会将这一属性跟一个利益点或者另一个属性相联系，访谈者需要接着追问"为什么这个利益点（或属性）对你来说很重要？"

在深度访谈中，为了让受访者自由表达，获取其内心真实想法，访谈者要避免使用封闭式、判断性或暗示性的问题，不预设某些因素的存在或不存在。深入、灵活是深度访谈的重要特征，因此，在需求识别中，深度访谈有助于洞悉顾客潜在、隐性需求，揭示需求与场景之间的联系，理解行为、决策背后的动因。

2. 设计观察法

设计观察法是通过设立专门的体验场所或顾客实验室，创造出与现实情况相同或相近的条件与环境，观察者现场或借助影像摄录设备观察体验者行为，借以判别、洞悉顾客需求的一种观察方法。

设计观察法不需要体验者的意见反馈，而是依赖观察者对体验者行为的观察、记录，包括基础行为、交叉行为、行为顺序等，通过对原始行为数据的分析，发现影响体验质量的因素并加以改进，或探究行为与心理反应的相互关系来识别、推演需求。在需求识别中，设计观察法避免了顾客对回忆的依赖、叙述上的失真与干扰，提升了数据的真实、可靠性，但观察者也相应地难以了解顾客内在的心理、动机，因此该方法多用于产品开发、流程设计、零售陈列、营销效果评估等方面。

3. 控制实验法

控制实验法是指在受控环境中，按照一定程序人为地控制和改变变量，以测试不同变量间关系及变化规律的实验方法。变量控制与因果推断是控制实验法的关键，其中，变量控制不仅是对实验变量（自变量）的控制，还包括对可能影响实验结果其他一切变量的控制，如干扰变量、控制变量。

控制实验法通常包括以下步骤：①建立研究假设；②建立实验组与控制组；③明确自变量、因变量等变量；④前测，即在实验之前，对实验组与控制组进行相关指标的测量，以了解其初始状态；⑤实施实验刺激，对实验组施加自变量的影响，观察并记录其反应，控制组不接受实验刺激；⑥后测，在实验结束之后，再对实验组和控制组进行相关指标的测量，以了解自变量对因变量的影响；⑦分析和确定变量之间的关系是否成立及相应的函数表达；⑧总结实验结果，验证假设是否成立。

控制性强、因果关系可识别是控制实验法的优点，缺点是非自然性，即实验环境与现实生活存在较大差距，实验结果可能在现实生活中存在偏差。在需求识别中，控制实验法主要用于新产品试销、营销行为反应、营销策略设计等方面。

4. 数据挖掘法

数据挖掘法就是通过对大规模数据的采集、处理与分析，揭示出关联规则、隐藏模式、趋势等具有潜在价值信息的行为数据方法。

在传统数据时代，数据挖掘主要围绕数据库中的采样数据展开，如购买记录、推荐历史等，数据是结构化的。随着互联网、社交媒体、移动设备和物联网等技术的普及，顾客的行为数据量呈指数级增长，云计算、机器学习、人工智能等技术的发展让这些海量数据的获取、处理也变得更加容易、快速与高效。因此，大数据时代的数据挖掘（以下简称"数据挖掘"）不再受样本规模、数据形式、时效性的限制，可以直接围绕实时的全量数据展开，数据也可以是邮件、评论、图像、音频、视频等半结构化或非结构化数据。

不受样本规模限制、时效性强、准确度高是数据挖掘法的主要优势。在需求识别中，数据挖掘法主要通过对顾客行为的抓取、分析来细分市场，洞悉其需求、偏好，开展营销信息的精准推送等。

⚫ **材料 3-4** 　　　　　　　　　　　　　　　　　　　　　　　　　　　**课程思政**

向"大数据杀熟"说不

"大数据杀熟"是互联网企业利用顾客个人信息进行自动化决策，对同样的产品进行差异化定价的不良行为。2021年11月1日，我国首部专门针对个人信息保护的综合性法律《中华人民共和国个人信息保护法》正式实施，首次从法律层面系统规定了个人信息的知情权与决定权，对"大数据杀熟"等自动化决策⊖进行了专门的规定。

《中华人民共和国个人信息保护法》第24条规定："个人信息处理者利用个人信息进行自动化决策，应当保证决策的透明度和结果公平、公正，不得对个人在交易价格等交易条件上实行不合理的差别待遇。通过自动化决策方式向个人进行信息推送、商业营销，应当同时提供不针对其个人特征的选项，或者向个人提供便捷的拒绝方式。通过自动化决策方式作出对个人权益有重大影响的决定，个人有权要求个人信息处理者予以说明，并有权拒绝个人信息处理者仅通过自动化决策的方式作出决定。"

3.3　需求预测

在明确了需求如何产生、发展、扩散，营销者如何识别需求等基本问题之后，营销者需要通过科学方法推测、预判需求的发展变化，从量的角度对当前和未来的需求及其所能达到的上限进行测算，从而为营销机会评估、营销资源配置及营销控制提供依据。

3.3.1　需求预测方法

需求预测是运用科学方法及手段对顾客需求未来发展的预计与推测，包括对需求发展走向、规律的定性与定量两类预测方法。为提高预测的准确性与可靠性，在需求预测的现实操作中，营销者常将这两类方法结合起来使用。

1. 定性预测方法

定性预测方法又称判断预测法，是由预测者依靠个人经验与综合分析能力对需求的变化发展做出预测判断的方法，包括购买者意向调查法、销售人员意见综合法、经理人员评判法、专家意见综合法等。定性预测方法简便易行，耗时少、费用低，但主观性强，常用于统计数据和原始资料不足的情况。其中，预测者的选取是定性预测方法的关键。

购买者意向调查法　该方法主要预测在既定条件下购买者的可能行为，因此当购买者的

⊖ 《中华人民共和国个人信息保护法》对自动化决策含义予以明确：自动化决策是通过计算机程序自动分析、评估个人的行为习惯、兴趣爱好或者经济、健康、信用状况等，并进行决策的活动。

购买意向较为清晰、明确且愿意表达时，可采用该方法进行营销。组织市场上较常采用该方法。购买者意向调查法一般采用抽样调查，通过口头或书面询问的方式，直接了解购买者目前和未来的财务状况、可承受的价格、购买意图等内容。

销售人员意见综合法　该方法主要预测顾客需求走向与行业动向。销售人员市场洞察力敏锐、经验丰富，直接深入市场，与顾客、竞争对手、合作伙伴等群体密切接触，因此，该方法所形成的预测结果具有较高的准确性。为进一步保证预测的准确性，营销者可向销售人员提供一些必要帮助与信息资料，如产品关键技术的发展走向、企业未来的商业前景信息、竞争对手的行为与营销计划报告等。

经理人员评判法　该方法是由企业富有权威的高级主管人员根据自身经验与知识进行主观判断，通过交流与讨论，最终获得一个比较一致的意见的预测方法。但由于预测者来自不同部门，基于不同立场会形成不同的预测角度，因此较难获得一个意见比较一致的预测结果。但因预测者的知识、思维、能力、格局层级较高，对行业、企业及市场又极为熟悉，因此经理人员评判法在需求洞见、成因挖掘、因素关联、规律总结等方面具有较大优势。

专家意见综合法　该方法选取不同领域、背景的专家为预测者，借助其丰富的专业知识与经验，经过个人判断、集体讨论等形式及多次集中、反馈环节，形成最终预测结果。为了保证预测结果的客观性和准确性，可以采用匿名或盲选方式搜集和处理专家意见，避免专家之间的交流及互相影响。

2. 定量预测方法

定量预测方法是借助经济理论和数理统计工具对需求发展走向、规律等内容进行预测。定量预测依托客观数据，预测结果的可比性、准确性较高，但对数据规模及统计工具、分析模型的依赖性较大，不能完全解释一些非量化因素对预测的影响。定量预测方法通常包括以下两种。

时间序列预测法　该方法利用预测对象（如人均可支配收入、销售量）的历史时间序列，通过建立数学模型和统计分析，找出其发展变化的模式，据此推测顾客需求的未来发展趋势。时间序列预测法有简单平均法、移动平均法、指数平滑法和季节指数法等多种具体方法。

相关分析预测法　该方法通过分析两个或多个变量之间的关联性，据此预测顾客需求的未来变化。⊖相关分析预测的可靠性与可行性主要受观察值数量、变量之间关系的复杂度、预测时对数据处理是否违背正态分布假设、预测变量对自变量的反作用、未估计到的新变量等内容的影响，具体预测方法包括聚类分析预测法、一元线性回归预测法、多元线性回归预测法、非线性回归预测法等。

3.3.2　需求量及限定条件

对需求发展变化的预测有助于营销者发现或创造市场机会，但对机会有多大、发展性如

⊖　相关分析预测法仅用来发现变量之间的关系，营销者可在此基础上进一步确定这种关系是否为因果关系，更好地理解变量之间的作用机制与依赖关系。

何、是否与自身资源匹配等问题的回答依赖对市场需求量的具体测算。对市场需求的量化测算是评估营销机会的必要步骤，营销者不仅需要清晰市场需求的上限在哪里（市场潜量），也要了解与营销努力相对应的当前或未来的市场需求量是多少。

市场需求量是指在特定的地理区域、特定的时间、特定的营销环境和营销努力下，某一顾客群体所购买的产品总量，以下简称"需求量"。因此，需求量不是一个固定的数字，而是一个包含一组条件的函数。

$$需求量 = f（区域、时间、营销环境、顾客、营销努力）$$

区域反映了需求所在的空间层次，通常以地理方位和行政区划来界定；时间反映了需求所在的时间层次，可以是过去、现在、未来的某个具体年份、季度、月份等任意时间段；营销环境包括宏观环境与微观环境；顾客是指具体测算的消费群体，即下文所描述的市场层次；营销努力是指各种营销资源投入及行为的付出。显然，需求量的测算必须在具体的限定条件下展开，脱离特定的区域、时间、营销环境、顾客群体、营销努力等限定条件而讨论市场需求量是没有任何意义的。

作为限定条件，区域、时间最容易确定，营销环境则因包含众多动态变化因素，具有较强的复杂性与不确定性，成为需求测算中的最大变数，营销者无法限定营销环境，只能通过测算方法与手段尽量减少误差。因此，不同顾客群体所构成的市场层次与营销努力就成为营销者在测算需求量时需要特别确定的限定条件。

1. 市场层次

需求是顾客的需求，但即使是狭义上的顾客，也包括准备购买和已经购买两种类型，即使是准备购买的顾客也存在不同准备状态的区别，有的还停留在需求阶段，有的已经付诸行动，正在搜索比价，有的可能已经预定……因此，由不同购买状态的顾客所构成的市场可分为潜在市场、有效市场、合格有效市场、目标市场、渗透市场 5 个层次，如表 3-2 所示。营销者在进行需求量测算时，必须明确测算的是哪个层次的市场。

表 3-2　不同市场层次的区别与联系

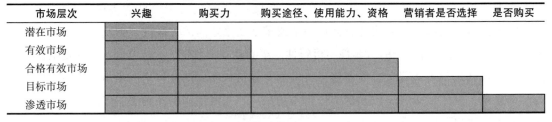

市场层次	兴趣	购买力	购买途径、使用能力、资格	营销者是否选择	是否购买
潜在市场					
有效市场					
合格有效市场					
目标市场					
渗透市场					

潜在市场是那些对某一产品有某种程度兴趣的顾客集合。只凭顾客兴趣不足以形成一个有效市场，潜在顾客必须有能力支付这个感兴趣的产品，并且有一定的途径可以获得产品。有效市场是那些对某一产品有兴趣、买得起、有购买渠道的顾客的集合。有些产品的购买存在法律法规上的约束，例如任何经营场所均不得向未成年人出售烟酒，处方药需要医生处方才能在药店购买；有些产品的使用则存在空间、配套、标准等方面的要求及限制，如不同国家的铁路轨距不同，给跨境运输及高铁销售带来不便。合格有效市场就是对某一产品有兴趣，

有购买能力和购买途径，并且有资格和使用能力的顾客集合。目标市场是指营销者决定要在合格有效市场上聚焦或吸引其购买本组织产品的那部分顾客群体。出于自身资源限制及竞争规避的需要，营销者通常围绕目标市场展开营销活动。同一目标市场往往存在多个竞争品牌，渗透市场是指已经购买了本组织产品的顾客集合。

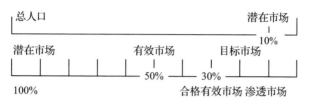

图 3-7　不同市场层次的需求量关系示例

图 3-7 从人口规模角度，以假设的数据呈现了不同市场层次的需求量关系，这种关系为营销者的营销努力及着力点提供了方向。假设某潜在市场的顾客规模占总人口的 10%，有效市场、合格有效市场的顾客规模分别占潜在市场的 50% 与 30%，目标市场为合格有效市场的 2/3，渗透市场又占了目标市场的 50%。以大件耐用消费品的生产企业为例，如果渗透市场只占目标市场的 10% 或更小，则企业应当在目标市场上继续努力；若渗透市场已经占目标市场的 30% 甚至更多，则企业应设法扩大目标市场。需要强调的是，在竞争性行业，企业不应把占领目标市场 50% 以上作为努力的目标，因为这只有在垄断性或其他特殊、偶然的情况下才可能发生。同样，当企业的目标市场已经扩大到合格有效市场的 50% 以上时，企业的注意力就要放到扩大合格有效市场上，让更多的有效市场成为合格有效市场，也就是让更多的顾客买得到、用得起相应的产品；当合格有效市场占据有效市场的绝大部分时，企业应努力扩大有效市场，让顾客将潜在需求转变为现实需求。

2. 营销努力

在环境变量相对稳定的条件下，随着行业内所有营销者的营销努力，顾客购买状态在逐步推进，不同层次的市场需求量也随之发生变化，市场需求量与营销努力的关系如图 3-8 所示。

横轴代表一定环境下，行业营销努力水平，纵轴表示由此形成的市场需求量。营销努力包括各种营销活动、人员、创意等资源及行为的付出，有学者用营销费用予以衡量。需要注意的是，行业营销努力并不是对行业内所有营销者努力（费用）的简

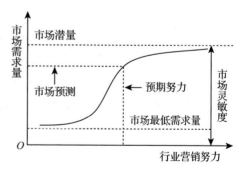

图 3-8　市场需求量与营销努力的关系

单相加，各营销者的努力既可能因叠加而放大，也可能因相互攻击而抵消。需求量的测算是在一定的行业营销努力前提下进行的，除非营销者在行业占据绝对地位，否则单个营销者的营销努力只会对自身的市场占有率及企业需求量产生影响，不会影响市场需求量。

在现实生活中，即使没有任何营销活动，市场仍会对某种产品存在需求，只不过这个需

求量显然是市场最低需求量。随着行业营销努力的增强，市场需求量会呈增长态势，只不过需求量增长率在开始阶段是递增的，在上升到某一拐点之后增速开始递减。当行业营销努力达到一定水平后，市场需求量无法继续增长，则意味着市场需求量达到上限，该上限被称为市场潜量。

市场潜量和市场最低需求量之间的差距表示市场灵敏度，反映了需求量受行业营销努力影响的程度。根据不同的市场灵敏度，市场可以划分为扩张型与非扩张型两类。扩张型市场的需求规模受行业营销努力的影响较大，如奢侈品市场；非扩张型市场的需求规模几乎不受行业营销努力的影响，相对固定，如食盐市场。需要强调的是，市场的扩张性是针对整个市场而言的，并非针对特定企业。

3.3.3 市场潜量测算

市场潜量是指在特定区域、时间内，一定的营销环境与行业营销努力下市场需求量所能达到的最大值。根据限定条件，市场潜量可分为总市场潜量、区域市场潜量与企业潜量。

总市场潜量测算是对整个市场潜力与发展空间的宏观评估，但受限于组织资源及营销效率的考虑，营销者需要在总市场潜量测算的基础上进一步细化到区域市场及企业层面，以此选择最佳营销区域，更好地进行营销资源的分配与控制。

1. 总市场潜量测算

总市场潜量测算是在限定市场层次的基础上对所能达到的最大市场需求量的测算，具体测算公式如下：[⊖]

$$S = Q \times p$$

式中　　S——总市场潜量；

　　　　Q——购买者数量；

　　　　p——人（单位）均购买数量（年／季度／月）。

购买者数量 Q 实际上是对具体市场层次下顾客数量的测算。通常，成熟产品或组织市场的购买者数量相对稳定、容易测算，但大多数消费者市场的购买者数量是难以准确测算的，需要针对不同的产品属性，采用不同的测算方法。

低值耐用品总市场潜量测算　低值耐用品是指那些单位价值较低、技术相对成熟但使用年限较长的日常用品，如保温瓶、锅、灯具等。低值耐用品的（年）总市场潜量可用以下公式测算：

$$S = Q \times \frac{G}{n}$$

式中　　Q——地区总人（户）数；

　　　　G——人（户）年均需求量；

　　　　n——平均使用年限。

⊖　下文所有的测算公式都默认已对市场层次进行了限定。

高值耐用品总市场潜量测算 高值耐用品是指那些单位价值较高、存在技术更新、使用年限较长的生活用品，如家用电器、轿车等。高值耐用品的（年）总市场潜量可用以下公式测算：

$$S = G \times (a_1 - a_2)i_1 + P \times i_2$$

式中 a_1——饱和普及率；

$\quad\quad a_2$——当前普及率；

$\quad\quad G$——户数；

$\quad\quad P$——目前拥有总量；

$\quad\quad i_1$——预测的购买系数；

$\quad\quad i_2$——更新系数。

日常消耗品总市场潜量测算 日常消耗品是指食用油、盐、饮料等一次性快消品。日常消耗品的总市场潜量测算常按照产品类别大小，以产品类别在上一级类别中的消费占比进行连比相乘，最终获得产品总市场潜量。如某种新型淡啤酒的市场潜量可由以下公式计算获得：

新型淡啤酒的需求潜量 = 啤酒支出中用于购买新型淡啤酒的平均百分比 ×

含酒精饮料支出中用于购买啤酒的平均百分比 ×

饮料支出中用于购买含酒精饮料的平均百分比 ×

食品支出中用于购买饮料的平均百分比 ×

可自由支配收入中用于购买食品的平均百分比 ×

人均可自由支配的个人收入 × 测算范围的总人口数

上式中除了"啤酒支出中用于购买新型淡啤酒的平均百分比"需要预测外，其他参数都可以从该范围内的统计数据中获取。

2. 区域市场潜量测算

区域市场潜量测算是在限定具体区域的基础上对所能达到的最大需求量的测算，通常对组织市场的测算采用市场累加法，针对消费者市场的测算多采用购买力指数法。需要强调的是，若区域市场是全新市场，没有历史数据也无类似产品相关数据参照，上述方法所测算的市场潜量准确度会大打折扣。

市场累加法就是针对具体产品先确认该区域市场上的所有潜在购买者，测算每个购买者的购买潜量，通过累加合计得出区域市场潜量。

购买力指数法就是借助与区域购买力相关的各种统计数据进行市场潜量测算，具体公式如下：

$$Q_i = Q \times (aY_i + bR_i + cP_i)$$

式中 $\quad\quad Q_i$——i 区域的市场潜量；

$\quad\quad\quad Q$——产品的市场潜量；

$\quad\quad\quad Y_i$——i 区域个人可支配收入占全国的百分比；

$\quad\quad\quad R_i$——i 区域零售额占全国零售总额的百分比；

$\quad\quad\quad P_i$——i 区域人口占全国人口的百分比；

$\quad\quad a$、b、c——Y_i、R_i、P_i 分别对应的权重。

营销者凭借自身经验或根据专家意见确定 a、b、c，考虑到区域差异，在实际操作中，营销者需要通过附加的修正系数对测算结果进行修正。

3. 企业潜量及市场份额

企业潜量是相对于竞争者的营销努力，企业的营销努力是其产品销售量（额）所能达到的极限，也是市场对企业产品需求量的最大值。

市场对某具体企业产品的需求量可用以下公式测算：

$$Q_i = S_i Q$$

式中　Q_i——市场对企业产品 i 的当前需求量；

　　　S_i——企业产品 i 的市场份额；

　　　Q——市场总需求量。

市场对某企业具体产品的需求量测算也可以视为对某具体企业产品销售额的估算，那么在该角度下，Q_i 为估算的具体企业产品 i 的销售量，Q 为行业产品的总销售量。

市场份额亦称市场占有率，是企业某一具体产品的销售量（或销售额）在市场同类产品中的占比。通常，在竞争性市场中，企业营销努力在行业营销努力中的占比越大，其市场份额也就越高。因此，如果将每一家企业的营销努力分解为若干主要因素，并分别考察每一个营销要素的有效性和弹性，则市场份额的测算公式如下：

$$S_{it} = \frac{R_{it}^{\ e_{Ri}} P_{it}^{\ -e_{Pi}} (a_{it} A_{it})^{e_{Ai}} (d_{it} D_{it})^{e_{Di}}}{\sum R_{it}^{\ e_{Ri}} P_{it}^{\ -e_{Pi}} (a_{it} A_{it})^{e_{Ai}} (d_{it} D_{it})^{e_{Di}}}$$

式中　　　　　　　S_{it}——i 企业在 t 年预计的市场份额；

　　　　　　　　　R_{it}——i 企业在 t 年的产品质量等级；

　　　　　　　　　P_{it}——i 企业在 t 年的产品价格；

　　　　　　　　　A_{it}——i 企业在 t 年的广告和促销费用；

　　　　　　　　　D_{it}——i 企业在 t 年的渠道与推销人员费用；

　　　　　　　　　a_{it}——i 企业在 t 年的广告效果指数；

　　　　　　　　　d_{it}——i 企业在 t 年的分销效果指数；

　e_{Ri}、e_{Pi}、e_{Ai}、e_{Di}——i 企业在 t 年的质量、价格、广告和分销弹性。

该公式反映了影响企业市场份额的 4 个主要因素：营销费用、营销组合、营销效果与营销弹性。市场份额反映了企业的市场地位，企业的市场份额越高，市场对企业产品的需求量越高，企业竞争力也越强。当企业的市场份额是 100%，即企业独占某市场时，总市场潜量就是该企业潜量，显然，这是一种极端状况。

● 本章小结

1. 导致个体需求产生的内外部刺激包括自然驱动、功能驱动、自身经验总结、人际交往和营销刺激等 5 个方面，其引发的需求强度及稳定性是依次减弱的，这也说明需求是变化的、具有社会性的，是可以通过"学习"产生的，是可以创造并传递的。

2. 按照起源，需求可以分为自然需求与社会需求；按照发展层次，可以分为生理需求、安全需求、社交需求、尊重需求与自我实现需求；按照需求量，可以分为饱和需求、过度需求、衰退需求、波动需求；按照显现状态，可以分为现实需求与潜在需求；按照利益指向，可以分为实用性需求与享乐性需求；按照结构，可以分为基本型需求、期望型需求与兴奋型需求；按照表述，可以分为显性需求与隐性需求。

3. 从结构上来看，顾客对产品的需求可划分为基本型、期望型与兴奋型 3 个层级。基本型需求是指顾客认为产品"必须有"的属性或功能，是对产品最基本、最低限度的要求；期望型需求与顾客满意度成正向关系，是顾客"期望有"的内容及属性；兴奋型需求是很少被顾客意识到或意想到的需求，当产品提供了这些需求，顾客就会产生强烈的惊喜感，满意度增加。

4. 需求扩散是指一种需求在某些群体中的某些人中首先产生，然后再在群体内、群体间及时空范围内传递、接受的过程。需求扩散包括信息流与影响流两个环节，存在群体内扩散、群体间扩散、空间扩散、时间扩散等形式，意见领袖及其影响力的存在促进了需求扩散的速度与范围。

5. 需求识别就是对顾客需求进行清晰、可衡量的描述，通常包括状态识别与因素识别两个环节，状态识别基于当下，因素识别则更多着眼于未来。

6. 需求状态识别就是营销者理解和描述顾客需求，挖掘并洞悉顾客真实需求的过程，包括表述识别与行为识别两个层面。顾客的表述呈现其需求"是什么"，顾客的行为反映了需求是"怎么实现"的，顾客表述出的需求并不一定是真实需求，需要借助顾客行为来验证。

7. 顾客需求及行为不是在真空中形成的，环境、场景、角色等外在因素都会对顾客需求状态产生影响，对这些因素及其影响程度的甄别、判断与描述就是影响因素识别。环境因素包括宏观与微观两部分，场景因素与时间、空间、氛围、连接相关，角色因素是指参与者类型及其身份信息。

8. 需求识别可借助调查（如深度访谈法）、观察（如设计观察法）、实验（如控制实验法）、行为数据（如数据挖掘法）等方法展开。

9. 需求预测是运用科学方法及手段对顾客需求未来发展的预计与推测，包括对需求发展走向、规律的定性与定量两类预测方法。定性预测方法有购买者意向调查法、销售人员意见综合法、经理人员评判法、专家意见综合法等，定量预测方法主要有时间序列预测法与相关分析预测法。

10. 对市场需求的量化测算是评估营销机会的必要步骤。需求量是指在特定的地理区域、特定的时间、特定的营销环境和营销努力下，某一顾客群体所购买的产品总量。其中，营销努力是指各种营销活动、人员、创意等资源及行为的付出。

11. 根据顾客购买状态，市场可以划分为潜在市场、有效市场、合格有效市场、目标市场、渗透市场 5 个层次。营销者在进行需求量测算时，必须明确测算的是哪个层次的市场。

12. 市场潜量是指在特定区域、时间内，一定的营销环境与行业营销努力下市场需求量所能达到的最大值，依据限定条件，市场潜量可分为总市场潜量、区域潜量与企业潜量。

市场潜量和市场最低需求量之间的差距表示市场灵敏度，根据市场灵敏度的不同，市场可以划分为扩张型与非扩张型两类。

▲ 关键术语

自然驱动　功能驱动　自然需求　社会需求　实用性需求　享乐性需求
现实需求　潜在需求　基本型需求　期望型需求　兴奋型需求　显性需求
隐性需求　需求扩散　意见领袖　需求识别　场景识别　潜在市场　有效市场
合格有效市场　目标市场　渗透市场　市场潜量　企业潜量　市场份额

✎ 简答题

1. 简述需求产生的基本过程。
2. 以自身的某个需求为例，从显现状态、利益指向及表述角度进行描述。
3. 描述需求扩散的过程及形式。
4. 为什么需求状态识别中要包括表述识别与行为识别两方面内容？
5. 营销者在需求识别中需要识别哪些影响因素？
6. 列举两种需求识别方法，简要描述其优缺点。
7. 需求量测算时需要确定哪些限定条件？
8. 不同市场层次间存在怎样的关系？

▣ 思考题

1. 哪些内外部刺激导致个体产生需求，所产生的需求有何不同？
2. 尝试提出一种新的需求分类并说明其应用价值。
3. 为什么说意见领袖的存在促进了需求扩散的速度与范围？
4. 针对生活中某个场景，试着通过创新场景要素来创造需求。
5. 选取身边某一产品，测算其当年当地的需求量。

◉ 实践与探讨

选取熟悉的某一产品，通过深度访谈，对顾客需求进行识别，借助需求结构与需求识别理论探讨以下问题。

1. 该产品的基本型功能与属性都能被顾客表述出来吗？若有些没有被表述出来，原因是什么？
2. 该产品的期望型功能与属性是什么？企业满足了这些期望，顾客就会购买吗？
3. 利用场景识别，可以挖掘出哪些兴奋型需求？若满足这些需求，对企业的资源及能力要求是什么？

🅓 互联网实践

　　大众点评网是全球最早建立的独立第三方消费者点评网站，至今仍是中国领先的本土生活信息及交易平台。回首 20 多年前，顾客餐饮、住宿消费后很少有点评、分享、推荐的需求及行为，只有在明显超出或低于消费预期后才有零星的夸赞或抱怨行为。而今，点评、分享的"打卡"行为已经常态化，点赞、转发、推荐具有社交属性。

　　互联网对我们生活的改变不仅在于提供了多元、高效的需求实现方式及手段，让我们的消费、使用场景更加便捷、沉浸，更在于催生了许多新的需求、业态与商业模式。打开你的点评类 app，翻翻你的点评记录，回想一下，驱动你点评、分享的力量及场景是什么？你的点评表达你的真实想法了吗？什么人、什么样的点评对你影响最大？

第4章
环 境 分 析

我们业务规模的增长应该主要归因于国家整体经济状况的改善和对汽车需求的增长，而不应归功于我们自己的智慧。从企业内部来看，我们的工作取得了很大的进步，然而从企业外部来看，我们却停滞不前。但是，时代的潮流开始发挥作用了。

——艾尔弗雷德·斯隆（Alfred P. Sloan）

通用汽车公司前总裁

任何顾客与组织都不可能存在于真空中，必然要与外部环境发生广泛而紧密的联系。顾客与组织一方面对这些外部环境具有较高的依存性，另一方面这些外部环境也在不同侧面、不同程度地影响着顾客与组织的活动，营销活动自然也不例外。

对于以企业为代表的组织而言，营销环境①独立于组织的营销系统之外，是影响组织营销活动及其目标实现的外部因素的统称，常分为宏观环境和微观环境。宏观环境由对组织的营销活动产生影响的巨大、社会性力量构成，包括技术、政治和法律、经济、社会和文化、自然和人口等。微观环境是指与组织紧密联系，并对组织服务顾客的能力及营销效率产生直接影响的各种力量与主体，如市场结构、竞争力量及内部顾客、营销中介等相关主体。

宏观环境的影响是普适性的，是面向所有顾客与组织的，普遍存在于整个经济体系中，其变化也并非针对某个特定行业、组织或顾客而发生。微观环境则具有特定性，与特定行业、组织或顾客存在直接联系，且微观环境中的所有因素也都受宏观环境的影响。图4-1显示了营销环境与组织、顾客的关系。考虑到技术是影响营销活动的最活跃的宏观因素，尤其是信息技术的快速发展对商业模式、营销技术、顾客需求产生的重大影响，本章将技术环境单独成节详细阐述。

---

① 为行文简洁，本章将营销环境简称为"环境"。

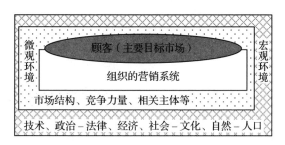

图 4-1　营销环境与组织、顾客的关系

营销环境是动态变化的。营销者只有长期、有效地监测环境，准确把握各环境要素的变化及其对顾客需求和行为的影响，才能主动适应环境的变化与要求，有效制定和调整营销策略。通常，营销环境的变化具有以下特点。

一是复杂而多变，渐进与突发共生。营销环境中的各个因素是相互影响、相互制约的，且这种影响会随着时间的推移而累积。多种环境因素及其变化的叠加使得环境变化复杂而多变。此外，在同一个营销环境系统中，有些环境变化是渐进的，有些是突发的，即使有些环境变化的总体趋势是渐进的，是可以判断的，但变化的具体进程、程度是无法准确预测的，可能会在某一时间点表现出突发性。

二是广泛且长期，机会与威胁并存。营销环境因素的存在及变化是客观的，不以营销者的意志为转移，对环境系统的所有组织都会产生影响，可能存在影响程度的差异，但很难有组织可以完全摆脱这种影响，且这种影响通常具有长期性，会随着时间的推移而累积。环境变化所形成的机会与威胁往往是并存的，很符合事物两面性的哲学思想。从社会整体看，环境变化在给一些组织带来机会的同时，也会给另外一些组织造成威胁；对于组织而言，有些环境的变化是机会，有些则是威胁。

4.1　技术环境

技术环境是指各技术要素的力量、水平、发展动向及对社会、组织影响的能力等。联合国工业发展组织把技术定义为"制造一种或多种产品以及以此为目的建立一个企业、工厂时所需的知识、经验和技能的总和"。技术是一切社会变革的源泉，技术的进步与发展不仅给产品、产业及商业运作带来无限革新机会，也显著推动了营销科技的发展（详见第 2.3.2 节），改变了顾客的需求、行为与竞争规则。

4.1.1　信息技术

20 世纪末，以通信技术、计算机及网络技术、数字技术、微电子芯片为代表的信息技术革命将人类社会引领至信息时代，数字化、智能化、网络化、移动化成为该时代的主要特征，信息技术不仅深刻改变了我们的生活，也改写了竞争规则与商业思维。

快速反应　信息技术与管理相结合的本质是实现高效率、自动化的流程管理，以信息流动代替物质和能量的流动，也就是通过信息技术实现业务流程的优化，从而降低内耗、提高效率。信息技术快速发展使市场活动以"光速"运行，品牌、产品、交易等信息可以即时同步传递至全球各个角落，这就要求营销者必须对这种市场变化做出即时反应，速度成为信息时代企业的一项重要竞争战略。

赢者通吃 随着信息技术的迅猛发展，地域的局限性逐渐被淡化，信息、产品可以快速被检索，运往世界各地，占据先发优势、拥有雄厚实力或具备显著特色、规模效应等条件的组织更容易快速抢占、掌控市场，留给其他组织的利益空间就相对较小，存在"胜者豪揽一切，败者一蹶不振"的赢者通吃现象。营销的定位理论在这里得到最深刻的反映，没有特色将注定走向失败。与赢者通吃相伴的另一种现象是赢者与非赢者之间的收入差距越来越大。

低门槛 信息技术推动了商业模式的创新，平台、众筹、分享、在线等商业模式提供给中小型企业组织更多的机会与空间，营销科技、供应链管理等工具与手段的涌现，帮助它们快速构建自己的商业应用，降低运营成本，使其无须建立健全的商业体系，无须投入巨额的广告费用，无须雇用众多销售人员，就可以参与市场甚至国际市场竞争。

⊜ 讨论 4-1

"赢者通吃"与"低门槛"

互联网信息技术的快速发展与应用，令赢者通吃的局面得到了进一步强化，互联网行业成为赢家通吃的主要战场。究其原因，是当"连接"无处不在，信息的不对称被极大改善以后，社会资源和财富就开始打破空间的阻隔，往少数拥有技术积累、良好运转管理的企业集中，地域性小企业的发展空间受限。

按照熊彼特的观点，在商业社会中，企业家是"灵魂"，是经济发展的核心力量。平台经济下各种商业模式的出现就是企业家价值的闪光体现，他们在不断思考并实践用什么样的变革可以活下去并发展得更好，并由此形成了所谓的低门槛规则。

但是，按照赢者通吃的规律，这种"低门槛"下的小企业发展能持续多久呢？德国的企业结构或许值得我们学习。虽然它们有影响全球的大企业，但更有生命力强大的中小企业。这些中小企业的核心发展策略就是不与大企业争辉，而是通过攻克某一细分市场、小众领域的难题形成技术壁垒。管理大师赫尔曼·西蒙将这些中小企业称为"隐形冠军"。

注意力经济 信息时代，信息、知识是重要的生产力要素，注意力也就比以往任何时候都显得更重要。人们每天接触到海量信息，这些信息的传递又超越了时空的限制，这就造成了有限的注意力资源与相对无限的信息资源之间的矛盾。因此，谁能在信息时代吸引大众注意力，谁就能赢得竞争优势。

4.1.2 产品技术

产品技术是指作用于产品及其制造过程的各种技术，包括产品设计、组件布局、材料选用、工艺制造等。产品技术的环境描述与分析可以从新产品、产品生命周期、生产批量与个性化等角度展开。

1. 新产品

按照创新程度，产品通常分为全新产品、换代产品、改进产品与仿制产品 4 种类型。

全新产品　全新产品是采用全新的技术和原理生产出来的产品，是一种从无到有、具有开创性价值的产品，如蒸汽机、计算机、互联网。

换代产品　换代产品是指采用新的技术、工艺、材料等使原有产品功能、性能发生重大变革，形成飞跃发展的产品，如电动汽车、智能手机。

改进产品　改进产品是指采用新的设计、结构、元件等，对原有产品的功能、性能、成本、外观等方面进行优化、改善后的产品，如声控音响、漏电保护插座。改进产品是对原产品的局部、渐进式创新，易于被市场接受，但技术壁垒相对较低。

仿制产品　仿制产品是指对原有产品进行模仿或复制的产品。仿制产品没有太多的创新与改进，主要依靠价格、区域等优势获取市场。需要强调的是，仿制产品并不等同假冒伪劣，而是在遵守相关知识产权法规基础上的一种产品形态，如仿制药与原研药具有相同的成分，其生产、疗效也是经过严格评价与审批的，在临床上可以相互替代。

产品技术加快了产品创新及提供程度，使新产品不断涌现，代表着国家、行业的科技创新与技术发展水平。尤其是全新产品与换代产品，往往反映了新兴产业、未来产业的发展，在社会发展与产业结构优化中具有重要作用。

2. 产品生命周期

产品生命周期就是一种产品从投入市场到退出市场的过程，反映了产品更新换代的速度和频率。农业社会的产品更新周期长达几十年甚至上百年，几代人采用同一生产方式、生活方式；工业社会的产品日益丰富，更新频率也越来越快；而今，技术创新层出不穷，顾客接受新信息的频率也在呈指数级增长，新需求不断涌现，产品生命周期日趋缩短，甚至不再完整。谁能把准技术发展脉搏，把握产品生命周期的新形态，谁就能取得竞争优势，超越原来的市场领导者。

● 材料 4-1

挥手作别的互联网产品

崛起于计算机时代，一路见证移动网络普及与智能手机崛起的微软 IE 浏览器（Internet Explorer）已逐渐退出历史舞台。作为 Windows 第一个默认浏览器，IE 浏览器仅用了 3 年就成为全球市场第一浏览器，市场占有率一度达到 95%，但随着 Chrome、Safari 等浏览器的崛起及自身对新网络标准兼容性上的不足，IE 不得不挥手作别。

无独有偶，曾经电子书阅读器的霸主，进入中国 10 年的亚马逊 Kindle 也停止运营 Kindle 中国电子书店。据不完全统计，在 2022—2024 年，除 IE 浏览器、Kindle 以外，还有 VUE VLOG、企鹅电竞、易趣网、天天快报、掌上 WeGame、蜜芽、飞信、百度百科 app、互动阅读等互联网产品也相继停止运营。这些产品在各自领域都有过耀眼成绩，但现在却密集作别，成为历史，令人唏嘘不已。

资料来源：陈梅希，星晖，弋瞳．2022 年，我们只用一个月就"送走"了这么多互联网产品 [EB/OL]．（2022-07-27）[2025-03-28]. https://baijiahao.baidu.com/s?id=1739436008767388743.

3. 生产批量与个性化

生产批量是指在质量、结构、制造方法上完全相同的，成批生产的产品或零部件的数量。生产批量的大小决定了生产对顾客个性化需求的满足程度，即顾客获得与众不同的产品的可能性。生产批量越小，需求的个性化满足程度越高，反之越低。手工业采用单件生产方式，以生产效率低下和产品价格高昂为代价。现代工业在标准化、通用化和系列化原则下实现了大批量生产，生产效率大规模提高、生产成本大幅度下降，大量昔日的奢侈品由此走入寻常百姓家，但以个性化的丧失为代价。现代柔性生产技术综合了单件生产和批量生产的优势，在低成本的前提下实现小批量生产，既在一定程度上满足顾客的个性化需求，又将费用控制在顾客能够承受的范围内。结合现代流通技术，小批量产品既可以在全球市场销售，也可以在各区域市场满足顾客的个性化需求。

4.1.3 物流与支付技术

物流与支付是产品流通的支撑，物流与支付技术的发展改变了产品销售方式、扩大了产品销售范围。没有物流，产品就不能实现其空间转移；没有支付，产品的价值就不能得到最终实现。

1. 物流技术

物流技术是指作用于产品实物流通的各种技术，即产品从制造商至最终用户过程中所涉及的仓储、装卸、运输和配送等技术。现代物流技术在规模与速度两方面快速发展，使产品销售和原材料采购半径逐步扩大至全球范围。

规模 船舶大型化、铁路货运重载化、卡车重型化和装载集装化、管道运输及相关的大型装卸技术构成了大规模物流的基础。在此基础上，矿产、木材、粮食、石油等大宗货物和机电产品的运输成本大幅度下降，产品的销售和原材料采购得以全球化。另外，条码、射频识别、自动分拣技术、大型配送中心和轻运输系统实现了物流小型化。正是物流小型化化解了零星物品物流"最先一百米"和"最后一公里"的低效率瓶颈，支撑起了消费品的网络销售。

速度 高速公路、高速铁路、航空货运和冷鲜（冻）储存、冷鲜（冻）运输、直达班车（船）构筑了现代快速物流体系。借助这一快速体系，时尚产品、日用消耗品、蔬菜、水果和冷鲜产品等更新快、易腐烂的产品的销售半径得以有效扩展。

2. 支付技术

支付技术是指作用于产品流通过程中货款支付的各种技术，包括移动支付、电子支付、数字货币等现代支付技术。现代支付技术已经超越买家付款、卖家收款的原始含义，扩展至担保、理财等更多功能，通过数字化和网络化的方式，既为交易的完成带来便利，也为顾客带来更多的利益。便利性除了体现在携带、支付、找零、核对、管理和安全等多个方面以外，还实现了物流和资金流的分离，进而提高了物流效率；利益则表现为由理财功能带来的收益。

🔘 案例 4-1

菜鸟快出新高度

菜鸟速递（以下简称"菜鸟"）是菜鸟集团在 2023 年 6 月推出的一项自营快速业务，由服务天猫超市的配送业务升级而来，通过半日达、当日达、次日达、送货上门和夜间揽收等高品质服务，在响应顾客与电商卖家对快速、便捷配送需求的同时，也将国内物流速度卷向一个新高度。

将智慧物流技术覆盖物流全链路，是菜鸟敢于承诺"史上最快"物流的底气，其物流技术主要体现在三大层面。一是算法层面，指向 IoT 万物互联、实时在线、低成本应用。在全球最权威的车辆路径规划问题评测系统中，菜鸟创造了 26 项世界纪录，即在 26 个物流场景中，菜鸟的算法可以用最少车辆行驶最短里程完成配送任务，城市订单配送成本降低 10.3%。二是流程层面，指向供应链流程中的自动化，小到自动化决策，大到自动驾驶，以及相辅相成的新能源和碳中和。例如，菜鸟首创的"电子面单"，实现了包裹数字化、可视化，其自主研发的视频识别技术，精准识别率可达 99.8%。在跨境物流方面，菜鸟已和全球 60 多个港口合作建立智能清关系统，实现秒级通关，带来无缝衔接和流转。三是交互层面，指向人机交互工具，机器人仓、无人车、智能驿站、智能外呼等交互工具得以大范围、大规模应用。

资料来源：人民号.阿里最新财报，菜鸟为何"飞上枝头"[EB/OL].（2022-02-28）[2025-03-28]. https://mp.pdnews.cn/Pc/ArtInfoApi/article?id=26912080.

4.1.4 沟通技术

沟通技术是指作用于营销者与内外部顾客之间的交流、传播和信息展示的各种技术。传统沟通技术主要依赖物理媒介，如报纸、电话、面对面等；而现代沟通技术则以互联网、信息技术和数字化为基础，使沟通速度更快、黏性更强、规模更大，具有即时、互动和沉浸的特征，使营销活动更具个性化、精准度，且能实现全天候开展。

1.即时、互动、沉浸

即时 从事件发生到信息播出，传统的信息媒介系统需要经过记者采编、编辑审稿、总编签发、印刷和发行（或剪辑和播放）等一系列环节，信息的发布是延时的，只有那些有计划的重大事件及活动，才会采用直播方式。而今，社会化媒体的快速发展，让每个人既是信息发布者，又是信息接收者，信息的发布、接受和反馈都是即时的，所有突发事件或组织活动的相关信息都能在第一时间对外呈现，营销者也能在第一时间了解到顾客反馈。

互动　区别于传统的广播、电视、报纸等媒介的单向发布，互联网是双向的，信息发布者和接受者可以实现同步传输与实时互动，双方在互动过程中加深了解，减少信息不对称，相关决策可以高效达成并立即转化成具体行动。

沉浸　沟通不止于对话，不是单纯的语言交流，身体语言、场景氛围、情绪等都会影响沟通效果。随着虚拟现实、增强现实、语音合成、图像识别等技术的发展，以超逼真的三维影像进行虚拟面对面沟通的全息技术将被广泛运用，打破空间桎梏，深度、融合多种感官元素、身临其境的沉浸式沟通是未来沟通的重要特性。

2. 个性、精准、全天候

现代沟通技术让沟通即时、互动与沉浸，在与营销技术相辅相成的基础上，营销活动也呈现出个性、精准、全天候的特征。

个性　当微博、抖音、小红书等社会化媒体成为人们获取信息和交流的重要渠道时，因兴趣、事件、话题等为纽带的社区、圈层很容易形成，并在身份、偏好、行为等方面呈现出显著特征，个性化营销活动进而得以顺利开展。

精准　现代沟通技术既让营销者可以直接接触目标顾客，也使营销活动更加数据化和智能化。因此，营销者可借助数字化工具，充分了解顾客的购买行为与偏好，对营销信息进行针对性推送，并与顾客保持长期的个性化沟通，可度量、可调控的营销行为得以实现。

全天候　受制于资源、能力、时间及地点等客观因素，传统营销活动与服务总是具有一定的间歇性，不可能是全天候、不间断的，但现代沟通技术实现了这种不可能。一方面，社会化媒体本身就具有自主传播的特性，只要内容具有价值性，就很容易吸引用户并借由分享、转发、评论等行为，形成自发的、急剧扩张的传播，虽然关注度、传播度会因时间性而下降，但只要用户想搜索，都可以搜索到，这也意味着传播本身并没有停止，而是一直持续的。另一方面，AI 助手、智能交互终端等现代沟通技术本身就是为用户提供全天候、实时服务与营销活动而存在的。

4.2　宏观环境

除了技术环境以外，政治－法律、经济、社会－文化、自然－人口环境也会对产品的生产和营销活动、顾客的需求和行为产生重大影响。这些环境要素既直接作用于组织和顾客，也通过影响微观环境间接作用于组织和顾客。营销者虽然无法控制宏观环境的变化，但可以在一定程度上对微观环境施加影响，且影响能力越强，营销成功的机会就越大。

4.2.1　政治－法律环境

任何市场都不能脱离政府的管辖。在市场经济条件下，市场是配置资源和调节经济的主要手段，企业是市场经济活动的主体。但市场存在失灵现象，要求政府运用法律、政策和行政等手段加以调节，这就构成了市场的政治－法律环境。政治－法律环境是指组织开展营销活动时的外部政治制度、法律规范、政策方针、政局稳定性及政府所持有的市场道德标准等，对组织具有直接、不可逆的影响作用。

通常，政治－法律决定了国民经济的发展方向和速度，直接关系到社会购买力的提高和市场消费需求的增长变化，要求组织和个人行为要合法合规，体现了政府及社会对各种组织机构和公众行为的意志，它既规定了社会经济活动的基本运行规则，也指导着需求的价值取向，约束着资源的开发利用和产品的供给。

党的十九大报告明确指出："中国特色社会主义进入新时代，我国社会主要矛盾已经转化为人民日益增长的美好生活需要和不平衡不充分的发展之间的矛盾。"各界对美好生活的想象，实际上就是对人民未来生活方式的描绘，进而指引企业采取怎样的营销观，如何开发新产品……政治－法律主要通过规范准则、政策引导及具体的政府参与行为对组织行为形成约束。

1. 规范准则

规范准则旨在规范或禁止组织和个人的公共行为与市场行为，既包括法律、法规，也包括行业协会、监管机构所制定的规则、标准。规范准则具有普遍性、长期性与强制性特征，涉及公平竞争、诚实守信、环境保护、知识产权、产品安全、劳工权益保障、隐私权保护等多个方面。随着经济全球化程度的提高，当越来越多的组织走出国门，参与国际竞争时，自然也需遵守国际商事组织、其他国家的相关规范准则。当然，当组织面临不公平、不公正对待时，也应积极抗辩或应诉，保护自身合法权益。

2. 政策引导

政策引导旨在通过市场准入、税收优惠、财政补贴、科技扶持等鼓励性政策，引导组织和个人在特定领域、特定时间范围内，采取或放弃某些特定行为。与规范准则相比，引导性政策一般不具有强制性和长期性，但具有明确的导向性、时效性与操作性。政策引导对于纠正市场失灵、促进经济发展、推动产业转型升级、维护国家安全和战略需要等方面具有重要意义。显然，组织若能积极主动把握政策走向，就可借助利好政策开拓市场，促进自身发展。

3. 政府参与

政府参与是指政府直接干预、引导、推进某些具体行为，通常发生在公共、天然垄断领域，重大科技创新等前瞻性、全局性活动，或区域、国家间合作。

政府参与公共领域是为了避免"公地悲剧"，即公共资源会因每个人的最大利益驱动而导致资源的过度使用、浪费与最终枯竭；参与天然垄断领域是为了避免垄断扭曲社会经济活动、价格信号失灵和阻碍技术创新；参与重大科技创新活动是为了解决"卡脖子"技术难题，指引产业发展方向，降低企业的创新风险；参与区域及国家间合作是为了促进经济要素有序自由流动、资源高效配置和市场深度融合。

🔘 材料 4-2 课程思政

"一带一路" 10 年结硕果

2023 年 10 月 10 日，国务院新闻办公室发布《共建"一带一路"：构建人类命运共同体的重大实践》白皮书，全面介绍共建"一带一路"倡议提出 10 年来的丰硕成果。

从 2013 年到 2022 年，中国与共建"一带一路"国家进出口累计总额 19.1 万亿美元，年均增长 6.4%，累计双向投资超 3 800 亿美元。在"硬联通"方面，中老铁路、雅万高铁、匈塞铁路、比雷埃夫斯港等一批标志性项目陆续建成并投运，中欧班列开辟了亚欧陆路运输新通道，"丝路海运"国际航线网络遍布全球，"六廊六路多国多港"的互联互通架构基本形成；在"软联通"方面，《区域全面经济伙伴关系协定》已对 15 个签署国全面生效，中国与 28 个国家和地区签署了 21 份自贸协定，与 65 个国家标准化机构和国际组织签署了 107 份标准化合作协议，与 112 个国家和地区签署了避免双重征税协定。在"心联通"方面，教育、文化、体育、旅游、考古等领域合作不断深化，中国已与 45 个共建国家和地区签署高等教育学历学位互认协议，与 144 个共建国家签署文化和旅游领域合作文件，设立了"丝绸之路"政府奖学金，鲁班工坊、光明行等一批交流项目赢得广泛赞誉。

资料来源：中国经济时报."一带一路"十年丰硕成果 [EB/OL].（2023-10-16）[2025-03-28]. https://baijiahao.baidu.com/s?id=1779881733652319835&wfr=spider&for=pc.

4.2.2　经济环境

经济环境是指组织活动的外部经济条件，主要包括经济量、经济结构与经济质量 3 个方面。经济量狭义上就是社会价值总量，是经济发展的物质基础，通常用国民生产总值、通货膨胀率、就业率和国际收支平衡率等指标衡量；经济结构是对国家或地区产业结构、收入分配结构、消费结构等方面的表述；经济质量则可通过民营经济占比、人均国内生产总值（以下简称"人均 GDP"）、万元国内生产总值能耗、研发经费占比等指标衡量。但从营销角度来看，经济量、经济结构与经济质量主要通过社会购买力、消费结构和城乡差别 3 个方面对市场产生影响。

1. 社会购买力

社会购买力是指一定时期全社会（居民、农民、社会集团）购买产品的货币支付能力。社会购买力是构成市场和影响市场规模的重要因素，直接决定现实需求的强弱程度，与收入、储蓄与信贷、通货膨胀、汇率变动等因素密切相关。

收入是决定社会购买力的关键因素，包括人均纯收入、可任意支配收入等衡量指标。其中，可任意支配收入是影响消费需求变化的最活跃因素，直接关系个人或家庭的消费水平与结构，进而对组织的营销活动产生重要影响。可任意支配收入也称可自由支配收入，是个人或家庭在一定时期内所获得的扣除掉税费、必要的生活开销（如食品、衣服、住房）、固定支出（如分期付款、学费）及其他非自愿性的储蓄或投资后剩余的收入。显然，人均可任意支配收入越高，社会的整体生活水平与购买力就越高，营销的机会自然也就越多。

储蓄与信贷作为金融行为也是影响社会购买力的重要因素。储蓄直接延迟了购买力的释放，储蓄率越高，社会购买力相对就越低；而信贷更多是对未来收入的提前支取，有利于促进购买力的提高，但过度的信贷扩张也会导致资源错配、经济结构失衡等风险，对实际购买力产生负面影响。储蓄与信贷程度往往与社会文化密切相关。

通货膨胀兼有压抑和刺激消费的双重效应。人们潜意识中对付通货膨胀的原则是保持预期财富的恒定，而预期财富由金融资产加实物资产构成。因此，当通货膨胀、物价上涨时，社会一方面会减少娱乐、旅游等非必要支出，抑制消费；另一方面又会通过金融或房地产等资产性的产品投资来应对膨胀，形成某种程度上的消费刺激。

汇率变动是影响国际购买力的重要因素。汇率较低意味着国内货币相比外国货币贬值，从而使出口增加、进口减少，反之亦然。我国自 2005 年启动新一轮人民币汇率形成机制改革以来，人民币兑美元汇率升值 15% 以上，购买力得以显著提升。

2. 消费结构

消费结构是各种消费支出在总支出中的比重关系，如常用恩格尔系数反映食品支出比重，恩格尔系数越低，生活水平就越高。消费结构也可反映不同消费形态、各阶层或各地区消费水平之间的比重关系，如商品消费与服务消费、线上消费与线下消费、房地产市场中的改善型住房和刚需型住房等。

消费结构的优化是产业结构和产品结构优化的客观依据，也是企业开展营销的基本立足点。随着经济发展模式的转型及购买力的提升，消费结构也将逐步优化、升级，营销者应掌握消费结构及变化趋势，只有输送适销对路的产品和服务，才能满足顾客不断变化的需求。

3. 城乡差别

发展中国家在由传统农业经济向现代工业经济过渡的发展进程中，必然出现以社会化生产为特点的城市经济和以小农生产为特点的农村经济并存的经济结构，城市与农村在经济、社会福利、医疗保障、教育、就业等方面存在较大差异，这种城乡差别对营销的影响表现在以下 4 个方面。

一是农村居民的生活观念和生活习俗不同于城市居民，这主要体现在生活的规律性和对服务的态度上。传统农业社会以自给自足为特征，重视有形物的价值而轻视无形物的价值，在生活习俗上，农业生产活动受季节性影响较大，故农村生活多以季、年为周期，而城市生活则以日、周为周期。

二是农村基础设施的不完善影响产品消费与使用，如数字接入及使用鸿沟就显著影响在线教育、在线医疗等数字化服务在农村市场的快速发展。另外，农村居民居住集中度低、规模小，面向集体的消费供给成本较高，如影院、健身场馆，进而影响这些消费的增长。

三是受制于经济发展与社会资源、人口素质上的差异，农村居民仍偏向于商品性支出，必需品的消费或生存、发展性的消费比例较高，对服务性、享受性消费的要求相对较低。

四是接近自然的乡村生活及偏慢的生活节奏对城市居民产生较大吸引力，农家乐、乡村旅游等根植于生态宜居、和美发展的文旅产品迅速发展。

🔵 材料 4-3　　　　　　　　　　　　　　　　　　　　　　　课程思政

一号文件书写"三农"工作新篇章

2024 年 2 月 3 日，《中共中央 国务院关于学习运用"千村示范、万村整治"工程经验有力有效推进乡村全面振兴的意见》正式发布。文件以"坚持农业农村优先发展"为主线，强调了农业现代化与乡村振兴战略的深度融合，明确提出了以确保国家粮食安全、确保不发生规模性返贫为底线，以提升乡村产业发展水平、提升乡村建设水平、提升乡村治理水平为重点，强化科技和改革双轮驱动，强化农民增收举措等重点任务，"村 BA"、村超、村晚也被写入文件，鼓励群众性文体活动健康发展。

该文件是自 2004 年以来，国家发布的第 21 个以"三农"为主题的中央一号文件，清晰反映了国家在指导、推动"三农"发展上的路线图：从改善农民生活、统筹城乡发展，到创新发展、深化农村改革，再到乡村全面振兴、建设农业强国。统计数据显示，农村居民人均可支配收入从 2012 年的 8 389 元增至 21 691 元，城乡居民人均可支配收入比也从 2.88 降至 2.39，2023 年农村居民人均消费支出占人均可支配收入的比重为 83.8%，城乡居民收入"缩差"及农村消费的高占比为国内经济大循环提供了强大的内需动力。

差别就是机会，按照需求扩散的一般规律，农村需求会随着经济发展逐步向城市靠拢。营销者应把握机遇，适时开拓农村市场，不断将潜在市场转变为有效市场。需要强调的是，从成本角度来看，农村市场分散性所导致的产品销售和使用成本要高于城市，农村的产品价格高于城市有其合理性，但这显然会导致城乡差别的进一步扩大，不利于经济发展，营销者在开拓农村市场时应力求缩小城乡差别。

4.2.3　社会 – 文化环境

社会 – 文化环境是指组织所处的社会及其文化形态，是影响社会基础价值、观念、偏好及行为的社会规范力量，涵盖了一个民族、国家或地区的信仰与价值观、传统与习俗、行为方式、社会阶层、道德规范、审美观念、教育水平等内容，具有多样性、民族性与区域性的特征。社会 – 文化环境一经形成便会经久不衰，不会像其他环境因素那样容易动态变化，对组织与顾客的影响是多层次、全方位、长期性、渗透性的。

1. 亚文化及亚文化群体

文化可以细分为若干不同的文化分支，简称亚文化，因此，在同一个文化群体内部，存在许多更具同一性的子群体，即亚文化群体。每个亚文化既包含与主文化相通的价值规范，也拥有自己独特的价值观念、信仰、态度、行为规范等，从而赋予该亚文化群体特殊的精神风貌、气质与行为方式，如以崇古、复古为特征的古风文化近年来开始在青年群体中流行，"古风圈"存在于音乐、文学、漫画、服饰、摄影等诸多领域。亚文化可以按照价值观念、传统习俗、宗教信仰、生活方式、国别区域等方式划分，亚文化对其群体的影响要大于主文化的影响，因此重视亚文化及亚文化群体间的差异是营销者应该具备的基本素养。

2. 社会阶层

社会阶层是具有相同或类似社会地位的社会成员所组成的相对持久的群体，是社会结构的重要组成部分，其存在与变化反映了社会的多样性与复杂性。作为一种普遍存在的社会现象，社会阶层有高低之别，在社会地位、资源占有等方面存在显著差异，是职业、教育、成就、收入等诸多因素综合的结果。因此，在购买行为上，同一社会阶层的顾客具有趋同性，不同社会阶层的顾客则存在显著差异。当然，社会阶层并非固化不变，也存在流动性。

3. 信仰和价值观

信仰和价值观决定了个体及群体的思维与行为框架，体现了事物认识与行为过程中的取向、逻辑，具有稳定、持久的特性。同样的产品、同样的设计，在不同的信仰和价值观下会得到不同的审美评价。随着经济全球化的发展，国际间的产品和服务的交换越来越频繁，营销者在跨国营销时，应具备充分的文化敏感度，以当地的信仰和价值观来判断产品的可推广性，以符合当地信仰和价值观的方式进行市场推广，避免与当地宗教信仰、价值观念发生冲突。

4. 传统与习俗

不同地区和民族在饮食、服饰、居住、婚姻、生育、丧葬、节庆、娱乐、礼节和生产等方面大都保留着一些从历史沿袭下来的传统与习俗，这种传统与习俗已与民族情绪、文化认同、社会心理密切结合，成为个体与群体自觉或不自觉的行为准则。传统与习俗通常与特定的产品消费密切相关，具有强烈的独特性与场景性，营销者既要考虑这些产品购买与使用的场景限制，思考如何打破限制，扩大需求，也要充分研习并借助传统与习俗所包含的文化要素及所营造的消费氛围，促进非特定产品的营销与销售。

● 讨论 4-2

节令的标签要不要淡化

饺子、汤圆、粽子、月饼一直被视为代表中国传统节日与习俗的美食。但随着时代的发展，上述产品的发展境遇却截然不同。饺子、汤圆已从节日饭食成为日常餐桌的普通食品，时常可见，而粽子与月饼却仍困顿于节庆营销，市场发展缓慢甚至呈低迷态势，2024 年，五芳斋、元祖等头部品牌的销售额都明显下滑，业内人士纷纷感叹粽子、月饼不好卖了。

是什么导致它们之间这么大的市场差异？对于粽子与月饼的生产企业来说，究竟应该强调产品的节令性、民俗性，还是应该淡化节令标签，在口味、营养等方面下功夫，使其成为日常普通食物？抑或应该区分对待，让粽子与月饼分走不同的道路？

4.2.4　自然 – 人口环境

从生产的角度来看，人与自然之间存在一定的对立关系，尤其是当人类的经济活动规模在不断进步的科技支撑下不断扩大时，人与自然关系的恶化已经成为当前全球面临的重大危机，人口对自然的不合理索取与自然供给调节能力之间、人口持续增长与自然承受压力之间的关系越发紧张。作为影响组织与市场的最基础的社会性力量，自然 – 人口环境包括自然资源、人口规模和结构、人口密度和集中度及家庭人口规模等内容。

1. 自然资源

按照联合国环境规划署的定义，自然资源是在一定时空条件下，能够产生经济价值、提高人类当前和未来福利的自然环境因素与条件，如矿产、水利、地理位置、气候条件、生态及灾害状态。自然资源是人类生产的资料来源和布局场所，具有多种功能与用途，彼此间存在生态联系，但空间分布不均、数量有限，这也造成区域间产业结构与消费结构的差异。2021 年 2 月，联合国环境规划署发布《与自然和平相处》的报告，指出全球正面临气候变化、生物多样性遭破坏和环境污染三大危机。我们只有在政策、计划和经济体系中体现自然价值，将投资引导到恢复自然的活动中，才能确保人类的健康和福祉与地球的健康和福祉并存。

2. 人口规模和结构

人口规模是表明市场潜力的基本指标。通常，人口规模越大，市场潜力就越大，但受购买力的影响，现实市场的规模并不一定随人口规模的扩大而扩大。人口规模的营销意义表现在 3 个方面：①人口越多，基本生活资料的需求越大；②人口越多，顾客需求与行为差异性越大，就越有利于目标市场战略的实施；③人口越多，产品就越趋于密集分销与大规模传播推广。

相较于人口规模，人口结构对营销更具直接意义，可从自然结构（如性别、年龄结构）与社会结构（如民族、职业结构、受教育程度）等维度展开分析。正是人口结构的不同，才形成了各具特色的消费群体，人口结构也就成为准确了解顾客特征、实施目标市场战略的重要依据。

3. 人口密度和集中度

人口密度是衡量人口地理分布的静态指标，其对市场营销的影响主要体现在渠道、传播策略和集体性、休闲性消费上。受制于供给成本，通常低人口密度区域的交通、医疗等基础设施较不完善，服务较弱，物流、售后及传播成本偏高，进而影响产品的销售与购买，一些集体性、休闲性消费项目因达不到盈利规模而难以生存发展。当然，若人口在一定区域内形成一定规模的集中，上述问题就能在一定程度上得到缓解。

4. 家庭人口规模

家庭是社会的基本单元，也是住宅、轿车、家电、家政等家庭用品的消费单元。在人口规模稳定的情况下，家庭人口规模越小，家庭数量自然就越多，家庭用品的需求量也就越大。随着家庭人口规模的缩小，家庭结构也会发生深刻变化，如家庭的组成方式、权力关系、成员角色，进而表现出显著的需求与行为差异。

⊖ 讨论 4-3　　　　　　　　　　　　　　　　　　　　　　　　　课程思政

"一人户" 催生新需求

2021 年 5 月 11 日，第七次全国人口普查数据公布：全国总人口为 1 443 497 378 人，年平均增长率 0.53%，呈低速增长态势；共有家庭 494 157 423 户，平均每个家庭户人口为 2.62 人，家庭规模持续缩小，其中 "一人户" 家庭超过 1.25 亿户，占比超过 25%，20 ～ 39 岁的年轻 "一人户" 接近 2 000 万户。"一人户" 的规模增长印证了我国正面临老龄化、少子化、不婚化的挑战，却也催生了一些新的需求，推动了某些产品、服务、产业的发展。

首先，原来由家庭提供的服务开始转向社会提供，外卖、家政等需求进一步增加。其次，社交与陪伴成为刚需，从熟人社交扩大到兴趣同好之间的泛社交，从宠物饲养到陪诊、陪聊、陪跑……围绕社交、陪伴的服务型和虚拟型商品不断涌现。再次，产品创新及延伸围绕 "一人户" 场景的细化不断推进，如自嗨锅、自助 "唱吧"、锐澳的 "一个人的小酒"。最后，单身、孤独等话题蕴含丰富的文娱内容，并由此产生商机，如 "孤寡青蛙" 在七夕前被创造出来后，淘宝单店月销 5 000 单，更衍生出 "不孤鸟"（布谷鸟）、"母单"（牡丹）等后续服务。除此以外，"一人户" 还会催生哪些需求？

4.3　微观环境

宏观环境分析的主要目的是识别外部因素中可能发生的重要变化和趋势，便于组织进行机会与威胁判断，进而着眼于未来，指导营销决策。然而，组织要维持、推进当下发展，应对竞争，还需掌握当前微观环境，构建良好的行业及市场关系，保证营销活动的高效运作。

微观环境直接影响组织服务顾客的能力与营销效率，具体包括 3 类因素：①反映市场构成主体之间关系的市场结构类型，在产业组织理论中，市场结构在某种程度上规定了企业一般性的市场及营销行为，如差异化程度、价格的形成；②组织面临的各种竞争力量决定了市场竞争的强度和行业利润潜力的变化；③影响组织利益及服务顾客能力的相关主体。

4.3.1　市场结构

市场结构是指市场中各要素之间的内在联系及其特征，主要包括供给者之间、需求者之间、供给者和需求者之间及市场上现有供给者、需求者与潜在进入者之间的关系，综合反映了市场的竞争和垄断程度，通常分为完全竞争、垄断竞争、寡头垄断、完全垄断 4 种结构类型。

市场结构是对市场竞争形态的本质描述，是决定市场行为和市场绩效的重要因素。市场结构与营销行为之间存在一般性的对应关系，如图 4-2 所示。

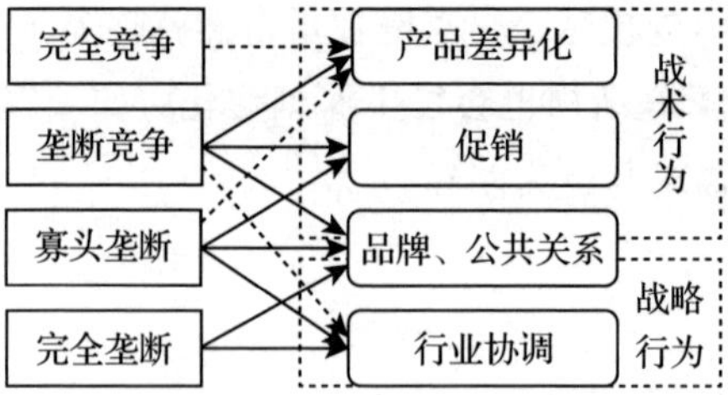

图 4-2　市场结构与营销行为

1. 完全竞争

完全竞争是指非常多的独立企业以相同的方式向市场提供几乎完全相同的产品。完全竞争市场是一种竞争不受任何阻碍和干扰的市场结构，任何买卖双方都可以无障碍地进出市场，且不会对市场总供求关系产生实质性影响，购买者不管购买谁的产品都无所谓，市场上的所有参与者都能获得充分的市场信息。

因为市场信息对称、资源自由流动，买卖双方数量众多、行为独立，产品差异化程度有限，因此单个买方或卖方的行为对市场的影响微乎其微，行业协调行为较少出现，市场价格由整个市场的供求关系决定，买卖双方只是价格的接受者，品牌、公共关系、促销等营销行为难以对整个市场形成刺激，良好的地理位置和营业时间的长短成为企业吸引顾客的重要因素。

2. 垄断竞争

垄断竞争是指市场中存在许多企业，生产和销售相近但不同质的产品，任何一家企业进入或退出市场都不会对市场供求状况产生重大影响。垄断竞争是现实生活中最常见的一种市场结构，竞争最为激烈，营销行为也最为丰富。

在垄断竞争市场上，企业具有一定程度的市场权力，这种市场权力的基础是产品的差异化和情感性。由于产品的差异化和情感性，同种产品之间失去了明确的可比性，使不同顾客形成不同的品牌偏好。因此，基于不同的目标市场进行品牌塑造、开展公共关系活动是企业营销的关键。毕竟相较于产品物理属性上的差异，心理、情感上的差异更具持久性。企业是否具有行业协调行为取决于企业地位和该行为的合理性。持久、高强度的价格战、广告战是垄断竞争市场上常见的营销现象，也是市场挑战者和新进入者常用的竞争方式。

3. 寡头垄断

寡头垄断是指由少数企业（寡头）主导市场，这些企业具有很高的市场占有率，能够控制产品供给。在寡头垄断的市场状态下，寡头企业之间的相互依存性较高，因为任何一方的竞争性行为都会触发其他寡头的相同行为，进而影响整个市场。为此，寡头一般采取理性竞争，倾向于维持现有均衡，着重于培养和维护品牌偏好，进攻性的竞争行为较少。

行业协调是此类市场必需的战略行为，但这种协调很容易演变为垄断合谋，并作为一种不正当手段用来操纵价格、限制竞争、控制市场，因而被《中华人民共和国反垄断法》或《中华人民共和国反不正当竞争法》所不允许。寡头企业对产品多采用形式、附加产品层面上的差异化，注重品牌和公共关系，即使产品研发与性能具有重大突破，也会视竞争态势和利益决定是否、何时投放市场。

4. 完全垄断

完全垄断是指某一市场上只有一家企业，所提供的产品也没有任何接近的替代品。理论上，垄断企业作为市场唯一的卖方，具有天然的无限市场权力，可以阻止其他企业的进入，通过对产品数量及价格的完全操控获得连续的垄断利润。但事实上，除非是靠法律或行政手段所形成的垄断，否则完全垄断市场并不具备现实性。一方面，现实中绝大多数产品都具有不同程度的可替代性；另一方面，为了提高市场效率，保护消费者权益，政府往往会进行一定程度的干预，如引入竞争激发市场活力。因此，在完全垄断状态下，品牌塑造和公共关系活动是企业最重要的营销行为，它们同时也是企业和政府、企业和公众间的行业协调行为。

4.3.2　竞争力量

市场结构综合反映了市场的竞争形态，若要进一步明确竞争来自何处、竞争强度如何及行业利润潜力怎样变化，还需要对具体影响组织的竞争力量进行分析。迈克尔·波特将企业面临的竞争力量归纳为 5 种：业内竞争者、潜在进入者、替代产品、供应商与购买者。图 4-3 表明了 5 种竞争力量及影响其竞争强度的主要因素。

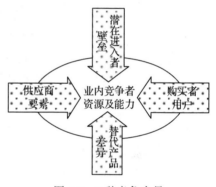

图 4-3　5 种竞争力量

1. 业内竞争者

业内竞争者服务于相同或相似的目标市场，所提供的同类产品具有较强的替代性，这类企业被视为业内竞争者，其拥有的资源及能力决定其竞争能力。

业内竞争者是最为直接、重要的一种竞争力量。尽管业内竞争者可以采取合作的方式共同开拓市场、共享发展红利，但当市场增长缓慢或进入壁垒较低、退出壁垒较高抑或顾客转换成本较低时，企业的逐利性本质往往使竞争趋于激烈，竞争手段多样，而一旦竞争各方采取过度、不可持续的竞争行为，市场将会失衡，整体行业利润将受到损害。

2. 潜在进入者

潜在进入者是指尚未进入但未来有可能进入市场的企业。潜在进入者虽然尚未对当前市场造成实质性的直接影响，但它们的存在与潜在进入行为对市场的现有企业是一种威胁。潜在进入者对竞争的影响取决于市场进入–退出壁垒，图 4-4 呈现了不同壁垒组合所形成的市场利润与风险的差异，为潜在进入者选取市场及预测现有企业对进入者的反应提供了参考。

如图 4-4 所示，潜在进入者对左上角低进入–高退出壁垒中的现有企业的威胁较高，竞

争密度与风险随新进入者的进入而加剧，企业利润也会随之降低。反之，右下角的高进入 -
低退出壁垒对现有企业最为友好，既可以阻止潜在进入

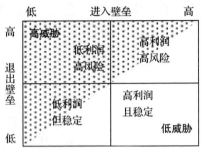

图 4-4　进入 - 退出壁垒矩阵

者的加入，又便于自身安全退出，竞争格局稳定，企业获
利较高且稳定，潜在进入者的威胁相对较低。但潜在进入
者一旦进入，成为业内竞争者，也就意味着其具有较强的
实力与丰富的资源，有可能改变原有的供求平衡状态与市
场格局，从而对现有企业造成巨大甚至致命性威胁。

　　市场壁垒的高低也会影响现有企业对新进入者的竞争
反应程度，即采取针对性竞争行为的可能性。例如，成长
型市场或对规模经济要求不高的市场，其进入壁垒相对较低，新进入者的不断涌现是一种常态，
是顾客寻求多元需求满足或市场寻求更高水平的供求平衡所需要的，现有企业的竞争反应相对
就弱些。反之，若市场已经饱和，市场退出壁垒较高，现有企业对新进入者的反应就会强烈。

3. 替代产品

　　从顾客需求角度来看，一个产品广义上面临着分属
4 个层次的替代品竞争，[⊖]如图 4-5 所示。不同层次的替
代产品均会对现有企业产生竞争影响，竞争方式与力度
也存在差异。竞争强度与产品差异程度高度相关，差异
性越小，替代性越强，竞争强度自然越高。

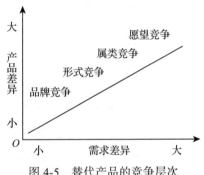

图 4-5　替代产品的竞争层次

　　愿望竞争　愿望竞争是指满足同一顾客不同需求的
不同产品之间的替代竞争。愿望竞争本质上是对顾客金
钱、精力、时间等有限资源的争夺，属于不同产业之间
的竞争。如在既定的可任意支配收入与时间下，顾客选择家庭出国旅游，可能就需要放弃小
朋友兴趣班的报班计划。

　　属类竞争　属类竞争是指满足顾客同一需求，采用不同原理与方法的产品之间的替代竞
争，也称平行竞争，如高铁与飞机、面包与包子。属类竞争是对顾客同一需求的竞争，其他
属类产品的价格越低，对该产品的替代性就越强。

　　形式竞争　形式竞争是指同类产品因不同形式、规格而产生的替代竞争，如按照车身尺
寸、排量、配置、价格等参数划分出 A 级车、B 级车、C 级车。顾客往往在可接受的价格范
围内，根据产品与使用场景的适用性或利益偏好进行形式选择。

　　品牌竞争　品牌竞争是指同类产品同一形式的不同品牌之间的替代竞争。尤其当产品实
质性差异逐渐消失、市场走向成熟后，品牌竞争成为必然，培养顾客偏好与忠诚是品牌竞争
的关键。

　　⊖　这里的替代品竞争是从顾客角度围绕替代内容所进行的划分，而波特五种竞争力量中的替代品是从产业结构
　　　　角度，通过对影响企业竞争优势与绩效的竞争力量进行分析而提炼出来的，对替代品内涵与外延的界定有所
　　　　区别。相较而言，波特五种竞争力量中的业内竞争者主要是指品牌竞争者与形式竞争者，替代产品主要是指
　　　　属类竞争者。

4. 供应商

供应商是向企业及其竞争对手提供生产经营要素的组织或个人。供应商对企业的竞争性影响与所提供的要素密切相关，主要体现在两个方面。第一，供应商能否及时、稳定地提供低成本、符合质量要求的原材料、零部件等要素，进而影响组织的产品品质和对顾客需求的响应速度。尤其在产业市场，价格、质量与服务是供应商向行业内相互竞争的企业施加影响力的主要方式。供应商与企业的力量对比、企业间竞争的对抗性和协调性决定其在讨价还价中的地位，供应商所提供要素价值越高、替代性越弱，其议价能力就越强，从交易中得到的利益就越高，对下游企业利益的削弱就越大。第二，供应商的业务向下延伸的动机和可能性。供应商本身就是潜在进入者，尤其在拥有更为可靠的生产要素的供应情形下，一旦向下游产业链延伸业务，就会与下游企业产生直接的竞争关系。

产业链是因企业难以应付越来越复杂的分工与交易活动，不得不依靠企业间的相互关联与价值交换而形成的，产业链中的企业存在既合作又竞争的关系。尤其当外部环境动荡加剧时，如何建立并保持高效、稳定的供应商关系，如何通过双方资源和竞争优势的整合进行市场运作成为当下企业的重要课题，相关内容可见第 6.3 节。

5. 购买者

企业追求利润最大化，购买者也希望以尽可能低的价格来购买产品，从这个意义上讲，购买者也是影响企业的一种竞争力量，购买者的身份是其竞争力量的主要来源，并直接体现在议价能力上。购买者的议价能力是指当其处在买方市场的有利地位时，可以压低价格或向企业提出更为苛刻的产品或服务要求的能力。当购买者拥有较强的议价能力时，其会降低该业务领域的企业利润，导致该行业或市场的吸引力下降。

产业市场上的购买者显然也具有向上延伸业务的动机与可能性，尤其是当购买者的购买需求量大且稳定，有能力突破上游产品的技术、生产壁垒时，这种延伸对现有企业会形成巨大冲击。

4.3.3 相关主体

诚如第 1.3.1 节所述，在营销过程中，与组织的营销者相对的一方是广义上的顾客，除了购买者、使用者等狭义上的顾客角色以外，还包括员工、股东等内部顾客及营销中介、社会公众等外部顾客，这些主体作为影响组织利益的相关者而存在，也直接影响着组织服务顾客的能力与营销效率。

1. 内部顾客

对不同内部顾客进行组织、协调，使其形成合力是决定组织营销成效的关键因素。组织服务顾客的能力与营销效率取决于所有内部顾客的共同努力，虽然组织内各成员、组织单元的权责、地位、利益诉求不一，彼此间存在资源竞争，但更需要协同合作。例如，采购部门要及时、保质、稳定地保证生产经营所需的各种要素；研发与生产部门要尽可能提供优于竞争对手的产品品质；市场部门要洞悉顾客需求，建立起良好的品牌形象；销售部门要建立、维护好顾客关系；财务部门要确保资金安全与顺畅流转……同样，从组织内部控制的角度来看，股东、经营者、管理者与普通员工虽然分属不同的控制层次，但在营销执行与控制的过程中均发挥重要作用。

2. 营销中介

营销中介是指以第三方角色，独立提供营销专业服务的机构，如市场调查公司、广告传媒公司、公关策划公司、管理咨询公司、中间商等。作为复杂的市场活动，营销需要多方面人才与专业技能的支撑，借助营销中介提供的专业营销服务，有利于组织营销活动的高效开展，尤其是当组织开展新业务或进入新市场时，营销中介的作用及意义更为突出。从这个角度来看，营销中介机构是否健全、是否能够提供有效的营销建议是衡量某区域市场营销生态是否健康的重要体现。

● 案例 4-2

链家守护"安家"梦想

作为中国房产交易行业的领军企业，链家持续聚焦房产交易中的难点、痛点、风险点，以"敢承诺，真赔付"为准则，为无数消费者的房产交易安全提供了强有力的保障，推动了房产服务行业的迭代变革。

2004 年链家率先提出"不吃差价"阳光作业模式，2007 年推出资金监管服务，2011 年发起"真房源"行动，2013 年推出四大安心服务承诺，2023 年推出"亿元安心保障金"行动，成为首家为顾客风险买单的企业。目前，链家的安心服务承诺已全面覆盖二手房、租赁、新房三大板块，承诺条款总计超过 40 项，全面保障消费者从签约前到签约后的权益。截至 2023 年 10 月底，全国链家累计赔付垫付 284 535 笔，累计支付安心保障金 41.10 亿元，最快的一单赔付，从进线到赔付仅用了 4 min 37 s。

资料来源：红网. 链家 22 年进化之路：初心不改，再启征程 [EB/OL]. (2023-11-16) [2025-03-28]. https://baijiahao. baidu.com/s?id=17827208159711775377&wfr=spider&for=pc.

3. 社会公众

社会公众就是参与社会活动的群体与机构，包括媒体公众、融资公众、政府公众、社团公众、社区公众、一般公众等。社会公众并不直接作用于组织的营销过程，但社会公众对组织的态度会影响组织的营销成效与品牌形象。因此，积极与社会公众形成双向沟通与互动，建立并维护良好关系既是营销本身的一项重要内容，也会对组织的其他营销内容产生重要影响。通常，规模较大的组织可通过设立公共关系部负责与社会公众的关系，但良好的公共关系需要组织全员的共同努力，组织中的各成员都应具有"全员公关"的思想意识，且每个成员的行动都是组织经营理念的反映，都会影响社会公众对组织的看法、态度。

媒体公众　媒体公众是指进行信息传递的机构、平台，既包括报纸、杂志、电台等传统媒体，也包括门户网站、新闻客户端、社交媒体平台等新兴媒体。媒体公众既是营销的工具与手段，也是组织努力争取并建立良好关系的对象。尤其是在信息爆炸与社会媒体时代，营造良好的舆论环境是组织发展与营销推进的重要前提。

融资公众　融资公众是指影响组织融资能力的金融机构，如银行、投资公司、证券经纪商、保险公司等。融资公众不仅是组织融资的主要途径，也是影响组织信用等级的主要机构。信用等级是组织在金融市场上的"身份证"，尤其是当企业在资本市场利用债券等融资工具筹集资金时，必须经过有资质的评估机构的信用等级评定。

政府公众　政府公众是指中央与地方的国家机构，包括立法、司法、监察、行政、军事等国家权力机构及公职人员。一方面，所有营销活动都应合法、合规；另一方面，当组织极具影响力时，可对政府公众进行政策游说，从而影响某项政策或措施的出台与执行。

社团公众　社团公众是指由公民自愿组成，为实现其共同意愿，按照其章程开展活动的社会团体，可分为学术性、行业性、福利性、公益性、联谊性等多个性质的社会团体。随着社会发展，要求组织遵守商业伦理、承担并践行社会责任的呼声日趋强烈，旨在保护消费者权益、保护环境、保护动物等的社会团体也日益增多，并逐渐成为影响社会规范与价值观的一支重要力量。

社区公众　社区公众是指组织所在区域的其他组织及居民。组织建立在特定的地理区域之内，通常依赖区域资源而创立发展。与社区公众建立良好的关系不仅有助于调动内部员工的积极性，也有助于组织营销活动的开展与社会声誉的提升。尤其是当组织因行业属性或业务性质存在一些诸如安全、环保等负面的刻板印象时，面向社区公众开展积极、正向的沟通，消除误解、寻求理解与支持是组织的一项重要公共关系工作。

一般公众　一般公众是指社会上无正式组织状态的民众。尽管一般公众不见得是组织产品的购买者或使用者，但可能是组织声誉与品牌口碑的重要传播者，尤其是随着社会化媒体的普及发展，一般公众对组织声誉与口碑传播的影响也越来越大。

本章小结

1. 营销环境是指存在于组织营销系统之外，影响组织营销活动及其目标实现的外部因素的统称，常分为宏观环境和微观环境。营销环境分析的目的在于准确把握各环境要素的变化及其对顾客需求和行为的影响，进而支撑并指导营销决策。营销环境变化是复杂而多变、渐进与突发共生的；也是广泛且长期、机会与威胁并存的。

2. 宏观环境由影响组织营销活动的巨大的社会性力量构成，包括技术、政治 – 法律、经济、社会 – 文化、自然 – 人口等。对组织服务顾客的能力及营销效率产生直接影响，并与组织紧密联系的各种力量与主体构成微观环境，包括市场结构、竞争力量及其他利益相关主体。

3. 技术环境是指各技术要素的力量、水平、发展动向及对社会、组织影响的能力等。技术是一切社会变革的源泉，也是影响组织活动的最活跃因素。其中，信息技术不仅推动了营销科技的发展，也改写了竞争规则与商业思维，如快速反应、赢者通吃、低门槛、注意力经济；产品技术则使新产品不断涌现、产品生命周期不断缩短、小批量生产与个性化得以兼顾；物流与支付技术改变了销售方式，扩大了销售范围；而具有即时、互动和沉浸特征的现代沟通技术，则让营销活动更具个性化、精准度与全天候的特征。

4. 政治－法律环境是指组织开展营销活动时的外部政治制度、法律规范、政策方针、政局稳定性及政府所持有的市场道德标准等，对组织具有直接、不可逆的影响作用，主要通过规范准则、政策引导及具体的政府参与行为对组织行为形成约束。

5. 经济环境是指组织活动的外部经济条件，主要包括经济量、经济结构与经济质量3个方面，但从营销角度，经济环境主要通过社会购买力、消费结构和城乡差别3个方面对市场产生影响。

6. 社会－文化环境是指组织所处的社会及其文化形态，是影响社会基础价值、观念、偏好及行为的社会规范力量，涵盖了一个民族、国家或地区的信仰与价值观、传统与习俗、行为方式、社会阶层、道德规范、审美观念、教育水平等内容，具有多样性、民族性与区域性的特征。社会－文化环境一经形成便会经久不衰，不会像其他环境因素那样容易动态变化，对组织与顾客的影响具有多层次、全方位、长期性、渗透性的特征。

7. 作为影响组织与市场的最基础的社会性力量，自然－人口环境包括自然资源、人口规模和结构、人口密度和集中度及家庭单位等内容。

8. 市场结构是指市场中各要素之间的内在联系及其特征，主要包括供给者之间、需求者之间、供给者和需求者之间及市场上现有供给者、需求者与潜在进入者之间的关系，综合反映了市场竞争和垄断程度，通常分为完全竞争、垄断竞争、寡头垄断、完全垄断4种结构类型。

9. 竞争并非仅仅来自业内竞争者，潜在进入者、替代产品、供应商和购买者都会对组织产生竞争性影响，并决定市场的竞争强度及利润潜力的变化。上述5种力量对竞争强度的影响分别受资源及能力、市场进入－退出壁垒、产品差异程度、生产经营要素、购买者身份的制约。从顾客需求角度来看，产品广义上面临着愿望、属类、形式与品牌4个层面上的替代竞争。

10. 组织的内部顾客、营销中介及社会公众也对组织服务顾客的能力及营销效率产生直接影响。

▲ 关键术语

营销环境　宏观环境　微观环境　技术环境　全新产品　替代产品　改进产品
仿制产品　政治－法律环境　经济环境　社会购买力　可任意支配收入　消费结构
社会－文化环境　亚文化　市场机构　完全竞争　完全垄断　寡头垄断　垄断竞争
业内竞争者　愿望竞争　属类竞争　形式竞争　品牌竞争　社会公众

● 简答题

1. 组织为什么要分析营销环境？

2. 举例说明按照创新程度划分的 4 类新产品及其主要特征。

3. 现代物流技术的发展对营销活动产生了哪些影响?

4. 规范准则、政策引导与政府参与对组织行为的约束存在哪些差异?

5. 在不同市场结构下,组织的营销行为存在哪些差别?

6. 简述潜在进入者在不同的市场进入 – 退出壁垒下,对现有企业竞争威胁的差异。

7. 为什么说供应商与购买者也是竞争力量? 影响竞争强度的主要因素是什么?

思考题

1. 选取一种信息技术,描述或预测其对竞争规则、顾客需求的影响。

2. 在你的日常生活中,是否有来自亚文化的影响,在哪些方面产生了具体影响?

3. 从营销角度分析我国当前人口数据及变化趋势所产生的影响。

4. 产品面临着不同层次的替代品竞争,各层次的竞争本质是什么?

5. 面向不同的社会公众,组织加强沟通,建立良好关系的目的有何区别?

实践与探讨

围绕以下问题,以班级为单位展开月消费支出调查,在本学期结束后,进行数据统计、分析与交流。

1. 男生与女生在生活费总额、消费结构 (按支出项目) 上存在怎样的差别? 哪些消费项目受宿舍群体的影响最大?

2. 在可任意支配收入下,男生与女生所面临的愿望竞争有何差别,优先实现了什么需求,什么原因影响了这种优先选择?

3. 基于上述对男生、女生在消费观念、消费选择上的总结归纳,围绕具体的消费支出项目,给予一定的营销建议。

互联网实践

互联网的崛起使得传媒媒体日渐式微,新闻资讯行业长期由腾讯、搜狐、网易主导,新闻客户端也被上述三家门户网站垄断。2012 年 8 月,资讯 app 今日头条上线,通过算法推荐机制将内容与用户进行高度匹配,进而实现人与内容的精准传播和高效分发,让资讯内容实现了从"搜什么看什么"到"想什么看什么"的转变。

算法推荐引发了传播革命,让新闻资讯由网络媒体时代快速进入智能推荐时代。打开今日头条或其他个性化新闻客户端,比较它们在资讯推送上的区别? 你在使用今日头条的过程中,存在哪些不好的推送体验? 当算法成为资讯的"把关人"时,容易产生哪些商业伦理与社会治理问题?

消费者市场分析

人的大脑有两套思考系统：系统 1 依赖直觉，不费脑力，是无意识、自主运行的"快思考"系统，依赖情感、记忆和经验迅速判断，容易让人上当；系统 2 是非直觉系统，需要有意识地调动注意力来分析和解决问题，是一种主动控制的"慢思考"系统，理性、不容易出错。绝大多数时间，人是用系统 1 做决策，是靠条件反射的非理性决策，系统 2 很懒惰，往往对系统 1 的直观判断无条件接受或稍微调整，只有当系统 1 运行遇阻时，系统 2 才会被激活。非理性是我们大多数行动的依据。

——丹尼尔·卡尼曼（Daniel Kahneman）
2002 年诺贝尔经济学奖获得者

尽管市场分为消费者市场与组织市场，但消费者市场是一切市场的基础，在经济活动中占据核心地位，既是拉动经济增长的引擎，也是维持社会和谐稳定的基石。

消费者市场由庞大的个体与家庭构成，结构复杂、分布广泛，且随着时代的进步与社会的发展，消费环境也一直处于深刻变化之中，消费者需求、行为上的差异性也呈现出快速变化、迥异多样的特征，营销者只有深入透视并把握消费者市场的需求、行为特征及发展趋势，才能通过针对性的营销活动适应并引导市场，更好地创造并满足消费者需求，在激烈的竞争中脱颖而出。

5.1 消费者市场特征

消费者是为了获取生活资料而从事消费行为的个体与家庭，由消费者构成的市场即消费者市场。若将消费者放到需求的框架中加以描述，按照需求显现状态，消费者既包括现实消费者，也包括潜在消费者：现实消费者是指已经对自身状态产生不满，准备或已经寻求消除这种不满的消费者；潜在消费者是尚未对自身状态产生不满或虽有不满但并未寻求消除这种不满的消费者。

尽管因性别、年龄、教育程度、信仰和价值观等方面的差异，消费者市场存在不同个性特征的亚文化群体，但仍在需求与行为上表现出一些共性特征，并由此形成与其他市场明显不同的营销差异。

5.1.1 需求特征

情感性 情感性是消费者需求的最大特征。对消费者来说，当人们的生存、安全得到保障后，情感满足所产生的愉悦总是大于生理满足，并且是无终点的，一直处于不断变化与发展中。一方面，人类情感是丰富、多样的，每个人在不同生活阶段与情境下，对情感有不同的理解与追求；另一方面，情感满足是一种相对主观的体验，每个人对于满足的定义与标准都是不同的，受到个体经历、价值观、文化背景等多种因素的影响。尤其是当物质生活越来越富足后，消费者无论购买什么产品都会有意、无意地产生情感需求。

🔲 案例 5-1

“东来也”来也

手机壳是 3C 市场中技术含量最低的配件，其原本的功能是防摔、抗磨、保护手机，而今手机壳已然成为社交的潮流密码、个性与态度表达的重要载体、最流行的时尚单品……据预测，到 2028 年，国内手机壳的市场规模将接近 200 亿元，全球规模将达到 1 290.68 亿元。

作为新国风潮玩文化品牌的代表，东来也成立于 2018 年，以“好事发生”为品牌理念，原创设计的国潮风手机壳被 500 多万粉丝关注，产品销售额破亿元。东来也的手机壳共有硅胶、玻璃、皮质 3 种材质，质量好、手感佳、价格适中，还具有 99.9% 的抗菌率，满足了消费者对手机壳的实用性需求。在图案设计上，东来也立足中华优秀传统文化元素，挖掘其中美好寓意，传达国潮美学，如太极系列体现阴阳平衡与和谐之美，东方好运系列则将熊猫、财神、貔貅等形象运用其中，通过“富瘦双全”“步步高升”“乘风破浪”“一鹿生财”等文字演绎，传递美好与希望；另外，通过跨界合作与联名，结合当下特点与潮流风向，让传统文化变活，如与《画江湖之不良人》动画电影联名，推出“不顺我心”“随心”“势如破竹”等产品，彰显快意、不羁个性，与长城文创合作，推出“万里长城永不倒”“爱我中华”“龙跃长城”等定制款，表达爱国之情、自强之感。

差异性 消费者自身主观状况与消费环境决定其需求内容及水平，因而不同消费者的需求存在显著差异，即使同一消费者同一时间对同一产品也会因情境、心理状态的变化而形成不同的选择偏好与购买结果，这也意味着消费者对同一产品存在多种需求，期望获得多种价值。

发展性 消费者需求是一个由低到高、由简单到复杂的不断变化的过程，不会永远停留在一个水平，即使对同一产品，所期望的内容与满足程度也会逐渐升级，具体详见第 3.1.2 节的马斯洛需求层次理论与狩野纪昭的需求结构理论。

伸缩性　伸缩性可以理解为较高的需求弹性，是指消费者对某种产品的需求数量、品级等会因某些特定因素的影响而发生变化，这些因素除了支付能力外，还包括情绪、兴趣、使用条件、购买情境等，这也是营销刺激会引发需求的根本原因。

周期性　并非消费者的所有需求都具有周期性，只有部分需求在时间上具有重复发生的周期性且呈现出一定规律性的变化趋势。一方面，需求受经济周期、文化周期、家庭结构周期等影响，自然也呈现出一定的周期性，但这种周期的时间性较长；另一方面，某些需求因与特定情境相关联，在较短时间内就会表现出周期性，如每年的端午、情人节、开学季，消费者都会购买特定产品，商家的固定大促更是带动了其他产品的消费；黄金周、"双十一"更让消费者的某些存量需求周期性释放。

5.1.2　购买行为特征

非营利性　消费者购买的是生活资料而非生产资料，其目的不是再次生产、转售或投资，而是为了满足自身及家庭生活的需要，具有非营利性。作为生活资料，产品一旦被购买就意味着退出社会再生产过程，产品价值得到最终实现，消费者的购买也因此被称为最终性购买，是一种终端消费行为。

非专家性　消费者通常缺乏准确认识和评价产品所必需的专业知识，无法像专家一样用理性、客观的技术、性能等指标来选择、评价不同品牌间的差异，即使产品技术复杂、购买风险大，情感性与消费者个性也会对购买决策产生重要影响。

冲动性　消费者的购买行为掺杂了情感和冲动，情绪化明显，很容易受广告、促销、现场氛围、服务等营销因素及口碑、意见领袖、从众、攀比等人际交往的影响，从而表现出计划外的购买行为，购买决策是即时性、靠情感驱动的，所购买的产品可能也并非其真正需要。

多样性　需求是行为的内在驱动力，而行为则是需求的外在表现。消费者需求的差异性自然决定了购买行为的差异、多样，不同的消费者会以不同的行为方式解决同一问题，满足同一需求。同样，即使同一消费者购买同一产品，行为环节与方式也截然不同。

零星性和随机性　消费者以个体或家庭为购买单位，产品消耗量不大，尤其是随着产品供应越发丰富、及时及竞争的越发激烈，消费者购买的时间、地点、数量、频次、品牌、规格等很容易出现变化，从而表现出较强的零星性和随机性。

5.1.3　营销特征

情感性和冲动性构成了消费者市场特征的主轴。相较于组织市场，消费者市场的营销运作具有以下特征。

1. 建立情感联结

既然情感性是消费者需求的最大特征并支配其购买行为，关注消费者心理与情感需求，建立与消费者之间的情感联结也就成为营销的应有之义，具体内容包括在产品设计及营销活动中使用情感化因素、注重与消费者的社交互动、提升消费者个性化体验、形成品牌共鸣等。

除了满足消费者情感需求、促进购买以外，与消费者建立情感联结还具有以下重要意义：①情感联结使产品的购买与使用中包含了态度、情绪、参与、仪式、人文等色彩，产品价值由物质范畴扩展到精神范畴，顾客总价值得以提升，产品的溢价空间变大；②相较于材料、技术、性能等客观属性上的差异化，情感联结更具有稳定性与不可替代性、不可模仿性，更能增强消费者对品牌的认同与偏好，促使其重复购买，从而保持市场稳定；③情感联结能激发消费者积极的口碑传播，分享使用体验与感受，有利于品牌的互联网传播并引起更多潜在消费者的关注；④在激烈的市场竞争中，品牌会面对各种市场不确定性与危机，情感联结有助于获得消费者的理解与支持，帮助品牌营造良好的舆论环境与社会氛围。

2. 重视消费者教育

消费者教育就是营销者为了培育市场，围绕某种产品，面向潜在消费者所进行的系统性传播活动，通过改变潜在消费者对产品的知识结构，激发并引导消费者对该产品的需求与购买行为。

随着技术创新与产品迭代频率的加快，消费者教育对营销者越发重要。第 4.3.2 节强调产品广义上的替代品竞争包括愿望竞争、属类竞争、形式竞争与品牌竞争 4 个层次，消费者教育更多是基于前三类竞争的需要，旨在让消费者对产品、品类形成认知与偏好，激发消费者对产品而非品牌的需求。当然，在首因效应下，[⊖] 消费者对该品牌有所认知与偏好也是营销者乐见其成的。借助营销传播，呈现使用情境并提供说服力信息是消费者教育的重要手段，但受资源及能力的限制，消费者教育有时需要通过品牌间的合作来完成，尤其是当产品处于引入期，消费者认知与接受度都相对较低时，不同品牌采取共同的消费者教育而非直接竞争往往是更为明智的选择。

🌀 材料 5-1

电磁炉的市场教育

《2024—2030 年中国电磁炉行业市场行情监测及发展趋向研判报告》显示，尽管近年来我国电磁炉销售持续走低，但仍是全球最大的电磁炉市场，国内市场份额约占全球 50% 左右，美的、九阳、苏泊尔等国产品牌在家用电磁炉市场处于领先地位。

2003 年前后，电磁炉开始在农村销售，但因价格较高，燃气灶广泛普及，导致其市场表现不佳。为此，美的设计了"烧水对比实验"：用电磁炉和燃气灶同时烧水，然后计算烧水成本。实验结果显示，电磁炉比燃气灶节省 58% 的能源费用，只需要两年，"电磁炉价格＋电费"的总成本就低于燃气费。实验频繁在农村集市演示，这种鲜活的事实及无明火、油烟少等可感知的产品特征与烹饪优势，有效解决了"电磁炉是什么，为什么价格高"的认知障碍。但电磁炉毕竟是一种利用电磁感应加热的厨房设备，电磁辐射问题让消费者心有忌惮，担心对身体造成伤害。此时国内小家电的另一巨头——九阳一方面加强对电磁炉辐射的研究，推动行业标准建设；另一方面，开发出防辐射电磁炉，宣传九阳电磁炉的安全低辐射，通过对

⊖　首因效应（primacy effect）是指第一印象往往是最鲜明、最牢固的，具有先入为主的效果，也称首次效应、优先效应或第一印象效应。

比实验及数据告诉消费者如何选购品牌，努力打消消费者对电磁炉的顾虑：九阳的电磁辐射量仅为电扇的 1/2、手机的 1/10。就这样，电磁炉市场被迅速打开，到 2013 年，国内电磁炉销售额达到 101.5 亿元。

3. 引导顾客自传播

自传播也称自我传播，是个体基于信息内容自愿发起并形成多级传播效应的一种传播行为。现实生活中的口碑传播、社交媒体的转发与分享、顾客点评等都属于自传播，具有自我表达强烈、互动性强、传播速度快、影响力大等特征。

消费者购买是非专家性的，难以像企业顾客一样拥有专业知识储备，因而在产品购买与使用中存在一定的风险性。为降低购买决策的风险与不确定性，消费者倾向于选择口碑与形象良好的品牌。但消费者数量庞大、分布广泛、媒介偏好多元，面向消费者所开展的大规模、高密度的广告投放与营销推广已经很难形成良好的传播效果，投入产出较低。因此，面向已经购买、使用过的消费者即顾客，引导并鼓励其对品牌进行积极、正向的自传播成为营销者在现代信息社会的重要工作内容，既能增强品牌信任度、为产品积累口碑，又能实现销售转化，扩大市场影响力。当然，优质的产品与服务提供、话题性的信息内容设计、意见领袖的培养与挖掘是引导顾客自传播的重要前提。

4. 强调多渠道融合

随着移动互联网及信息技术的发展，越来越多的消费者通过实体门店、网店、直播间、社交媒体及应用程序等多种途径获取信息、比较产品并最终做出购买决策，信息搜寻途径与购买渠道交织在一起，消费者往往准备在一个渠道购买，但最终在另一个渠道完成购买活动。显然，依赖单一销售渠道已经很难适应现代消费者市场的发展要求，多渠道融合已然成为消费者市场营销的主要特征。

多渠道融合就是将线上、线下多种渠道有机结合，为消费者提供无差别购买体验，实现从搜寻信息到获取产品的无缝连接。多渠道融合一方面保证了品牌信息与产品能够触达尽可能多的潜在消费者，增加品牌曝光率与市场渗透率，满足消费者对购买便利性与媒介偏好多样化的需求；另一方面，多渠道覆盖能更快地收集不同渠道的市场反馈与消费者数据，有助于增强营销者的市场反应能力，使其更加准确地了解消费者需求及行为变化，更加精准地判断市场发展趋势，进而及时调整营销策略，提升营销效果。

5.2　消费者购买决策机制

心理学中将人的行为解释为大脑对外界刺激的反应，因此消费者的购买决策及行为在外部营销刺激与环境刺激下产生，并受消费者个体特征的影响。尽管面对不同的需求、产品及情境，不同消费者会表现出不同的购买行为，有人谨慎有加、理性评估，有人率性而为、感性用事……但从需求到购买活动，消费者都会经历一个由心理到行为的转换过程，形成了一些具有普遍性的行为规律与决策机制，如图 5-1 所示。

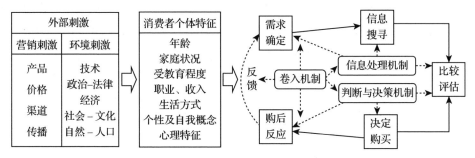

图 5-1　消费者购买决策过程及相关机制

消费者购买决策机制是指消费者在购买决策过程中，所遵循的原理、规则、方法、程序等。购买决策过程包括需求确定、信息搜寻、比较评估、决定购买、购后反应 5 个阶段，不同机制决定了消费者在具体阶段的行为表现。其中，卷入机制呈现了消费者卷入对购买决策过程复杂性及信息处理深度的影响，信息处理机制反映了消费者搜寻、处理信息的方式与能力，而判断与决策机制则解释了消费者是如何进行品牌比较、评估与选择的。当然，消费者具体的购买决策过程及机制均受外部刺激与消费者特征的影响。

5.2.1　消费者购买决策过程

消费者购买决策过程的 5 个阶段的划分只是一种规律性提炼，并非所有的购买决策都会完整经历这 5 个阶段。消费者会依据具体的产品、情境、所拥有的知识结构、个体心理等，简化或扩展购买决策阶段，甚至表现出与图 5-1 完全不同的决策逻辑与过程。

需求确定　当消费者在现实生活中意识到实际状态与期望（或理想状态）存在差距，从而产生不满意的情感时，就产生了需求，详见第 3.1.1 节。消费者会在内外刺激的作用下，依据需求满足的迫切性、实际支付能力等因素，进一步确定需求，产生购买计划。当然，有些需求与购买计划是瞬间确定的，有些则需要长时间的形成。

信息搜寻　确定需求后，为寻求满足需求的最佳方案，消费者开始搜寻相关产品及品牌信息，为购买决策提供依据。消费者的信息搜寻包括内部搜寻与外部搜寻两种途径。内部搜寻就是从自身的记忆、知识、经验中激活并提取信息；外部搜寻则是从外部环境中主动或被动地获取信息，通常包括以下信息来源：①个人来源，如家庭、亲友（圈）、邻居、同事；②商业来源，由企业、营销类媒体、营销人员控制和发布的信息，如广告、品牌故事、包装、实物展示、导购推荐；③公共来源，由非商业性的中立组织、意见领袖或具有行业、官方属性的组织所发布的信息，如消费者权益组织与专业测评机构的报告、官方新闻报道等。消费者一般在内部搜寻不充足的情况下进行外部搜寻，显然，在外部搜寻的各种信息中，商业来源的信息量最为充分，也最容易获得，个人来源的信息则最为可信。

比较评估　在搜寻到的信息基础上，消费者将根据自身经验与知识，按照一定的评估方法、内容及标准对备选品牌（或方案）进行判断比较、权衡选择，筛选出具有购买意向的品牌。比较评估的具体过程详见第 5.2.4 节。

决定购买　消费者在确定购买意向后，进入实质购买阶段，就哪里买、何时买、买多少、与谁买、如何支付等问题进行决策，此时他人态度、意外情况、购买情境等因素会对上述决策内容产生影响，甚至会改变购买意向，即买不买、买什么。他人态度的影响力取决于他人在消费者心目中的地位及否定态度的强烈程度；意外情况主要是指预期的收入、价格、产品利益等发生意外变化；购买情境则包括购买场景及消费者当下的心理与体验、倾向、认知等。

购后反应　消费者购买完产品后，会在使用过程中有意、无意地检验购买决策，并以满意程度衡量、评价产品对需求的满足程度及购买决策的正确性，进而表现出不同的行为反应。尤其是对于轿车、楼盘等高卷入产品的购买，消费者容易产生购后不协调，对当时的购买决策产生怀疑、后悔等焦虑情绪，从而发展为不满意的情绪，顾客会产生抱怨行为，转换品牌不再使用该产品，如

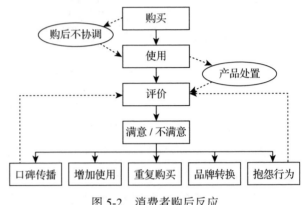

图 5-2　消费者购后反应

图 5-2 所示。显然，消除消费者的购后不协调，使其坚定购买决策的正确性，是营销者进行购后营销的重要目标。

5.2.2　卷入机制

消费者卷入（involvement）也被称为介入、参与度，是消费者主观上感受产品与自身的关联性或关心程度，进而体现在购买决策过程中所投入的时间、精力、参与者数量等。消费者卷入的水平、参与者的多寡、卷入的形式在某种程度上反映了消费者购买需求的强度，不仅关联着消费者的信息搜寻和处理方式，还决定了购买决策过程的复杂性与深度，进而影响最终的购买选择与满意程度。卷入机制是消费者购买决策中的关键机制，对于理解和分析消费者行为具有重要作用。

1. 卷入水平

卷入水平反映消费者的卷入程度，有高低差别。消费者最典型的低卷入体现就是惯性购买，所有购买阶段的决策都是出于习惯或条件反射，缺乏考虑其他备选方案的动机；而当消费者购买与自身关联性高的产品时，通常表现为高卷入。

就具体消费者而言，当产品在重要性、情感性、兴趣、风险、品牌价值等方面表现突出时，产品与其自身的关联性就高：①产品具有重要功能，能解决其重要问题；②产品对其有情感上的吸引力，能满足顾客享乐性需求；③产品与其兴趣有直接关系；④产品的购买风险较高，如价格高昂、对使用条件要求较高、售后困难；⑤产品的购买与使用具有社会外显性，容易与个人审美、文化素养、职业背景、经济状况、文化态度、生活方式等产生关联。需要强调的是，卷入水平是相对的，没有绝对的高与低，同一产品对 A 消费者而言可能仅仅是兴

趣所在，就会表现出高卷入，但对 B 消费者而言，虽然该产品在重要性、情感性上都表现突出，但其卷入程度也不见得就会比 A 高。

除了产品因素以外，消费者的先前经验、购买情境都会影响其卷入水平，进而对购买决策各阶段行为产生影响。在信息搜寻阶段，高卷入的消费者会进行积极的搜寻行为，且搜寻的信息广泛而具体，而低卷入的消费者则很少付出足够的时间、精力去搜寻，搜寻的信息有限，从而被动接受与自己想法不一致的信息；在比较评估阶段，高卷入的消费者会更加仔细、深入地对各备选方案及品牌进行分析、比较，而低卷入的消费者则会尽量用简单的过程、规则进行选择；在决定购买阶段，高卷入的消费者品牌偏好明显，不容易受重复性信息的影响，低卷入的消费者则恰好相反；在购后反应阶段，高卷入的消费者愿意更多地传递满意信息，低卷入的消费者则会频繁变化态度，经常转换品牌。

💬 讨论 5-1　　　　　　　　　　　　　　　　　　　　　　课程思政
品牌在高卷入的家装市场有大作用吗

2024 年 3 月，国务院印发《推动大规模设备更新和消费品以旧换新行动方案》，明确开展汽车、家电、家装消费品的以旧换新工作，在更好满足人民美好生活需要的同时，大幅提高国民经济循环质量和水平。

在上述三类消费品行业中，家装是消费者卷入程度最高的行业，从需求确定开始，就沉浸于各个论坛看风格，从考察装修公司，到与设计师确定方案，再到买建材、家具、布艺等，整个购买决策过程十分复杂与冗长，消费者全程参与。但家装又是个低频购买、个性化要求特别高、行业标准难以确立的行业，具有大行业小企业弱品牌的典型特征，即市场规模大，行业集中度低，强势品牌少。据统计，2022 年，我国家装市场规模突破 3 万亿元，2025 年底将达到 3.78 万亿元，同比增速 7.8%，行业市场集中度 CR4 与 CR10 均未超过 1%，竞争格局分散，东易日盛、业之峰等头部企业占比较低。为什么家装市场规模如此之大，而知名品牌却那么少，市场份额那么低？品牌在高卷入的家装市场有大作用吗？

2. 参与者

在消费者购买决策过程中存在多种角色，尤其是当家庭购买时，购买者、使用者、决策者往往是分离的，显然，参与者的多寡也是反映卷入水平的重要标志。从营销者角度来看，只有了解每项消费活动的参与者及其角色，才能根据其角色地位与特性采取有针对性的营销策略，较好地实现营销目标。

发起者　发起者是首先提出购买需求的人。

决策者　决策者是在"决定购买"阶段，确定最终全部或部分结果的人。

购买者　购买者是实际执行购买决策的人，是具体进行信息搜寻、比较评估，并与卖方进行谈判、达成交易的人。

使用者　使用者是对所购产品实际使用和消费的人，他们对产品进行满意度评价，进而影响产品的重复购买。

影响者　影响者是其看法或意见对购买过程及结果产生直接或间接影响的人。

3. 卷入形式

消费者的卷入形式是多样的，按照卷入结果，分为认知卷入与情感卷入；按照卷入性质，分为情境性卷入、持久性卷入与反应性卷入。无论何种卷入形式，在卷入水平上，都存在高低差异。

认知卷入（cognitive involvement）　消费者在认知层面的投入，会引发高度思考与理性判断，主要受产品功效、性能、信息质量、个体知识结构等因素的影响。

情感卷入（affective involvement）　消费者在情感层面的投入，会引发高度情感与情绪反应，主要受品牌形象、广告创意、个体情感偏好、文化背景等因素的影响。

情境性卷入（situational involvement）　消费者在特定情境下因外在刺激的影响而产生的暂时性卷入，如消费者逛街时因促销活动而对某个新品牌的关注与了解。

持久性卷入（enduring involvement）　消费者对产品或品牌的长期关注与偏好而形成的卷入，具有持续性，如摄影爱好者对摄影器材的长期关注与学习。

反应性卷入（response involvement）　情境性卷入与持久性卷入结合后的综合表现，是在特定情境下，消费者基于长期经验与认知而呈现出的卷入形式。

5.2.3　信息处理机制

信息处理机制由消费者处理信息时所遵循的内在行为过程、心理活动、影响因素构成，揭示了外部信息与消费者反应之间的关系，影响着消费者外部搜寻信息的行为、结果及能力，如图5-3所示。

消费者对外部信息的处理是通过一系列内在行为过程而展开的，包括信息接触、信息关注、信息理解、信息接受与信息记忆5个阶段，[一]但消费者的信息处理能力是有限的，即使外部信息是海量的，最终也只有极少数信息被记住，即消费者在每个阶段的心理活动是具有选择性的，会过滤、排除掉某些信息。消费者的记忆力、卷入水平、知识结构及学习能力都会影响其信息处理的过程及结果。

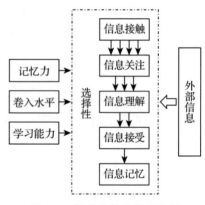

图 5-3　消费者信息处理机制

1. 信息接触

信息接触（exposure）是消费者通过视、听、嗅、味、触等感官系统接收信息的活动。消费者通过接触与信息源建立了联系，接触的方式包括两种：①无意接触（accidental exposure），即消费者无意识、随机性、偶然地接受信息，如候车时陌生人对某产品的评论、坐车时看到的品牌海报；②有意接触（intentional exposure），即消费者主动、有目的地搜寻信息，如浏览顾客评论、寻求朋友推荐。

〇　从心理学角度来讲，关注并不是一种独立、完整的心理过程。因此，也有学者将关注与理解两个阶段统称为知觉阶段。为详细呈现消费者信息处理过程，本节仍将关注与理解分阶段描述。

有意接触是消费者的一种选择性接触行为。除此以外，消费者对信息的选择性接触还体现在另外两个方面：①消费者采取特定措施避免与信息的无意接触，如安装广告拦截软件、充值会员享有免看广告的权益；②无论何种接触方式，久而久之，消费者都会形成信息源或媒介偏好，即消费者对信息进行外部搜寻时，对特定信息源或媒介存在接触上的倾向性。这种偏好受诸多因素的影响，如接触的便捷度、信息源的可靠性、信息内容的个性化等。

信息接触是信息处理的前提，直接影响着消费者信息搜寻的途径、强度及效果。对于新品牌而言，要扩大市场销量，如何让消费者无意接触的机会更多、有意接触更加容易、维持消费者的信息源或媒介偏好是其营销传播必须考虑的内容。

2. 信息关注

信息关注（attention）是消费者将注意力、觉察力等认知资源聚焦到具体信息上的活动。消费者的认知资源是有限的，这也意味着消费者所接触到的信息不见得都能被其关注，在此过程中，很多信息被忽略、避开或拦截，并未被传送至消费者的大脑皮层。

消费者对信息的关注也存在有意、无意两种方式。有意关注（voluntary attention）服从于既定的目的任务，受消费者的意识调节与支配，与需求迫切性、态度积极性、兴趣、信息源偏好等因素有关。无意关注（involuntary attention）是消费者没有预定目的，因信息特征或呈现形态、强度与其他信息存在显著差别，抑或受当下新奇、兴奋等情绪状态的影响而形成的条件反射性关注。显然，如何提高消费者对信息的无意关注是注意力经济下营销者必须解决的问题。

3. 信息理解

信息理解（comprehension）是消费者依据自身的知识结构、学习能力等对所关注的信息进行解释并获取含义的活动，如图 5-4 所示。

当消费者关注信息时，其记忆中长期存储的相关知识就可能被激活，这种被激活的"旧"知识引导消费者对信息进行解读，通过增加、转化、重组等认知学习过程，最终给出信息的具体解释。当然，这种解释又会被整合到原有的知识结构中，并影响着下一次的信息理解。本质上，信息理解就是消费者所关注的信息与记忆中的信息相互作用的过程。

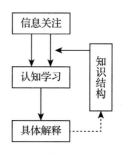

图 5-4　信息理解过程

消费者的知识结构、学习能力存在差异，加之个人倾向和偏好的影响，不同消费者对同一信息的理解存在差异，形成了选择性理解。例如，同样是降价行为，有的消费者会理解为产品品质的下降，有的则认为是因生产和营销效率的提高而形成的消费福利。营销者只有对消费者的知识结构、学习能力、理解方式及程度进行深入分析，在营销信息的内容、结构、方式等方面进行针对性调整，才能使消费者正确理解其营销行为及意图。

4. 信息接受

信息接受（acceptance）是对信息内容的相信与认同，是一种影响消费者思考的说服过程。在营销实践中，经常存在消费者理解了营销者所传达的信息内容，但并不接受的现象，消费者的行为决策自然也就难以被影响。营销者对消费者教育的重视其实就是通过事实性信息说服消费者，使其行为向符合双方利益的方向正向变迁。

面对营销者所提供的事实性信息，消费者在以下条件下才能被说服、接受：①消费者理解后的信息与其记忆中的知识相一致或能引起原有知识的变化，即不怀疑信息内容的真实性；②消费者认为信息内容与营销者的主张（如产品优点、品牌定位）存在肯定的关联，在现实生活中，代言人形象（消费者的理解）与品牌形象（营销者的主张）之间的偏差大多属于这种情况，消费者不认为两者存在肯定的关联，自然难以被说服；③在消费者的理解中，事实性信息还产生了其他利益或价值（如社会认同、情感价值），对其接受信息起到了间接的支持作用。当然，说服不是百分百的接受，是相对的，可以代表接受的程度，如消费者看完某广告后，对产品卖点的接受度由 30% 提升到 75%。

🔵 材料 5-2

脱口秀的花式植入

脱口秀是近年来非常火爆的一种综艺节目，以其独特的幽默感和社会洞察力，成功吸引了广大观众，也备受广告主青睐，每档节目的广告赞助商有 4 ～ 10 家，京都念慈菴、绿源电动车、老村长酒、趣多多、蓝河、茄皇等品牌更是多次与脱口秀节目合作，"有了念慈菴，轻舟已过万重山""绿源电动车，等着收我的简历吧"等金句不断被提及，广告效果显著。

广告植入是综艺节目经常采用的一种手法，但在段子里植入广告语是脱口秀区别于其他综艺节目的最大亮点。将广告信息与演员文本相结合，通过合理的故事情节铺陈、抛梗整活手段的巧妙融入、人气演员的幽默输出，让观众在哈哈大笑之余顺理成章地接受广告信息，形成绑定记忆。除此以外，在段子里植入广告还为品牌设立了一个个不同场景，拓展了广告信息内容的维度，并且当广告成为文本、表演的一部分时，无论观众看的是纯享版还是自媒体短视频，这些广告都将存在，品牌与广告实现了跨平台、跨时空的传播，深化了触达人群的广度与发酵时间的长度。

资料来源：壹娱观察 . 从《脱友》《喜单》来看，脱口秀吸金术还是综艺界最强吗 [EB/OL].（2024-08-30）[2025-03-28]. https://new.qq.com/rain/a/20240830A08BQ900.

5. 信息记忆

信息记忆（retention）也称信息保持，是消费者将所接受的信息编码、保存、巩固于脑海中，并可提取、再现的活动，其本质在某种意义上是新信息与消费者脑海中原有信息的整合过程。消费者不会对所接受的任何信息都无差别地予以记忆，而是根据需求、兴趣、经验等诸多因素选择性记忆，并且随着时间推移与经验累积，在质与量上发生变化，有些信息会愈加深刻、持久，有些则会被淡化、遗忘甚至扭曲。

消费者所记忆的内容不仅包括处理过后的信息，还包括消费者的相关评价、偏好、判断等。这些内容成为消费者的知识，被保存于脑海中，是消费者内部搜寻信息的主要来源，不仅直接影响着新一轮的信息处理，也影响着消费者态度、购前期望的形成与表达。

5.2.4　判断与决策机制

尽管判断与决策是两个独立的心理活动，但两者密切关联、相互影响，判断是决策的基础，决策的结果又反过来验证判断的正确性，为未来判断提供经验与参考。判断与决策机制解释了消费者是如何对备选品牌（或方案）进行比较、评估及选择的：判断框架为消费者提供了认识、判断备选品牌的角度与方式，消费者通过信息搜寻与处理，建构出的理想产品是其判断、评估备选品牌的参照点，在此基础上，借助决策规则完成对备选品牌的选择，如图 5-5 所示。其中，判断框架与参照点相互依存、相互影响，共同构成了消费者判断的心理基础。

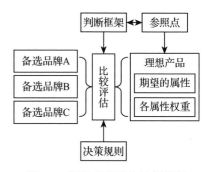

图 5-5　消费者判断与决策机制

1. 判断框架

消费者在比较评估阶段，首先要完成对备选品牌的判断。判断（judgement）是个体在面临不确定或复杂情境时，基于已有的知识对事物或现象的性质、状态、价值等进行认定，从而得出对事物或现象的看法与评价的过程。由于消费者之间存在显著的个体差异，消费环境又复杂多变，至今为止，尚无能解释说明所有消费者或同一消费者在各种购买情况下的判断机制，丹尼尔·卡尼曼与阿莫斯·特沃斯基（Ames Tversky）提出的前景理论[⊖]（prospect theory）是最常被采用的理论，该理论认为个体在做判断时会因框架与参照点的不同，对同一客观事物或现象形成不同判断。

按照前景理论的观点，消费者对备选品牌的判断也是基于判断框架展开的。判断框架（judgement frame）是消费者面对决策问题时所形成的认知结构与思考方式，从而为消费者决策提供了判断的逻辑与角度，通常包括两种框架。

获益框架（gain frame）　消费者从收益、价值等正面结果的角度判断决策问题或选项。从某种意义上来看，获益框架是一种积极的思考方式，消费者更注重对利益、价值的期望与追求，对风险的关注相对较少，同时，这种对积极方面的重视与期望会减弱对潜在风险的担忧，因此当消费者面对不确定或复杂情境时，更倾向于采取保守策略，以选择那些有确定收益且看似无风险或风险较小的选项。

损失框架（loss frame）　消费者从损失、不利条件或负面结果的角度来判断决策问题或选项。厌恶损失是人的天性，即使面对等量的收益和损失，损失带来的痛苦也总是大于收益带来的愉悦，也就有了"捡了 100 元，快乐一小时，丢了 100 元，懊恼一整天"的说法。需要注意的是，消费者在损失框架下，对购买风险的承受能力反而更强。这是因为，在损失框架下，消费者会更加关注对损失的规避，而这种规避心理又促使其会采取激进或冒险的行为以试图减少或弥补损失，所产生的风险被消费者视为规避损失所必须付出的代价。

⊖　前景理论（prospect theory）也称期望理论。针对长期以来沿用的理性人假设，前景理论从实证研究出发，从人的心理特质、行为特征揭示了影响选择行为的非理性心理因素。

消费者采用何种判断框架是一个复杂过程，除知识结构、情绪状态、价值取向、消费偏好等个体特征外，产品特性、消费环境都会影响消费者对判断框架的选择。因此，营销者常通过产品独特卖点的提供、购买情境的营造、信息呈现方式的设计等措施来影响和引导消费者的判断框架。

2. 参照点

个体无论采用何种判断框架，对获益及损失的判断都是基于某个参照或基准而展开的，用作比较的基准点或标准即参照点（reference point）。也就是说，判断是相对的认知结果而非绝对的客观数值，即在同一判断框架下，不同个体因选取的参照点不同，对同一问题或选项会形成不同的判断结果，判断结果在某种意义上代表的是实际获益（或损失）量与心理参照点的偏离方向与程度。

同样，在消费决策中，无论是对备选品牌的评估还是购后的使用评价，消费者都是基于参照点的判断，参照点决定了决策问题与选项的优劣，这也充分体现了消费者的非理性决策特征，即消费者的判断、评估不是基于固定、客观的标准，而是根据自己的需求、感受、期望展开的，参照点不同，判断、评估及决策的结果也不同。参照点既可以是消费者内部的心理标准（如个人期望、需求满足程度），也可以是外部的客观标准（如市场价格、行业标准）。

⊖ 讨论 5-2

拯救还是避免死亡

判断框架与参照点受外界环境与信息呈现方式的影响。卡尼曼与特沃斯基指出，对同一个客观问题的不同描述会导致不同的决策判断，他们将这种现象称为框架效应（framing effect）。为此，卡尼曼与特沃斯基针对两组受访者进行了一次实验：假设某地区存在一种罕见的疾病，该疾病的发作预计将导致600人死亡，现有两种方案可供选择，请受访者进行方案选择。

针对第一组受访者，所提供的两种方案如下：采用A方案，200人将生还；采用B方案，本来预计死亡的600人，有1/3的机会生还，2/3的机会无法获救，仍全部死亡。

针对第二组受访者，所提供的两种方案如下：采用C方案，400人将死亡；采用D方案，本来预计死亡的600人，有1/3的机会生还，2/3的机会无法获救，仍全部死亡。

实验结果显示：第一组有72%的受访者选择了方案A，而第二组有78%的受访者选择了方案D，他们更愿意赌一赌。但事实上，实验向两组受访者描述了同样的情境，方案B与D的描述也一样，只是方案A与C在信息呈现上，分别从生还（获益框架）与死亡（损失框架）两个角度描述了一个完全相同的事实，进而影响了受访者的判断与决策。你在不同受访者组中，会分别选取哪个方案？决策的参照点是什么？

具体到备选品牌的比较评估上，消费者在搜寻到的信息的基础上，形成了自己期望的"理想产品"。理想产品是消费者在脑海中建构出来的，产品的所有属性（或选项）都是消费者所看重的。基于属性的重要性或需要的迫切程度，消费者对每个属性赋予了不同权重。显然，理想产品就是消费者所设定的参照点，以此为标准，按照备选品牌在各具体属性上的表现，对各备选品牌进行判断、认定。

表 5-1 以量化形式，[⊖]呈现了某消费者购买单反相机时，面对相同的可接受价格区间内的 3 个备选品牌，在获益框架下所形成的理想产品及对各备选品牌的判断结果。

表 5-1　理想产品及判断示例

理想产品		备选品牌 A	备选品牌 B	备选品牌 C
属性	权重			
操作性	0.1	10	6	8
相机重量	0.2	5	3	7
图像处理功能	0.3	5	6	9
成像质量	0.4	7	7	4

3. 决策规则

消费者购买是一种非理性购买，是在不确定或复杂情境下，消费者在面对品牌选择、产品使用评价等决策问题时，并不寻求绝对最优解，而是以有限合理或满意程度为原则做出决策。在此过程中，所遵循的内隐性决策规则主要有补偿性与非补偿性两种，不同的决策规则决定不同的决策结果。

补偿性决策规则（compensatory decision rule）是指消费者在购买决策时，用某些属性（或选项）的优势来弥补或平衡其他属性上的劣势，通过对品牌（或方案）整体的全面评价，形成最终选择。

仍以消费者购买单反相机为例：基于理想产品，消费者对各备选品牌在其关注属性上的表现进行了评定，三个备选品牌的优劣势比较明显。按照补偿性决策规则，消费者综合考虑品牌在所有属性上的表现，选择整体得分最高的品牌 C 为购买对象，如表 5-2 所示。

表 5-2　补偿性决策规则示例

理想产品		备选品牌 A	备选品牌 B	备选品牌 C
属性	权重			
操作性	0.1	10	6	8
相机重量	0.2	5	3	7
图像处理功能	0.3	5	6	9
成像质量	0.4	7	7	4
整体得分		6.3	5.8	6.5

各品牌整体得分的具体计算公式如下：

$$R = \sum_{i=1}^{n} W_i V_i$$

式中　R——整体得分；

　　　W_i——第 i 属性的权重；

　　　V_i——品牌在第 i 属性上的得分；

　　　i——理想产品的属性数量。

⊖　以 1～10 分体现备选品牌在各属性上的表现，1 为最低分，10 为最高分。

品牌 C 的整体得分为 0.1×8+0.2×7+0.3×9+0.4×4=6.5 分，品牌 A 与 B 的整体得分为 6.3 与 5.8。

相较于补偿性决策规则对品牌的整体评价，非补偿性决策规则（no compensatory decision rule）是指消费者通过对某个具体属性（或选项）的独立评估完成决策，某一属性上的劣势不能被其他属性的优势弥补，只要某个属性达不到消费者的期望或标准，无论其他属性的表现如何优异，都会被消费者否决、排除。非补偿性决策规则体现了消费者购买决策的一种简化思维，便于消费者快速筛选出符合其要求的品牌，减少了决策过程中的认知负担。按照对属性的评估方式，非补偿性决策规则又分为以下几种。

多因素联结规则　在理想品牌的属性框架下，消费者会为各属性确定一个可接受水平，所有属性都满足可接受水平的备选品牌将成为购买对象。可接受水平是消费者对各备选品牌的属性符合其期望水准程度的赋值。在表 5-2 中，若消费者将这个可接受水平设定为 5，则只有品牌 A 在各属性上的得分不低于 5，成为购买对象。

单因素分离规则　消费者先选出非常重要的一个或几个属性，确定一个可接受水平（通常，所设定的可接受水平要比多因素联结规则高），然后据此选出满足这种可接受水平的备选品牌。在表 5-2 中，若消费者将较为看重的成像质量（权重为 0.4）与图像处理功能（权重为 0.3）的可接受水平设定为 6，那么最终购买对象就是品牌 B。

词典编纂式规则　该规则类似于编纂词典所采用的词条排序法，即消费者先按照各属性的重要性（即权重）由高到低依次排序，依据顺序进行备选品牌的比较，评分最高的备选品牌成为购买对象；若得分相同，则继续在下一个属性上比较。在此规则下，在表 5-2 中，消费者将首先排除品牌 C，再排除品牌 A，品牌 B 成为购买对象。

按序排除式规则　消费者同样先按照各属性的重要性由高到低依次排序，并为每个属性规定一个可接受水平，然后依据顺序，对应分别设定的可接受水平依次排除不能满足的备选品牌。在表 5-2 中，依据重要性的高低顺序，若消费者设定的可接受水平分别为 6、5、4、7，则备选品牌 C、B 依次被排除，品牌 A 成为购买对象。

5.3　消费者购买行为类型及演变

消费者购买行为存在显著差异，即使是同一消费者对同一产品的购买也存在差别，同一产品更不存在购买行为完全相同的消费者。从营销效率的角度来看，若不同消费者在某些具体行为上存有共性，营销者就可围绕该消费者群体进行针对性营销。

现实中，消费者购买行为类型不胜枚举，划分角度及依据也十分多样，本节仅从问题解决、卷入品牌差异程度、购买偏好角度介绍 3 种典型的购买行为类型划分方式。如果说对典型购买行为类型的分析描述有助于营销者深入了解消费者市场的多样性，有利于营销活动的针对性开展，那么对消费者购买行为演变的归纳总结不仅便于营销者更好地预测消费者需求、行为的变化趋势及规律，更易于通过这种趋势及规律的掌握，去洞悉、创造消费者新的需求。

5.3.1　按照问题解决类型划分

消费者购买行为本质上是解决问题的活动，按照问题解决的类型，消费者购买行为可分为常规性、有限性与扩展性 3 种类型，所对应的行为特征如图 5-6 所示。

图 5-6　消费者购买行为类型

显然，常规性购买行为与扩展性购买行为是消费者解决问题的两端，消费者现实生活中的大部分购买行为都属于有限性购买行为。购买行为类型对应不同的卷入水平、信息复杂程度及消费者对产品或品牌的熟悉程度，从某种意义上来看，这 3 种类型的购买行为也可视为按照卷入水平及信息复杂程度，抑或按照熟悉程度划分形成的。

常规性购买行为　常规性购买行为是最简单的购买行为，多发生在低价值、高频次的产品购买中。因为消费者对产品、品牌较为熟悉，常在固定品牌中进行购买选择（内部搜集），因此购买决策简单，购买行为带有常规性、习惯性，如日常的例行活动一般，无须投入较多的时间与精力，即可快速做出决策。需要强调的是，消费者的常规性或习惯性购买行为指的是购买方式或行为模式较为固定，并不代表消费者对品牌忠诚，有新品牌出现在消费者熟悉的商铺或与熟悉产品形成搭配时，消费者都有可能选择购买。在此情况下，营销者要尽可能保证质量、价格、渠道的稳定，巩固好渗透市场，同时通过促销吸引潜在消费者。

有限性购买行为　当消费者对产品比较了解，但不太熟悉所要购买的某个品牌时，常表现出有限性购买行为，即在有限范围内解决问题。例如，消费者要更换手机，某品牌恰好推出新款，消费者并不需要像首次购买手机那样，进行广泛的信息搜寻，了解众多品牌，形成理想产品，然后比较评估；而是直接在原有手机的认识与使用经验的基础上形成对新手机的期望，以此为参照与该品牌的新款手机进行比较，确定是否购买。利用场景创新、对比实验等手段，在消费者的认知、期望中凸显品牌特色，激发购买欲望是营销者面对有限性购买行为时的主要任务。

扩展性购买行为　扩展性购买行为通常发生在消费者购买不熟悉的产品情境下，因内部搜集的信息有限，需要广泛搜集外部信息，通过理想产品的建构对备选品牌比较评估，关注的属性与备选品牌较多，购买决策谨慎、复杂，购后容易对购买决策存在懊恼、不安、怀疑等不协调或不平衡表现。在此情况下，确保品牌被消费者纳入备选品牌中是营销者的首要任务，再通过各种传播及促销活动，强化消费者对品牌的信心，促进购买。

5.3.2　按照卷入水平及品牌差异程度划分

按照消费者卷入水平与品牌差异程度，消费者的购买行为可划分为复杂型、和谐型、多变型、习惯型 4 种，如图 5-7 所示。当然，卷入水平与品牌差异的高低都是相对的。

　　复杂型购买行为　当消费者高卷入且品牌众多、差异较大时，其购买行为多为复杂型购买行为，如初次购买轿车、高档手表。因产品与消费者自身高度关联或消费者对产品缺乏足够了解、购买风险高，消费者需要经历"学习"过程，往往会广泛搜集信息，主动了解产品性能及各品牌特征，经过综合判断与全面考虑，慎重做出购买决策。因此，面对复杂型购买行为，营销者要尽可能通过多种途径进行营销传播，凸显品牌特征，强化销售人员的服务能力与口碑传播，确保消费者对品牌形成正确理解与态度偏好。

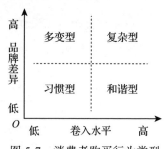

图 5-7　消费者购买行为类型

　　和谐型购买行为　有些购买需要高卷入，但品牌之间差异不大，此时消费者多为和谐型购买行为，如家具、钢琴、医疗美容、专业陪护。消费者对此类产品或服务都存在较长时间的了解，投入较多精力，购买谨慎，但受制于知识结构或服务的无形性，即使品牌间存在显著的客观差异，消费者也无法深切感受其间的区别，只能从价格、购买便利、服务态度等比较直观、容易比较的属性上进行比较评估。在此基础上形成的购买决策很容易在购后阶段被怀疑"考虑不周"，产生购后不协调等问题。因此，对于和谐型购买行为，营销者应加强售后营销，通过价格、沟通、服务支持等措施证明消费者购买决策的正确性，帮助消费者消除不平衡心理，重建心理和谐。

🖥 案例 5-2

无忧守护在顾家

　　家居产品的购买是一种典型的和谐型购买行为，购买低频但卷入水平高，尽管品牌众多，但消费者对品牌差异的感受不强烈，大多局限在设计、价格、材质上做比较，购后不协调问题普遍存在。为保证消费者在品牌选择与消费中的满意度，顾家家居（以下简称"顾家"）多年来一直坚持服务、传播双开花的举措，成功让顾家成为消费者的信赖选择。

　　2013 年，顾家创立行业首个家居服务品牌"顾家关爱"，为用户提供一站式全生命周期服务。其中，"沙发修养"服务已于 2019 年升级为"家居修养节"。2017 年，顾家成为行业内第一个承诺"3 年质保、90 天无理由退换货"服务的品牌。2020 年，顾家发布《顾家服务八大承诺》，内容涉及售前服务态度、产品质量、合同执行、售后处理乃至上门服务的收费标准。2024 年，顾家正式启动"无忧消费守护行动"，打造"透明工厂"，方便顾客随时随地在线观看生产过程，打破信息壁垒，同时创新升级"一站式会员服务"，提供从订单、合同到交期、服务全过程的一键申请、全程可视、结果可评的透明服务与舒心体验。

　　在传播上，顾家更是以创新手法使其跳脱了家居行业低频消费、低关注的桎梏，跻身一众高关注的商业品牌中：所倡导的全民顾家、爱家的"8·16 全民顾家日"是每年的热门话题，主角"顾先生、顾太太"成为网红 IP，针对年轻人打造了"5·20 超级垫粉节""热爱音乐节"等诸多主题活动，与旺旺、吉利、小王子等开展跨界联名，赞助、冠名《萌探探探案》《浙江卫视美好跨年夜》等高流量节目……"话题不断、温暖走心"成为顾家的标签。

多变型购买行为　当消费者购买品牌差异较高的产品，卷入水平较低时，多为多变型购买行为，如文具、配饰、外出就餐。因消费者不会耗费太多的时间与精力去搜集信息、比较评估，产品价格或购买风险相对不高，在求新求异的动机驱动下，消费者就会经常在各品牌间进行转换。面对这种多变型购买行为，当品牌处于市场优势地位时，应注意以充足的品种占据货架的有利位置和足够空间，并通过提醒性的广告促使消费者建立品牌习惯；而当品牌的市场优势不明显时，则应以降低产品价格、免费试用和介绍新产品的独特优势等方式，鼓励消费者进行品牌选择和新产品试用。

习惯型购买行为　对调味品、纸巾等品牌差异小、单价比较低的产品，消费者多采取低卷入的习惯型购买行为。消费者基于长期习惯、偏好或信任对品牌产生一定依赖，决策迅速、受外界影响较小。为达成消费者对品牌的习惯型购买行为，营销者在保证产品高质量与特色的同时，需要不断重复、持续强化品牌元素与形象，以加深、巩固消费者对品牌的印象。

5.3.3　按照购买偏好划分

购买偏好是消费者在需求、喜好、经验及个性等诸多因素的共同影响下，在购买决策过程中所表现出的一种情感或态度倾向，既有明显的个体差异，也呈现出群体特征。消费者的购买决策受制于资源有限、信息不对称等条件，购买偏好将简化消费者的品牌（或方案）选择过程，帮助其迅速做出决策，以此划分消费者购买行为，可形成诸多购买类型。例如，按照消费者在决定购买阶段对营销策略的反应可进行如下类型的划分。

价格偏好购买行为　价格偏好反映的是消费者对不同价格水平的接受程度与选择倾向，既与消费者的价格观有关，也受购买情境、产品、购买力、消费习惯等因素的影响，进而表现出多种价格反应，如讨价还价、高价格敏感、信奉便宜无好货。

渠道偏好购买行为　渠道偏好购买行为体现了消费者对购买地点、方式的倾向性行为，有的消费者追求购买便利，有的喜欢逛的乐趣，有的看重实体店的真实体验与服务，有的相信同好推荐……

价值偏好购买行为　随着社会与技术的进步，消费品所能满足的顾客价值越来越多，包含产品、服务、人员、形象等价值内容，既有实用性方面的价值，也有心理情感方面的价值。价值偏好购买行为体现了消费者对产品需求方面的倾向性行为。

服务偏好购买行为　服务偏好购买行为是消费者对服务类型（如标准化与个性化）、质量（如响应性、可靠性）、方式（如自助、人工、机器人）等方面的选择倾向行为。

信任偏好购买行为　信任偏好购买行为是指消费者被营销信息影响、说服时所表现出来的倾向。例如，营销者在运用参照群体来影响消费者购买决策时，消费者信任的基础并不相同，有的偏好专家的专业、权威推荐，有的基于与参照群体相似的消费背景与使用情境，有的则鉴于对某类生活方式或群体的向往而接受该信息。参照群体的相关内容详见第 12.1.3 节。

品牌偏好购买行为　品牌偏好购买行为是消费者品牌选择意愿的体现，反映了消费者对品牌的认可、忠诚程度。

购买偏好贯穿于消费者购买决策过程的始终。除了上述所列举的消费者决定购买阶段的偏好购买行为以外，在需求确定阶段，购买偏好体现在消费者对具体产品的属性或利益偏好上；在信息搜寻阶段，购买偏好表现在信息来源或媒介选取上；在比较评估阶段，购买偏好则在判断框架、风险承受、决策规则选择上发挥重要作用；在购后反应上，消费者则表现出不同的态度及行为偏好。

5.3.4　购买行为的演变

随着社会与科技的发展，生产与交易效率不断提高，消费者的购买行为也在持续发展变化，呈现出情感化、主动化、过程化和可持续化的演变状态与趋势。

需求层次：从物质到情感　随着人均收入和消费水平的提高，衣、食等一般性需求在总需求中的比重明显下降，住、行及健康、教育、娱乐、文化、信息等发展类需求大幅度增长。消费者在注重产品质量的同时更加注重情感的愉悦和满足，情感需求的比重明显增加，越来越多的消费者开始关注自我概念（self-concept）[⊖]及自我实现，"自我"以潜在、稳定的形式渗透到消费行为活动中，使消费者从自我的象征性意义角度来认识产品及购买行为。

满足方式：从被动到参与　随着数字技术的发展，在需求满足的方式上，消费者已经不满足于被动地接受营销者的行为，而是要求作为参与者主动参与产品的设计、加工、制造甚至配送、推广等环节，充分发挥自身想象力与创造力，开发出与其需求或生活方式产生共鸣的产品，拓展出能够创造新的生活方式和价值观的市场。正是这种"消费者共创"的参与模式及新型消费者关系模式，在满足消费者个性化与情感化需求的同时，也增强了品牌的忠诚度与市场竞争力。

价值目标：从结果到过程　从购买行为的价值目标上看，消费者从注重产品本身开始转向购买、使用产品时的感受，消费者不仅重视购买的结果，还享受购买的过程，独特、愉悦和个性化的购买体验越发重要，场景、服务、品牌承载着体验生成与强化的功能。此外，社交媒体的普及让消费者的购买体验更加透明和可分享，又进一步催化了消费者对过程的期望与看重。

环境关注：从掠夺到持续　大量购买、大量消费带来的掠夺性资源开发正在损害消费者的利益，空气污染、水体污染、交通堵塞逐步侵蚀着人们由物质丰富带来的幸福感。于是，随着物质生活的满足，消费者比以往任何时候都珍惜自身的生存环境，对自然环境的关注也越来越高。反对资源的掠夺性开发和使用，将个人需求与购买行为纳入环境保护的规范之中成为越来越多消费者的主动选择。

⦿ 材料 5-3　　　　　　　　　　　　　　　　　　　　　课程思政
绿潮涌动，别样生活

从绿色食品到有机农产品、从城市骑行到新能源汽车、从节能家电到二手电商、从以旧换新到闲置交易……近年来，随着绿色消费理念的逐步普及，绿色消费和绿色生活方式作为

⊖　自我概念是指个体对自己的存在、身份、能力、个性、价值观、目标及社会角色等方面的认知与评价，包括个体对自己的看法（实际的自我概念）、希望他人对自己的看法（理想的自我概念）及个体认为别人是如何看自己的（他人的自我概念）。

生活新时尚的同时，也成为激活市场、点燃经济增长的新动能。

《中国居民消费趋势报告（2023）》显示，有 73.8% 的消费者会在日常生活中优先选择绿色、环保的产品或品牌。国家统计局相关数字显示，2024 年上半年，体育娱乐用品类零售额增长 10.7%；新能源汽车零售量同比增长 36.9%，限额以上单位高能效等级家电、智能家电零售额增速近两位数，明显高于家用电器和音像器材类的平均水平。而 2024 年 8 月出台的《中共中央 国务院关于加快经济社会发展全面绿色转型的意见》是中央文件层面首次系统部署绿色消费，所提出的"推广绿色生活方式""加大绿色产品供给""积极扩大绿色消费""健全绿色消费激励机制"等举措，势必将引导全社会消费模式进一步向着更加绿色、低碳的方向转变。

📖 本章小结

1. 为了获取生活资料而从事消费行为的个体与家庭所组成的市场为消费者市场，在需求上表现出情感性、差异性、发展性、伸缩性和周期性特征，其行为具有非营利性、非专家性、冲动性、多样性、零星性和随机性特征。

2. 情感性和冲动性构成了消费者市场特征的主轴，营销者应注重与消费者建立情感联结、重视消费者教育、引导顾客自传播、强调多渠道融合。

3. 消费者购买决策过程通常包括需求确定、信息搜寻、比较评估、决定购买、购后反应 5 个阶段，消费者会依据具体的产品、情境、所拥有的知识结构、个体心理等，简化或扩展购买决策阶段。

4. 卷入是消费者主观上感受产品与自身的关联性或关心程度，进而体现在购买决策过程中所投入的时间、精力、参与者数量等。当产品在重要性、情感性、兴趣、风险、品牌价值等方面表现突出时，产品与消费者的关联性就高，卷入水平也高。

5. 参与者的多寡也是反映卷入水平的重要标志，包括发起者、决策者、购买者、使用者、影响者等角色。按照卷入结果，卷入分为认知卷入与情感卷入；按照卷入性质，卷入分为情境性卷入、持久性卷入与反应性卷入。

6. 消费者对外部信息的处理是通过一系列内在行为过程而展开的，包括信息接触、关注、理解、接受与记忆 5 个阶段，在每个阶段消费者的信息处理都呈现出选择性特征。

7. 消费者卷入的水平、参与者的多寡、卷入的形式在某种程度上反映了消费者购买需求的强度，不仅关联着消费者的信息搜寻和处理方式，还决定了购买决策过程的复杂性与深度，进而影响最终的购买选择与满意程度，是消费者购买决策的关键机制，对于理解和分析消费者行为具有重要作用。

8. 判断框架与参照点相互依存、相互影响，共同构成了消费者判断的心理基础。判断框架是指消费者面对决策问题时所形成的认知结构与思考方式，为消费者决策提供了判断的逻辑与角度，包括获益或损失两种框架。参照点则是消费者在判断时，用作比较的基准点或标准，具体到备选品牌的比较评估上，消费者所建构的"理想产品"即为参照点，由关注的属性与权重（属性的重要性或需要的迫切性）构成。

9. 消费者购买决策并不寻求绝对最优解，而是更多以有限合理或满意程度为原则，通常遵循补偿性与非补偿性两种内隐性决策规则。补偿性决策规则是对品牌（或方案）的整体评估，属性间的优劣势可以互相弥补、平衡；而非补偿性决策规则根据某个具体属性的独立评估展开，只要某个属性达不到消费者的期望或标准，无论其他属性如何优异，都会被否决、排除。

10. 按照问题解决的类型，消费者购买行为可分为常规性、有限性与扩展性3种类型；按照消费者卷入水平及品牌差异程度，可分为复杂型、和谐型、多变型、习惯型4种类型；按照购买偏好，则包括价格偏好、渠道偏好、价值偏好、服务偏好、信任偏好、品牌偏好等。

11. 消费者购买行为是持续发展变化的，呈现出情感化、主动化、过程化和可持续化的演变状态与趋势。

◭ 关键术语

消费者市场　消费者卷入　情境性卷入　持久性卷入　信息接触　信息关注
信息理解　信息接受　信息记忆　判断框架　获益框架　损失框架　参照点
补偿性决策规则　非补偿性决策规则　常规性购买行为　有限性购买行为
扩展性购买行为　复杂型购买行为　和谐型购买行为　多变型购买行为
习惯型购买行为　购买偏好行为

◔ 简答题

1. 消费者市场都有哪些需求和行为特征？
2. 面向消费者市场的营销运作需要强调哪些内容？
3. 消费者购买决策过程涉及哪些阶段，存在哪些机制？
4. 消费者购买什么样的产品时会表现出高卷入？
5. 如何理解信息处理机制的选择性？具体表现在哪些方面？
6. 消费者面对品牌选择时，会遵循怎样的决策规则？
7. 举例说明按照卷入水平及品牌差异程度所划分的4种消费者购买行为类型。
8. 在决定购买阶段，消费者都有哪些购买偏好？
9. 消费者购买行为演变呈现了怎样的状态与趋势？

◧ 思考题

1. 从营销传播角度来看，营销者应如何在接触、关注、理解、接受与记忆阶段，避免信息被忽略、避开、拦截，从而提高传播效果？
2. 营销者应如何利用获益框架与损失框架进行市场教育？
3. 若消费者采用补偿性决策规则，营销者在进行新产品推广时，应如何说服消费者？
4. 营销者应如何解决和谐型购买行为中的购买不协调问题？

⚙ 实践与探讨

　　请以自己的一次购买经历为样本，完成以下内容。

1. 以要点形式详细列出你在信息搜寻阶段的具体行为，包括但不限于搜寻的主动性、途径、来源、品牌数量、卷入水平等。
2. 决定购买与实际购买的产品或品牌一致吗？若不一致，什么影响了决策改变？
3. 以要点形式详细列出你在购后反应阶段的具体行为，包括但不限于情绪反应、归因、行为表现等。
4. 按照问题解决类型，此次购买属于什么类型？寻找同一类型的 2～3 位同学，围绕上述 3 个问题的回答，归纳总结该购买类型在购前、购中、购后三阶段的主要特征。

⚙ 互联网实践

　　"缘"在炎黄子孙的心中是一个内涵丰富、充满美好情感而又略带神秘感的字眼。"缘"字在汉语中构词功能强，在社会交际语言中使用的频率也很高：缘分、姻缘、因缘、凤缘、缘故、缘由、机缘、随缘、尘缘、三世有缘、宿世因缘、广结善缘等。

　　登录江苏今世缘酒业股价有限公司官网并查阅相关资料，分析今世缘是怎样演绎缘文化的，又是如何与消费者建立情感联结的。

第 6 章
组织市场分析

为某种商品或劳务的供给而签订长期合约可能是人们所期望的，而由于预测方面的困难，有关商品或劳务供给的合约期越长，其实现的可能性就越小，买方也越不愿意明确规定缔约双方干些什么。在这种长期合约中，只陈述了供给者提供商品或劳务的范围，具体的细节将由购买者决定。

—— 罗纳德·H. 科斯（Ronald H. Coase）
1991 年诺贝尔经济学奖获得者

从管理学角度来看，组织是由若干个人或群体组成的、具有共同目标和一定边界的社会实体。它们因生存、发展的需要批量购买产品和服务，因而被营销者视为顾客，形成了庞大的组织市场。

按照购买目的的不同，组织市场可分为企业市场、非营利性组织市场与政府采购市场。企业市场也称产业市场，由进行社会再生产或保障社会再生产的企业构成，以营利为目的，通过商品的生产或服务的提供谋求利润，所购买的产品除了机器设备、原材料等生产资料外，也包括用于企业日常运营和管理的产品与服务，如办公设备、保洁服务。广义上的非营利性组织包括政府及协会、基金会等各类社会团体和民办非企业单位，它们的运行与发展不以营利为目的，但因购买资金与要求的不同，通常分为非营利性组织市场与政府采购市场。

无论是企业还是非营利性机构，组织的购买行为通常由特定部门及人员完成，其购买行为受组织目标、岗位角色及其他参与者的制约。目标与行动的一致性和协调性是组织能力高于个人能力的前提，组织中个体价值的体现又依赖其专业技能与创造性活动。正是组织和个体既相互依赖又相互制约的特征，组织的需求与购买行为才表现出与消费者市场迥然不同的特性。因此，面向组织市场营销时，需要从面向消费者的分析框架中跳脱出来，将组织视为顾客，去深入理解与分析组织的需求及行为，建立并深化双方长期、稳定的关系。

6.1 企业市场特征

企业的组织特性及营利性目标决定其对生产资料的需求是一种中间性需求，[⊖] 其购买行为是一种典型的"经济人"式的理性购买，面向企业（简称 To B）与面向消费者（简称 To C）的营销运作模式存在显著差异。

6.1.1 需求特征

企业的购买需求本质上由消费者需求衍生而来，进而表现出波动性、弱价格弹性、规模性、复合性和集中性特征。

衍生性 从产业链的角度看，企业从上游购买原材料、零部件等产品，通过再加工或服务提供，以另一种产品形式或价值组合再次进入流通环节，从而形成了上下关联的链式产业结构，并最终服务于消费者。因此，企业的购买需求发端于消费者市场，经由产业链自下而上的层层传导不断衍生出来，这也意味着企业即使身处产业链的最上游，也受消费者市场需求变化的影响。图 6-1 以芯片产业为例，呈现了企业需求的衍生性。

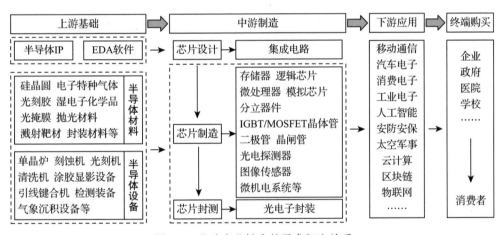

图 6-1 芯片产业链中的需求衍生关系

波动性 企业的购买需求由终端需求衍生出来，但上游供应商的供应能力也会对其产生制约，即企业的购买需求受产业链上下游需求的影响，波动性大。其中，消费者市场的需求波动对企业的影响具有放大效应，消费者需求增减 10%，可能使上游企业的购买需求出现 10 倍的增减。

弱价格弹性 尽管企业购买需求波动大，但其价格弹性较弱，对价格波动的敏感性相对较低。产品的生产工艺、元件构成、技术原理通常在短期内无法改变。因此，上下游产品的价格波动通常不足以影响企业的购买需求，即使上游产品价格上涨，企业也可以将上涨成本

⊖ 本节对企业市场特征的归纳主要基于生产资料的购买。作为中间品，生产资料直接用于其他产品或服务的生产，是一种中间性需求，从而表现出与消费品市场截然不同的特征。企业对办公用品、家具电器、清洁服务等产品与服务的购买，则属于终端需求，这些产品或服务不会再次进入生产、交易环节，企业多以价格、质量为选购标准，购买需求及行为相对简单，故不再赘述。

向下游市场转移。

规模性   相较于顾客数量庞大的消费者市场，企业市场由数量有限的顾客构成，但在购买规模大、金额高，尤其是一些市场集中度高的行业，少数几家企业占据了大部分市场份额，购买、消耗了大部分上游产品或服务。因此，建立稳定的顾客关系是面向企业营销成功的关键。

复合性   企业除了对所购产品的工艺、技术、品质等方面有严格要求外，还要考虑与现有生产线的兼容及与其他购买物或最终提供物[⊖]的数量配套关系。即使产品及其属性达到了企业标准，企业也会在交付时间、付款程序、技术培训、数据共享等方面提出要求。企业选购的实质是对供应商的选择而非单纯的产品选择，除了产品、技术以外，服务、信誉、供货能力等多方面内容都直接影响企业的购买决策。

集中性   产业集群效应使产业链成员具有区域集中性，从而导致企业购买需求也较为集中。例如，我国启动的"东数西算"工程形成了八大算力枢纽、十个国家数据中心集群，这些区域对算力网络设施、温控设备、互联网数据中心服务的购买需求显然更为旺盛。通常，供应商应尽可能在集中地附近设立生产基地或销售、技术服务机构，为企业顾客提供更为及时和优质的服务。

6.1.2   购买行为特征

决策的经济理性   企业所购买的产品与服务都是为企业与社会的再生产服务的，以营利为导向。因此，企业对购买物的价值判断存在客观标准，根据"为企业或最终提供物创造多少价值"做出购买决策，从成本、收益、风险、性能、信誉、服务等多个角度综合考虑决策行为经济理性。

目标的多样性   企业多个职能部门参与企业的购买活动，每个部门承担特定的职责，拥有完成职责所需要的特定资源与权力。尽管"为企业或最终提供物创造多少价值"是企业购买决策的基本依据，但职责、立场不同，不同部门对价值创造的判定、购买活动的关注重点自然存在差异，购买目标也就具有了多样性，最终的决策结果就是各参与部门、人员共同协商、互相妥协的结果。表 6-1 呈现了部分企业职能部门对原材料、零部件购买的关注差异。

表 6-1   部分企业职能部门对原材料、零部件购买的关注差异

职能部门	关注内容
产品研发	供应商的技术实力与研发合作潜力
生产管理	供应商生产能力、交货准时率，满足现有的生产条件与进度要求
采购管理	供应商声誉、在认可质量水平下的最低价格，维持双方良好关系
销售管理	所购原材料、零部件有助于提高产品声誉和销售
设备管理	所购原材料、零部件与现存设备兼容，维护方便
质量控制	符合品控要求，提升质量稳定性
财务管理	价格、付款条件、对资金流转的影响

⊖   企业既是上游产品和服务的购买者，又是下游产品和服务的提供者。为避免烦冗，本节将"企业购买的产品与服务"统称为"购买物"，将"企业提供的产品与服务"统称为"提供物"。

过程的复杂性和集体性　企业购买的决策过程较为复杂，涉及的程序、环节较多，决策时间也相对较长，供求双方都可能因各种主客观因素的变化而影响购买与履约的进程。同时，为降低购买风险，保证决策过程的科学、规范，企业的购买活动通常需要生产、财务、技术、采购、法律等多个部门甚至最高管理层、外部专家的共同参与，进行集体决策，这也进一步增加了购买过程的复杂性。

评估的专家性　虽然是集体决策，但参与的部门、人员具备充分的信息储备和较高的专业水准，在产品及供应商的选择评估中，能够基于自身立场与目标，较为理性地从不同角度给予专业性建议。

购买的周期性和重复性　为保障生产的顺利进行、降低决策及购买成本，企业通常都是大批量购买，购买频次较低。生产是周期性、重复性的，企业对购买物的需求及购买行为也因而呈现出周期性和重复性特征。

关系的密切性　由于企业购买过程复杂、决策成本高，购买需求的复合性使得企业不可能有足够的机动去更改选购标准及供应商，毕竟任何时间、质量、数量上的偏差都会对生产经营活动产生影响。因此，供求双方都倾向于建立长期、稳定的合作关系。

6.1.3　营销特征

为顾客创造价值是组织生存与发展的基本原则。从顾客价值角度看，消费者市场中的顾客价值主要体现在使用价值、象征价值与体验价值上，而企业市场中的顾客价值则侧重经济价值、服务价值、技术价值与社会价值。决策的经济理性是企业购买需求与行为特征的主轴，面向企业的营销特征主要表现在以下方面。

1. 提供一对一定制化方案

企业的购买需求是复合、差异的，单纯的优质产品及支持性服务并不能满足其需求，它们更倾向于获得一揽子综合、系统的产品、服务、技术"群"，即系统、连续的问题解决方案。毕竟即使购买的是同一规格的标准化产品，不同企业也存在购买规模、交货周期、售后服务等方面的差别；另外，企业顾客的数量较少，购买规模大、金额高。因此，相较于消费者市场围绕特定的目标群体进行营销，营销者面向企业市场主要采用一对一营销[⊖]（one to one marketing）模式，即针对每个具体企业的需求开展针对性的营销活动，提供定制化方案。也就是说，面向企业，营销者营销的不是产品，或不仅仅是产品，而是定制化方案。

定制化方案是解决企业特定问题，通过定制开发、配置等手段形成的完整建议与行动计划，包括产品、服务、技术及标准、系统、工程等内容，这些内容相互关联、相互支撑，构成了方案的基础。其中，服务不仅包括送货、安装、调试、培训等支持性服务，还包括设计、数据共享、系统升级、运维优化等生产性服务。营销者只有通过对定制化方案的营销，使企业对方案的逻辑、方法、技术路线等产生认同或共鸣，才能激发其对产品与服务的购买需求。也就是说，企业是先接受了方案，才购买了产品与服务。

⊖　一对一营销是市场细分与目标市场选择的极端体现，相关内容详见第 7 章。

2. 创新深化供求双方关系

企业的购买过程远比消费者复杂，且更换供应商的风险及沟通成本较高，因此在相互信任的基础上，供求双方均倾向于建立长期、稳定的交易关系。若在交易关系之外，供求双方还能在技术上相互促进与匹配、在财务上相互通融和支持、在市场上合作共享，由单纯的交易关系形成利益共同体，双方关系则将更加持久、稳定。毕竟，供求双方的合作纽带越多，利益联结就越紧密，转换成本与风险就越高。

企业市场关注经济利益，供求关系的创新、深化将对双方及整个市场生态产生深远影响，不仅能显著降低交易成本、提高交易效率，还能促进双方不断探索新的商业机会，加速产品与服务创新，增强彼此的市场竞争力，共同分担市场风险，共享市场收益。因此，营销者应不断开发、创新并深化双方合作的机会与纽带，努力将简单的交易关系转变为伙伴关系，将粗放的买卖关系转变为战略发展关系。

3. 发挥大客户的示范效应

在企业市场中，若某企业顾客具有较高的行业地位和影响作用，或拥有独特的经营理念和商业模式，或其需求与行为对其他企业具有参考性，则该企业顾客往往被视为大客户，具有类似于消费者市场中意见领袖的作用，对其他企业顾客的需求和行为产生示范与引导作用。因此，营销者在营销过程中，需要切实开展大客户战略，深化双方关系，发挥其压舱石作用，保证一定的市场份额；另外，要充分借助其示范者角色，提升自身品牌及形象，降低新顾客的开发难度，有效拓展市场。

需要强调的是，对大客户的认定并非单纯以购买规模（或金额）或影响力为标准，合作关系、配合程度、创新性等都是要考虑的内容。营销者需要对顾客价值进行科学有效的判断与识别，根据新顾客的特定问题与需求选取示范客户，进而影响其购买决策。

案例 6-1

争气的华特气体

电子特种气体（以下简称"特气"）是芯片制造中的第二大耗材，几乎被应用于芯片制造的所有环节，其纯度与洁净度直接影响芯片质量。在高端芯片制造所需要的 100 多种特气中，80% 的特气品种依赖进口，卡脖子问题严重。作为特气国产化的先行者，华特气体打破了高纯氨气纯化关键技术的国外垄断，实现了高纯氟碳气体、光刻气、SF_6、NH_3 等 55 个产品的国产替代，产品不仅面向国内，还出口欧洲、北美洲、亚洲等 50 余个国家和地区。

华特气体的市场拓展模式可概括为以点带面、以线成片。首先，其优先进入全球领先企业的供应链体系，借助严格认证体系的加持与大客户示范效应，以点带面拓展市场。华特气体的光刻气是国内唯一取得全球最大光刻机供应商 ASML 认证的产品，多款产品被英特尔、美光科技、德州仪器、台积电、SK 海力士等半导体企业购买使用，进而带动其供应了超过 80% 的国产 8 寸[⊖]以上集成电路制造厂商。其次，其通过单个产品的批量供应，不断挖掘顾

⊖　1 寸 = 3.33 厘米。

客需求，研发并推出更多、更先进的特气品类，以线成片增强顾客黏性。围绕芯片的刻蚀、清洗等环节，华特气体先以氟碳类、氢化物等特气产品为突破口，逐渐完成了对顾客氟碳和硅基系列产品的全产业链销售，公司销售总额的 20% 由前五大顾客贡献，顾客结构优质。

资料来源：证券时报.特种电子气体龙头华特气体 2023 年加强海外布局 [EB/OL].（2024-04-12）[2025-03-31]. https://baijiahao.baidu.com/s?id=1796128286732704884&wfr=spider&for=pc.

4. 依赖人员沟通与推广

相较于消费者市场丰富多样的营销手段，面向企业的营销主要依赖人员沟通与推广。一方面，企业顾客数量较少，购买需求复合性高，购买决策理性、专业，直接的人员沟通有助于深度理解其需求，提供一对一定制化方案并予以即时反馈与调整，从而建立信任与长期关系；另一方面，定制化方案包含产品、技术、服务等诸多内容，能向顾客提供多方面的价值，这就需要推广人员直接向顾客展示其独特性和价值所在，激发顾客需求与购买兴趣。因此，企业市场的营销人员需要具备跨专业的知识结构与综合能力，既要掌握产品、技术等方面的专业技术知识，又要拥有较高的营销与沟通能力。考虑到复合型营销人才是一种稀缺资源，企业通常组建专业、能力互补的营销团队进行营销沟通与推广。

6.2　企业购买行为

尽管企业购买行为存在一定的共性，但其差异性也是显著的。对企业购买行为的描述与差异分析，可从购买过程、决策机制及影响因素 3 个方面展开。

6.2.1　企业购买过程

企业购买过程由一系列相互关联的活动构成，包括 6 个阶段，如图 6-2 所示。但并非所有的企业购买都是按照这些阶段进行的，需要视情况而定，如重复性购买就会简化甚至直接跳过某些阶段。

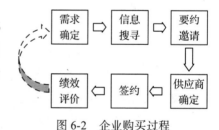

图 6-2　企业购买过程

1. 需求确定

企业在内外刺激下产生需求，通过对需求内容、购买情境与解决方案的确定，编制具体的采购需求与计划，包括产品规格、质量与技术参数、服务要求、时间进度、预算范围等。

企业购买需求一般来自 3 个方面，分别对应直接重购、修正重购和新任务购买 3 种购买情境。

（1）现有产品日常生产与运营而形成的需求，如生产进度所需的原材料、零部件及办公用品、清洁服务等消耗性工具与服务。这类需求比较频繁、稳定，是一种重复性需求，因而需求确定最为简单，采购部门通常直接按照惯例向原有供应商购买，在购买的内容、要求、方式上保持不变，这种购买被称为直接重购。显然，直接重购的前提是供应商与企业建立了良好的合作关系与信任基础。

（2）对现有产品与运营进行优化、创新而形成的需求，这类需求因解决方案的改进、调整而产生，如采用更优的生产设备或零部件、提高原材料或零部件的质量与技术规格。为了更好地解决问题，企业会对原有购买方案进行调整，在购买物的规格、型号、价格甚至供应商方面发生变化，因而被称为修正重购。尽管企业的购买需求与以往不同，但因企业熟悉购买物的质量参数、技术规范、市场价格等内容，尽管需求确认会涉及其他部门及人员的参与，但确认过程并不十分复杂。在此情境下，新的供应商会努力争取新订单，原有供应商也将尽力满足企业需求，希望继续合作。

（3）因投产新产品或采用全新的生产方式而形成的需求。企业对这类需求所对应的解决方案、产品规格与数量、技术标准、供应水平等内容并无前例可循，缺乏购买经验，购买风险大，因而需求确定的过程也就最为复杂，需要企业众多部门的不断讨论、论证。为满足这种全新需求，企业的首次购买也被称为新任务购买。

2. 信息搜寻

企业采购人员根据编制的采购需求与计划，利用工商名录、行业网站、采购平台、展会、合作伙伴关系网络等方式，搜寻能够满足其需求的产品与供应商。为确保信息准确与沟通高效，采购人员也会联合其他相关部门人员，走访、深入供应商内部，了解并评估供应商在生产、技术、服务、信誉等方面的能力，在此基础上圈定备选供应商。

⊙ 材料 6-1

数字化赋能企业采购

随着数字化技术的广泛应用，数字化采购在企业采购中扮演着越来越重要的角色。《2024数字化采购发展报告》显示，我国数字化采购总额为 17.2 万亿元，同比增长 15.2%，数字化采购占采购总额的比重达到 9.8%，数字化采购渗透率逐年提升，采购品类由办公用品、工业品、营销物资、员工福利品向生产性物资、工程设备及生产性服务拓展，有 40% 的企业表示生产性物资数字化采购率达到 50% 以上。

数字化采购的最初形态只是企业通过网上商城或 ERP（企业资源计划）系统中的采购模块，实现信息搜寻、验收付款、合同管理等初级采购功能，后逐渐发展为独立的供应链数字化产品，将采购全链条由线下迁移到线上。如今，以企企通、甄云为代表的采购数字化平台正蓬勃发展，市场规模近 7 000 亿元。采购数字化平台将采购方、多级供应商与最终用户串联成网链结构，使采购环节向供应链上下游延伸，通过对采购方与供应商的双向赋能，满足其降本增效、服务拓展与数据赋能等方面的需求。

资料来源：艾瑞咨询.2024 年中国采购数字化平台行业研究报告 [EB/OL].（2024-04-15）[2025-03-31]. https://www.36kr.com/p/2723380092418185.

3. 要约邀请

企业面向社会或备选供应商发出要约邀请，如招标公告、询价单、邀请竞争性谈判，全面反映其需求及要求。收到要约邀请的供应商若有合作意向，则可组建专业团队与企业密切接触，了解其需求，并在规定时间内按要求提交供应计划书，详细呈现定制化方案及竞争优势。显然，供应商所提供的供应方案不仅是一种产品或技术文件，更是一份能激起企业兴趣与信任的营销文件。

4. 供应商确定

在收到多个供应商的供应方案后，企业首先对供应方案进行初选，从质量、价格、技术、服务、信誉、管理能力等方面进行评分与综合考量，确定几家较为满意的供应商。接着，企业分别与这些供应商进行谈判磋商，以获得更优惠的价格与交易条款，并最终确定供应商。通常，企业不愿只依赖一家供应商，毕竟拥有多家供应商可以提高自身的议价能力，既能促使供应商相互竞争，降低价格或改进服务质量，又能保障产品的及时供应。

5. 签约

企业与最后确定的供应商正式签订供应合同，以合同形式确定双方的权利义务关系，形成法律约束。合同内容包括产品规格、技术及质量要求、数量、交货时间、退货条款、金额、付款结算方式、保修条件等。

6. 绩效评价

购买并使用产品后，企业各部门还会从质量、交付、服务、价格、信用、可持续发展等角度对供应商进行绩效评价。通过绩效评价，企业决定是否继续跟供应商进行合作，若继续合作，则采用定级管理方式，便于在合同签订、付款方式及周期等方面采用不同策略。为此，供应商应认真履行合同，加强追踪调查和增值服务提供，赢得企业信任，以保持并深化双方关系。表 6-2 为某企业的供应商绩效评价表。

表 6-2　某企业的供应商绩效评价表

供应商名称			物资类别		
评价周期		自　　　至	评价日期		
		考核内容及方法		得分	考核人员
评价指标及分值	质量水平（40 分）	合格率 = 合格数 ÷ 抽样数 ×100%，达到 95% 为 20 分；每低 1% 减 2 分，低于 90% 为 0 分			
		生产报废率 = 报废数 ÷ 总数 ×100%，低于 1% 为 20 分；每高 1% 减 2 分，高于 5% 为 0 分			
	交付水平（15 分）	准时性：每发生一次扣 5 分，扣完为止；延误一次生产进度，该项直接为 0 分			
	服务水平（15 分）	包括 3 项：配合程度、响应速度、解决能力；按满意度给每项评分，非常满意为 5 分，非常不满意为 1 分			
	价格水平（15 分）	平均价格比率 =（供应商供货价格 − 市场平均价格）÷ 市场平均价 ×100%，低于 0 为 15 分，0 ～ 10% 为 10 分，10% ～ 20% 为 5 分，20% 以上为 0 分。市场平均价格 =（供应商 1 报价 + 供应商 2 报价 + 供应商 3 报价）÷ 3			
	可持续发展（15 分）	包括 3 项：战略契合、技术实力、财务状况；按能力表现给每项评分，优秀为 5 分，不合格为 1 分			
评价结论		总分：	等级：		

6.2.2   企业购买决策机制

从过程上来看，企业购买决策是一种理性的集体决策，参与者众多，受明确的规章制度约束；从结果上来看，企业购买决策最终体现在对产品和供应商的选择上，不同的购买导向与评估方案决定选择结果。这些内容相互作用，构成了企业购买决策机制，反映出企业的购买决策风格，直接决定购买活动对企业或最终提供物的价值创造。

1. 参与者

企业购买过程往往由多个部门参与，扮演着使用者、执行者、决策者、把关者、批准者及影响者等不同角色。

使用者   使用者是企业内部直接使用所需产品的部门及人员，如生产计划部门、设备管理部门、生产流水线上的工人。通常，使用者会首先发现问题、提出需求建议，在产品品种、规格确认中发挥重要作用。

执行者   执行者通常是采购部门及人员，是购买的具体执行者，承担搜寻产品及供应商信息、要约邀请、拟定采购条款、监督供货等职责。

决策者   决策者是拥有最终决定权的团队或人员，如采购部门负责人、评标委员会、企业高层领导。决策者决定是否购买、向谁购买及购买数量、价格等关键事项，是企业购买过程中的核心角色。

把关者   把关者负责审核、控制和监督购买活动符合企业需求、品质及成本标准、技术规范、规章制度及政策法律的部门与人员，如技术、财务、法务、品控、审计部门及外部专家等。他们有权否决拟购买或已经购买的产品与供应商，确保购买流程高效、透明、合规。

批准者   批准者是对购买计划、行动及结果给予正式认可的团队或人员，如采购部门负责人、招标领导小组、企业高层领导，他们通常对企业资源拥有调配、管理权力。

影响者   影响者是指因具有知识、经验、信息、地位、公信力等方面的优势，而对企业购买行为产生影响的组织及人员，包括技术主管、总经理助理等内部影响者及合作伙伴、采购代理机构、企业顾问等外部影响者。

企业购买决策过程中参与者的构成、数量及参与程度是卷入机制在企业购买中的具体体现，参与者数量、角色类型及承担者并非固定不变，而是视购买内容、行为类型、规模而定，如对某些原材料进行重复性购买时，执行者、决策者、批准者就集中于采购部门。

2. 规章制度约束

为了规范购买行为、确保购买质量、提高购买效率，企业会制定一系列系统化、标准化的规章制度，对企业购买决策形成较强的约束，包括决策体系、责权划分、操作流程、行为准则、管理规范等，要求所有部门及人员遵守、执行。

材料 6-2

扎紧央企采购的"制度笼子"

2024 年 8 月 6 日，国务院国资委、国家发展改革委联合印发《关于规范中央企业采购管理工作的指导意见》（以下简称《指导意见》），从合理选择采购方式、强化采购寻源和供应商管理、完善采购执行和评审机制、推动采购活动公开透明、提升采购数智化水平、加大集中采购力度、发挥采购对科技创新的支撑作用、鼓励更好履行社会责任等方面进一步规范了央企的采购管理工作，要求央企按照《指导意见》，抓紧制定、修订采购管理制度和实施细则，明确采购操作程序和全流程管控要点，建立健全覆盖各类采购方式的采购管理制度体系。

《指导意见》首次要求央企除自愿采取招标方式外，应选择询比采购、竞价采购、谈判采购、直接采购 4 种方式之一进行非招标采购；对于相似度高、采购量大的产品品类，支持央企开展联合采购；在卫星导航、芯片、高端数控机床、工业机器人、先进医疗设备等科技创新重点领域，要求央企带头使用创新产品；在首台（套）装备、首批次材料、首版次软件参与采购活动时，央企不得设置歧视性评审标准；央企不能通过限定供应商所在地、所有制形式等不合理条件排斥、限制中小企业参与采购活动。

资料来源：关于印发《关于规范中央企业采购管理工作的指导意见》的通知 [EB/OL].（2024-08-06）[2025-03-31]. http://www.sasac.gov.cn/n2588035/c31372608/content.html.

3. 购买导向

购买导向为企业的购买决策提供指导，并最终影响顾客选择产品与供应商的过程与结果，具体包括但不限于以下内容。

交易导向　交易导向是指企业围绕价格、质量及服务、技术的可获性，以争取最有利的交易条件为中心目标选择产品和供应商。但显然，只有供应商所提供的产品与服务满足一定的质量、技术与服务要求，企业才会将其纳入考虑对象，因此伴随着网络信息的公开、透明、快捷发展，价格就成为交易导向下决定购买决策的关键甚至唯一因素。

控制导向　控制导向是指企业制定购买决策时以实现对供应商的最大化控制为中心目标，确保供应商行为符合企业期望，从而达到降低成本、提高质量、保障供应等目的。由多家供应商共同供货、对供应商进行分类管理、利用合约约束、向供应商输出平台系统等管理资源是企业常用的控制策略与方法。

可持续发展导向　随着社会对可持续发展的重视，企业也越来越重视购买活动的环境影响和社会责任，倾向于选择环保、节能、低碳的产品与服务。可持续发展导向有助于企业品牌形象的提升，但也会带来一定的成本增加与购买难度。

风险导向　风险导向是指企业尽可能规避所有风险进行购买决策。遵循前人经验、依靠长期合作的供应商是企业在风险导向下经常采用的决策策略。

规则导向　规则导向强调企业购买决策应严格遵循一系列预先设定的流程、标准、制度，服从合规性要求，尽可能减少、避免主观偏见与影响，确保决策过程的公正、透明和可重复性。

终端需求导向   企业需求由终端需求衍生出来，企业所选择的产品与供应商要为终端顾客提供优异价值，要能最大化满足终端需求，这成为企业的一种购买导向，即终端需求导向。终端需求导向以需求而非产品指导企业购买决策，是现代营销观在企业购买中的直接体现。

合作导向   合作导向是指企业选择供应商时，注重与供应商建立长期、稳定、互利的合作关系，强调合作双方的战略协同、信息共享、风险共担和利益共享，旨在通过共同努力应对市场挑战，实现双赢或多赢局面。在合作导向下，购买被供求双方视为一种增加并创造价值的行为，有利于稳定供应链、促进技术升级与创新，形成协同效应。

4. 评估方案

评估方案包括评估指标、可接受水平、指标权重、选择规则等内容，并受购买导向的直接影响。企业购买不止于单纯的产品选择，更多是对供应商的选择，以期建立长期稳定的合作关系。与消费者决策时的内隐性心理运作不同，企业购买是经济理性的，对产品与供应商的评估方案是外显、明确与量化的。

企业对产品与供应商的评估通常是多维度、多指标的。相较于产品评估，供应商的评估指标更为广泛而复杂，从某种意义上来看，只要是企业认为重要或希望了解的因素，都可以包括进来。表 6-3 是采购管理中评估供应商的常用指标框架，又称 10C 模型。

表 6-3   评估供应商的常用指标框架（10C 模型）

指标	指标释义
能力（competence）	具备履行合同的资源与能力，能够提供高水平产品或服务
产能（capacity）	具备最大生产能力，能够满足企业目前和未来需求
承诺（commitment）	对质量、服务、成本管理或持续改进等方面的承诺和长期合作意愿
控制（control）	拥有对资源和风险进行监控与管理的体系
现金（cash）	盈利性与现金流状况，能够确保其财务状况健康、稳定
一致性（consistency）	在交付和改进质量与服务水平的过程中稳定可靠、流程顺畅无误
成本（cost）	价格合理，全生命成本低
兼容性（compatibility）	在文化、战略、技术等方面与企业兼容
合规性（compliance）	遵纪守法，履行社会责任和可持续发展标准，愿意遵从企业有关职业道德、社会责任和可持续发展的政策及标准
沟通（communication）	沟通效率高，支持供应链中的协调与协作，愿意共享需求、计划、成本等信息

可接受水平是企业对各评估指标符合其期望水准程度的赋值，指标权重是指评估指标对企业的重要性，选择规则是指企业在多指标赋值与加权后，采用何种方法与程序对备选产品或供应商进行排序，形成最终决策，具体规则类似于第 5.2.4 节中的消费者决策规则，视具体情况使用或混合使用补偿性及非补偿性决策规则。

6.2.3   企业购买行为影响因素

影响企业购买行为的因素除了外部的宏观环境与营销刺激外，还包括组织因素、个人属性与购买对象，如图 6-3 所示。

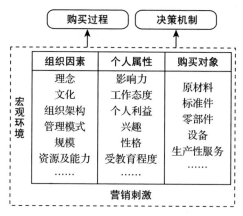

图 6-3 影响企业购买行为的主要因素

1. 组织因素

每个企业都有特定的理念、文化、组织架构与管理模式，并在规模、资源及能力方面存在显著差异。这些组织因素决定采购部门在企业中的地位及与其他部门的责权分配，左右采购规章制度的制定与执行，并最终影响企业的购买行为。例如，有些多元化经营的企业会按照产品类别、地区或顾客群划分出若干事业部，每个事业部拥有自己的采购部门，采购权力相对分散；有些集团公司则成立强大的采购中心，除需求由各部门、子公司提出外，其他环节均由采购中心完成，实行统一、批量购买，购买过程更为复杂、严谨；而规模较小的企业的购买决策则更为灵活、迅速。

2. 个人属性

企业购买决策是理性的集体决策，但参与者角色与职责最终由具体的个人来承担、实现，必然受其个人属性的影响，夹杂自己的看法、感觉，无法做到完全客观、理性。个人属性包括因身份、权责、能力等产生的影响力及工作态度、个人利益、兴趣、性格、受教育程度等。

3. 购买对象

企业的需求规律及购买行为因购买对象的不同而存在很大的差异。根据使用情境与购买特性，企业的购买对象可分为以下几类。

原材料和标准件　原材料与标准件在规格、质量等方面较为统一和标准化，生产来源也相对集中，供应商的供应价格相差不大。因此，除首次购买外，这类产品的购买过程相对简单，企业较为关注供应的保障性。

零部件和设备　相较于零部件，设备除了存在于生产、加工环节以外，在研发、试验、检测、包装等环节也不可被替代。零部件和设备塑造了产品形态与价值，直接影响企业提供物的价值，需要根据企业要求定制提供，因此企业的购买决策最为慎重，需要对产品和供应商进行全面评估。

生产性服务　生产性服务是以人力与知识资本为主要投入品，服务于企业生产过程的一种经济活动，如系统开发、产品设计、市场研究、检验检测、智能运维、电子商务。生产性服务是随着社会分工的日益细化和深化，从制造企业内部的生产服务部门中逐渐分化出来的，具有知识密集、专业化的特点，是企业产品形成差异和实现增值的主要源泉。因此，为提高服务的稳定性和可靠性，企业往往以合作为购买导向，倾向于建立长期合作甚至战略伙伴关系。

办公、劳保用品等　相较于上述生产资料类产品，办公、劳保等产品不属于中间产品，因为其产品简单，销售渠道多，企业的购买需求规模与频次相对较低，企业主要考虑价格与购买的便利性。

6.3　企业间关系

在产业市场上，企业之间存在错综复杂的关系，既有上下游企业之间的依赖与协作，也有业务相同或类似企业之间的竞争与合作，这些关系构成了企业市场的生态体系，推动了企业乃至整个产业的健康发展。企业间的关系类型与稳定程度直接影响企业的购买需求与行为，企业间关系也并不是静态的，而是受市场环境、企业发展等多种因素的影响不断发展变化的，从而引发、创造企业新的需求与行为。

6.3.1　企业间关系的形成

关系因交换而形成，当企业之间因商业活动而形成交易时，也就意味着合作关系得以初步建立，并且双方都希望这种合作关系能够长期、稳定。因此，随着合作内容的深化、合作规模与范围的拓展，尤其是关联企业与利益的不断增多，企业之间的关系也就越来越多元、复杂，既有产业链上下游企业之间因业务互补或衔接而形成的纵向关系，也有业务相同或近似企业形成的战略

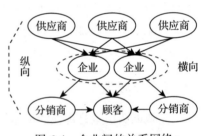

图 6-4　企业间的关系网络

联盟等横向关系，企业可能身兼合作伙伴、竞争对手等多重身份，这些关系、身份进而构成了更大的商业网络，如图 6-4 所示。

1. 关系建立的动因

企业之间所形成的长期、稳定的关系将有利于弥补资源和能力的缺口、创造更多的顾客需求、提升应对环境动荡和风险的水平，这也是企业不断深化、创新关系的主要动力。

弥补资源和能力缺口　广义上的购买就是企业从外部供应商取得资源和能力的过程，这也是企业建立关系的最初动因。随着产品集成度与技术复杂性的不断提升，依靠企业自身资源和能力已经无法完成产品从研发到销售、配送的整个过程，分工合作变得尤为必要与迫切，企业之间也不再局限于简单的交易关系，而是催生出许多新型关系，详见第 6.3.2 节。

创造更多的顾客需求　不同企业的产品、系统、数据或其他方面的能力可以通过相互作用而达到一种协同或互补状态，即企业之间存在耦合性。借助这种耦合性，企业往往就能创造出新的顾客需求、新的生活方式。例如，计算机由商用向家用市场的拓展显然与音响、摄像头、游戏

手柄等娱乐外接设备的发展密不可分，而集合购物、餐饮、娱乐、健身等消费需求或业态的大型购物中心也日益成为年轻人休闲娱乐的重要场所，成为推动城市商业繁荣与发展的重要力量。

提升应对环境动荡和风险的水平　　环境动荡和多样性意味着顾客需求的多变，这要求企业具备迅速回应顾客需求变化的能力，与其他企业建立更为密切的关系。供应商、生产商和分销商组成的协同网络显然有助于提高各方企业的应变能力与核心竞争力，毕竟分工使协同网络中的每家企业都更有能力深化、提高自己的业务内容及水准，并通过资源的优化配置与合作，激发整个网络的应变与创新能力，使其更快地感知、响应市场的变化，应对市场风险，更好地满足顾客需求。

2. 关系持续的条件

动因仅仅是驱使企业去建立外部关系，而关系能否建立、保持并深化还需要一系列条件。图 6-5 表明了企业间关系持续的条件及其相互关系：依赖与信任是企业间关系形成与发展的基础与前提，在合作中，企业间互相学习，不断提升自身竞争力，保持一定的灵活性以响应市场环境与合作要求的变化，通过明确的计划与高效的协调机制来化解企业间冲突，确保合作目标的实现与关系的持续深化。

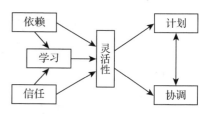

图 6-5　企业间关系持续的条件及其相互关系

依赖　　企业间的相互依赖是关系形成的基础，这种依赖可以基于某些资源或能力上的互补性，也可以是市场需求的共同满足。因为存在相互需求，企业才会倾向于建立或加强彼此之间的联系，进而达成明确的合作内容与目标，确立清晰的关系边界。企业间相互依赖、相互需求的内容越多、程度越高，合作就会越紧密、深入，关系也就越稳定、持久。企业如果需要的只是某种非稀缺的原材料，企业间往往就是简单的交易关系，但若涉及合作开发、技术转让、稀缺资源的供应，那么企业显然会更加推动合作关系的深化。

信任　　信任是企业间关系得以进一步提升、深化的前提，只有建立了信任关系，企业才愿意持续合作与发展，才能显著提升合作效率。展现企业能力与专业性、履行承诺、建立有效沟通、拥有相似的企业价值观是企业间建立信任、减少冲突与误解的重要手段。

⊜ 讨论 6-1

哪种信任最持久

按照信任建立的基础，信任可以分为计算型信任（calculus-based trust）、认知型信任（knowledge-based trust）与认同型信任（identification trust）3 种类型。

计算型信任是通过明确的契约关系、法律威慑力量及合作可形成的经济利益而建立的，比较明确、可控；认知型信任则建立在对合作伙伴资源、能力及声誉的长期观察与了解的基础上；当合作企业在战略意图、核心价值观、企业使命、企业文化等方面高度契合或达成共识时，认同型信任比较容易建立。不同类型的信任反映了企业间关系的深度与持久性，代表了企业间合作的不同层次与建立条件，你认为哪种类型的信任最为持久，为什么？

学习 合作提供了企业间相互学习的机会，有助于企业更好地理解对方的需求与期望、深化合作流程通过合作，企业可以借助对方的经验、知识与技能提高自身竞争力，从而提高合作效率，建立起更加紧密与稳固的合作关系。

灵活性 每家企业都有自己的发展目标、决策机制和问题解决的优先顺序，合作关系并不改变企业的独立性，同时快速变化的市场环境也必然影响企业间的合作与关系，需要及时评估和调整。因此，保持一定的灵活性以响应环境与合作要求的变化也是企业间关系形成与发展的重要条件，对于捕捉市场机会、规避风险等具有重要意义。

计划 在企业间关系的形成与深化过程中，明确的计划至关重要，包括合作目标、范围、进度、资源投入等责权关系。计划的合理性和可行性越强，企业间合作的绩效就越显著，目标的实现与关系的深化也就越顺利。

协调 因立场、利益等方面的差别，企业合作中存在冲突与问题是必然现象。合作关系的维持不在于是否存在冲突，而是冲突能否得以有效解决，这就要求企业具备良好的沟通能力与合作精神，通过高效的协调机制确保合作活动的一致性与协同性。

6.3.2 企业间关系的类型与演变

根据不同的发展需要，企业间会形成不同类型的关系，并随着内外环境的变化而不断深化、演变。

1. 企业间关系的类型

交易关系 交易关系因产品或服务的购买而形成，是企业之间合作范围最窄、最简单的一种关系。交易关系因购买而生，由供应完成而结束，既可以是短期、一次性的，也可以是长期、连续的，由交易双方根据满意程度与进一步合作意向决定是否持续、深化关系。

分销关系 分销关系是生产企业委托中间商进行产品销售、推广与分发而形成的合作关系。对分销关系的管理是营销策略的重要内容，相关内容及渠道商功能、类型详见第11章。

委托加工关系 委托加工就是企业（委托方）将部分或全部生产任务委托给其他企业（受托方）完成。若受托方按照委托方的设计与技术要求进行产品的加工生产，受托方就被称为原始设备制造商（original equipment manufacturer，OEM），也就是俗称的"代工"或"贴牌生产"；若受托方不仅负责产品的生产制造，还承担产品的设计职责，受托方则被称为原始设计制造商（original design manufacturer，ODM）。但无论是OEM还是ODM合作，产品通常都贴附委托方品牌。

平台网络关系 平台网络关系是在网络化与数字化环境下，平台作为连接点或中介，以实现互动与供求匹配为核心，从而与不同类型用户形成的一种复杂、动态的关系网络。在平台关系网络中，平台企业居于核心地位，平台的价值随着用户数量的增加而增加，一方用户的加入与活跃度会影响另一方用户的数量与参与度，因而具有网络外部性。如材料6-1所提及的企企通、甄云等数字化采购平台，构筑的就是平台网络关系。

供应链关系 供应链关系是由供应商、制造商、分销商、零售商、物流辅助商、最终用户等节点构成，通过信息流、物流、资金流等相互连接而形成的整体性网络结构。供应链通常存在一家核心制造企业，因该企业生产经营活动的前伸和后延，而使各节点企业形成紧密关联、互相影响的关系。

案例 6-2

C919：新型供应链伙伴关系的典范

C919 是我国按照国际适航标准自行研制的首款喷气式大型客机，打破了全球干线客机长期被波音公司与空客公司垄断的局面。C919 的量产不仅成为我国航空工业发展的新里程碑，也为构建新型供应链伙伴关系树立了典范。

C919 采用"主制造商 – 供应商"模式，形成了一张由 239 家供应商组成的覆盖全球的供应链网络，其中包括 104 家国外供应商、122 家国内供应商、13 家中外合作企业。在供应链网络中，以中国商飞为代表的中国企业扮演了"链主"角色，负责总体设计与系统集成，确立适航标准、结构件技术参数及其依据，进而指导国内供应商的产品质量管控，帮助实现技术突破，促进了一批航空产品配套企业的快速成长，在 C919 约 100 万个零部件中，国产化率目前已达到 60%。在发动机、航电系统等关键技术领域，中国商飞则与通用电气公司、霍尼韦尔公司等伙伴成立了联合研发团队，通过技术交流、联合设计等方式，加速了航空材料、电子系统、发动机等关键领域的技术突破，带动了整个航空产业链的升级。

C919 的"主制造商 – 供应商"模式是基于国家工程而形成的联合攻关体，具有共生共赢的特征，化解了供求双方博弈型交易的商业关系，为中国制造业在复杂多变的国际环境中寻求共赢提供了新思路，将激励更多的中国企业探索、构建新型供应链关系。

资料来源：张凡 . C919 是构建新型供应链伙伴的典范 [N]. 中国贸易报，2024-06-05.

战略联盟　战略联盟是指两家或两家以上的企业为实现特定战略目标，在保持自身独立性的同时，通过股权参与或契约联结的方式形成稳固的合作伙伴关系，并在生产、研发、分销等领域采取相互合作、共担风险、共享利益的联合行动。战略联盟的发展主要源于现代竞争的全面性和集成性，竞争优势的建立必须依赖更多的资源，而这是单个企业所无法达到的。

2. 企业间关系的演变

企业间关系的发展与类型的多元影响着企业获取的资源与方式，决定企业的购买导向。认识、理解企业间的不同关系及发展演变显然有助于营销工作的推进与效率提升。表 6-4 不仅呈现了上述不同类型的企业间关系的差别，也反映了企业间关系演变的特点。

合作内容更丰富　从原材料、零部件、设备等有形资源间的互补到管理解决方案、劳务派遣、广告代理、财务融资等服务的合作共享。

依赖程度更深　当企业越来越多的资源、能力和活动需要从外部获取时，企业间的依赖程度会不断加深，对业务的衔接要求也越来越高，从而使企业间的关系更加紧密。

合作关系更持久　随着合作内容的丰富、相互依赖的关系加深，企业之间相互学习，对彼此的需求与期望也越发清楚，沟通、合作的效率会持续上升，合作关系自然更加持久。

独立与协同并存　合作并不会降低企业的独立性，独立和协同在合作中并存。也正是这种独立性保证了合作体对终端顾客需求与环境变化的响应能力。

表 6-4　企业间关系的演变

环节	基础		
	以交易为基础 （交易、分销）	以权力为基础 （委托加工、平台网络）	以协调为基础 （供应链、战略联盟）
角色	买方 / 卖方	委托方 / 受委托方、核心企业 / 成员企业	优势的资源、技能和经验
安排	无	核心企业主导的合作安排	协商完成的合作安排
协调	无或按交易合同	核心企业主导的协调机构和机制	多边的协调机构和机制
监控	无或按交易合同	对产出和行为的及时监测、反馈和调整	以自我调控为主
激励	按产出激励	按产出和行为激励	协同效应
实施	无或按交易合同	核心企业主导	共同利益驱动

6.4　非营利性组织与政府采购市场

除了企业之外的所有组织都可视为广义上的非营利性组织，但从购买行为与市场角度来看，狭义上的非营利性组织购买与政府采购存在较大区别，这也是由政府采购的特殊性所决定的。非营利性组织以服务社会、推动公益事业发展为宗旨，不以营利为目的，是除政府与企业之外的各类社会团体和民办非企业单位，如行业协会、基金会、慈善机构等。这些组织为了履行职能和维持自身正常运作需要购买产品或服务，从而构成了非营利性组织市场。国内外对政府采购的内涵、范围、方式、执行机制等方面的界定存在显著差异，《中华人民共和国政府采购法》将政府采购定义为"各级国家机关、事业单位和团体组织，使用财政性资金采购依法制定的集中采购目录以内的或者采购限额标准以上的货物、工程和服务的行为"。从购买目的来看，两者都是终端购买，所购买的产品或服务不会再次进入生产、交易环节，都是非营利性的。

6.4.1　非营利性组织市场特征

按照社会职能及运作形式，常见的非营利性组织包括互益型、公益型、社会服务型等类型。互益型组织主要面向组织内部，旨在通过内部活动与服务以实现内部成员的共同利益，如各类学会、行业协会、同乡会、病友会。公益型组织则围绕特定公益项目、领域或公共议题，面向社会进行目标市场营销与各类活动，以推动该项社会事业或议题的发展。公益型组织往往依赖志愿者的支持与参与开展活动，如各种环境保护、动物福利组织。社会服务型组织是面向社会，通过低偿甚至无偿服务提供社会福利，如民间救援组织、帮扶工作站。据统计，我国社会团体、基金会和民办非企业单位约有 90 万个、慈善组织 1.5 万个，因自身运行与社会服务的需要而购买产品或服务，所形成的非营利性组织市场是营销者不可忽略的重要市场。概括起来，非营利性组织市场具有以下特征。

非营利性　不以营利为目的是非营利性组织最显著的特征。尽管非营利性组织可以通过有偿服务、会费缴纳、基金运作获得一定收入，但其运营费用主要依赖社会捐赠，这些费用只能用于组织使命规定的事业与活动中，即使有盈余也不能分配或回馈给组织成员。因此，非营利性组织对产品的质量和性能要求要高于对成本最小化或资产增值的追求。从某种意义上来看，非营利性组织是按照活动的目的而非结果来界定的，因而有些学者认为非营利性组织受到更强的法律或道德约束是其区别于企业的另一项重要特征。

限制性 非营利性组织的主要资源来自社会，大多通过志愿服务与社会捐赠形成，购买行为自然受到相关法规、捐赠人、社会公众的监督与约束，公开、透明是其购买活动的基本原则。

民间性 非营利性组织通常基于横向的网络联系与坚实的民众基础自下而上建立起来，在资源配置、管理制度等方面与政府、企业截然不同，组织结构较为松散、扁平。

利他性 非营利性组织以服务社会、推动公益事业发展为宗旨，其需求与行为的社会意义较为明显，具有强烈的利他性与公益性。因此，非营利性组织本身也需要营销，通过对组织形象、理念、工作内容的营销，吸引社会资源（如志愿者、捐赠、赞助），促进公众或特定群体观念及行为的正向改变。

6.4.2 政府采购市场特征

因政府采购而形成的市场为政府采购市场，是基于采购主体使用财政性资金而形成的一种市场类型。但要强调的是，尽管词意上采购与购买相同，但政府采购市场并不等于政府购买市场，尤其是在服务领域。我国在《政府购买服务管理办法》中将政府购买服务界定为"各级国家机关将属于自身职责范围且适合通过市场化方式提供的服务事项，按照政府采购方式和程序，交由符合条件的服务供应商承担，并根据服务数量和质量等因素向其支付费用的行为"，而在《中华人民共和国政府采购法实施条例》中，将适用《中华人民共和国政府采购法》的服务明确为政府自身需要的服务和政府向社会公众提供的公共服务。政府采购的主体不仅包括各级国家机关，还包括承担行政职能的事业单位和使用财政性资金的团体组织，显然，无论是采购主体还是对象范围，政府采购市场都要大于政府购买市场。

政府在市场经济中的角色与职能使政府采购市场除了具有非营利性特征以外，还在以下方面表现出与其他组织市场截然不同的特征。

商业与行政兼顾性 政府采购是市场机制与财政管理的有机结合，具有商业行为与行政行为的双层特性。一方面，政府采购是采购主体为满足自身运作和提供公共服务所进行的一种交易活动，遵循公平竞争、等价交换等市场经济的基本原则；另一方面，政府采购也是公共财政管理的一项重要制度安排，具有较强的行政管理色彩，派生出下文的公共性、调节性、导向性与规范性特征。

公共性 政府采购是不具有任何私人性质的公共采购。首先，政府采购资金来自财政性资金，这些资金被纳入预算管理，具有公共财政的性质，必须接受公众的监督，确保使用的透明与合理；其次，政府采购的目的具有公共性，不是为了个人或商业利益，而是为了国家利益和社会公共利益，采购对象广泛而复杂；最后，政府采购的主体具有行使或执行行政管理的职能。

调节性 根据联合国国际贸易法委员会的数据，政府采购规模通常占国家 GDP 的 10%～15%，尽管我国的政府采购规模仅占 GDP 的 3% 左右，但仍是国内最大的采购主体，因而常被作为宏观经济调控的重要手段，政府采购规模与结构的变化对经济发展、产业结构及公众生活环境具有显著影响。具体来说，当经济形势低迷、社会需求不足时，政府可以制定相对宽松的采购政策，如扩大政府采购范围与采购规模，以刺激和增加社会总需求，使总需求与总供给大体平衡；而当经济形势高涨，社会总供给不足时，政府则可以通过制定审慎的政府采购政策，如缩减政府采购规模，减少和抑制社会总需求，进而实现社会总需求与总供给的基本平衡。

导向性　因政府采购具有调节性，与宏观经济政策、产业政策、社会政策等密切相关，且政府采购本身就具有示范、引导性，因而政府往往通过采购行为与政策引导，体现其发展战略、治理理念及对某些领域的扶持。例如，国务院印发的《政府采购领域"整顿市场秩序、建设法规体系、促进产业发展"三年行动方案（2024—2026）》中就从科技创新、绿色发展、中小企业、乡村振兴等方面对政府采购提出了具体要求。

⊖ 讨论 6-2

政府采购中的公平竞争与扶持发展

公平竞争是政府采购的基本原则之一，要求政府采购活动在遵循法律法规的前提下，为符合条件的所有供应商提供平等、公正、透明的竞争环境，不受任何形式的歧视或限制，可以在同等条件下参与竞争。《政府采购领域"整顿市场秩序、建设法规体系、促进产业发展"三年行动方案（2024—2026 年)》也就当前政府采购领域中比较突出的差别歧视条款、供应商围标串标等违法违规行为开展专项整治，要求除涉及国家安全和国家秘密的采购项目外，应平等对待内外资企业。

作为宏观经济调控手段与财政政策工具，政府采购对某些领域进行扶持发展是世界各国的普遍做法，如促进本国特定产业、扶持不发达地区、支持中小企业、推动绿色低碳。这种扶持发展与公平竞争是否存在冲突？若存在冲突，应如何平衡与协调？

规范性　《中华人民共和国政府采购法》《中华人民共和国政府采购法实施条例》《中华人民共和国预算法》《中华人民共和国招标投标法》等法律法规与程序制度依据采购规模、对象，从采购计划制订、采购方式选择、招标文件编制、评标标准设定、合同签订等各环节对政府采购行为进行了全面规范，以提高政府采购的标准化与程序化程度。

▣ 本章小结

1. 组织市场包括企业市场、政府采购市场以及除企业与政府之外的非营利性组织市场。企业对生产资料的需求是中间型需求，而政府采购及非营利性组织市场则属于终端需求，所购产品与服务不会再次进入生产、交易环节。
2. 企业需求具有衍生性、波动性、弱价格弹性、规模性、复合性和集中性特征；购买行为特征有决策的经济理性、目标的多样性、过程的复杂性和集体性、评估的专家性及购买的周期性和重复性、关系的密切性等特征。

3. 决策经济理性是企业购买需求和行为特征的主轴，营销者面向企业营销时，应致力于提供一对一定制化方案、创新深化供求双方关系、发挥大客户的示范效应、依赖人员沟通与推广。

4. 企业的新任务购买过程包括需求确定、信息搜寻、要约邀请、供应商确定、签约和绩效评价6个环节，当企业购买情境是直接重购或修正重购时，上述环节会简化。

5. 从过程上来看，企业购买决策是一种理性的集体决策，参与者众多，受明确的规章制度约束；从结果上来看，企业购买决策最终体现在对产品和供应商的选择上，不同的购买导向与评估方案决定选择结果。其中，企业购买参与者包括使用者、执行者、决策者、把关者、批准者及影响者，对企业购买决策产生不同影响。

6. 购买导向具体包括交易导向、控制导向、可持续发展导向、风险导向、规则导向、终端需求导向、合作导向等；企业对供应商的评估通常是明确与量化的，可以从能力、产能、承诺、控制、现金、一致性、成本、兼容性、合规性与沟通方面展开。

7. 在产业市场上，企业间既有上下游之间的依赖与合作，也有业务相同或类似企业之间的竞争与合作。企业间长期、稳定关系的建立有利于弥补自身资源和能力的缺口、创造更多需求，应对环境动荡与风险。依赖与信任是企业间关系形成与发展的基础与前提，企业在合作中互相学习，保持一定的灵活性以响应市场环境与合作要求的变化，通过明确的计划与高效的协调机制化解企业冲突。

8. 企业间的关系是动态发展的，存在交易、分销、委托加工、平台网络、供应链、战略联盟等关系类型，形成了以交易为基础、以权力为基础、以协调为基础的企业间关系演变的规律。

9. 常见的非营利性组织包括互益型、公益型、社会服务型等类型，所形成的市场具有非营利性、限制性、民间性和利他性特征。

10. 政府采购市场是各级国家机关、事业单位和团体组织因使用财政性资金购买货物、工程与服务而形成的市场，除了具有非营利特征以外，还存在商业与行政兼顾性、公共性、调节性、导向性与规范性特征。

◉ 关键术语

企业市场　直接重购　修正重购　交易导向　控制导向　可持续发展导向　风险导向
规则导向　终端需求导向　合作导向　生产性服务　交易关系　委托加工关系
分销关系　供应链关系　战略联盟　平台网络关系　非营利性组织　政府采购

◉ 简答题

1. 简述企业市场的需求及购买行为的特征。
2. 面向企业的营销运作具有哪些特征？
3. 企业购买过程由哪些活动构成，存在哪些角色？

4. 除外部宏观环境与营销刺激外，还有哪些因素影响企业的购买行为？

5. 企业为什么致力于形成长期、稳定的关系？

6. 以协调为基础的企业间关系有哪些类型？

7. 非营利性组织市场具备哪些特征？

🔖 思考题

1. 供求是双向影响的，企业需求由消费者需求衍生出来，那是不是也可以认为消费者需求由企业需求衍生出来？

2. 除公开招标外，组织可以通过邀请招标、询价采购、竞争性谈判等方式进行采购，请查阅资料，明确上述方式的区别与适用条件。

3. 企业购买决策也受参与者个人属性的影响。对于新任务购买，采购部门负责人会存在什么样的个人决策偏好？

4. 政府采购的内容公开、透明，过程规范、标准。面对政府采购市场，企业的营销职能体现在哪里？营销运作的重点是什么？

⚙ 实践与探讨

以 3 ~ 5 人为一组，探访一家生产制造企业，围绕具体产品的核心部件勾勒出其产业链，并围绕以下问题进行小组间的交流、讨论。

1. 该部件的供应商有几家？企业确定上述各供应商时的主要导向是什么？是否存在差异，差异是由什么原因导致的？

2. 企业是如何进行供应商绩效评估的？上述供应商的绩效评估结果如何？

3. 企业与评估结果最优的供应商是一种什么关系？这种关系的基础是什么，企业或该供应商采取了怎样的措施进行关系的深化与提升？

🌐 互联网实践

腾讯云是腾讯公司打造的云计算品牌，面向企业与开发者提供云服务、云数据、云运营等整体服务方案，助力企业数字化转型。

进入腾讯云官方网站，浏览并分析网站内容，体会腾讯云是如何面向企业呈现服务方案优势、发挥大客户示范效应的？其又是如何吸引开发者体验使用的？

第 3 部分

战略确立：阐释需求

聚焦与差异是众多组织战略制定的准则。营销战略主要解决"向谁提供什么价值主张"的问题，并由此形成市场细分（segmenting）、目标市场选择（targeting）、品牌定位（positioning）3 个战略步骤（以下简称"STP战略"）。

"不要试图向所有的顾客提供服务"是营销的基本原则，这也应验了中国的一句老话，"有所不为才能有所为"。市场细分与目标市场选择回答了"向谁提供"的问题，确立了向哪些特定顾客群体的需求进行针对性创造与满足的方针路线，极大提升了营销成效，不仅实现了资源的聚焦，也意味着对竞争的规避——不争夺同一市场。当竞争避无可避时，组织需要通过品牌定位来塑造与竞争对手的区别，呈现独特的"价值主张"。而所谓的价值主张就是对顾客需求的深入凝练与升华。

面对快速变化的世界，顾客越来越不清楚自己想要什么。营销战略帮助顾客走出"我要什么产品"的桎梏，学会搞清楚自己的实际需求，思考需求背后所要追求的价值，营销战略因此可被视为对顾客需求的阐释，使顾客知道"我的需求是什么"。

CHAPTER **7**

第 7 章
目标市场选择

目标市场不是越大越好，而是越精准越好。找到那个与你产品或服务最匹配的细分市场，然后全力以赴。

——杰克·韦尔奇（Jack Welch）

通用电气集团前董事长兼首席执行官

早期社会经济发展的主要矛盾是有效供给不足，市场对卖方有利，在卖方市场条件下，企业等组织实行无差异营销（undifferentiated marketing），即不考虑需求差异，面向所有顾客提供单一产品，实行统一策略。随着科学技术的进步、科学管理和大规模生产的推广，产品种类极大丰富，市场处于买方市场，顾客需求差异明显，多元化需求日趋强烈，选择最有价值的那部分顾客——目标市场（target market）进行产品提供成为营销决策中具有重要意义的战略之举。

目标市场战略蕴含了"有所为有所不为"的战略思想，充分考虑了顾客需求的差异，通过针对性的营销行为与产品提供来满足顾客需求，实现组织的持续发展。目标市场就是基于市场细分，组织所要服务并使之满意的一个或多个细分市场。

目标市场的选择与确定包括如图 7-1 所示的 6 个步骤：①确定细分变量；②进行市场细分；③评估各细分市场；④选择目标市场；⑤确定目标市场；⑥发展目标市场模式。市场细分为目标市场服务，在此过程中，若不能对市场有效细分或选择不到合适的目标市场，就需要重新确定甚至创新细分变量。

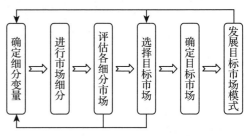

图 7-1　目标市场的选择与确定

正如分工能提高效率是因为劳动者的技巧"因业专而日进"，营销者也能因专注于某一类顾客而深入理解他们，从而更好地为他们服务。因此，根据需求、行为等变量对顾客进行聚类，针对不同顾客采取更具针对性的营销策略，是企业等组织在现代生产力条件下建立竞争优势、取得良好营销效果的唯一途径。

7.1 市场细分

市场细分概念由美国学者温德尔·R.史密斯（Wendell R. Smith）提出，是现代市场营销的重要基石，没有市场细分就没有目标市场。市场细分的必要性来自以下两个方面。

一是顾客天然存在差异性。顾客区位、所处环境、资源条件、个性等方面的不同，使其在需求、行为方面存在诸多差异，并且随着技术的发展、社会的进步，这种差异性越来越大，需要营销者通过细分进行针对性的满足。

二是组织资源及能力有限。任何组织都存在资源及能力的限制，无法满足所有顾客的差异化需求，且随着竞争加剧，只能围绕部分顾客的部分需求提供产品并使之满意。

7.1.1 概念及作用

市场细分是根据顾客需求、行为的差异，将某一产品的整体市场（异质市场）划分为若干个子市场（同质市场）的过程。同一产品市场，顾客之间必然存在经济能力、消费心理、购买习惯、使用情境等方面的不同，进而导致需求与行为的差异，市场是异质的，而当市场被细分为若干个子市场后，每个子市场就由一群在需求倾向或某一购买行为上相同或相似的顾客组成。虽然不同子市场之间仍存在明显的差异，但同一子市场的顾客具有一定的同质性，因此市场细分就是对市场"异中求同"的过程，划分形成的子市场被称为细分市场。

需要注意的是，首先，市场细分是对顾客而非产品的细分，是将复杂庞大的市场划分为具有营销意义的细分市场的过程，是把具有某种共同需求和行为特征的顾客识别出来，形成具有营销价值的聚合。其次，顾客的异质性并非一成不变，会随着社会、文化和经济的发展不断变化，并受到营销者营销努力的影响，因此市场细分也需要与时俱进。最后，同一细分市场中的顾客具有一定的同质性，但这种同质性是相对的，无论是需求还是行为，都没有绝对相同的两个顾客。因此极度的市场细分就是一对一营销，即根据每个顾客的特定需求提供产品，并开展极具个性化的、定制性的营销活动，详见第 6.1.3 节。

市场细分能够帮助组织认识市场，研究顾客和竞争对手，为选择合适的目标市场、制定正确的营销策略提供依据，具体作用体现在以下方面。

创造新的市场机会　市场细分的过程其实就是不断深化顾客需求、行为特征的过程。因此，在这种对顾客需求、行为不断深化的过程中，就有可能发现顾客尚未被满足的需求或新的行为方式，从而挖掘或创造出新的市场机会。

有效满足顾客需求　通过市场细分，可以准确而细致地掌握顾客的诉求、期望、偏好及需求、行为产生的场景等，进而能针对性地满足顾客需求，获得顾客的忠诚。

有利于把握市场变化　市场细分既是对顾客需求和行为的洞悉，也是对其变化轨迹的刻画，这构筑了营销者根据市场变化及时调整营销策略的基础。

更好地界定竞争对手 第 4.3.2 节明确了竞争来自愿望、属类、形式及品牌多个层面，市场细分在某种意义上也是对顾客从愿望、属类到形式和品牌偏好的剖析与界定，在指出顾客需求演变方向的同时，也在界定竞争对手。

有利于发挥竞争优势 在洞悉顾客需求与竞争对手的基础上，可以更好地投入自身资源或培育能力，扬长避短，选择最有利的细分市场，开发、提供最具针对性的产品及营销策略，最大化地发挥自身竞争优势。

材料 7-1

细分创造千亿酱油市场

在全民健康的浪潮之下，健康饮食与调味制品间的冲突越来越激烈，但作为市场渗透最深的传统调味品，酱油仍保持着量价齐升的稳定增长势头。天猫新品创新中心发布的《2023酱油行业趋势洞察白皮书》显示：2019—2023 年，我国酱油零售额从 795.04 亿元增长到969.39 亿元，每年保持 7% 的增速。多元细分、品类升级是酱油市场稳定增长的主要驱动力。

中老年群体的健康问题比较突出，这一群体注重饮食调理、有机清淡，在意配料表内容，带动了薄盐、无碘、无麸质、有机黑豆、椰子酱油的崛起；年轻群体的减脂需求使水煮、清蒸等烹饪方式日渐流行，白灼、无糖零卡酱油成为新贵；新手宝妈爱买、会买，对酱油存在品质追求，儿童酱油快速发展；资深大厨、烹饪高手讲究色香味俱全，促进了酱油产品由"生抽调味、老抽上色"的固定搭配向"一菜一配"的多瓶场景发展，蒸鱼豉油、面条鲜、辣酱油、海鲜酱油、寿司酱油等高溢价产品相继出现；外卖及露营野餐风潮推动了酱油使用场景由厨房餐桌拓展至户外，小瓶装深受欢迎。

资料来源：改编自糖油调味营销. 969 亿元的酱油市场，未来还有哪些增长机会 [EB/OL].（2023-12-15）[2025-03-31]. https://www.shiyetoutiao.cn/article/127624.html.

7.1.2 细分变量及创新

细分变量是市场细分的依据，反映或描述了顾客群体在该变量上的差异。顾客间存在各种差异，细分变量自然也不胜枚举，概括起来，可以分为 3 类，如图 7-2 所示。

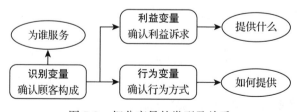

图 7-2 细分变量的类型及关系

识别变量 用于描述顾客群体基本特征或其需求、行为发生场景的变量被称为识别变量，如年龄、收入、地理位置、采购规模、使用场景。通常，识别变量具有统计性特征，客观、稳定，易于明确并识别各细分市场的顾客构成，是对"为谁服务"的回答。

利益变量　用于描述顾客群体需求特征的细分变量被称为利益变量，包括各细分市场所追求的功能、属性、情感、价值及所表现出的诉求、偏好等。通过利益变量，营销者可以面向各细分市场清晰回答"提供什么"的问题。

行为变量　用于描述顾客群体行为方式的细分变量被称为行为变量，如信息搜集方式、评估标准、购买时机、使用频次、品牌忠诚度。营销者借助行为变量，可以明确产品及营销策略应"如何提供"才能使营销效率最高。

上述 3 类细分变量的依据不同，在实际操作中各有优势，但彼此间并非独立、排他，而是存在紧密联系，营销者需要由此及彼，只有明确 3 类变量才能切实围绕目标市场，以高效的方式提供产品。首先，识别变量较为客观、稳定，利益变量与行为变量则不断变化，从甄别顾客的操作角度来看，识别变量更容易区分各细分市场，也容易被内外部顾客接受、代入，因此在实践中识别变量最常被采用。其次，市场细分的本质是发现、开发顾客新的利益与行为特征，识别变量只是利益与行为差异的外在表现，并不能完全替代利益和行为变量，识别变量应与利益或行为变量组合使用。例如，不同性别的顾客在茶饮料的口感偏好、购买频次等方面存在明显差异，这些差异也并不仅与性别有关，年龄、地理区域、季节、对健康属性的关注等因素也对此产生影响，即某一具体的识别变量并不单一对应或指向某一具体的利益或行为差异，某一具体的利益或行为差异也很难完全由识别变量所描述、反映。

不同类型的细分变量包含诸多内容，为营销者细分市场提供了很多可能性。就新品牌而言，市场上现有的细分变量及组合意味着相应的细分市场已被竞争者发现或开发，竞争者要么以跟进者角色进入这些细分市场，要么创新细分变量，创造并寻求新的市场。细分变量创新可以从两个方面入手：①对已知变量进行更深入、细致的划分，即在现有细分变量的基础上引入新的变量，形成二次细分；②发现或刺激顾客产生新的场景、利益诉求或行为方式，进而形成新的细分变量。

🔎 材料 7-2

润滑油市场的细分变量创新

润滑油被誉为"制造业的血液"。智研咨询数据显示：2023 年我国润滑油行业产量为709.47 万吨，需求量为 718.44 万吨，其中工业、车用润滑油的需求占比分别为 47.67% 与52.33%。

在工业润滑油市场上，各品牌主要根据应用领域（如内燃机油、齿轮油、液压油）及行业（如机械制造、冶金、电力）、地理位置等组合变量进行市场细分，其中液压油领域为我国润滑油行业最大的细分市场，其需求占比约为 47.14%。在我国工业快速发展、机械种类日益丰富及环保节能意识不断增强的背景下，对原有细分市场再次细化成为必然。例如，长城润滑油在"十三五"期间就聚焦高端装备、智能装备等战略性新兴产业，涉足风电、氢能、太阳能等新能源领域，开展新型润滑油的攻克、研发，实现了多种关键润滑油的全面国产化。

在消费者熟悉的轿车润滑油市场上，各品牌通常根据消费者驾驶的轿车等级（如普通、中档、高端、豪华车）或使用目的（如抗氧化、清洁、抗磨）进行市场细分。随着新能源汽车的高速发展，动力来源、驾驶场景的细分变量被创新使用，专门围绕混电、纯电轿车，针对频繁启停、路况拥堵、低温环境等场景下的润滑油相继问世，深受消费者青睐。

7.1.3　常用细分变量及组合

虽然细分变量可以被归纳为识别变量、利益变量及行为变量 3 种类型，但因为消费者市场与企业市场的显著差异，使得营销者面向不同市场具体采用的细分变量也有所区别。

1. 消费者市场常用的细分变量

消费者市场常用的识别变量可再次细化为人口、地理、心理、场景等变量，每个变量中又包含多个具体内容；利益变量包括功能诉求、属性偏好、情感需求、价值追求等；消费者在购前、购中、购后的所有行为细节、片段均可作为行为变量进行市场细分，包括信息搜集、比较评估、购买决策、购后反应及其他。消费者市场常用的细分变量及示例如表 7-1 所示。

表 7-1　消费者市场常用细分变量及示例

细分变量		构成及示例	细分变量		构成及示例
识别变量	人口　性别	男、女	利益变量	功能诉求	如去屑、柔顺、防脱、亮泽
	职业	如学生、商务人士		属性偏好	如成分、材质、造型、操作性、耐用性、安全性、环保性
	家庭规模	如单身、三口之家			
	地理　地理位置	如沿海、华东		情感需求	如情绪期待（如怀念、刺激、快乐）、社会认同（如从众、攀比、叛逆）
	城市规模	如一线城市、县级市			
	气候	如寒带、热带		价值追求	如象征（如地位、品味）、体验（如美学、参与、社交感）
	心理　个性	如冲动、理智、谨慎			
	价值观念	如实用主义、自我中心	行为变量	信息搜集	如主动性、搜集途径、卷入程度
	生活方式	如极简、宅、轻奢		比较评估	如品牌偏好、价格敏感性
	场景　时间	如节庆、喜宴		购买决策	如购买时机、数量、渠道偏好
	空间	如差旅、商业、办公		购后反应	如忠诚度、推荐度、购买频率
	氛围	如欢聚、遁世、冒险		其他	如准备状态、性格特征
	连接	如社群、电商、支付			

人口变量　年龄、性别、职业、收入、家庭规模、宗教、民族、教育水平等人口统计特征是最主要的人口识别变量。这些人口统计特征也会承载某些群体利益和行为特征，如青年女性的时尚偏好、老年人的保健需求、高收入者的低价格敏感性等。

地理变量　地理位置、城市规模、气候、地形地貌等地理变量也是用于消费者市场细分的一种常用识别变量。地理识别变量相对稳定，往往会促进某种地域文化与传统、习俗的形成，从而表现出特定的利益与行为特征。营销者不仅可以针对这种独特的地理差异创新产品，还可以将一个地区的文化、传统、习俗等元素推向其他地区。

心理变量　消费者的个性、价值观念、生活方式、生活格调、兴趣等心理特征影响其需求与行为，因此也被视为细分消费者市场的重要变量。需要强调的是，心理变量本身具有主观性与复杂性，且随时间的推移而发生变化，受外部影响较大，除非产品具有独特的接触途径、销售途径或与其他变量组合使用，否则心理变量细分市场的可行性较弱。

场景变量 场景变量伴随着移动互联、大数据、社交网络等技术的发展，逐渐被应用于市场细分中，用于识别需求与消费者特征。第 3.2.2 节明确了场景识别主要围绕时间、空间、氛围、连接等场景要素展开，这些要素也就构成了场景识别变量。

利益变量 利益变量是消费者市场最重要、最有效的细分变量。产品功能、属性日趋复杂、多样，消费者通常根据功能、属性的重要性排序进行品牌选择，因此围绕消费者功能诉求、属性偏好所形成的细分变量数量众多。如洗发水市场，按照功能诉求可以细分为去屑、柔顺、防脱、亮泽等细分市场，按照成分偏好可以细分为植物天然、中药汉方、无硅油等细分市场，亦可按照使用感偏好细分为清爽型、焗油型、留香型等细分市场。情感性是消费者市场的最大特征，消费者所追求的价值除了使用价值之外，还有象征价值、体验价值等，无论是注入的情感还是投射的价值，均因个性、生活方式、价值观等方面的差异而各有不同。

行为变量 第 5.2 节对消费者购买行为进行了详细阐述，消费者在信息搜集、比较评估、购买决策、购后反应 4 个阶段上的具体行为表现及消费者购买行为类型的划分依据，都可作为行为变量进行市场细分。

2. 企业市场常用细分变量

企业市场以经济利益为核心，多部门多角色参与购买过程，决策比较理性、专业，常用的细分变量及示例如表 7-2 所示。

表 7-2 企业市场常用细分变量及示例

细分变量		示例	细分变量		示例	细分变量		示例
识别变量	行业	冶金、电力等	利益变量	技术	阻燃性、清洁度等	行为变量	采购模式	招标、询价等
	地区	长三角、东北等		服务	多品种采购、监测等		决策偏好	规则、风险、合作等
	规模	大、中、小		价格	高、中、低		双方关系	初次购买、战略合作等
	性质	国企、民企等		结算方式	货到付款、月结等		采购类型	新购、重购、修正重购等

识别变量 相较于消费者市场，企业市场常用的识别变量较为简单，多以顾客所在的行业、地区、规模、性质等进行市场细分。这些细分变量背后显然都承载着不同细分市场的利益与行为特征。如材料 7-2 的工业润滑油采用的就是行业、地区等细分变量。

利益变量 企业采购过程复杂，涉及多个部门多个角色，对产品与供应商的评估往往是多方面的，这也意味着尽管企业对利益的诉求有明确的指向，但对各利益属性的权重、评估顺序存在差异。因此，营销者面对企业市场可选的利益变量众多，可以从技术、服务、价格、结算方式等方面进行市场细分。例如，工业润滑油市场可以依据顾客对阻燃性、耐高温性等方面的技术要求，也可以依据选型、加注、运行监测等绿色服务需求，抑或是通过月结、季结、托收承付等结算方式进行细分。

行为变量 第 6.2 节对企业采购行为模式进行了描述，不同企业在采购决策过程、决策机制方面存在差异，这些差异构成市场细分中的主要行为变量，如采购模式、决策偏好等。因为企业采购过程较为复杂，交易双方倾向于建立持久的合作关系，因此双方关系的发展阶段（如形成期、考察期、稳定期）、关系基础（如初次交易、战略联盟）及采购类型（如新购、重购、修正重购）也可作为细分企业市场的常用行为变量。

3. 细分变量组合

无论是消费者市场还是企业市场，并非仅使用单一变量进行细分，有时需要借助不同类型的多个细分变量。图 7-3 以手机为例，呈现了一个包含 3 个细分变量的市场细分过程。

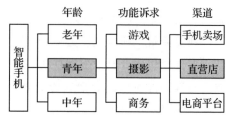

图 7-3　市场细分变量组合

（1）以年龄为识别变量，按照传统划分方式，将顾客细分为老年（60 岁以上）、中年（31 ～ 60 岁）、青年（18 ～ 30 岁）3 个细分市场。明确的识别变量可以帮助销售人员识别谁是该款产品的目标顾客，有助于提高销售效率。

（2）按利益变量中的功能诉求，将青年市场进一步细分为游戏、摄影、商务 3 个细分市场。偏好游戏的青年会注重流畅的游戏体验与手机的续航能力；热爱摄影的青年会关注摄像与图像处理功能；侧重商务使用的青年会强调移动办公的便捷性与安全性。利益变量的使用可以高效帮助销售人员进行产品推荐，广告经理也可以更清楚、有效地进行广告诉求主题、信息结构等方面的设计。

（3）按顾客购买的渠道偏好，将热爱拍照的青年市场再次细分为手机卖场、直营店、电商平台 3 个购买情境。手机卖场汇聚多家手机品牌与型号，顾客可以直接感受各品牌或型号间的手机差异；直营店则提供更加专业、细致的技术与服务支持，价格稳定；电商平台的优惠活动多，购买最为便捷。渠道偏好体现了顾客购买行为的差异，为销售部门的分销渠道设计与管理提供了支持。

细分变量的组合使用意味着对市场的细分程度更高。虽然市场细分程度越高，越能够精准满足顾客需求，但从经济性角度来看，过度的市场细分无疑会加大产品的生产经营成本，营销者在市场细分的过程中要避免过度细分，在某些情况下，将一些较小的细分市场依据其共性整合为较大的细分市场可能更有利。

7.2　细分市场评估

市场细分形成了多个细分市场，每个细分市场的市场机会并不相同，营销者需要从营销性、盈利性与竞争性 3 个方面对细分市场所蕴含的市场机会进行评估，为选择适合的细分市场作为目标市场提供支撑。

7.2.1　营销性评估

营销性是细分市场评估的首要内容，既是对各细分市场是否具备营销意义的判断，也是对市场细分是否有效的评定。随着社会与营销技术的不断进步、产业与消费升级的不断加快，顾客需求与行为的个性化、多样化将日趋深化，越来越多的细分变量不断被创新、使用，但并非所有的市场细分都有效，并非所有细分市场都具备开展营销活动的条件或特征，需要对细分市场从差异性、测量性与触达性方面进行营销性评估。

1. 差异性

差异性评估包括两个方面的内容。第一，不同细分市场要在需求或行为方面存在显著差异。需求及行为差异性是评估细分市场有效性与细分市场营销性的基本前提，这种差异可以是显性的，也可以是隐性的，但隐性差异要能够被营销努力与市场教育挖掘、识别、显现出来，并被市场所接受。第二，不同细分市场能够被同一营销刺激显著区分。尽管不同细分市场存在需求或行为的差异，但若这种差异难以通过产品概念、广告、价格等营销手段区分出来，或同一细分市场的需求或行为共性仍小于个性，不接受、不认同营销者的营销努力，那么这种细分或细分出的市场也不具有营销性。

● 讨论 7-1

"男女有别"如何有效

随着消费升级与竞争加剧，一些性别消费差异不明显或不强烈的消费者市场开始出现"男女有别"的产品概念，如清扬男士去屑洗发水，纳爱斯的"牙膏分男女，清新各不同"，海炫打造了国内首款女性轿车，但它们的营销效果与市场表现却有云泥之别。

日化、饮料等产品的购买决策过程简单，性别因素是否对顾客需求及行为产生重大影响需要科学论证，比如喜欢什么口味，是否重视某些成分可能与性别并无太大关系，强调"男女有别"并不能将市场切实、清楚地区分出来，反而忽略了更重要的市场特征。虽然轿车的选购与使用存在显著的性别差异，但细分出的女性市场仍是一个复杂市场，不同年龄、收入、文化程度、使用场景的女性对轿车的理解、偏好及需求截然不同，内部需求及行为的异质性仍显著存在，单一产品或品牌是无法满足所有女性的差异化需求的。当然，女性专属轿车概念究竟是贯穿于产品设计、生产、服务的始终，真正在主体结构、核心功能、技术属性上实现了男女区别，还是仅仅体现在审美、配件等非核心利益上，也会影响顾客对"男女有别"的接受与认知。另外，从商业伦理的角度来看，"男女有别"是否会加剧产品消费中的性别对立与排他性，造成过度消费与资源浪费也需要营销者思考和警惕。

2. 测量性

测量性是指细分市场能够被识别、衡量与推算。尽管细分市场间存在显著差异，但若营销者难以获取足够信息或缺乏有力的技术手段，无法对各细分市场的特征及其之间的差异进行准确描述与界定，抑或这种特征或差异不稳定、比较复杂，难以科学量化或预测细分市场的购买力、规模、成长性等重要数据，那么这种细分就不具备现实操作的基础。

测量性是消费者市场细分中的心理变量使用受限的主要原因。例如，按照人格特征，消费者可以分为奋斗型、尽责型、开放型等诸多细分市场，在思维模式、情感表达、生活态度等方面存在显著差异，并对其消费需求及行为产生显著影响，但在现实操作上，营销者很难高度凝练出各细分市场的识别性特征，难以真正确定他们是谁、在哪里、购买力如何，对产品的具体诉求、偏好是什么……这种细分自然不具备营销意义。选取或组合能够准确定义和度量的细分变量，使细分市场可识别、可衡量、可推算是有效细分的重要原则。

3. 触达性

触达性是指借助营销努力可以有效接触细分市场并为之服务的程度。触达性表现在以下3个方面：①营销者能否借助适合的媒介将营销信息有效送达细分市场；②营销者能否借助适合的渠道将产品送达细分市场；③营销者能否借助适合的方法与技术手段科学评估营销信息与产品的触达效果。如果细分市场没有明显的媒介或渠道偏好，或者有明显的媒介或渠道偏好，但受制于场景、技术、对手排他性条款等因素，触达性较弱，那么营销效果将难以保障。

📺 案例 7-1

泰康保险的"养老生意经"

泰康保险是最早试水建设高端养老社区的保险企业，所打造的"泰康之家"品牌独创医养结合模式，已在全国35个核心城市完成医养社区和康复医院布局，在住老人11 000余名。

高端养老社区的客群多以高知、高干、高管、高职、军休或子女为中产的老人为主。泰康之家根据年龄和健康状况将这些老人分为活力生活、独立生活、协助生活、记忆护理、生命关怀五大类。活力生活者大多为65岁左右，愿意接受新事物，乐于与同龄人交流，一起追求精神上的愉悦，在乎"享老"品质；独立生活者为65～75岁，身体较为健康但精力体力下降，注重健脑养心，有孤独感；协助生活者患有疾病，需要日常生活协助与一定的医疗护理；记忆护理者患有失能、认知障碍，自立能力弱，需要全天候照料与医疗护理；生命关怀者则处于生命终末期，渴望人生最后的安宁与尊严。因养老保险与养老服务的行业规律、客群高度匹配，泰康保险的"保险＋养老＋医疗"的商业设计，为泰康之家获取、走进这些老人生活提供了极大便利。目前，泰康之家主要依赖母公司的保险渠道获取客源，并借助寿险基础推行"养老资金＋养老资源"的整体解决方案，通过保单黏性吸引老人入住。

资料来源：万仁涛.泰康集团"保险产品＋养老服务"的产品模型、运营模式与盈利机制[EB/OL].（2021-10-21）[2025-03-31].https://mp.weixin.qq.com/s/wBbxPqKgfwz1zdm-R70LQQ.

7.2.2 盈利性评估

盈利性反映了细分市场的投资回报情况，可以从规模性、成长性和风险性3个方面进行评估。

1. 规模性

细分市场具有的顾客数量、分布及由此形成的总购买力决定了细分市场的经济规模。顾客越多、购买力越高、分布越集中，则市场规模越大，盈利性越强；反之市场规模越小，盈利性越弱。细分市场的规模足够大而稳定是组织在该市场实现盈利的基础。虽然市场在理论上可以被无限细分，但过度细分往往会造成规模的不经济，市场开发、培育与营销成本往往居高不下，这种细分往往要慎重考虑，除非有其他方面的战略需要。

2. 成长性

成长性是对细分市场规模增长趋势及潜力的衡量。高成长性的市场意味着市场规模不断扩大，市场活力与吸引力较强，可以容纳较多品牌，品牌间的竞争不见得非要采取攻击性行为去争夺现有的存量市场，可以着力于新增市场进行营销创新，发展空间更广阔。反之，若细分市场的成长性较低，市场需求增长迟缓或停滞不前，伴随的往往是顾客偏好已经形成的市场格局，其市场结构较为稳定，品牌间的市场占有率往往此消彼长，营销者面临竞争激励、利润率较低的营销压力。

3. 风险性

任意一个细分市场都存在无法准确预测与控制的因素，这些因素增加了市场的不确定性，给营销决策带来了一定的难度与风险。通常，组织进入细分市场所面临的风险包括竞争性风险与非竞争性风险两类。竞争性风险因竞争环境、规则、对手的变化而产生，进而影响组织的品牌声誉、市场份额与盈利能力，竞争性风险的强弱、规避性与细分市场的竞争性高度相关，详见第 7.2.3 节。非竞争性风险主要由政策法规、技术创新、社会文化等外部环境因素的变化导致，进而影响顾客需求、市场规模及成长性。通常，组织在对细分市场的风险进行识别、评估后，会综合考虑市场的规模性、成长性，选择盈利性较强的细分市场进入，并借助试用、试销等措施，有效应对并降低市场风险，保证经营活动的高效开展。

⊖ 讨论 7-2

一对一营销在消费者市场中的适用性

一对一营销是市场细分的极致体现，是针对具体的顾客个体而非群体开展营销活动并提供定制化产品，普遍存在于企业市场。一对一营销可以实现更加精准的营销，提高顾客忠诚，实现交叉销售，但从资源与能力角度，一对一营销除了牺牲了规模效应以外，还需要具备以下两个前提：生产、采购、库存能够快速响应顾客需求，具有过程敏捷性、柔性和集成性特征；与顾客建立了持续的互动关系，能够时刻识别、追踪、记录顾客需求与行为。这也意味着即使随着柔性制造与信息技术、数字技术的发展，一对一营销也只能在有限的消费者市场领域开展。你认为未来哪些消费品行业或业务领域适合开展一对一营销？

7.2.3　竞争性评估

竞争性反映细分市场的竞争状态及强度，具体评估时需要综合考量市场集中度、转换成本、进入和退出壁垒等内容。第 4.3 节描述了市场结构的 4 种类型及细分市场所存在的 5 种竞争力量，通常竞争状态稳定、强度适中且竞争理性的细分市场对潜在进入者具有较高吸引力。

1. 市场集中度

市场集中度用于衡量市场中竞争者数量和相对规模的差异，是决定市场结构最基本、最重要的因素，集中体现了市场的竞争和垄断程度，可用赫希曼指数、洛伦兹曲线等指标进行测量。[○]

市场集中度高意味着该细分市场被少数几家企业所主导，这些企业可以通过控制产量、价格甚至合作来影响市场，避免彼此间的直接对抗，能够维持较高的市场利润，限制其他品牌的进入；市场集中度低则表示细分市场存在大量中小企业，市场份额相对分散，彼此间的竞争相对较强。但市场集中度与竞争强度之间并不是简单的线性关系，受到诸多因素影响，需要围绕具体行业与企业的营销行为展开深入分析。例如，在运动鞋市场上，排名前五的品牌市场占有率总和约为 70%，市场集中度高，但市场竞争十分激烈。

2. 转换成本

转换成本是指顾客变更产品供应商所付出的成本，包括经济、时间、精力甚至情感成本。毕竟，顾客需要重新搜集信息、评估、购买、学习及重新建立关系。显然，顾客转换成本越低，就越容易接受、购买新品牌，该细分市场的竞争就越激烈，反之亦然。

转换成本被组织视为构建竞争壁垒的重要工具。为了提高顾客转换成本，营销者需要开发具有差异化和独特性的产品，建立强大的品牌认知与形象，以区别于竞争对手，建立顾客偏好。也就是说，细分市场的产品差异化程度越高，可比性就越低，顾客转换成本就越高，竞争强度也就越弱；产品差异化程度越低，替代性就越强，顾客转换成本就越低，竞争也就越激烈。提高额外的附加价值、设置一定的退出条件也是提高顾客转换成本的手段。

3. 进入和退出壁垒

进入壁垒是指组织进入某个市场时遇到的障碍，是潜在进入者成为现实进入者必须首先克服的困难。根据壁垒的成因，进入壁垒包括结构性进入壁垒与策略性进入壁垒。结构性进入壁垒由产品技术特点、资源供给条件、社会法律制度、政府行为及顾客偏好等组织外部因素形成；策略性进入壁垒则是市场内的在位组织为保持其主导地位，利用自身优势通过一系列有意识的策略性行为而构筑起的壁垒，如垄断销售渠道、进行过度的生产能力投资、提高技术标准、加快产品升级换代速度等。进入壁垒限制了潜在进入者的进入，提高了市场集中度，具有保护市场在位组织的作用。

退出壁垒是指组织在退出某个市场时遇到的障碍，如因资产专用性导致的价值变现困难、因业务关联所导致的战略或形象受损。退出壁垒越高，在位组织向其他市场进行资源转移的代价就越大，当市场增长空间较小时，往往会引发过度竞争。

第 4.3.2 节描绘了进入与退出壁垒所形成的关系矩阵，呈现了不同壁垒组合下的市场利润与风险差异，也为潜在进入者的市场选择提供了依据。进入壁垒低、退出壁垒高的市场竞争

○ 赫希曼指数通过计算市场上所有企业的市场份额的平方和，即企业规模的离散度来反映大企业对市场的影响程度，数值越大，市场集中度越高，大企业的垄断程度也越高。洛伦兹曲线是一条反映市场份额分布情况的曲线，横轴是按规模依次排列的企业数量的累计百分比，纵轴是这些累计企业的市场份额占比，曲线越接近对角线，市场集中度越低，曲线越弯曲，市场集中度越高。

最为激烈，市场利润较低；进入壁垒高、退出壁垒低的市场机会较大，若能成功进入，则获利较高且相对稳定。

综合营销性、盈利性与竞争性要求，一个有效、理想的细分市场特征如表 7-3 所示。

表 7-3　理想细分市场的特征

评估维度		具体特征及描述
营销性	差异性	存在显著的需求与行为差异，且这种差异能被营销刺激区分
	测量性	能够被充分识别、衡量与推算
	触达性	信息及产品能够被有效送达，效果可测
		细分有效，营销可操作、可执行
盈利性	规模性	市场规模足够大，足以分摊固定成本
	成长性	增长空间大、活力强，能容纳多个品牌存在
	风险性	稳定性高、失败概率低
		投资回报高、快
竞争性	市场集中度	市场集中度较为均衡、竞争强度低
	转换成本	产品差异化程度高、顾客转换成本高
	进入和退出壁垒	早期进入，资产的可转移性或可变性强
		竞争状态稳定、适度且为理性竞争

7.3　确定目标市场

细分市场评估使组织所面临的市场机会得以充分显示，这些机会平等面向所有潜在进入者或在位组织。由于组织自身条件和所处环境不同，并非所有组织都能利用好这些机会，都能将这些机会转化为商业价值，营销者需要依据具体原则与方法，判断哪些市场机会能被有效利用、转化，且在市场机会的利用、转化中比竞争对手更具优势，最终确定所要服务的细分市场，即目标市场。

7.3.1　目标市场选择原则

专注与选择构成了目标市场战略思想的核心。资源的有限性与日趋激烈的市场竞争要求组织集中资源，专注于满足特定顾客群体的需求；而选择则意味着组织资源与市场机会更好地结合，使组织的营销产出与效率更高，更容易在竞争中脱颖而出。目标市场选择就是在细分市场评估的基础上，确定目标市场的过程。为确保组织在目标市场上更具竞争优势，能持续创造顾客价值，营销者在秉承商业伦理与营销道德的前提下，需要遵循以下原则选择目标市场。

1. 资源、能力匹配原则

资源、能力匹配原则是目标市场选择的第一原则。细分市场所呈现出的市场机会都涉及特定的机会成功条件且伴随一定的市场风险，资源与能力因此就成为组织选择目标市场的基本参照，也是组织能否在目标市场获得持续竞争优势、支撑运营发展的现实基础。

组织资源是组织所拥有或控制的有效因素的综合，包括人力资源及品牌、技术、信息、文化、关系等无形资源，生产设施、原料、厂房、资金等有形资源；组织能力则是组织运用资源并将其发挥作用、创造价值的技能，既体现在生产、研发、营销等各个职能环节上，也体现在资源的开发、培育及整合上。目标市场选择的本质是市场机会与组织资源、能力的匹配。在各细分市场所呈现的市场机会面前，营销者要充分考虑自身资源及能力，不仅要满足细分市场的营销性与盈利性的要求，还要确保具有竞争优势，能够比竞争对手更好地为顾客创造价值，既要避免因资源与能力不足而力有不逮，也要警惕是否因市场机会较小使实际收益小于机会成本，未能对有限资源进行最佳配置。

2. 目标契合原则

目标契合原则旨在通过明确的目标设定与贯彻执行，帮助营销者选择目标市场，确保组织内部对选择结果的认同与践行。毕竟，不同目标对应不同的细分市场选择要求，形成不同的选择结果——目标市场。

实现销售与利润的增长、提高品牌价值是营销者通过目标市场选择所要实现的基本目标。除此以外，目标市场选择的背后也往往承载着组织的战略意图与发展目标，包括但不限于以下内容：①通过分析市场布局，寻求新的发展空间，培育利润增长点；②抢占市场先机，阻击竞争对手，或制造竞争压力，保护现有市场与地位；③建立强大的品牌形象，形成品牌壁垒；④通过多元化经营，分散经营风险，实现规模经济与网络效应；⑤探索新的商业模式和合作机会，提高产品创新与服务能力，积累新市场运营经验。这些战略意图与发展目标显然不能单纯从营业收入、利润、投资回报、市场份额等财务指标衡量，而是需要从品牌、顾客、风险、创新能力、管理效率等角度全面考量。

📖 案例 7-2

怡宝品牌的市场成长

1989 年，中国龙环有限公司率先推出怡宝牌纯净水，成为国内瓶装饮用水的先行者。

1991 年，万科集团入主龙环。在万科的资源加持下，怡宝成为华南地区知名品牌。

1996 年，受娃哈哈、乐百氏等品牌的低价冲击，怡宝利润下滑，又恰逢万科战略调整，怡宝被万科剥离。同年 8 月，怡宝虽被华润全面收购，但并非华润的主营业务，怡宝的先发优势逐渐丧失，娃哈哈在纯净水市场崛起。

2001 年，怡宝完成品牌升级，采用绿瓶包装，确立了"小市场、大占有"的营销战略，深耕华南市场，但瓶装水的市场格局已被康师傅、农夫山泉打破。[⊖]

2007 年，怡宝面向家庭、办公用水，以桶装水为切入点，开始了"西进、东扩、北伐"的全国扩张，逐步进入国内饮用水第一阵营。

2013 年，怡宝成为纯净水第一品牌，开始了与农夫山泉的直接对抗，但因农夫山泉成功的"天然水＋饮料"的双线发展格局，怡宝的净利率明显弱于对手，差距较大。

⊖ 按照国家标准，瓶装饮用水分为天然矿泉水、纯净水及其他饮用水（包括天然泉水、天然水、矿物质水）3 类。其中，百岁山为天然矿泉水，娃哈哈与怡宝为纯净水，农夫山泉为天然水，康师傅与冰露为矿物质水。而按价格承受及敏感性细分，2 元水（零售价在 2 元左右）是瓶装饮用水的主流市场，由农夫山泉与怡宝把持，1 元水与 3 元水市场分别被冰露、百岁山占据。

2021 年，为了补充品类，在资本市场上有所作为，怡宝开始布局天然矿泉水领域，陆续与四大饮用水生产基地签约，面向高端市场推出 15 元的瓶装怡宝露，拉高品牌调性。

2023 年，怡宝推出 2 元的平价矿泉水本优，以保护怡宝纯净水在顾客心中的位置，迎合日益增长的天然矿泉水需求。

2024 年，怡宝母公司华润饮料向港交所主板递交招股书。

资料来源：懂财帝．水仗三十年：瓶装水双雄的恩怨情仇 [EB/OL]．（2024-05-06）[2025-03-31]. https://baijiahao. baidu.com/s?id=1798287011370522673&wfr=spider&for=pc.

3. 机会适度原则

市场机会是客观存在的，并不具有独占性，只要组织善于寻找和识别，都可以发现、获取机会，也因此在目标市场选择中容易出现"多数谬误"现象。多数谬误是指过多的组织都将同一细分市场作为目标市场，导致产品供给超出市场需求，造成过度竞争与资源浪费。多数谬误的产生主要是不同营销者在目标市场选择时遵循了同一思维逻辑，都选择了差异性最强或规模最大抑或最容易进入的细分市场为目标市场，这些容易形成多数共识的观点传达出这样一种目标市场选择逻辑：追求最大市场机会。但事实上，营销者在选择目标市场时，即使资源、能力匹配，也不必一味追求市场机会最大、最具吸引力的细分市场，与其在一个极大的细分市场追求生存发展，不如在中等甚至较小的细分市场占据较大市场份额，即以机会适度原则选择目标市场，这也是第 8.3.4 节中补缺者所奉行的营销思想。

此外，机会适度原则也体现在目标市场的进入次序上。市场机会存在时间性，既会因组织的抢先发展削弱其他组织对机会的利用与转化，使抢先者具有先发优势，也会因早期市场需求与技术的极大不确定性与高昂的教育成本，使后进者具有后发优势。市场进入次序不同，同一细分市场所呈现的市场机会大小、风险高低也不相同，营销者面对细分市场所呈现的市场机会，要考虑是追求先发优势还是利用后发优势进入目标市场。

4. 营销关联原则

目标市场可以是多个细分市场的组合，不同市场间存在千丝万缕的关系。出于资源优化配置、高效利用的需要，不同细分市场上的营销资源存在互补、共享等关系，也就自然存在营销关联性，即组织在某个细分市场中的营销策略可能会影响在其他细分市场的营销成效，这种影响可能是积极有利的，也可能是消极不利的。

营销关联原则意味着营销者在选择目标市场时，应选择互利共赢的细分市场，或是能采取有效措施规避或消除彼此间不利影响的细分市场。尤其是当细分市场间在购买力、职业等方面存在明显的位阶差异时，目标市场选择及品牌决策制定需要慎重。例如，某企业面向高端、低端两个市场提供同一品牌的产品，高端市场的顾客可能会因此削弱对品牌价值的感知，进而放弃该品牌，低端市场的顾客又会因高端市场的营销运作产生较远的心理距离，抑制消费欲望。

7.3.2　目标市场选择方法

基于上述原则，以可信度覆盖区法和市场吸引力 – 相对优势矩阵法为代表的目标市场选择方法被开发出来，并在实践中得到广泛运用。

1. 可信度覆盖区法

可信度覆盖区是指市场机会、品牌价值主张和
组织资源、能力的重合区，如图7-4所示。作为一
种目标市场的选择方法，可信度覆盖区法既明确了
最优目标市场，也指出了在不能获得最优目标市场
时的营销战略。

可信度覆盖区A为最优目标市场，是一个充满
机会，符合组织资源、能力和品牌价值主张的市场。
该市场具有良好的增长潜力，易开发潜在顾客，组

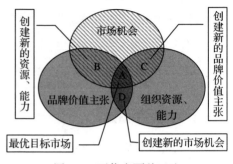

图7-4　可信度覆盖区法

织的资源、能力刚好可以为该市场提供产品，且相对于可能的竞争对手具有优势，品牌的价
值主张也符合该市场对产品的价值认知，可以建立或拥有一个强势品牌。

在不能选择可信度覆盖区A为目标市场的情况下，组织也可选择其他覆盖度较高的细分
市场为目标市场，如B、C、D区域，但组织需要创建、培育或外购与之相匹配的资源与能力，
或创建新的市场机会、新的品牌价值主张。

2. 市场吸引力–相对优势矩阵法

市场吸引力–相对优势矩阵法强调目标市场应当具有吸引力，组织的资源、能力在该市
场上具有相对优势。该方法和可信度覆盖区法并没有本质的差别，只是将品牌价值主张和资
源、能力都归并为组织的优势要素，但在具体操作上更为详尽。具体操作过程是：①营销者
确定细分市场的吸引力和相对优势两个因素的具体指标；②对这两个因素下的各个指标赋予
不同的权重，分别代表细分市场吸引力和相对优势的重要性；③对各细分市场在市场吸引力
指标上的表现及具体组织在各细分市场上的相对优势表现赋分，形成一个二维矩阵；④分析
这个二维矩阵，判断哪些细分市场是优选市场。

表7-4是某小型轴承企业在各细分市场的吸引力及各细分市场相对优势的赋分情况。对
该企业而言，亚洲市场是最具吸引力的细分市场，市场吸引力为755分，其次是欧洲市场
（725分）、北美市场（645分），在拉美市场上的得分仅为395分，不具有吸引力。该企业的
相对优势在亚洲市场上也最为显著，为710分，其次是北美市场（675分）、欧洲市场（555
分），在拉美市场上的表现最弱，仅为285分。

以市场吸引力为纵坐标、相对优势为横坐标，该企业的市场吸引力–相对优势矩阵如
图7-5所示。一般说来，处于高/高单元格的细分市场为优选市场；处于高/中和中/高单
元格的细分市场，是备选市场；处于低/低、低/中和中/低单元格的细分市场则属于后选
市场，是较差市场，在企业没有余力的情况下，应当首先放弃这些市场。显然，对该企业而
言，亚洲市场为首选的目标市场，拉美市场属于较差市场，可以放弃。

表 7-4　某小型轴承企业细分市场吸引力 – 企业相对优势矩阵

| 因素 | 指标 | 权重 | 细分市场 | | | | | | | |
| | | | 亚洲市场 | | 欧洲市场 | | 北美市场 | | 拉美市场 | |
			分值	总分	分值	总分	分值	总分	分值	总分
市场吸引力	细分市场规模	15	10	150	8	120	9	135	3	45
	细分市场增长率	20	8	160	7	140	6	120	4	80
	潜在利润率	20	7	140	9	180	6	120	4	80
	法规方面的限制因素	10	7	70	6	60	5	50	5	50
	建立新强项的能力	15	7	105	7	105	8	120	2	30
	进入市场壁垒	10	7	70	6	60	5	50	5	50
	竞争激烈程度	10	6	60	6	60	5	50	6	60
	总分	100		755		725		645		395
相对优势	细分市场份额	20	7	140	5	100	8	160	1	20
	高质量服务	20	8	160	6	120	7	140	3	60
	专业技术知识	15	7	105	6	90	7	105	4	60
	良好的销售团队	15	8	120	7	105	7	105	3	45
	组织变动迅速	10	7	70	5	50	6	60	3	30
	低成本营运	10	8	80	7	70	7	70	6	60
	销售设施	5	4	20	2	10	3	15	1	5
	与政府的关系	5	3	15	2	10	4	20	1	5
	总分	100		710		555		675		285

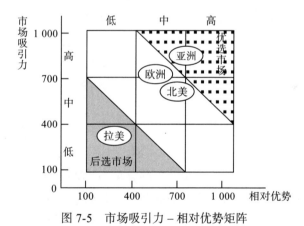

图 7-5　市场吸引力 – 相对优势矩阵

7.3.3　目标市场模式

营销者最终可以选择一个或多个细分市场作为目标市场，根据细分市场的数量及相互关系，形成不同类型的市场覆盖，即目标市场模式，具体包括密集单一化模式、市场专业化模式、产品专业化模式、选择性覆盖模式与完全覆盖模式，如图 7-6 所示，其中 M 表示细分市场，P 表示产品。

目标市场模式既是对组织现有市场覆盖情况的静态描述，也是对组织未来发展与目标市场战略的动态规划。从组织的成长历程看，组织的经营发展通常遵循由集中到专业化再到多元化的发展路径，即初期寻求在一个市场上的集中优势，累积自身资源与能力，再根据自身的竞争优势是在市场领域还是技术领域，选择市场专业化或产品专业化的发展路径。当主营业务逐渐稳健后，组织可以根据自身战略目标与市场环境，考虑采取多元化战略。在此过程中，组织的目标市场及模式显然也在发生变化，基本遵循相同的发展路径。从这个角度来看，对市场机会的把握固然重要，但资源与能力才是组织可持续发展的基石，目标市场一定是基于组织的资源与能力而选择、确定的。

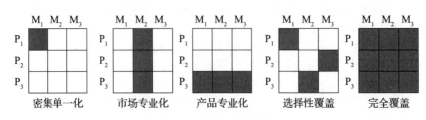

图 7-6　目标市场模式

1. 密集单一化

密集单一化模式也称市场集中化模式，是指组织只选择一个细分市场（M_1），提供一种产品（P_1）进行集中营销。密集单一化是一种最简单的目标市场模式，该模式通常基于以下条件而被组织采用：①资源、能力有限，组织只能在一个细分市场上经营；②具备在此细分市场从事专业化经营并获胜的优势条件；③这个细分市场上可能没有竞争对手；④组织初次进入某业务领域，以此为出发点，以求成功后向更多的细分市场扩展。中小规模的组织经常选取密集单一化模式，并以补缺者角色经营不被大组织所关注且有特定要求的细分市场。

密集单一化模式的优点在于资源聚焦，营销者可以更好地了解该细分市场的需求，容易建立良好的声誉与牢固的市场地位。局限性在于风险较高，尤其是当市场规模较小或市场波动较大时，很容易受到行业环境及竞争对手的冲击，需要通过建立较高的市场壁垒、获取更高的市场份额来增强抗风险能力。

2. 市场专业化

市场专业化模式是指组织专门为满足某个细分市场（M_2）的需求而提供多种产品（P_1、P_2、P_3）。如某实验器材生产商专为大学提供显微镜、示波器、本生灯、化学烧瓶等各种实验器材。市场专业化模式要求组织具有灵活的组织结构和决策机制，能够持续挖掘、开发顾客需求，并对顾客需求具有快速响应能力与创新精神，是创业企业经常采用的一种成长发展路径：以密集单一化模式进入某个细分市场，再以市场专业化逐步发展壮大。

市场专业化模式的优点在于专门服务一个细分市场，能够充分、准确理解这类顾客的多种需求，实现多种相关产品的销售，有助于降低营销成本、树立鲜明的品牌形象。但同一群体的顾客往往具有相似的发展周期，一旦购买力下降或外部环境变化，销售收入及利润将大受影响。

3. 产品专业化

产品专业化模式是指生产单一产品（P_3），但提供给不同细分市场（M_1、M_2、M_3）。产品专业化模式实施的基础在于组织拥有该类产品的专有技术能力，可以满足不同细分市场的需求，常被以专精特新企业为代表的深耕单一业务领域的技术驱动型企业所采用。

材料 7-3   课程思政

专精特新"小巨人"的大力量

2024 年 12 月 1 日，全国专精特新中小企业发展大会在上海召开。大会公布我国已累计培育专精特新中小企业超 14 万家，有 146 家在 2024 年进入胡润全球独角兽榜，占我国独角兽企业数量的 43%；累计培育专精特新"小巨人"企业 1.46 万家（上市企业 947 家），拥有发明专利数量 32.74 万项，占全国企业发明专利总量的 11%……专精特新企业已成为推动中国制造业转型升级的重要力量。

专精特新企业是指具有专业化、精细化、特色化、新颖化特征的中小企业，最早由工业和信息化部提出，并随之出台一系列培育计划与扶持政策。2021 年 7 月，中央政治局会议将专精特新提升为国家战略。专精特新企业专注于产业链上的某个环节，依靠自主创新拥有独特技术、工艺，生产质量精良的强专用性产品。其中，"小巨人"企业是专精特新企业中的佼佼者，超四成企业聚焦在新材料、新一代信息技术、新能源及智能网联汽车领域，超六成深耕工业基础领域，它们专注于细分市场，创新能力强，市场占有率高，在产业链上具备一定的话语权，在中国制造 2025 战略中扮演着重要的角色，被赋予在产业价值链与供应链中填空白、补短板的使命。

产品专业化模式有利于组织形成和发展生产与技术上的优势，容易建立较高的专业化形象与品牌声誉，市场覆盖面广，抗风险能力相对较强，但该领域一旦出现颠覆性技术与产品，组织发展将面临巨大挑战。

4. 选择性覆盖

选择性覆盖模式是指组织面向若干细分市场（M_1、M_2、M_3）分别提供不同的产品（P_1、P_2、P_3），且细分市场之间很少或没有关联。选择性覆盖模式其实就是一种多元化经营模式，可以分散经营风险，即使组织在某个市场盈利不佳，也不会对其他细分市场产生影响，且能通过其他细分市场的经营进行弥补。当然，这对组织的资源、能力提出了更高要求，因此常被集团性企业所采用。

5. 完全覆盖

完全覆盖模式是指组织力图通过各种产品（P_1、P_2、P_3）的提供满足各个细分市场（M_1、M_2、M_3）所有可能的需求，形成全面覆盖。需要强调的是，完全覆盖不是无差异营销，而是仍以细分为核心，充分考虑不同细分市场的需求与行为差异，凭借强大能力与资源，通过产品的多元提供实现市场的全面占领，而非以统一的营销方式面向所有市场提供同一种产品。

本章小结

1. 目标市场就是基于市场细分，组织所要服务并使之满意的一个或多个细分市场。作为营销战略，目标市场蕴含了"有所为有所不为"的战略思想，摒弃了卖方市场下的无差异营销模式，充分考虑了顾客需求的差异，通过针对性的营销行为与产品提供来满足顾客需求，实现组织的持续发展。专注与选择构成了目标市场战略思想的核心。

2. 市场细分是目标市场选择的基础，是根据顾客需求、行为的差异，将某一产品的整体市场（异质市场）划分为若干个子市场（同质市场）的过程，是对市场的"异中求同"，划分形成的子市场即细分市场。

3. 细分变量是细分市场的依据，反映或描述了顾客群体在该变量上的差异。概括起来，细分变量可分为识别变量、利益变量与行为变量 3 类，在具体运用时，需要考虑消费者市场与企业市场的差异性。识别变量回答了"为谁服务"的问题，利益变量回答了"提供什么"的问题，行为变量则便于营销者明确"如何提供"才能使营销效率更高。

4. 营销者要不断寻求、创造新的细分变量以谋求新的市场机会，可以通过在现有细分变量基础上引入新的变量，形成二次细分的方式，或通过发现新的场景、利益诉求或行为方式寻求新的细分变量。

5. 不同细分市场蕴含不同的市场机会，可以通过营销性、盈利性与竞争性对市场机会进行评估。目标市场的选择本质上是对市场机会与组织资源、能力的匹配。

6. 营销性既是对细分市场是否具有营销意义的判断，也是对市场细分是否有效的评定，需要从差异性、测量性与触达性 3 个方面保证细分有效、营销可操作且可执行。

7. 盈利性反映了细分市场的投资回报情况，主要取决于细分市场的规模性、成长性与风险性。

8. 竞争性反映了细分市场的竞争状态及强度。决定细分市场竞争性的因素包括市场集中度、转换成本、进入和退出壁垒等内容。竞争状态稳定、适度且理性竞争的细分市场对潜在进入者具有较高的吸引力。

9. 为确保组织在目标市场上更具竞争优势，能持续创造顾客价值，营销者在秉承商业伦理与营销道德的前提下，需要遵循资源、能力匹配原则，目标契合原则，机会适度原则与营销关联原则来选择目标市场。其中，资源、能力匹配原则是目标市场选择的第一原则。

10. 在目标市场选择的各种方法中，可信度覆盖区法从市场机会、品牌价值主张和组织资源、能力 3 个维度寻求最优目标市场，市场吸引力 - 相对优势矩阵法则根据各细分市场的吸引力及组织在各细分市场上的相对优势，判断哪些市场是优选市场。

11. 根据市场覆盖情况，目标市场模式包括密集单一化、市场专业化、产品专业化、选择性覆盖和全面覆盖 5 种。从组织成长历程来看，在资源有限的情况下，组织应选择密集单一化的目标市场模式，随着资源的增加与能力的增强，依据自身竞争优势选择市场专业化或产品专业化模式，当主营业务逐渐稳健后，可根据自身战略目标与市场环境，考虑选择性覆盖乃至完全覆盖模式。

▲ 关键术语

目标市场　无差异营销　市场细分　细分市场　识别变量　利益变量　行为变量
测量性　触达性　成长性　转换成本　目标市场选择　密集单一化　市场专业化

产品专业化　选择性覆盖　完全覆盖

简答题

1. 简述目标市场选择与确定的过程。

2. 简述市场细分的作用。

3. 识别变量、利益变量和行为变量三者之间存在怎样的联系？

4. 如何进行细分变量创新？

5. 如何对市场细分进行有效性评估？

6. 企业选择目标市场的背后承载着哪些战略意图与发展目标？

7. 如何理解机会适度原则？

8. 目标市场模式存在怎样的发展规律？

思考题

1. 相较于面向所有市场的无差异营销，目标市场战略是否意味着市场规模变小？

2. 为什么说市场细分就是对市场"异中求同"的过程？

3. 目标市场选择的本质是市场机会与组织资源、能力的匹配，若不匹配会存在哪些风险？

4. 检索目标市场选择的其他方法，任选一种与可信度覆盖区法进行优劣比较。

实践与探讨

在某种意义上，求职就是自我营销的过程。请根据院校、专业及自身情况，运用目标市场战略，围绕以下问题进行个人职业生涯规划与自身能力培育。

1. 使用行业、岗位两个细分变量，就你的就业市场进行有效细分。

2. 选取合适的指标对各细分市场进行评估。

3. 基于目标市场选择原则与市场吸引力－相对优势矩阵法，确定求职的目标市场。

互联网实践

作为全球半导体显示产业的龙头企业，京东方带领中国显示产业实现了从无到有、从有到大、从大到强。今天，全球平均每 4 个智能显示终端就有 1 块显示屏来自京东方。京东方的显示器件主要面向智能手机、平板电脑、笔记本电脑、电视等生产厂家，而电视、显示器等整机产品主要面向消费者市场。

登录京东方官网（https://www.boe.com.cn），了解京东方在细分企业市场与消费者市场时的细分变量差异，按照目标市场选择原则，分析京东方的目标市场。

第8章

品 牌 定 位

使企业强大的不是规模,是品牌在心智中的地位,心智地位决定市场份额。

—— 艾·里斯(AI Ries)、杰克·特劳特(Jack Trout)

定位理论提出者

目标市场战略要求组织不再为所有的顾客服务,而是锁定一个或几个细分市场采取更有针对性的营销策略。在某种程度上,目标市场的选择是对竞争的规避,避免了过度竞争,但即使是一个很小的细分市场,竞争也总是存在的。尤其是当技术走向成熟、产品逐渐同质化时,能否在市场上脱颖而出、是否具备长期竞争优势,品牌运作与管理成为关键。

面对琳琅满目的洗发产品,顾客记住了去屑的海飞丝、柔顺的飘柔、健康亮泽的潘婷、男士专用的清扬;在车型烦多、价格悬殊、技术不断升级的轿车市场上,购车者说着"开宝马、坐奔驰,新能源要看比亚迪"的顺口溜完成了看车试驾;而对于各种资讯类 app,年轻人也有自己的媒介偏好——新闻看头条、"种草"去小红书、休闲娱乐刷抖音、二次元上"B站"。显然,无论竞争如何,唯有独特的品牌形象、清晰的品牌定位才能吸引并保持顾客关注,造就忠诚,形成稳定的目标市场,实现组织的可持续发展。

8.1 品牌

品牌并不是现代社会的产物。早在我国的商周时期,就有手工艺者在生产的商品上刻制标识,标记商品制造者或所有者信息,品牌最原始的印记、识别功能得以出现,并延续至今。到了唐宋年间,用以表明身份、宣传产品的字号及标识已被广泛运用于产品、包装及各式牌匾、招幌之上,但品牌理论研究是西方学者在 20 世纪 50 年代开启的,[一]并逐渐形成了现代品

⊖ 1955 年,加德纳(B. B. Gardner)和列维(S. J. Levy)在《哈佛商业评论》上发表论文《产品与品牌》,将产品和品牌从理论概念上区分开来,关键性地提出了品牌形象和符号对消费者的特殊意义,被视为品牌学术研究的开端。

牌思想与理论体系。

8.1.1 品牌及其含义

1. 品牌的概念

美国营销协会将品牌界定为"一种名称、术语、标记、符号或设计，或是它们的组合运用，用于识别某个或某群供应商的产品或服务，并使之同竞争对手区别开来"。该概念指出品牌依托名称、标记、符号等元素显现，强调了品牌的识别功能，推动了品牌设计与企业形象识别系统（corporate identity system，CIS）的兴起。但显然，组织创建了一个标识或符号，并不代表该品牌能被顾客记住，能对市场产生正向影响。

菲利普·科特勒认为品牌是"销售方向购买者长期提供的一系列特点、利益、服务允诺和质量保证"。该概念认为品牌是众多竞争要素的综合或代言，强调了品牌与产品、服务的联系，但很容易将品牌建设导入产品及服务质量提升上，忽略对品牌自身独特含义与价值的提炼、塑造与传递。从实践角度来看，品牌化的对象不局限于产品本身，服务、技术、人员都可品牌化，即使是产品品牌，也可延伸至其他产品或品类。因此，品牌应脱离产品的物理层面而存在，即便品牌是众多竞争要素的综合，这种综合也应是抽象凝练的而非具体概括的。

戴维·阿克（David A. Aaker）从消费者角度对品牌概念进行了界定，认为品牌"是一种区分性、非物质资产，由消费者对品牌的信仰、期望、态度和情感组成"。该概念不仅表明品牌是企业、产品、符号与消费者之间的联结与沟通，与消费者存在理性和感性互动，更首次提出品牌是一种资产，且这种资产主要依附于消费者，即品牌价值与影响力主要来自消费者对其认知、态度与行为。

显然，对"什么是品牌"的认知是一个不断深化和演进的过程，随着品牌个性、品牌资产等现代品牌理论的发展，品牌概念也不断被修改、被补充。其中，凯文·莱恩·凯勒（Kevin Lane Keller）的"大品牌"概念被普遍接受——品牌是顾客对产品（或服务）及其供应商的所有体验和认知的总和，包括名称、形象、价格、功能、特性、品质、声誉和其他相关属性。本书从狭义角度出发，采用艾·里斯与杰克·特劳特对品牌的界定：品牌是顾客心智中的一种印象，通过一系列连贯且重复的营销活动塑造而成。

简单来说，品牌是存在于顾客心目中的一种稳定、积极的印象，是组织想要传达的一种独特价值与形象，对顾客具有独特的社会心理学含义。品牌与产品、商标、符号的关系也因此可以被清晰梳理出来。

2. 品牌与产品

品牌主要满足顾客心理、情感层面的需求，具有不同于产品实用价值的象征意义与体验意义，存在于顾客心智中，是抽象、无形的；而产品主要在应用功能或效用层面满足顾客需求，主要由功能、质量、原料、技术、工艺等客观的物理属性构成。因为品牌被注入认知、情感、价值观等内容，具有人格特征即品牌个性，所以同样功能的产品被冠以不同的品牌后，顾客会产生截然不同的认知与态度，进而影响产品的市场表现。品牌与产品的区别如表 8-1 所示。

表 8-1　品牌与产品的区别

区别维度	品牌	产品
形态	抽象、主观、无形	具体、客观、有形 / 无形
要素	名称、标记、承诺、个性、体验等	功能、质量、技术、原料、工艺等
功能	特定的社会心理学含义，象征、体验意义	应用功能和效用、实用价值
排他性	独一无二	容易被模仿
时效	可以经久不衰	有一定的生命周期
扩展性	综合性，可适当延伸、兼并和扩展	单一化，只表现某种类型的产品
	内涵可丰富、活力强	功能、性能可提升，但空间有限
	品牌价值及资产可不断提升、积累	其效应难以积累

从差异化角度来看，品牌与产品都是差异化的手段，但随着技术发展，物理属性上的创新很容易被跟进、模仿甚至超越，而品牌是建立在顾客心智层面的，与顾客具有情感联结，具有排他性与独占性特征，因而品牌差异化比产品差异化更具持久性与不可超越性。但显然，品牌所具有的独特价值与形象需要来自产品特点、质量、属性、利益及服务允诺等方面的支撑与转化。所以，品牌既依托于产品、源于产品，又独立于产品、高于产品，这也与品牌理论从始于品牌与产品的分离到战略品牌管理的发展路径相契合。

3. 品牌与商标、符号

作为法律术语，商标是用于识别与区分产品来源的标志，包括文字、图形、字母、数字、三维标志、颜色组合、声音及这些要素的组合。经国家商标管理机构核准、注册的商标受法律保护，注册人享有商标专用权，包括专有使用权、禁止权、转让权、许可使用权和续展权等。

显然，经核准、注册的商标是品牌区别于其他品牌最为显性的特征，这些特征也被称为品牌元素。因此，组织或个人注册了商标，并不代表品牌的形成，只是具备了区别于其他品牌的外在元素而已，品牌创建才刚刚开始，还需要长期的品牌投入与建设。品牌因注册商标而获得占用权，这也意味着商标不仅在品牌创建过程中起到法律保护作用，还由于是品牌最显性的元素，因此具有传播识别功能，拥有市场价值。

事实上，无论是商标还是品牌都是一种符号化过程，即通过名称、标识等符号系统"表意传情"，只不过品牌因具有营销意义与社会心理学含义，其符号的信息含量更大、价值更高，可以传递出承诺、个性、理念、文化及象征性等内容。

归纳起来，品牌与产品、商标、符号之间的关系如图 8-1 所示。品牌赋予了产品更多的差异化，让产品除了客观的物理属性差异以外，还具有主观的心理属性差异，既区别了提供者，又提升了顾客价值；商标是品牌最显性的识别元素，对品牌具有法律保护

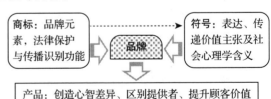

图 8-1　品牌与产品、商标和符号

与传播识别的功能；品牌通过符号系统及符号化过程，表达、传递品牌的价值主张及社会心理学含义。

8.1.2 品牌价值

品牌之所以在现代社会担当如此重要的角色，与其产生、发展的原因及由此衍生的品牌价值是密切相关。品牌价值是指品牌表现出来的积极意义与有用性，可以从顾客、企业、国家 3 个角度分析。

1. 顾客角度

品牌概念的发展表明品牌具有识别、承诺、情感满足等方面的功能，体现了不同时期顾客对品牌的需求。概括起来，品牌对顾客的价值可以体现在以下 3 个方面，如表 8-2 所示。

表 8-2　品牌对顾客的价值

类别	作用	来源	形成基础
识别价值	区别生产商，降低购买风险	法律过程	感官系统、商标（品牌元素）
代言价值	简化信息，降低信息搜寻成本	生产过程	持续兑现承诺形成信任
符号价值	具有象征意义，满足情感需求	市场过程	自我愉悦、外部认同

识别价值　识别价值是品牌最原始的功能，可以帮助顾客区分、识别产品的生产商是谁。尤其是当顾客在产品购买、使用过程中出现质量、欺诈等问题，顾客权益受侵害时，这种价值在法律层面就具有责任追溯的意义，从而提高顾客购买和使用的安全感，降低购买风险。顾客主要基于自身的感官系统与商标进行品牌识别。

代言价值　品牌浓缩、简化了信息，具有传递产品及组织差异化信息的功能，因而具有代言价值。一方面，当品牌承载了产品特点、利益、服务允诺、质量保证、使用体验等内容，且这些内容都能持续兑现时，品牌就成为一种可被信任的承诺与保证；另一方面，品牌可以延伸、拓展，因此品牌也是组织向外传递的一个信号，可以呈现组织的实力、声誉、文化、价值观、行业地位等。品牌的代言价值可以有效降低顾客的信息搜寻成本，简化顾客的购买决策，为选购产品提供评估与判断的框架。品牌的代言价值伴随品牌的创建过程而生，并且产品技术越复杂、竞争越激烈、购买风险越高，代言价值就越明显。

符号价值　符号价值是因品牌具有社会心理学含义而具有的象征意义。不同品牌蕴含着特定的社会意义，代表不同的生活态度、品味、价值观、个性、风格及社会地位、财富等。尤其是当品牌与特定类型的顾客联系在一起时，这种符号价值就更为强烈，一方面，顾客从品牌的购买与使用中投射自我形象，表达自我、获取愉悦；另一方面，这种符号价值会被纳入整个社会文化系统中，彰显顾客的某些个性追求、阶层属性、社会印记等，获得某种认同与推崇。品牌的符号价值是对顾客精神需求的满足，来自品牌与顾客长期、稳定的情感联结与文化契约，是市场互动的产物。因此，顾客对品牌符号价值的感受是主观、心理层面的，最具价值性，往往建立在识别价值与代言价值之上。

⊖ 讨论 8-1

国内床品高奢品牌能否成功

2023 年 9 月，距今已有 163 年历史的意大利奢侈家纺品牌 Frette 被中国财团以 2 亿欧元的价格收购，引发国内家纺行业的关注。Frette 被誉为床品中的"爱马仕"，是欧洲皇室、罗马教廷、顶级酒店的床品供应商，国内目前仅在北京 SKP、杭州大厦、上海恒隆有门店销售，其床品四件套的价格多在万元以上。

我国是全球第一纺织大国，拥有完善的纺织供应链体系，品牌众多，仅 A 股上市公司就有 7 家，但无一品牌能称得上"高奢"，收购 Frette 是否会加快国内床品高奢品牌的创建？从产品角度来看，相较于服装、箱包，床品的购买与使用不具有外在可见性，品牌象征性较弱；从体验角度来看，尽管越来越多的顾客重视舒适度、亲肤性，强调睡眠质量，也愿意为之付出较高的价格追求生活品质，但动辄上万的价格是否真的能让顾客"狠下心来"？毕竟，商贾名流的市场规模、购买频次有限，各类奢侈品牌对该市场的争夺也十分激烈，营销投入不菲。

2.企业角度

对企业而言，品牌是一种无形资产，除了其自身所具有的财务价值以外，也可以为企业的持续经营带来贡献。这种贡献主要体现在以下 4 个方面，如图 8-2 所示。

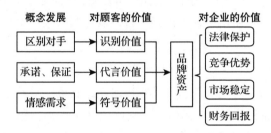

图 8-2　品牌对企业的价值

法律保护　品牌及其附属物（如商标、广告语、包装）通过商标注册，属于知识产权，具有排他性。作为注册人，企业享有品牌及其附属物的专用权，且受到法律保护。

竞争优势　品牌建立在顾客心智层面，具有独特价值与形象，表现出人类人格特质的个性及被信任的承诺、体验等。相较于物理属性的产品差异，形象、认知上的差异更具持久性和不可超越性，因而品牌成为企业竞争优势的主要来源与体现。

市场稳定　当品牌的识别、代言及符号价值发挥作用后，品牌与顾客之间就会产生情感联结，顾客忠诚得以形成，可以有效阻止老顾客转向其他品牌，从而抵御竞争对手；另外，企业也可以借助独特的品牌形象与价值主张，吸引新顾客，扩大市场，从而保证市场份额的稳定与扩大。

财务回报　品牌差异化拓展了企业的定价空间，品牌独特形象与价值主张也使顾客愿意支付高于同类产品的价格，形成品牌溢价，增强企业的盈利能力。并且，当已获市场成功的品牌延伸到新产品时，可以节省新产品上市费用，降低市场风险，便于新产品的销售推广。

除了上述内容，品牌对企业的价值也会因行业属性与企业特性的不同表现出独特作用。例如，工业企业可以通过要素品牌战略[⊖]提升其在产业链中的地位与话语权，化工、核电等

⊖ 要素品牌战略就是工业企业通过对产品中某些关键要素的品牌化，在终端用户心智中建立优势认知与独特形象。所谓的关键要素是指对整个产品质量和性能起关键作用的零部件、材料、工艺等。例如，英特尔公司是面向计算机生产商提供半导体芯片的工业企业，通过对芯片的要素品牌化，在消费者市场形成了广泛的品牌认知，进而反向影响计算机生产商的购买决策。

环境敏感型企业需要通过品牌行为扭转社会形象，获取社会公众认同，营造良好的舆论空间。若将品牌组织扩展到非营利性机构，那么品牌价值可能更多体现在推动社会议题、吸引社会资源、增强内部凝聚力等方面。

3. 国家角度

品牌不仅是企业也是国家核心竞争力的综合体现，品牌建设关乎国计和民生。品牌既是推动经济高质量发展的核心要素，也是营造良好社会氛围、提升国家形象与软实力的有力抓手。

推动经济高质量发展　优势品牌具有引领、带动产业及区域发展的辐射效应，各级政府可以通过"兴一个品牌，带一批产业，强一座城市"的模式打造区域产业集群。这种以品牌为载体，承担和发挥经济资源集聚、配置和整合功能的经济形态，显然比产品经济更能促进城乡融合发展，优化产业结构，推动经济高质量发展。

营造良好的社会氛围　为赢得顾客的认可与信任，品牌建设必然强调诚信、公正、责任等道德标准及绿色、健康、低碳等社会价值观，这些行为自然又会对顾客及利益相关者产生正向影响，从而提升整个社会的道德水平与社会责任感。另外，品牌依赖质量、技术、文化的支撑，需要不断创新与精益求精才能适应市场变化，因此品牌的创新实践也有利于激发整个社会的创新活力，塑造文化认同，增强国家凝聚力。

提升国家形象与软实力　一个国家的品牌数量及声誉反映这个国家的经济实力与整体形象。尤其是当该国拥有一批世界级品牌时，不仅能显著提升该国产业在全球价值链中的地位，扩大国家竞争力与影响力，还能极大推动其民族文化的弘扬与传播，有利于国际社会对其民族文化的正向认知与理解。

🔘 材料 8-1　　　　　　　　　　　　　　　　　　　　　　　　　课程思政

"世界 500 强"中的中国身影

2023 年 8 月 2 日，美国《财富》杂志发布"全球最大 500 家企业"最新排名，也就是我们常说的"世界 500 强"榜单。中、美、日三国上榜企业数量分别为 142、136、41，中国上榜企业数量连续 5 年排名第一，31 家企业跻身榜单前 100，国家电网、中国石油、中国石化分列第 3、5、6 名，但在 20 年前，中国企业上榜数量仅有 11 家。该榜单主要以营业收入为排名依据，见证了我国经济的迅猛发展，但企业营收规模大并不代表其竞争能力强，中国企业在国际竞争中的品牌表现与其规模地位并不相符，需要依据习近平总书记"推动中国制造向中国创造转变、中国速度向中国质量转变、中国产品向中国品牌转变"的指示精神，继续加快品牌建设步伐，讲好中国品牌故事。表 8-3 为五大国际权威品牌价值评估机构发布的最新数据。⊖

⊖　括号内的数字为该品牌在榜单内的排名。Interbrand 榜单的调查对象是在母国以外的销售额占比达到 30% 以上的企业。

表 8-3　五大国际权威品牌价值评估机构发布的最新数据

比较维度	品牌榜单				
	BrandZ	Brand Finance	GYbrand	Interbrand	World Brand Lab
品牌数量	100 强	500 强	500 强	100 强	500 强
发布时间	2024.6.13	2024.1.17	2024.1.12	2023.11.28	2023.12.13
评估维度	财务业绩、品牌贡献	品牌强度指数、品牌特许费率、品牌收益	财务业绩、品牌强度、品牌贡献	财务业绩、品牌作用力、品牌强度	市场占有率、品牌忠诚度、全球领导力
中、美品牌上榜数量对比	11：56	72：177	73：181	2：51	48：193
排名前列的中国品牌	腾讯（10） 茅台（18） 阿里巴巴（28）	抖音（7） 工商银行（10） 国家电网（12）	华为（6） 国家电网（8） 工商银行（9）	小米（87） 华为（92）	国家电网（20） 腾讯（34） 海尔（35）

8.1.3　创建品牌

从产品到品牌需要一系列的决策支撑，构筑了品牌创建的最基本内容，涉及品牌化、品牌归属、品牌定位、品牌组合、品牌元素等决策。其中，品牌定位是最核心的内容，第 8.2 节予以详细介绍，此处不做介绍。

1. 品牌化

营销者首先要回答"是否需要为产品创建品牌"，即品牌化决策。如前所述，品牌对于顾客、企业乃至国家存在诸多价值，品牌化已然成为趋势，即使产品简单、标准，营销者也会考虑对服务、技术、工艺、产地等品牌化。但顾客并非在所有场景下对所有产品都有品牌需求，品牌建设也不是一蹴而就的，需要长期的资源投入与能力保障。因此，对于是否在当下对产品品牌化这一问题，营销者需要依据顾客需求、市场发展、组织战略、自身的资源能力及投入产出等内容综合考虑。

2. 品牌归属

品牌归属决策是对"产品使用谁的品牌"的回答，用以明确品牌的所有者。不是所有的产品都要冠以产品制造者的品牌，根据品牌拥有者，品牌归属通常有 3 种选择。

制造商品牌　制造商品牌是指产品的品牌由其生产制造者创建并管理，国家鼓励推进的自主品牌就是拥有自主知识产权的制造商品牌。从生产经营角度来看，这种制造商也被称为原始品牌制造商（original brand manufacturer，OBM），即制造商创立品牌并负责该品牌产品的设计、生产与销售。

虚拟经营品牌　虚拟经营是指企业为获取最大竞争优势，仅保留最关键职能，其他功能则虚拟化，需借助外力整合完成。虚拟经营品牌则是指企业拥有并管理品牌，但产品的生产甚至设计、研发都可委托外部组织完成，耐克、无印良品都属于这类品牌。虚拟经营实现了品牌与生产的分离，在这种组织合作关系中，品牌商与制造商大多为委托加工关系，详见第 6.3.2 节。

中间商品牌　随着社会分工的深化，中间商不断发展壮大，形成了庞大、完善的销售体系，中间商开始委托制造商为其生产产品，并冠以自己的品牌进行销售。这种由中间商（如零售、批发）创建并推广的品牌被称为中间商品牌，沃尔玛、屈臣氏等知名零售商都有自己的中间商品牌。

3. 品牌组合

大多数企业都生产经营着一种以上的产品，这些产品品牌存在怎样的关系，如何实现品牌资源的最优配置，是营销者通常面临的难题。事实上，在下述品牌组合决策中，除了独立品牌与复合品牌中的联合品牌，其他决策都存在品牌延伸现象，即在一个品牌下引入多种产品获利。

统一品牌　统一品牌也称单一品牌，是指不同类别的产品使用同一个品牌，如索尼、TCL、西门子等企业，无论产品线多么丰富，基本都采用一个品牌。统一品牌可以节省品牌传播费用，有助于新产品的上市推广，尤其是当品牌拥有良好的声誉时，这种品牌助力比较强大。然而，统一品牌无法形成产品与顾客的区隔，也很容易削弱原有品牌产品的影响力，稀释品牌个性，尤其是当一个产品存在负面影响时，会波及其他产品。

● 讨论 8-2

中药品牌如何跨品类延伸

中药品牌以独特疗效、经典配方及工艺而闻名，在某一细分领域或产品上具有其他品牌不可比拟的优势，具有高壁垒、长线增长的特质，如云南白药的止血镇痛、消肿化瘀，潘高寿的养肺治咳，马应龙对痔疮的显著疗效已得到市场充分检验，品牌深入人心。

随着"大健康"产业的兴起，越来越多的中药企业开始依托品牌优势进行产品扩容，除了医药产品外，药妆、日化用品、健康食品都成为其重点发展领域。需要注意的是，很多中药品牌是企业名称、产品名称与品牌名称的统一体，因此这种品牌延伸的掣肘也就更多，也更为复杂。例如，云南白药集团的产品涵盖药品、医疗器械、原生药材、茶品、牙膏、洗发水等 36 个品类，共 390 个产品，但冠以"云南白药"品牌的产品只局限在化瘀止血、活血止痛、解毒消肿药品及气雾剂、创可贴、牙膏等少数品类上，品牌延伸效果显著，市场占有率高。而马应龙在药妆、999 在营养保健等品类上的品牌延伸却备受争议，中药品牌如何跨品类延伸需要全面考量、谨慎对待。

独立品牌　独立品牌是指不同产品分别使用不同的品牌，形成多品牌格局，如斯沃琪集团拥有浪琴、雷达、天梭、欧米茄等近 20 个腕表品牌。独立品牌灵活性强，能够满足不同顾客的需求，凸显不同的产品特点，既分散了市场风险，为成功产品设置了外延防御阵线，又能以"集团军"的优势抢占各细分市场，扩大市场份额。与统一品牌的优缺点正好相反，独立品牌投入大、管理难度高，彼此间容易竞争和产生内耗。

分类品牌　分类品牌是按照产品类别建立品牌，同一类别的产品使用同一个品牌。分类品牌糅合了统一品牌与独立品牌的优点，既化解了不同类别产品在功能性质、使用场景、消费行为等方面的冲突，又能尽可能地将建立起来的品牌声誉实现同类产品的共享；既能避免品牌传播资源的割裂与分散，又能强化产品线的独特承诺与优势。如安利公司的营养保健品使用纽崔莱品牌，饮料产品使用 XS 品牌，美容化妆品则使用雅姿品牌。

复合品牌   复合品牌是指一个产品使用两个或多个品牌，形成主副或联合的组合品牌形式。主副品牌类似于标题与副标题的关系，有主次之分，主品牌涵盖全部产品或整个产品线，副品牌则突出具体产品的个性。如雀巢公司的奶粉品牌就采用主副形式，雀巢能恩、雀巢力多精、雀巢爱思培分别满足不同年龄段的婴幼儿需求，且雀巢力多精品牌因配方不同，在主副形式下又创立了"雀巢力多精挚宝"品牌，形成了三级品牌结构。主副品牌保留了统一品牌与分类品牌的优缺点，既可共享、受益于主品牌的优势，又能通过副品牌表明产品差异，呈现类似独立品牌的个性与特色，但诸如主品牌负面危机对副品牌的波及，副品牌对主品牌形象的淡化、稀释甚至冲突等缺点也同样存在。联合品牌则是两个或多个品牌合作推出新品牌，并以各方品牌全名或简称组合的方式呈现，如吉列与博朗联袂推出"吉列博朗"全新品牌，索尼与爱立信也曾推出"索爱"品牌的手机。联合品牌属于品牌合作的一种形式，通过各方品牌要素（主要是名称）的组合与呈现，实现优势互补与资源共享，便于联合品牌被市场快速知晓、接受。

4. 品牌元素

品牌元素是用以识别和区分品牌的商标设计，包括品牌名称、标识、形象物、口号、域名、包装及广告曲等视听元素。

品牌元素是顾客辨识与认知品牌的开始，也是品牌形象与价值理念传递的具象化载体。品牌元素的设计、优化与调整应依据品牌发展的不同阶段，通过对以下原则的取舍或对品牌赋予不同的重要性（权重）来开展。

易记忆原则   易记忆（memorability）原则要求品牌元素容易被顾客识别和记忆，常被视为顾客进行品牌信息处理的先决条件。顾客通常以视觉、听觉的方式接触品牌元素，因此品牌元素越独特、简洁、朗朗上口、有冲击力，也就越容易被识别、记忆。

富联想原则   富联想（meaningfulness）原则是指品牌元素应寓意丰富，能够激发顾客对品牌属性、产品利益等信息的正面、积极联想，既方便顾客认同与接纳，也有助于品牌定位与延伸的开展。

可爱性原则   可爱性（lovable）原则意味着品牌元素要具有美学或视听吸引力，要富有乐趣，能够符合顾客的体验偏好，引发顾客的正面情绪反应。尤其是当目标市场存在显著的文化差异时，可爱性原则需要被格外关注。

可转换原则   可转换（transferability）原则强调品牌元素具有较高的延展性，可以跨目标市场、跨地理和文化限制、跨产品品类使用。显然，品牌元素越抽象、越不包含具体的品类和属性信息，其可转换性就越强。

可适应原则   品牌元素并非一成不变，也需要与时俱进，随市场环境、顾客结构及自身发展战略的变化而调整。可适应（adaptability）原则用于描述品牌元素调整的难易程度及灵活性。

可保护原则   可保护（protectability）原则是指品牌元素能够通过商标注册得到法律认可

与保护，从而保证其合法性与独占性。一方面，品牌元素在设计过程中要确保原创性与独特性，尤其是在借用典故、地方特色时，要尽可能避免因与其他品牌相似而引发的纠纷；另一方面，组织也要通过防御性商标的注册，防止其他组织或个人利用相似或相关的品牌元素损害本品牌的形象与利益。

8.2 品牌定位及过程

定位概念由艾·里斯与杰克·特劳特在 1969 年提出，并逐渐发展成为具有里程碑意义的营销理论。"如何在顾客心智中独树一帜"是定位理论的主要思想，与市场细分、目标市场选择一起成为营销战略的基石，简称 STP 战略。

20 世纪 90 年代，品牌研究领域开始关注、引入定位理论，形成了品牌定位概念，使品牌差异化由外部走向内心，从以设计为主的品牌识别与传播转向以市场和顾客为焦点的心智争夺。为了攻占顾客心智，应对激烈竞争，营销者需要在理解品牌定位的基础上，通过确立品牌特色、塑造品牌形象两个步骤开展品牌定位。

8.2.1 理解品牌定位

在激烈的竞争中，每个组织都期望自己的产品最符合目标顾客的心智，拥有独特的品牌属性或价值，并且这种属性或价值是其他竞争品牌不具备的，如农夫山泉的"天然"、茅台的"国酒"、比亚迪的"绿色科技"、南京地铁的"人文"、宁德电池与福耀玻璃的"全球第一"以及"候鸟天堂"鄱阳湖，这些都是品牌定位的现实体现。

品牌定位是通过对产品、服务、形象等内容的整体设计，使品牌在目标市场顾客的心智中占据一个独特位置。心智是人们心理与智能的表现，会依据所见所思主动进行联想、感知、推理、归纳、回忆等一系列思维活动。人的心智容量是有限的，特劳特认为普通人的心智最多只能容纳 7 个品牌，且位置呈阶梯式分布，位置越高，品牌地位越稳定，越容易被认知、记忆。品牌一旦成功定位，在顾客心智阶梯中占据一席之地，这个位置就具有一定的稳定性，顾客对品牌的认知和认同不会轻易改变，除非出现重大市场变化或品牌危机。因此，本质上，品牌定位就是对顾客心智的争夺。

● 案例 8-1

"红旗"的象征

1958 年 8 月 1 日，我国第一辆具有划时代意义的国产高级轿车诞生，以"红旗"命名。自此，红旗轿车承担国家领导人的出行重任，成为国宾用车与中国重大庆典活动的检阅车，被誉为"国车"，其尊贵的形象深入人心。

2023 年 11 月 15 日，中美元首会晤后，美国总统拜登与习近平主席在上车处道别，夸赞车辆"beautiful"，习近平主席回应道："红旗车，国产的。"多次出现在国际外交舞台的红旗车再次吸引了全球目光。对中国人而言，红旗不仅是一个轿车品牌，还承载着自主、自强的国家尊严与民族荣耀，见证了中国汽车工业的辉煌与崛起。

2024 年 7 月 1 日，一汽红旗发布最新销售数据：2024 年上半年，红旗轿车批发销量突破 20 万辆，同比增长 42.6%，零售销量突破 19.09 万辆，同比增长 25%，大幅领跑行业增速。在 World Brand Lab 发布的《2024 年中国 500 最具价值品牌》榜单中，红旗以 1 282.37 亿元，连续 6 年位列乘用车品牌行业第一。

品牌定位是在市场细分与目标市场选择的基础上进行的，是基于目标市场的需求及行为特征而开展的。从竞争角度来看，市场细分、目标市场选择是对竞争的规避，要尽可能选择和竞争者不同的细分市场作为目标市场，从而在一定程度上回避或削弱竞争，减少对抗；当竞争难以避免时，品牌定位则是与竞争对手直接、正面竞争的重要工具。品牌定位是对同一目标市场的顾客心智的争夺，当能够更好满足目标市场需求的品牌沉淀到顾客心智中时，顾客对该品牌就形成了良好的认知与偏好，进而有效屏蔽竞争对手的信息。即使竞争对手可以复制该品牌的产品、服务、技术，也很难取代该品牌在顾客心智中的地位。因此，品牌定位是一种超越质量竞争、价格竞争的竞争理念或手段，属于偏好层次上的竞争，更具战略性与持久性。

从需求角度来看，顾客对品牌的认知与偏好主要来自两个方面：一是在产品属性、功能、服务等效用层面，是否比竞争对手更好地满足了顾客的实用性需求，这种差异化取决于组织的竞争优势，是客观的；二是在购买、使用或与品牌的信息接触中，同竞争对手相比，是否创造或提供了不一样的享乐性需求，这种差异化主要由品牌提供，是品牌社会心理学含义的直接体现，是主观的。从这个角度来看，品牌定位就是在顾客心智中建立品牌差异的过程，为了让顾客相信并接受这种差异，品牌定位可以通过确立品牌特色、塑造品牌形象两个步骤实施，详见第 8.2.2 节与第 8.2.3 节。

在最终呈现上，品牌定位是一个体系，由品牌特色与品牌形象构成，即对顾客心智的争夺需要从上述两个方面着手。品牌特色具体、客观，可以有多个，随着市场发展具有一定的动态调整空间，主要服务于顾客的实用性需求；品牌形象抽象、主观，只有一个，应尽量保持稳定，主要满足顾客的享乐性需求，容易与顾客在个性表达、价值观念、生活方式等方面形成心理共鸣。营销者需要处理好品牌特色与品牌形象的关系，使其相辅相成、和谐有

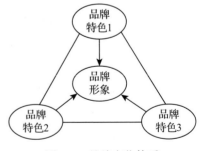

图 8-3　品牌定位体系

序。图 8-3 反映了两者之间的关系，品牌特色支撑品牌形象，品牌形象统领品牌特色。

8.2.2　确立品牌特色

品牌特色基于与竞争品牌的差异而形成，是品牌具有的独特之处，但只有经过对差异点的识别、选择与整合后，品牌特色才会最终确立。

1. 识别差异点

特色是相较于竞争对手而言的，竞争对手不同，与之比较所开发、选择出的特色自然也不同。因此，明确与之竞争的品牌是品牌定位的前提。与之竞争的品牌可以来自同类产品，也可以是功能与之相近的替代品，可参见第 4.3.2 节中的属类竞争者、形式竞争者、品牌竞争者等内容。

特色来自能够成为竞争优势的差异点。因此营销者在确定竞争品牌后，需要通过比较以识别出能够成为品牌优势的差异点。低成本与差异化是组织竞争优势的主要来源，低成本通过对内部成本的控制以获取更高的利润或更灵活的价格策略，往往依赖规模经济或对非核心性能、服务等成本的削减，主要应用于价格敏感型市场。但对于市场而言，组织的这种低成本优势最终仍体现在产品、服务上，如产品的标准化、自提服务、价格低廉或高性价比，从顾客角度来看，这仍是一种差异化。广义上的差异化就是组织向顾客创造或提供了独特价值，与竞争品牌相比，具体体现在产品、服务、渠道、人员、形象等差异点上，如表 8-4 所示。

表 8-4　差异点来源

产品	服务	渠道	人员	形象
功能	订货方便	覆盖面	技能	理念
性能、质量	交付	专业化	形象	广告
技术	安装	保障	品德	标识
可维护性	培训、咨询	送货	态度	信誉
材料、工艺等	维修保养等	库存等	创造力等	风格等

产品差异　产品差异可以从功能、性能、质量、技术、可维护性、材料和工艺等多个方面表现。如率先推出具备拍照功能的手机，可以从待机时长、厚度、金属外壳等角度寻求手机的产品特点。产品差异是客观的，也是较易识别与模仿的。

服务差异　随着产品种类的丰富和技术复杂性的提高，顾客对服务的重视与要求程度也在不断提高，特别是当产品本身难以差异化时，取得竞争优势的关键开始依赖服务内容与过程质量。

渠道差异　销售渠道也是品牌差异点的重要来源，可以在渠道的选择、覆盖面、专业化等方面进行突破，特别是互联网与信息技术的高速发展，使得渠道创新更加容易。

人员差异　相对于产品或服务差异化，人员差异化的不可模仿性较强，对品牌独特形象的作用也更为直接，更易形成竞争优势。如海底捞员工的热情、细致，善于解决顾客问题，在餐饮界独树一帜。通常，人员的差异化可以从技能、形象、品德、态度、创造力等方面呈现，以体现人员的专业素养与服务意识。

形象差异　即使各竞争品牌的产品及服务看上去都一样，顾客也能从产品或组织品牌形象上感受到差异，独特形象是对顾客感性需求而非产品实用价值的满足，提供的是心理、精神层面的价值，这也是品牌价值的主要体现。形象差异主要来自顾客对组织理念、广告、标识、信誉等内容的感知。

2. 选择差异点

营销者通过与竞争品牌的比较，识别出品牌潜在或已有的差异点。但并非所有的差异点都有意义，需要围绕以下标准进行选择。这些标准综合了顾客、竞争与组织 3 个视角：重要性与传达性标准是对顾客需求与行为的强调，优越性标准侧重于与竞争品牌的区分，信任性与持久性则与组织资源及能力有关。

重要性　从需求结构角度来看，差异点应该满足顾客期望型或兴奋型需求，是顾客所看重的或有价值的需求。若该差异点当下是一种潜在需求，营销者就要有把握通过市场教育将其激发、创造出来。

传达性　差异点是否适合传播、是否利于顾客联想、是否便于顾客感知与体验也很重要，毕竟信息社会存在众多"噪声"干扰，顾客的注意力与知识结构也是有限的，信息不对称现象普遍存在。因此，即使组织拥有使顾客信任的理由，也不见得能被有效传递与完美理解。若差异点易于传达、理解，将显著提高传播效果与效率。

优越性　差异点应该是竞争品牌不能提供或无法模仿的，或者在提供相同利益时，比竞争品牌更具优势。

信任性　差异点必须是可信、可靠的，组织是否有足够的证据、验证手段使顾客相信、接受、认可这种差异点所具有的重要性与优越性。

持久性　组织是否有足够的资源与能力持续保证这种差异点不被模仿、替代，能够应对竞争品牌的跟进、挑战，并使顾客持久保持对该差异点的兴趣与需求。

3. 整合差异点

基于上述标准遴选后的差异化，还需要通过整合才能确立为品牌特色，进而开发或利用。首先，遴选后的差异点只是达到了各指标的要求而已，并不意味其在各指标上的表现都是优秀的，是顾客、竞争、组织视角综合平衡的结果。尽管在遴选过程中，营销者会依据现实情况与战略导向，赋予差异点不同的标准权重，但不同的遴选方法会遴选出不同的差异点。为降低风险，营销者需要对遴选后的差异点进行整体考评与修正。其次，品牌、组织与市场都是动态发展的，遴选标准也各有侧重，因此成为品牌特色的差异点可以有多个，需要有一定的数量空间。但组织资源与顾客注意力又是有限的，营销者需要对差异点有所取舍。在整合差异点的过程中，通常会采用以下原则。

相容原则　相容原则主要探讨差异点之间是否存在冲突。这种冲突可能是客观存在的，即物理属性上无法兼容，现有技术很难实现；也可能是差异点在顾客认知或联想中存在负向关联，即顾客的认知习惯或知识结构认为差异点"不相容"，如表 8-5 提供的示例所示。

表 8-5　特色不相容示例

低价格与高质量	见效快与温和
好美味与低热量	大功率与安全
高营养与好口感	悠久与现代
多功能与操作简单	实用与高雅

一致原则　一致原则是指差异点对于顾客利益、价值的实现具有相同的指向性。例如，某轿车品牌具有大空间、高减震、长续航的差异点，前两个差异点都指向舒适性，后一个差异点更多是对"里程焦虑"的解决，提供的是舒心出行。按照一致原则，品牌特色应主要聚

焦在前两个差异点上。一致原则有利于顾客对品牌的认知与联想，有利于品牌形象的塑造与强化，也有利于组织在相同的顾客利益与价值框架下，不断开发品牌差异点，既能推陈出新又不会稀释品牌特色与形象。需要强调的是，一致原则是对品牌差异点的整合，是开发与传播资源的一种配置思路，并不代表其他不具备一致原则的差异点就不重要，就要被舍弃，它们可能是顾客选购某品类产品的必要条件，也有可能在顾客心智中抵消竞争品牌的差异点。⊖这些差异尽管不能作为品牌特色而存在，但仍有可能是营销传播的重要内容。

少量原则　日用品的品牌特色大多单一，而复杂耐用消费品、工业品的品牌特色会存在多个，但也并非越多越好，组织既要保证品牌特色有与时俱进的发展空间，又要考虑顾客注意力资源与心智空间的有限性。原则上，品牌特色会控制在 3 个以内，这也使得差异点数量不会太多，否则会加大传播难度，影响传播效果。

◉ 案例 8-2

好客山东

山东省旅游资源丰富，既有泰山、崂山等壮丽山川，又有青岛、威海等休闲度假胜地，历史悠久、文脉绵长，有"诸子百家半山东"的美誉，民俗文化与特色美食闻名遐迩……2023 年，山东省全年共接待国内游客超 8 亿人次，国内旅游收入超 9 000 亿元，淄博烧烤、威海"千里山海"自驾火遍全国。

早在 20 世纪 80 年代，山东省就将全省文旅资源概括为山水圣人，以"一山一水一圣人"为口号进行全国范围内的旅游宣传。2002 年，山东确立了新的旅游口号"走进孔子，扬帆青岛"，期望借助北京奥运会帆船比赛在青岛举办的契机，打造"山水圣人"与"黄金海岸"两个品牌。从设计上来看，这两个口号主要停留在堆积旅游资源层面，难以将全省特色资源都囊括其中。2007 年，山东推出"文化圣地、度假天堂"新口号，淡化了资源和产品，突出了文化和度假，强调给游客"带来什么"，创建了国内首个文旅品牌"好客山东"。以此为指导，山东省文旅部门围绕民俗文化开发出"贺年会"与"休闲汇"两大节事品牌，注册区域购物公共品牌"山东有礼"，将烟台苹果、胶东刺参、崂山绿茶、东阿阿胶等特色产品纳入其中，使民俗风情、节事活动、特产美食与自然、文化资源结合起来，共同支撑与诠释"好客山东"的省域品牌形象。

8.2.3　塑造品牌形象

品牌特色不会自行进入顾客心智，营销者需要考虑如何表达、呈现品牌特色才能让品牌在顾客心智中占据独特位置。通过品牌形象的塑造来展现品牌特色与意义，帮助目标顾客正确理解品牌及其不同于竞争对手的独特价值，是行之有效的路径与手段。

品牌形象是顾客对品牌的各种联想以某种有意义的方式组织在一起而形成的整体印象，

⊖　如长续航能力（假设为 300km）对于某些顾客而言，可能是选购新能源汽车（轿车品类）的前提条件，是一种基本型需求，并且对于以超长续航能力（假设为 600km）为特色的竞争品牌而言，可以通过提供往返间隙充电的解决方案，降低顾客对超长续航能力的兴趣，弱化自身不足。

反映了品牌在顾客记忆中的图景。品牌形象是顾客认知或心理加工的结果，其形成是一个长期过程，在此过程中，营销者可以通过明确定位方式、凝练品牌个性、强化品牌联想帮助目标顾客塑造品牌形象，形象一旦形成就会长期稳定。

1. 明确定位方式

营销者通过对差异点的识别、选择与整合，确立了品牌特色，进而为品牌定位提供了丰富的素材与灵感来源，形成多种定位方式。营销者需要采用合适的定位方式，向目标顾客展示、传递并强化品牌特色。常见的定位包括但不限于以下方式。

属性定位　属性定位是营销者围绕技术、工艺、原料及产品、服务、人员等本身固有性质进行品牌定位。例如，今麦郎方便面以"弹面"著称，国家电网以"特高压输电"和"柔性直流电"技术为全球能源结构转型贡献中国方案。

利益定位　利益定位也称功能定位，是根据产品具有的某种功能或提供的利益进行品牌定位。沃尔沃汽车的"安全"、冷酸灵牙膏的"抗牙齿敏感"都属于利益定位。

迎头定位　迎头定位是一种和占据市场支配地位的竞争对手在相同属性、利益上直接、正面对抗的定位方式，以展现自身实力，引起市场关注。如在石膏粉市场上，易高品牌就采用此方式，以"中国好腻子"直接挑战美巢的市场地位，快速赢得市场。迎头定位抢占的是竞争品牌在顾客心智中的地位，因此对组织的资源、能力要求较高。

品类定位　品类定位是指通过开创产品新的属类而在顾客心智中占据位置，小罐茶、缤兔的美妆冰箱都因开创新品类被大众熟知。

品质－价格定位　这种定位将品质与价格结合起来构筑品牌差异，强调物有所值或物美价廉，如老乡鸡的"好吃、不贵、又健康"、山姆的"优质优价"。

首席定位　首席定位是基于人们对"第一"印象最深刻的心理规律，通过强调品牌在某一方面的领导性地位从而在顾客心智中占据独特且重要的位置。

高级俱乐部定位　当品牌不具备领导性地位或缺乏鲜明、突出的属性时，可强调自身属于某些具有较高限制、拥有良好声誉的组织、团体成员，而提升自身形象与威望，这种定位方式为高级俱乐部定位。双一流大学、中华老字号品牌、专精特新"小巨人"企业等就是该定位方式在不同领域的体现。

使用者形象定位　使用者形象定位也称使用者定位、用户定位，通过突出使用者特质而抢占顾客心智。如中国移动的动感地带主要服务于 15 ～ 25 岁以学生为代表的年轻群体，定位于"新奇"以呼应使用者时尚、好玩、探索的形象与需求。

情感定位　情感定位是围绕品牌所传达的情感价值与体验进行定位，塑造独特的品牌形象，如潘婷的"自信"、海尔的"真诚"。

从差异化角度来看，有些定位方式依托于产品、服务等效用层面的差异，如属性定位、利益定位，可能会因对手的模仿、超越不得不改变，持久性相对较弱；有些定位是基于形象差异，如使用者形象定位、情感定位，容易与顾客在个性表达、价值观念、生活方式等方面产生心理共鸣，形成态度偏好；有些定位方式则是对多个差异的整合，如品质－价格定位、首席定位，对组织的资源、能力要求更高，营销者仍需要综合顾客、竞争与组织多个视角来明确定位方式。

2. 凝练品牌个性

品牌定位是一个体系，需要品牌特色与品牌形象相辅相成。没有品牌特色支撑的品牌形象是空中楼阁，难以令顾客相信，缺乏持久生命力；没有品牌形象统领的品牌特色容易造成顾客对品牌认知的混乱与偏差，难以与顾客建立情感联系，削弱品牌忠诚度。尤其是当营销者所采用的定位方式侧重于效用层面，强调能比竞争对手更好地满足顾客的实用需求时，品牌形象就尤为重要，而品牌个性是品牌形象的核心。

所有品牌决策与行为都是基于特定群体而展开的，品牌因与人存在关联而具有了人格特质，如使用者形象、组织的高层管理者、员工等人格特质都可以体现或被赋予在品牌上。在顾客认知中，品牌所具有的人格特质被称为品牌个性。

品牌个性与品牌形象的关系如同人的灵魂与形体，品牌个性联系了品牌特色、品牌元素、使用者形象等诸多内容，共同创造并支撑了品牌形象。对于顾客而言，品牌个性赋予了品牌独特气质与属性，丰富了产品和品牌的情感性，使顾客的自我表达与象征性需求得到满足，如张扬的个性、保持群体关系、反映个人的社会形象与生活态度，从而更易于提高品牌辨识度与忠诚度。

营销者可以从哪些维度或角度去凝练品牌个性，从而形成统领品牌特色的品牌形象？国内外学者开发出的品牌个性、人格、价值观、生活方式等概念模型与量表为此提供了足够的支撑。表 8-6 是珍妮弗·阿克（Jennifer Aaker）所划分的品牌个性维度与对应的人格属性，包含了众多描述品牌个性的特征词汇。

表 8-6　品牌个性维度与人格属性

个性维度	人格属性
真诚（sincerity）	务实（down-to-earth）、诚实（honest）、健康（wholesome）、快乐（cheerful）
刺激（exciting）	勇敢（daring）、坚定（spirited）、想象丰富（imaginative）、时尚（up-to-date）
胜任（competence）	可靠（reliable）、智能（intelligent）、成功（successful）
教养（sophisticated）	高贵（upper-class）、迷人（charming）
强壮（ruggedness）	强韧（tough）、户外（outdoorsy）

品牌个性为品牌形象注入灵魂，使品牌形象更具独特性与生命力，进而与品牌特色一起构筑完整的品牌定位体系。相较于具体、客观的品牌特色，品牌形象抽象、表意，是对产品属性和价值的升华，是与顾客的情感联结。

3. 强化品牌联想

品牌联想是顾客建立品牌形象的重要途径。品牌联想是指顾客记忆中与品牌相关联的所有信息，包括产品属性、服务质量、品牌元素、价格信息、使用者形象、组织形象、需求场景、使用体验等。因为联想，顾客才对品牌产生印象，形成品牌形象。营销者可以借助品牌故事、公共关系、跨界合作、意见领袖等手段，从赞誉度、强度、独占性 3 个方面强化品牌联想。

赞誉度　顾客对品牌的联想既有正面的，也有负面的，赞誉度是顾客对品牌联想的积极评价与正面感受，是对品牌市场表现与态度的反映。显然，品牌越能比竞争对手更好地满足顾客需求，其赞誉度就越高。

强度　强度是指品牌相关信息被回忆起来的难易程度，用于评价品牌信息在顾客记忆中的牢固程度与活跃性。品牌联想的强度不仅与品牌曝光率、使用频率有关，也与品牌与顾客之间的情感联结相关。因此，营销者在品牌传播设计时，既要保证一定的传播强度，提高顾客对品牌信息的关注度，也要使品牌信息不偏离品牌定位，确保品牌信息间的关联性。

独占性　独占性是指品牌与顾客联想之间的独特关联，即品牌带给顾客的联想是否易被其他品牌共享或替代，是否异于竞争对手。

◉ 案例 8-3

爱卖萌的"三只松鼠"

作为坚果零食第一品牌，三只松鼠创立于 2012 年，其产品已实现肉类、果干、饮品等全品类休闲零食的覆盖。2023 年 5 月至 2024 年 4 月间，共有 54 款单品销售额破千万元，总销售额达到 19.27 亿元。三只松鼠的成功不仅仅体现在产品质量与口感上，更在于其在品牌联想与形象方面的努力与创造性活动。

在品牌元素上，三只松鼠的名称与活泼、可爱的松鼠形象，不仅易于记忆，还很容易让人联想到坚果，并由此发展出完整的"萌"系品牌形象与故事：松鼠"小贱"爱卖萌、"小酷"是技术宅、"小美"则是现代女性的代表，成功引起了年轻消费者的共鸣并深受其喜爱。在品牌传播上，三只松鼠在《欢乐颂》《好先生》《微微一笑很倾城》《小别离》等热播剧中进行密集植入，将产品与角色、情节、场景捆绑，加深品牌记忆；与奇瑞、中国国家地理、爸爸糖、优鲜沛等诸多品牌开展跨界合作，联名设计新包装，推出新产品；此外，还投资开拍系列同名动画片，开发文创产品。在情感联结上，三只松鼠要求互联网客服人员以松鼠宠物身份与顾客对话，称呼顾客为"主人"，将"卖萌文化"进行到底。当然，这种文化也引发了不小争议。

8.3　市场角色

市场角色反映了品牌在目标市场上的地位与行为特征，分为领导者、挑战者、追随者与补缺者。品牌的市场角色是由其客观的市场份额及其所拥有的资源决定的，不能自由选择，这也要求品牌定位的设计与实施必须符合其市场角色和资源条件。当然，随着竞争格局的演变与品牌的营销努力，其市场角色也会发生变化。

8.3.1　领导者

大部分行业都有一个公认的市场领导者（以下简称"领导者"），拥有最大的市场份额，在制定规则、价格变动、新产品开发、分销覆盖等方面具有主导作用与领先优势。因其领导地位与品牌优势,领导者在顾客心智中占据独特地位,也是其他品牌最常挑战的目标。领导者不仅要维持、保护自身的市场份额与优势,还要承担扩大行业市场、建立行业规则的责任,推进整个行业的健康、有序发展。

1. 扩大行业市场

如果整个行业的市场规模不断扩大,领导者则是市场扩大的最大受益者,毕竟其拥有强大的品牌威力。因此,无论从产业发展还是自身发展角度来看,市场领导者都应将扩大行业市场作为首要目标,包括寻找新的使用者、增加产品新用途、提高现有顾客的使用量等途径。

寻找新的使用者 领导者应不断将潜在市场、有效市场转化为有效合格市场,可以围绕以下群体采取针对性策略来推进这一过程:利用场景及细分创新向"低产品兴趣及使用意愿者"进行市场教育,通过价格及促销策略向"想使用但未使用者"进行市场渗透,借助产品及品牌优势向"其他地区未使用者"进行地域扩张。此外,降低使用难度、利用参照群体等措施也有利于新市场的开发。

增加产品新用途 领导者可以通过开发、拓展产品新的用途以扩大市场。大多数产品并非仅有一种功能与用途,往往因目标市场与品牌定位的需要而淡化某些用途。但随着市场与技术的发展,领导者可以通过灵活多样的品牌组合、产品组合等形式针对不同的目标市场进行相应调整,或将产品运用于其他新的领域。

提高现有顾客的使用量 在营销伦理与道德支撑下,领导者说服顾客增加消费频率或每次消费量以提高产品使用量,也是扩大产品市场的一种途径,此时通过提供更多的消费场景、创造更多的顾客价值来增加产品使用机会,是最为有效的做法。

2. 建立行业规则

行业规则是为了规范行业行为、维护行业秩序、促进公平竞争和行业持续发展而形成的系列准则与要求。行业规则本身并不具备法律约束力,属于行业自律范畴,是行业内成员共同认同并遵守的一种行动框架,反映了行业的运营环境与商业生态。显然,若行业规范有序,则领导者受益最大;若行业混乱无序或领导者自身就不遵守规则,其领导地位也往往难以维持。建立行业规则是领导者的一项重要使命,也只有领导者有资格和能力去倡导和建立行业技术标准、顾客消费惯性、行业竞争规则等内容。

建立行业技术标准 行业技术标准是现代制造业分工体系的基础,也是产品质量水平的重要保障。领导者不仅具有广泛的市场影响力,通常还拥有强大的研发能力与技术积累,对行业发展具有深刻的理解与洞察。无论是自身发展的需要还是要维护顾客权益、提高行业竞争力、增强国际话语权,领导者都需要主导、推动行业技术标准的建立。

建立顾客消费惯性 领导者应充分利用自身的品牌影响力与市场行为,告诉顾客如何评估、挑选、购买、使用产品,如消费场景、选购标准、使用频次。当然,这种消费惯性的建立是以凸显领导者的品牌特色、维护其市场地位为前提的,但对于市场挑战者而言,最先需要打破的恰恰是这种惯性,要改变顾客固有的品牌评估与使用习惯,进而提供不同于领导者的产品属性与利益,展现自身的品牌特色。

建立行业竞争规则   尽管已有相关法律法规在努力保障各市场主体之间的平等交换与公平竞争，但法律内容是抽象、概括性的，强调对广泛主体的普遍适应，而不是对特定行业具体竞争行为的详细规定，且法律制定、执行与监督也受诸多因素的影响。因此，领导者有责任主导推动竞争规则的建立，明确竞争行为的底线，警诫业内成员无视底线的后果，同时遵守竞争规则并做出示范，不滥用市场支配地位排除、限制竞争。尽管领导者推动并遵守行业竞争规则能避免自身遭受不正当攻击，毕竟取代领导者的领导地位是大多数品牌的市场目标，但促进行业整体的健康发展是根本目的。

⊙ 材料 8-2   课程思政

对"滥用市场支配地位"的行为亮红灯

滥用市场支配地位是《中华人民共和国反垄断法》规定的 3 种垄断行为之一，是指具有市场支配地位的经营者，没有正当理由而实施的一系列排除、限制竞争的行为，包括不正当价格、差别对待、强制交易、搭售和附加不合理交易条件、排他性交易等行为。

对滥用市场支配地位的查处一直是市场监管机构的重要职责之一。国家市场监督管理总局每年发布的《中国反垄断执法年度报告》数据显示："十三五"期间，共查处滥用市场支配地位案件 54 件，罚没金额 12.18 亿元；"十四五"期间，更是持续加大查处力度，着力督办供水、供气等公共事业、原料药及药品、平台经济领域案件。2020—2023 年，全国每年查处滥用市场支配地位的案件分别为 18、11、13、11 件，罚没金额分别为 3.41 亿元、218.47 亿元、1.66 亿元、18.69 亿元，公共事业与医药领域案件数量占总量的 70% 以上，平台经济领域的罚没金额占总额的 80% 以上，涉及阿里巴巴、美团、知网、东北制药、远大医药、上药生化、先声药业、南京中燃等众多知名企业。

3. 保护市场占有率

在努力扩大行业市场、建立行业规则的同时，领导者也应从顾客维护和防御对手两个方面保护好自身的市场占有率，防范市场地位受到侵犯，其中，防御对手包括阵地防御、侧翼防御、运动防御、先发防御和收缩防御。

顾客维护   引领技术发展，不断主导产品进步，为顾客创造更多、更高的价值是领导者保持顾客忠诚度的基本准则。

阵地防御   阵地防御是指领导者专注于提升核心产品和业务优势以抵御竞争对手的直接进攻。确保核心领域的竞争优势不被削弱是阵地防御的主要目的，具体行为包括持续增强产品竞争力、巩固市场渠道、提升品牌形象等。

侧翼防御   领导者可以通过市场细分、产品创新与延伸来满足不同顾客的需求，为主产品形成一个范围广泛的、有力的产品防御阵营，既能断绝竞争对手在品类创新、外延产品等侧翼上的突破，也能在必要时作为反攻阵地，这种防御行为被称为侧翼防御。增强整体防御能力、丰富反攻手段是侧翼防御的主要目的。

运动防御 运动防御是指领导者通过扩大市场范围、拓展业务领域等方式，以新市场、新领域的开拓来应对竞争，增加防御与进攻策略上的回旋余地。市场布局的多元化与灵活性是运动防御的主要特征。

先发防御 "进攻是最好的防御"是对先发防御的生动注解，即在竞争对手发起进攻之前，领导者先发制人，掌握竞争主动权。当然，先发防御也不一定要付诸进攻，采用公开警告、短期威慑等方式也有可能"不战而屈人之兵"。

收缩防御 当领导者意识到无法保护所有市场时，可以战略性放弃、撤出某些业务领域或市场，将资源与能力聚焦到核心业务与市场，这种行为被称为收缩防御。

8.3.2 挑战者

通过攻击性行为抢占他人市场份额的品牌被称为市场挑战者（以下简称"挑战者"）。挑战者应选择合适的挑战对象进行针对性进攻，而非不加选择地一味盲目进攻。

1.选择挑战对象

一般来说，攻击总会引发反击，选择了错误的挑战对象可能导致鹬蚌相争，渔翁得利，也可能挑战不成，进一步拉大与竞争对手的差距。

挑战领导者 领导者具有最大的市场份额与较强的品牌效应，反击能力强，因此挑战领导者的风险最高，需要挑战者具备充足的资源与较强的能力。直接向领导者发起挑战，可以快速引起市场关注，有利于打开知名度，若挑战成功，受益也最高，那么挑战者的市场占有率与品牌形象都能得到极大提升。

挑战实力相当者 挑战者可以向处于同一品牌梯次或规模相仿的竞争对手发起挑战。相较于领导者，这些竞争对手的实力与市场表现较弱，在产品、价格等方面存在较为明显的弱点，表现出较多的进攻机会，若挑战成功，挑战者也能快速扩大市场份额。

挑战实力较弱者 选择进攻实力较弱者其实是一种"低垂果实"策略，即先摘取最容易得到的成果，再逐步向更强的对手发起挑战。除了抢占对手的市场份额，挑战者也可以兼并、收购一些实力较弱的地方性、中小企业，以壮大自身实力。

2.选择进攻策略

确定挑战对象后，挑战者需要分析挑战对象的优劣势，预判其反应，进而选择合适的进攻策略。进攻策略包括但不限于以下 5 种，但无论采取何种进攻策略，都要以充足的资源与能力为保障，以不损害行业健康发展为前提，避免"杀敌一千，自损八百"结果的出现。

正面进攻 集中全力向挑战对象的强项而非弱点发起直接挑战。显然，这种策略适合于拥有重大产品创新或实力雄厚的挑战者。

包围进攻 向挑战对象的目标市场提供更为完善的产品线，以更多、更优或更低价格的产品抢占市场份额，是一种大规模、全方位的进攻策略。

侧翼进攻 集中优势力量攻击挑战对象的弱点，如通过二次细分、品类创新、差异化的分销渠道蚕食对手份额。相较于正面进攻，侧翼进攻是一种"局部突破"的进攻方式，拥有更多的成功机会，收益性也较好，适合于资源、能力较弱的挑战者。

迂回进攻 挑战者与挑战对象存在一定的产品与市场重叠，挑战者避开对手现有产品与市场，选择对手尚未涉足的领域和市场发展，最终实现对对手的反超。具体反超的路径可以是因多元化经营而产生的交叉销售，也可以是因市场扩张而形成的规模效应……迂回进攻本质上是利用产品、市场的错位而开展的一种最间接的进攻策略。

游击进攻 通过小型的、间断性的进攻手段，逐渐削弱对手实力，以达到挑战目的。

● 讨论 8-3

挑战行为的底线

蒙牛与伊利、居然之家与红星美凯龙、百度与奇虎 360、美团与饿了么、娃哈哈与农夫山泉……这些熟悉的品牌间的对垒攻击，都曾让彼此深陷攻击性的竞争沼泽，双方形象与口碑都受到一定伤害，没有谁是最终的赢家。挑战对象的应对固然需要反思，但挑战者的挑战行为也需要被审视。挑战行为应遵循怎样的原则与底线？除了以下 3 点，还有哪些？

第一，重视顾客价值是企业基本的价值观，挑战是为了给顾客创造并提供更高价值，不应以获取市场份额与地位为出发点。

第二，竞争是常态，但进攻性策略不应违背法律法规与商业道德，不能裹挟恶意，采取虚假宣传、诋毁等低劣手段。

第三，挑战、进攻不能影响行业健康发展，不能影响行业供应链的稳定，不能破坏行业整体形象。

8.3.3 追随者

竞争不是只有进攻一种状态，跟随、模仿其他品牌，尽力维持并适时提高市场份额也是一种有效的发展策略，这种品牌就被称为市场追随者（以下简称"追随者"）。只要市场规模有保证，追随者不用承担产品创新与市场教育的费用与风险，就能获取较高且稳定的利润，因此追随者通常以领导者为追随目标，尤其是在市场高速成长时，追随领导者是最经济、高效的获利途径。

安于次要地位，与被追随者"和平共处"是追随者的主要特征，这就要求：①追随者承认领导者的市场主导地位；②不争夺领导者的目标市场，不挑战领导者的领导地位；③密切关注领导者，以不违反法律法规与商业道德为前提跟进、模仿；④追随者的追随行为能够帮助领导者培育、扩大整个市场。

需要强调的是，追随者是阶段性的，只是品牌在特定市场环境与自身发展阶段下的一种市场角色，当自身资源与能力积累到一定程度，市场机会出现时，追随者也可以向领导者发起挑战，甚至取而代之。因此，追随者并非只能一味地跟进、模仿，也需要创新发展，也需要为顾客创造价值，更好地满足其目标市场需求。另外，从品牌定位角度来看，追随者在顾客心智中的地位与形象具有一定劣势，顾客忠诚度相对较低，为克服这些劣势，推进品牌高质量发展，追随者也需要进行创新突破。当然，在追随过程中，如何确定一条不会引起竞争性报复的品牌成长路线至关重要，毕竟追随也是一种竞争状态。根据追随程度，有以下策略供追随者选择。

紧密追随　追随者以近乎全方位、全范围的程度模仿领导者的方方面面。紧密追随很容易引起领导者的注意与反感，需要特别注意模仿方式与相似程度。

有选择追随　在追随的同时保持一定的差异性和独立性，具有择优追随的特征。例如，追随者可以在品类上进行追随，但产品口感不同，抑或领导者在两个产品属性上进行了创新，追随者只模仿了一个，且在附加服务或款式上与领导者有一定的差异。有选择追随要求追随者具有一定的创新能力，可以在模仿与创新之间找到平衡点，既能利用领导者的成功之处，也能发挥自身独特优势，呈现品牌特色。

有距离追随　追随者跟进、模仿领导者，但在质量、性能、档次、促销力度等方面与领导者保持差距，避免对领导者的刺激。有距离追随类似于"次优路径"的模仿，比如对领导者的产品功能创新进行模仿，但在产品成分、工艺、包装等方面弱于领导者。

● 案例 8-4

达利食品的 20 年模仿路

达利食品创立于 1989 年，以饼干生产、销售为主。随着雀巢、达能等国外巨头的进入，高端休闲零食市场快速发展，达利嗅到商机，开始了 20 多年的追随发展之路。

2002 年，达利追随韩国品牌好丽友，推出达利园巧克力派，与好丽友的包装、口味、营销策略都十分相似，以低于对手 1/3 的价格主推三四线城市和乡镇市场，让深耕一二线城市的好丽友鞭长莫及。此后，达利不断复制"追随领导品牌＋低价下沉市场"的模式：2003 年，追随乐事推出可比克薯片；2004 年，追随亿滋国际的闲趣推出好吃点高纤饼干；2006 年，追随王老吉推出和其正凉茶；2013 年，追随红牛推出乐虎功能饮料；2017 年，追随维他奶推出植物蛋白饮料豆本豆，自此年均营业收入超 200 亿元；2018 年，追随短保烘焙类面包桃李推出美焙辰，形成了达利园、好吃点、可比克、乐虎、和其正、豆本豆、美焙辰七大知名品牌的发展格局。

但达利食品的营收与净利润从 2022 年开始出现负增长。2023 年 7 月，在香港上市 8 年的达利发布公告，拟启动私有化退市。业内人士指出，达利旗下品牌以追随起家，但多年来一直未与其他品牌形成显著差异，年轻顾客流失严重，新产品市场表现不佳，原有市场又被其他中小品牌以更低价格蚕食，使得达利食品业绩与股价表现不尽如人意。

资料来源：野马财经.前"福建首富"57 亿私有化达利食品，这些年亏了还是赚了[EB/OL].（2023-07-08）[2025-04-01].https://baijiahao.baidu.com/s?id=1770761333743309309&wfr=spider&for=pc.

8.3.4　补缺者

市场补缺者（以下简称"补缺者"）也被称为市场利基者，[⊖]以特定、较小的细分市场为目标市场。市场上总是存在一些具有相似兴趣或需求的小众市场，市场规模不大，但需求独特

　⊖　利基是英文 niche 的音译，被大企业忽略的细分市场为利基市场。

且未被充分满足，从而为中小品牌提供了生存和发展的空间。对于补缺者而言，理想的目标市场具备以下特征：①虽然顾客数量有限，但具备较高的购买力，市场规模能保证企业生存与发展；②市场具有发展潜力；③市场对规模、实力较强的企业缺乏吸引力，大企业不愿意或不能很好地满足市场需求；④补缺者具有满足该市场的资源与能力；⑤补缺者在该市场能够以专业形象与良好信誉对抗竞争品牌，可以成为该细分市场的隐形冠军。[⊖]

因为规模有限，为获取足够收益，补缺者通常通过专业化经营让自己比竞争对手更好地满足顾客需求，使自己成为具体领域的专家，包括但不限于以下几类。

利基市场专家　由于补缺者服务的目标市场通常被大企业忽略，因此聚焦这些市场的独特需求，塑造专家形象是补缺者最主要的品牌策略，如孔夫子旧书网、主营大码女装的某些淘宝店铺。

地理市场专家　服务于特定地理区域，能够针对性解决因独特地理位置、气候条件等产生的问题。

产品专家　只提供一类或一项特色化产品，如富耐克一直专注超硬材料与超硬刀具的研发与生产，其产品被广泛应用于汽车、电子、航空等高端制造领域。

服务专家　提供竞争对手不提供的服务，如某些个人工作室专门从事奢华服装、豪车软篷的修补服务。

补缺者不仅适合中小企业，对大企业的产品线发展也具有重要意义。每个行业都存在补缺者品牌，需求饱和或受到大企业的攻击是其面临的最大风险，因此补缺者通常会选取多个利基市场，不以密集单一化为目标市场模式，并在多个补缺点上发展营销实力，即不塑造单一的专家形象，而是围绕顾客、产品、服务等多个领域交叉补缺，全面提升专业化能力以确保对市场的掌控。

📖 本章小结

1. 品牌是顾客心智中的一种印象，通过一系列连贯且重复的营销活动塑造而成，对顾客具有独特的社会心理学含义。品牌赋予了产品更多的差异化，使其具有了主观的心理属性差异，既区别了提供者，又提升了顾客价值。商标是品牌最显性的识别元素，对品牌具有法律保护与传播识别功能。品牌通过符号系统及符号化过程，表现、传递组织的价值主张与品牌心理含义。

2. 品牌价值是指品牌表现出来的积极意义与有用性。从顾客角度来看，品牌具有识别、代言与符号价值；从企业角度来看，品牌在法律保护、竞争优势、稳定市场、财务回报方面具有独特贡献；从国家角度来看，品牌既是推动经济高质量发展的核心要素，也是营造良好社会氛围、提升国家形象与软实力的有力抓手。

3. 从产品到品牌需要一系列的决策支撑，包括品牌化、品牌归属、品牌定位、品牌组合、

⊖ 隐形冠军由德国管理学家赫尔曼·西蒙提出，是指在某一细分领域处于绝对领先地位，年营业收入不超过一定规模而又隐身于大众视野之外的中小企业。隐形冠军在细分领域拥有极高的市场份额，有的甚至超过 50%。在制造领域，隐形冠军是技术创新的推动者，是稳定全产业链优势的中流砥柱。

品牌元素等，这些决策构筑了品牌创建的最基本内容。

4. 品牌定位是通过对产品、服务、形象等内容的整体设计，使品牌在目标市场的心智中占据独特位置，其本质是对顾客心智的争夺。

5. 品牌定位是一个过程，包括确立品牌特色与塑造品牌形象两个步骤，品牌特色支撑品牌形象，品牌形象统领品牌特色。

6. 品牌特色基于与竞争品牌的差异而形成，这种差异体现在产品、服务、渠道、人员、形象等诸多方面，只有识别、选择与整合这些差异点，才会最终确立品牌特色。营销者遵循重要性、传达性、优越性、信任性、持久性标准对差异点进行遴选，并基于相容、一致、少量原则整合差异点。品牌特色可以有多个，是具体、客观的，主要服务于顾客的实用性需求。

7. 品牌形象是由顾客对品牌的各种联想以某种有意义的方式组织在一起而形成的整体印象。营销者可以通过明确定位方式、凝练品牌个性、强化品牌联想的方式，帮助目标顾客塑造品牌形象，形象一旦形成就会长期稳定。品牌形象是抽象、主观的，主要满足顾客的享乐性需求，容易与顾客在个性表达、价值观念、生活方式等方面形成心理共鸣。

8. 品牌个性是品牌形象塑造的核心，营销者应赋予、凝练品牌人格特质；品牌联想则是顾客建立品牌形象的重要途径。营销者可以借助品牌故事、公共关系、跨界合作、意见领袖等手段，从赞誉度、强度、独占性 3 个方面强化品牌联想。

9. 市场领导者拥有最大的市场份额，不仅要维持、保护自身的市场份额与优势，还要承担扩大行业市场、建立行业规则的责任，以推进整个行业的有序发展。

10. 通过攻击性行为抢占他人市场份额的品牌被称为市场挑战者。挑战者应选择合适的挑战对象（领导者、实力相当者、实力较弱者）进行针对性进攻，而非不加选择地一味盲目进攻。

11. 市场追随者采取跟随、模仿其他品牌的方式以维持、提高市场份额，安于次要地位，与被追随者"和平共处"是其主要特征。追随者是阶段性的，也需要创新发展。

12. 市场补缺者主要以特定、较小的细分市场为目标市场，需要通过专业化经营成为具体领域的专家。

◭ 关键术语

品牌　品牌价值　品牌化　品牌归属　制造商品牌　虚拟经营品牌　中间商品牌
品牌延伸　统一品牌　独立品牌　分类品牌　复合品牌　主副品牌　联合品牌
品牌元素　品牌定位　品牌形象　属性定位　利益定位　迎头定位　品类定位
首席定位　高级俱乐部定位　使用者形象定位　品牌个性　品牌联想　领导者
挑战者　追随者　补缺者

◷ 简答题

1. 产品与品牌存在怎样的联系和区别？

2. 品牌对顾客的价值体现在哪些方面？

3. 品牌延伸体现在哪些品牌组合决策中，具体体现是什么？

4. 品牌元素的设计原则有哪些？

5. 如何理解品牌定位是一个体系？

6. 简述品牌差异点的选择标准。

7. 从哪些方面可以强化品牌联想？

8. 简述市场领导者的基本职责。

◉ 思考题

1. 品牌是否会因为产品性质的不同，而在品牌价值的表现方面各有侧重？请举例阐述。

2. 如何看待制造商"代工"或"贴牌生产"的经营模式？

3. 在现实生活中，工业品主要采用哪种品牌组合决策？为什么？

4. 追随者应如何处理模仿与创新的关系？

◉ 实践与探讨

　　牙膏市场品牌众多，特色鲜明。请以四人为一组，选取4个分属不同市场角色的牙膏品牌，每人选择一个品牌，围绕以下问题进行品牌定位的探讨与交流。

1. 该品牌的主要竞争对手是谁？主要品牌特色是什么？

2. 该品牌采用什么定位方式？品牌个性与形象是什么？

3. 该品牌的品牌特色与品牌形象是否相辅相成、和谐有序？请分析。

4. 市场角色是否对定位产生影响，产生了什么影响？请组内外交流后，归纳总结。

◉ 互联网实践

　　瓶装饮用水是生活中最为常见的一种产品，产品简单、价格适中、品牌林立。相较于其他产品，不同饮用水之间的物理差异较弱，尽管存在微量元素、PH值等方面的差异，但这种差异很难被顾客感官体验，顾客更不会对服务、人员、渠道存在特别需求。

　　登录农夫山泉与百岁山的官方网站，分析它们是怎么创造差异、赋予产品情感色彩的。

第 4 部分

策略推进：连接需求

当目标市场的需求被阐释出来后，还需要营销者通过具体策略及行为连接目标市场，使目标市场认识并接受这种需求及产品，否则只能是"镜花水月空留叹"。

首先，要有好的产品。好的产品既是满足需求的手段，也是创造需求的引信。好产品的核心是对需求的理解，且能随着需求的演变不断完善。

其次，要有好的价格。好价格的核心不是成本，更不是利润，而是由需求决定的顾客价值，成本只是创造顾客价值的必要支出。

最后，好的渠道与传播也不可或缺。一个不为市场所知的产品和品牌是没有意义的。营销者需要对产品背后的需求、生活方式、商业模式进行阐释、传播，使之被目标市场接受，并且使产品方便购买，否则就是"杨家有女初长成，养在深闺人未识"。渠道和传播在保证需求扩大的同时，可以实现目标市场与营销者之间的互动交流。

无论是产品、价格、渠道、传播还是其他策略组合，营销策略都是在推进需求与产品、目标市场与品牌之间的连接，实现匹配，促进销售，达成组织利润和顾客价值的双赢。

第 9 章
产 品 策 略

做什么产品，是认知；做出产品是实践，（这个过程）是认知走向实践；做好产品，这是
迭代，一次比一次正确，这是实践也是深化认知……从认知走向实践、由实践深化认知，这
是符合辩证法的。

——任正非

华为公司创始人

营销的本质是顾客需求的创造与传递，而产品则是满足顾客需求的手段。因此，产品策
略在整个营销策略中居于核心地位，价格、渠道和传播都是为产品服务的。需求大都有复杂
而非单一的结构，产品也有复杂的结构与之对应。人们的需求是变化的，产品也以自身的变
化适应并推动着需求的变化。人们的需求多种多样，产品也因此五彩缤纷。

产品既可以是有形的物品，也可以是无形的服务、体验……尽管形态、内容不一，存在
明显差异，但对于组织和顾客来说，它们都是产品，都是顾客实现需求的手段，只不过有的
产品产销两旺，有的产品却无人问津。因此，能否从顾客角度去剖析产品，厘清产品层次与
层次间的关系，能否优化产品组合，能否随着产品生命周期的发展及时调整营销策略、开发
新产品，是组织能否创造、传递并满足顾客需求的基础。

9.1 产品整体概念

随着社会与技术的发展，顾客对产品存在诸多利益与价值追求，产品通常也包括众多功
能与属性。从表面上看，顾客购买的是具体产品，但他们对产品众多功能与属性需求的迫切
性并不一样，组织应该围绕哪种利益进行产品研发与生产呢？为什么看上去功能、属性差不
多的产品却存在巨大的价格差异？组织往往通过差异化产品的提供来区别竞争对手、激发顾

客偏好，产品的差异化应该如何演进才更有可能获得较高的营销成效呢？从整体的角度来看待、理解产品，有助于上述问题的回答，也是从营销角度对产品的定义与诠释。

9.1.1 产品层次

从营销的观点看，产品是一个包括核心产品、形式产品和附加产品 3 个层次的整体，如图 9-1 所示。核心产品规定了产品提供的核心利益，形式产品是核心产品的载体，附加产品是对产品核心利益的扩展，形式产品、附加产品必须体现、加强核心产品所要表达的利益诉求。

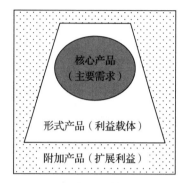

图 9-1　产品整体及层次

1. 核心产品

核心产品（core product）是指产品提供给顾客的主要利益，代表了"购买者真正要购买的东西"，即顾客购买产品时主要满足的需求。

营销者只有认识到自己提供的产品能够满足的顾客的核心利益是什么，才能有效识别竞争者，制定有效的竞争策略。只有当电视机的生产厂家意识到自己销售的是"家庭共享娱乐"时，才能避免被手机、平板电脑等娱乐设施所替代；或者重新定义核心产品，以"影像终端设备"细化需求场景，拓展市场。

2. 形式产品

形式产品（basic product）是指实现核心产品的有形载体，是核心产品的实现方式和外在表现，包括技术、结构、质量、性能及由此决定的造型、款式等内容。如一辆轿车由发动机、传动系统、安全系统和车身等部件构成，这些部件有各自的质量、性能和特色，不同的燃油效率、输出动力、抗冲击性、外观等确定了整车的油耗、速度、款式等质量、性能和特色。

对形式产品的理解需要注意两个方面：一是当核心产品的实现方式在技术、结构上存在显著区别时，形式产品之间就存在属类竞争或形式竞争，详见第 4.3.2 节，这些实现同一核心利益的不同形式的产品往往被视为不同的产品。二是有些形式产品在外在表现上差异不大，甚至被视为同类产品，但核心产品可能并不相同，如同为少儿舞蹈培训机构，核心产品就有培养舞蹈兴趣、强化舞蹈技能之别。

形式产品是产品不可或缺的层次，离开形式产品，核心产品就只是一个概念而已。同时，形式产品比核心产品更为直观和形象，更容易被顾客所理解。因此，形式产品也就成为组织和顾客沟通、传递核心产品的有效工具。但营销者如果由此过度关注自身形式而不能把握核心产品，从核心产品的角度来理解竞争，其危害也显而易见。

3. 附加产品

附加产品（augmented product）是指附属于产品的一些附加服务和利益，包括品牌形象、互动体验、售后服务、使用保证等。从本质上看，附加产品不是产品所必需的。但在核心产品、形式产品趋同的情况下，谁能更快、更多、更好地满足顾客复杂利益整合的需要，谁就更能赢得竞争。一方面，购买者除了希望满足其主要需求（核心利益）之外，还希望满足其他相关需求；另一方面，随着产品技术的日益复杂，竞争品牌日渐增多，信息不对称性日趋严重，购买者需要得到组织对产品使用过程和使用结果的质量保障与承诺。

⊖ 讨论 9-1

产品整体视野下的台灯

台灯的核心产品是照明，增强小范围内的光线。大多数台灯是将电能转变为光能而实现照明的，光源种类繁多，有白炽灯、节能灯、LED灯等；控制开关的方式也多种多样，如触控、声控、亮度可调式——这两者构成了台灯的形式产品。在设计风格上，台灯有欧式、韩式、现代简约、中式复古等多种风格；在材质上，有玻璃磨花、陶瓷彩釉、金属、塑料等多种材质；在结构上，有立柱式、折叠式、夹子式等结构风格。我们已经很难区分它们是形式产品还是附加产品了。

右上角的图片是一位毕业生用 3D 打印机打印的一款台灯，送给老师留作纪念，此时台灯的核心产品是什么，有没有发生变化？

也有学者将产品整体划分为 5 个层次，依次为核心产品、形式产品、期望产品、附加产品和潜在产品。期望产品是指顾客购买产品时希望和默认的一组属性及条件，如旅客期望干净舒适的床、安静的环境等。这些属性一般都是顾客对产品的最低要求，组织必须予以满足。潜在产品是指顾客当前尚未意识到或暂时还不能实现的产品属性，如现在手机的拍照功能、上网功能在多年前都属于潜在产品。

9.1.2 产品进化

只有 3 个层次都具备的产品才是完整的，但这并不意味着产品的每个层次在提供时都是完美的，更不等同于顾客在任何时候对 3 个层次的关注度都是一样的。产品整体是在成长中逐步完善的，顾客对产品各层次的关注度也会随着环境、个人等因素的变化而变化。这就要求组织把握产品的进化规律，适时改进产品。

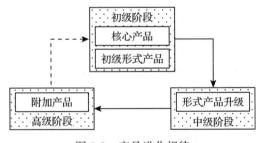

图 9-2 产品进化规律

1. 进化规律

一般而言，产品整体的 3 个层次是在技术进步和顾客关注点转移的共同作用下分阶段逐步形成、完善起来的，如图 9-2 所示。

初级阶段 在新产品推出的初期，形式产品只是刚刚能够达到核心产品的要求，在质量、性能等方面还多有不尽如人意之处，而且价格高昂。顾客为拥有新产品而兴奋，对形式产品缺陷的包容度较高。手机刚刚推向市场时，作为通信工具，其通话质量不如固定电话，价格更是固定电话的多倍，体积、重量也和如今的智能手机相差甚远，但依然受到市场追捧。

中级阶段　随着技术进步，受技术门槛下降和市场热度的诱惑，竞争者随之而来，产品质量不断提升，性能趋向稳定，顾客有了更多的品牌选择，注意力也因核心产品的同质化而逐渐转向形式产品。形式产品步入升级、多样化阶段。

高级阶段　当更多竞争对手加入，顾客选择余地越来越大，而形式产品改进的余地又越来越小时，顾客的关注逐渐转向附加产品，组织争相开发附加产品。产品发展进入高级阶段。

综上所述，当新产品刚推向市场时，顾客最关注的是核心产品，即该新产品是否能比以前的产品更好地满足自己的需求，或激发了新的需求；当核心产品的实现趋于稳定后，顾客开始关注形式产品的改进；最后强调附加产品的有效提供。显然，组织也应基本遵循"核心产品—形式产品—附加产品—新的核心产品"的产品革新改进路径。

2. 进化原因

产品层次之所以存在上述演变规律，主要受以下 5 个方面的影响。

技术进步　技术进步是产品进化的根本原因和动力。一项技术总是经历从猜想到实验，再到商业化的过程，并且在商业化过程中不断成熟、稳定，产品实现其基本功能的能力越来越强、越来越可靠，成品率越来越高，成本越来越低，由此推动形式产品对核心产品的实现越来越完美，产品改进的重点逐步转移。

顾客收入水平　当顾客收入水平较低时，对核心产品的关注度较高，产品只要能保证主要功能的实现即可，因为多余的形式产品及附加产品将直接带来价格的提升。随着收入水平的提高，顾客对形式及附加产品的关注度将越来越高。

对产品技术的认知　若产品技术复杂或顾客对产品是陌生的，顾客的知识和能力决定了他只能关注产品的附加部分，希望品牌能够承载品质。

产品生命周期　当产品处于引入期、成长期时，顾客关注核心产品。随着产品技术的成熟，顾客对产品也越来越熟悉，形式产品对顾客来说就变得非常重要，大多数顾客对形式产品和附加产品的重视甚至超过了对核心产品的重视。但这并不意味着核心产品不再重要，而是核心产品较难呈现有意义的差异。

供求变化　当供不应求时，顾客处于被动状态，只求核心产品能满足需求；当供过于求时，顾客处于主动状态，会在款式、服务等形式产品和附加产品上进行品牌比较。

除了上述几个方面外，顾客的消费观念、偏好也会影响其对产品层次的重视程度。例如，保守型的顾客往往更注重核心产品，爱社交的顾客往往对品牌、款式会关注多一点，时尚、求新的顾客会为附加的小功能、小部件兴奋不已。

⦿ 材料 9-1

口香糖大市场

中研普华产业研究院发布的《2023—2028 年中国口香糖行业深度调研与发展趋势预测研

究报告》显示，中国口香糖市场规模超过了 500 亿元，是全球第二大口香糖市场消费国。

口香糖以天然树胶或甘油树脂为胶基，加入糖（或代糖）、香精、软件剂等物质，调和压制而成。胶基的黏性很强，可以去除牙齿表面的食物残渣，香精的添加也有助于口气的改善。所以，在最初的竞争中，各大品牌都围绕社交、清新口气（核心产品），在胶基、香精的用料、配方（形式产品）上做文章，并逐渐在口味、口感、持久性方面形成独特差异，如绿箭的薄荷口味、炫迈的美味持久。

但随着大众口腔护理意识的提高，消费者开始考虑口香糖对牙齿的伤害，一些可食用的清新口气的糖果类食品不断涌现，口香糖品牌也开始围绕"保护牙齿"，在糖（或代糖）及其他添加物上进行创新，并催生出包装、形状上的变化。如益达的无糖概念，清至的"洁净感觉嚼出来"口号都在迎合顾客需求，瓶装、粒状、Q 弹有嚼劲、脆皮、软心等差异化浪潮一浪高过一浪。而今，一批主打提神醒脑、增强记忆、消除烟瘾、补充能量的口香糖也正受到关注，销售量渐长。

9.2   产品组合与优化

大多数企业都生产经营着一种以上的产品，它们成为一个产品组合。因此，在明确单个产品的整体层次及进化规律的基础上，以企业为代表的组织还要在有限资源约束下，考虑哪些产品需要发展、哪些需要维持、哪些需要淘汰，不断优化自己的产品组合。产品组合优化通常围绕产品线的宽度、长度与产品项目展开。

9.2.1   产品组合分析

1. 产品组合

产品组合（product mix）是指组织提供给顾客的全部产品，按照产品之间的关系，由产品线与产品项目组合而成。产品线是同类系列产品的集合，是通常意义上的产品类别或品种，这些产品或以类似的方式发挥功能，或面向同一目标市场，或借助相同的渠道销售，或存在相似的价格波动……产品线的划分没有绝对统一的标准，一条产品线也可以包括若干条子产品线。产品项目是同一产品线中具有相同或相似属性（如产地、外观、包装）、规格（如技术参数、质量等级、成分、尺度、体积）产品的集合，产品项目通常用型号、品牌等细目加以区分与识别。如表 9-1 所示，中国中车集团的内燃机车和谐系列包括 HXN3 型、HXN5 型 2个型号，根据使用环境、司机室结构等属性，又包括 6 个具体产品。

产品组合可以从宽度、长度、深度和黏度 4 个方面来衡量。宽度是指产品组合中包含的产品线总数，也可称为广度；长度是指产品组合中产品项目的总数；深度是指产品线中每个产品项目的具体产品数；黏度也称相关度，是指不同产品线在最终用途、生产条件、分销渠道或其他方面相互关联的程度。

产品组合的衡量具有一定的灵活性，根据具体语境与需要而展开。例如，中国中车集团拥有铁路装备、城轨与城市基础设施、新产业及现代服务四大业务板块，铁路装备业务板块设有机车、动车组与客车 2 条子产品线，机车产品线又包括内燃机车、电力机车、新能源机车 3 类产品。其中，内燃机车类产品共有五大系列 46 个型号 105 个具体产品，如表 9-1 所示。从企业整体业务层面来看，中车集团的产品线宽度为 4；从机车事业部层面来看，其产品线宽度为 3；但就具体的内燃机车类而言，其产品线宽度为 5，长度为 46（平均长度为 46÷5≈9），深度为 105（平均深度为 105÷5=21），5 条产品线在高速化、智能化、环境友好等技术、品控方面高度相关，但在使用情境、传动方式、轨道标准等方面存在较大差异。

表 9-1　中国中车集团的内燃机车类产品线 ⊖

和谐系列	HXN3 型、HXN5 型 2 个型号；HXN3 型、HXN3 高原型、HXN3B 型、HXN5 型单司机室、HXN5 型双司机室、HXN5B 型 6 个具体产品
东风系列	DF11、DF4、DF5、DF7、DF8、DF10、DF11、DF12、东风 4、东风 8、东风 10、DFH2、DFH4、DFH5、DFH7、青藏高原用 16 个型号，共 37 个产品
出口机车	SDJ6、CDD5A、SDA2、CK5、CK6、CKDOA、CAD6E、CKD7、CKD9、SDD、SDA、DF7G-E（爱沙尼亚）、马来西亚、SDD6 型 14 个型号，共 38 个产品
路外机车	TY360、TY600、GCY450、JMD600、东风 21、SDD11、GK1、GK2、GK3、GKOC、GKOD 型 11 个型号，共 21 个产品
内燃动车	NZJ1、NZJ3、金轮号 3 个型号，共 3 个产品

2. 波士顿矩阵

任何优化决策都依赖对现有产品组合的分析，毕竟环境无时无刻不在变化，每个产品的市场表现、利润贡献也会随之改变，营销者需要通过对产品组合的分析进行调整优化。产品组合分析就是分析产品线、产品项目的现状和潜力及产品组合的整体合理性，较为常用的工具为波士顿矩阵。

波士顿矩阵也称波士顿市场成长 – 市场份额矩阵（简称 BCG 矩阵），是波士顿咨询集团于 20 世纪 70 年代初期开发的一种分析企业多元化产品组合的技术工具。波士顿矩阵以产品的相对市场占有率和市场增长率为参数分析产品组合。相对市场占有率是某产品的市场占有率与最大竞争对手的市场占有率之比。市场增长率是组织对产品下一年度市场需求（销售）增长率的预期。市场增长率高低的分界点可依据组织实际情况予以设置，一般以 10% 为基准。相对市场占有率通常以 1 作为高、低市场份额的区分点，相对市场占有率大于或等于 1 意味着该产品目前是市场领导者。

图 9-3 以某企业为例绘制了其波士顿矩阵，圆圈代表具体产品，位置对应市场增长率和相对市场占有率的高低，圆圈大小意味着销售额的大小。基于相对市场占有率和市场增长率划分出 4 个区间，处于这 4 个区间的

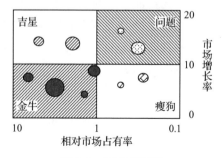

图 9-3　波士顿矩阵

⊖　根据中国中车集团官网信息汇总。产品型号用于区分同一类型不同规格的产品，厂家按照一定的编码原则用数字或字母标记，如在 HXN3 中，HX 代表和谐号，N 代表内燃机车，数字代表不同的生产基地。同一型号的产品功能是相同的，但可以基于配置和附件等诸方面的不同而在附加或扩展功能上存在区别，这也侧面解释了产品项目仍是产品集合的本质，即一个产品项目可以包括多个产品。

产品分别被称为吉星、金牛、问题、瘦狗产品。

吉星（stars，高增长率、高市场份额）产品 吉星产品处在快速增长的市场中并且占据市场的支配地位，该企业可能是早期进入者。对于吉星产品，企业现金流的正负取决于新工厂和产品开发投资量与收益的比较。这类产品经过一段时间的发展，市场渐渐饱和，增长率下降，最终既可能转变为金牛产品，也可能转变为问题产品。通常，企业应加大投资，积极扩大经济规模和市场机会，提高市场占有率。

金牛（cash cows，低增长率、高市场份额）产品 较低的市场增长率意味着有限的增长前景和只需要少量的投资，较高的相对市场占有率说明产品在市场上处于支配地位。所以金牛产品是一些相对成熟的产品，销售量大、利润率高，企业只需要保持稳健的生产和营销即可，无须扩大投资，可通过进一步的市场细分维持现有的市场增长率或延缓其下降速度。毕竟金牛产品具有支配地位，拥有规模经济和高边际利润的优势，是企业利润的主要来源。

问题（question marks，高增长率、低市场份额）产品 问题产品在一个成长性市场上处于弱势地位，该企业可能是晚期进入者。对于问题产品，企业需要较多的投入才能满足迅速增长的市场需求并赶超市场领导者，成为吉星产品，否则将沦落为瘦狗产品。对于此类产品，企业应根据自身的资源、能力和目标，确定是否进行大规模投入，确保其成为吉星产品，否则应予以放弃。

瘦狗（dogs，低增长率、低市场份额）产品 瘦狗产品往往出现于市场的引入期或衰退期，市场增长缓慢，不具有竞争优势，难以产生正向的现金流。从利润角度来看，企业通常会采用收缩或放弃战略，但不能一概而定，需要考虑瘦狗产品是否具有战略或其他现实意义。例如，瘦狗产品处于市场引入期，需要长期培育，具有战略性；又或瘦狗产品与金牛产品具有互补性，放弃瘦狗产品可能会影响金牛产品。

利用波士顿矩阵，企业可以掌握并预测各产品发展状况，明确产品结构现状及组合的合理性，从而确立对具体业务单元或产品的战略目标，合理、高效地分配企业资源。当然，未充分考虑产品之间的关联性，预设市场份额与投资回报正相关是波士顿矩阵的局限所在。除了波士顿矩阵以外，方向性政策矩阵和生命周期组合矩阵等工具也常被用于产品组合分析。方向性政策（DPM）矩阵在波士顿矩阵的原理基础上被开发出来，其实质是把外部环境与内部环境结合起来，对企业各项业务所处的战略位置做出判断，进而提出指导性战略规划。生命周期组合（ADL）矩阵是阿瑟·D. 利特尔公司提出的一种投资组合管理方法，以产品生命周期理论为基础，从产业发展阶段和企业竞争地位两个维度，对企业的业务进行划分和选择。

9.2.2 产品线决策

产品线决策包括宽度与长度两部分内容。产品线宽度决策是对增加 / 减少产品线数量、增加 / 减少什么产品线的决策，反映了组织业务领域与经营范围的调整，最能体现组织战略追求精进与变化，也是顾客最容易掌握与描述组织性质的线索；产品线长度决策是对延伸 /

收缩产品项目数量、延伸和收缩什么产品项目的决策，代表组织对顾客需求的覆盖程度。

1. 产品线宽度决策

严格意义上来讲，产品线宽度决策属于组织发展的战略性决策，受组织使命、产业布局、市场及业务发展态势、供应链管理、组织自身的资源及能力等因素的影响，并不由营销部门决定，但营销部门可以依据产品组合分析提出宽度调整建议。

● 案例 9-1

大疆的开疆拓土之路

2023 年 12 月 8 日，大疆首次公开发售 DJI Power 系列的两款户外电源，正式进入便携式储能市场。依赖多年来在电池电芯、电源管理等环节上的自主知识产权积累，大疆此次的跨界动作显然是出于无人机生态布局的需要，毕竟电池续航能力和充电效率直接影响用户的无人机使用体验。

作为中国智造的代表企业，大疆开创了消费级无人机市场新纪元，将原本军用市场的无人机带入大众娱乐视野，连续多年占据全球无人机出货量的 70% 以上。为了谋求业务与收入多元化，抵御外部环境的不确定性，大疆在 2016 年推出手持云台 Osmo，通过三轴云台稳定技术，让更多拍摄者能够轻松获得超稳定的影像作品；2019 年，大疆进军教育领域，推出了教育机器人产品——机甲大师 RoboMaster S1，激发孩子对机器人的兴趣；2021 年，大疆涉足智驾领域，宝骏 KiWi EV 成为全球首款搭载大疆车载系统的量产车型；2024 年，又传出大疆有意进军无反相机、扫地机器人等领域的消息。在这些看似毫不相干的新增业务中，大疆均从用户需求出发，利用技术和解决方案去攻克痛点，创造更好的体验，从而打开新的市场空间。

资料来源：什么值得买 . 大疆杀入储能红海！无人机巨鳄的跨界逻辑是这样的 [EB/OL].（2023-12-26）[2025-04-01]. https://post.smzdm.com/p/admxdw3p.

虽然产品线宽度的调整并非营销决策内容，但组织的产品线宽度（业务领域及经营范围）是其品牌形象传播中的重点内容。更重要的是，营销部门需要依据产品线进行营销资源协调与策略整合，包括但不限于以下内容。

传播整合　若多条产品线的目标顾客有相同或交叉的信息搜集渠道或方式，那么组织可以在广告、公共关系、媒体选择、信息主题和内容等传播要素之间进行整合，以提高传播效率和效益。

渠道整合　若多条产品线在销售渠道、销售方式方面相同或存在交叉，那么组织可以通过同一条销售渠道、同一方式进行销售，从而减少组织的渠道费用。

顾客管理整合　若多条产品线有共同或交叉的顾客，那么组织可以对这些顾客进行统一管理与关系维护，促进交叉销售。

2. 产品线长度决策

合理的产品线长度可以更好地满足顾客的异质性需求，形成规模效应，对组织绩效与销量产生正向影响。产品线长度往往根据组织的发展目标与市场环境而定，并不存在长优短劣或短优长劣之说，但在实践中，产品线具有不断延伸的总体趋势。一方面，技术的进步与生产能力的提升为产品线延伸提供了现实基础；另一方面，产品线长度作为一种重要的竞争策略越来越被广泛运用，营销团队与中间商也希望通过产品项目的丰富来满足更多顾客的不同需求，便于应对竞争对手的攻击，在渠道展示、营销费用、品牌资产等方面寻求规模效应。当然，不恰当的延伸也会造成品牌形象或产品特色模糊、资源投入分散、产品项目间内耗等弊端，破坏顾客忠诚度，影响产品销售及利润。

同一产品线中的产品项目必然存在差异，根据所调整的产品项目与现有产品项目的差异化类型，产品线长度决策可以分为横向决策与纵向决策。

横向决策 横向决策是指产品线长度的延伸和收缩围绕产品项目的横向差异化展开，即调整的产品项目与现有产品项目在质量、价格上基本保持一致，但在外观、尺寸、包装等属性方面存在差异，这些属性的差异在价格等条件一致的情况下，不同的顾客并不具有一致的偏好。也就是说，属性的差异不存在"好坏"之分，主要与顾客的主观偏好有关。如云南白药牙膏先后上市的 180g 留兰香型、210g 薄荷清爽型、165g 冬青香型 3 款产品就属于产品线的横向延伸。

纵向决策 纵向决策是指产品线长度的延伸和收缩围绕产品项目的纵向差异化展开，即调整的产品项目与现有产品项目在质量、性能、价格等方面存在差异，这些差异在价格等条件一致的情况下，不同的顾客具有一致的偏好。显然价格相同时，几乎所有的顾客都会选择质量高、性能优的产品。产品线的纵向决策既可以满足不同价格层次的顾客，又能产生价格锚定效应，通过产品线定价寻求更高利润空间，详见第 10.2.2 节。从延伸角度进行划分，产品线长度的纵向决策又可细分为向上延伸、向下延伸与双向延伸 3 种。向上延伸是指在原有的产品线基础上，增加更高等级、档次、价格的产品项目；向下延伸与之相反；双向延伸则向高、低两个方向提供产品项目。一般而言，为减少顾客在品牌认知上的混乱，避免品牌定位受损，营销者多采用多品牌或子品牌策略。

需要强调的是，产品线长度决策并不仅仅取决于各产品项目的盈利状况。产品线中各产品项目所承担的功能并不完全一致，有些是利润的来源，有些可能是阻击竞争对手的需要，有些则是出于产品线完整性的考虑。虽然大多数顾客的选择会集中于某几个产品项目，但完整的产品线可以增强顾客对其选择结果的合理性的信心。

🔘 案例 9-2

比亚迪光速布局

2023 年 11 月 24 日，比亚迪宣布第 600 万辆新能源汽车下线，全年销售总量达到 3 024 417 辆，同比增长 61.9%，成为全球新能源汽车销量第一品牌，其中王朝系列产品占比 66%，海洋系列产品占比 28%，腾势、方程豹、仰望 3 个高端品牌共占比 4.8%。

2024 年 2 月，比亚迪仰望系列推出首款售价高达 168 万元的纯电性能超跑仰望 U9，王朝与海洋系列推出 40 款不同配置的"荣耀版"车型，如表 9-2 所示，引发市场高度关注。

表 9-2 2024 年 2 月比亚迪新上市车型

比较维度	产品线						
	王朝				海洋		仰望
产品项目	汉荣耀版	唐 DM-i 荣耀版	秦 PLUS 荣耀版		驱逐舰 05 荣耀版	海豚荣耀版	U9
			混动 DM-i	纯电 EV			
配置车型	10 款	10 款	5 款	5 款	6 款	4 款	1 款
价格区间	16.98 万～25.98 万	17.98 万～21.98 万	7.98 万～12.58 万	10.98 万～13.98 万	7.98 万～12.88 万	9.98 万～12.98 万	168 万

业内人士指出，比亚迪在 10 万元内的价格带仅有海鸥这一车型，产品单一，驱逐舰 05 荣耀版的上市意在通过产品扩容，对抗通用五菱；10 万～20 万元的价格带是国内乘用车消费的主力区间，近乎占据整个市场的一半份额，新能源汽车的替代空间广阔。比亚迪在该价格带投放的新品也最多，可以凭借规模及定价权优势，稳定销售基本盘；而 168 万元的仰望 U9 显然承担了高端突破的任务，通过对 100 多万元价格带进口车型的垄断打破，意在塑造仰望的超级技术与高端形象。

资料来源：未来智库 . 2024 年比亚迪研究报告：升级换代提升产品力，规模优势铸就护城河 [EB/OL].（2024-01-30）[2025-04-01]. https://www.vzkoo.com/read/202401309548b95a8ad5f869aa5284e9.html.

9.2.3 产品项目决策

产品项目决策主要解决如何使产品项目更具吸引力与生命力的问题。为适应顾客需求变化与竞争发展，除了研发创新、精益生产等方面的支撑保障以外，产品项目的与时俱进、升级优化还需要围绕以下内容进行决策。

1. 特色化决策

特色化决策是指在产品线内，强化产品项目的独特性，从而在顾客认知上形成与其他产品项目的区隔。产品线长度决策中的横向、纵向差异化围绕产品项目的物理属性展开，但由于信息的不对称性或顾客专业知识的缺乏，需要通过特色化决策，凝练、强化产品项目的独特性，在顾客认知上形成差异化。这种差异可以是物理属性上的，如性能、成分、口味等，也可以是基于物理属性差异而形成的目标市场、心理情感上的区别。当然，这种差异化不能脱离产品线本身的定位与一致性，即特色化决策需要在产品线的规划框架与形象体系下展开，产品项目间既存在统一性，又要有差异性与独特性。

如案例 9-2，比亚迪的王朝系列主要面向家庭用户，风格偏沉稳、大气，价格覆盖 10 万～30 万元区间。其中，秦家族是入门级轿车车型，主打经济实惠；唐家族的车型为中型 SUV，配置高端豪华，动力强大；汉家族为中大型轿车，属于商务用车和豪华轿车，拥有出色的稳定性与舒适性；宋家族是紧凑型 SUV，适合城市代步，驾驶灵活，面向中端用户；元家族是小型 SUV，属于年轻时尚车型，通过性出色，适合年轻人家庭出游使用。

2. 服务化决策

第 9.1.2 节的产品进化表明，随着核心产品的稳定与形式产品的趋同，产品的发展与竞争将围绕附加产品展开。作为附加产品的重要组成部分，个性化、差异化的服务就成为组织开拓新市场、避开价格竞争并以此区别竞争者的重要手段。服务化决策就是围绕产品项目，通过服务内容的拓展与服务质量的提升，将有形产品与服务有机结合的决策。组织通过服务化决策，除了能够增加产品附加值，更好地满足顾客需求，提升产品竞争力以外，还可以通过差异化、个性化的服务提供，增强顾客与产品的黏性，提高顾客的忠诚度，实现持续性盈利。通常，组织围绕产品项目所提供的服务至少包括以下内容。

基础性服务 基础性服务面向所有顾客，主要目的是方便顾客购买、使用，保障产品正常运行，属于组织义务性提供的常规服务，不可缺少，如产品讲解、安装、调试等。

增值性服务 增值性服务是指超出基础性服务范围的服务或采用超出常规的服务方式提供的服务，主要面向特定群体，具有个性化、差异性特征，能够创造顾客价值，带来增值体验，如销售承诺、升级优化、定期保养等。

补救性服务 补救性服务是当组织在产品与服务的提供中出现失败或错误的情况时，为留住顾客、充分保障顾客利益而做出的弥补性反应及措施。随着产品日趋复杂，当信息不对称性显著时，产品或服务失误难以避免，顾客购买的风险也就越高，因此补救性服务应具有主动性，是组织或服务者主动发现产品或服务失误并及时采取措施解决失误，而非坐等失误发生后，由专门人员处理顾客抱怨，这也意味着补救性服务具有鲜明的现场性，可以授权一线员工及时采取补救措施。

需要强调的是，上述服务并不仅仅发生在售后阶段，而是贯穿售前、售中和售后使用整个过程。当然，伴随着顾客对服务质量的要求越来越高，服务外包也日渐成为制造企业整合外部资源、转型发展的重要途径，产品服务化⊖（servicizing）成为趋势。

🌐 **材料 9-2** 　　　　　　　　　　　　　　　　　　　**课程思政**

制造业转型升级：从生产型制造到服务型制造

"十三五"规划纲要指出，未来中国制造业的发展重点是努力推动"生产型制造"向"服务型制造"的方向转变，"十四五"规划和 2035 年远景目标纲要进一步提出"发展服务型制造新模式，推动制造业高端化、智能化、绿色化"。

当前，我国正处于新旧动能转换、促进实现高质量发展的重要时期，单纯依赖制造业本身的创新能力已难以完成转型升级的更高要求，亟须以现代服务业尤其是科技与信息服务业为支撑，通过现代服务业与先进制造业的深度融合，将互联网、物联网、人工智能等新兴技术嵌入制造过程，推动制造企业从提供单一产品向提供"产品＋服务"乃至"制造融合服务"转变，实现产业结构和产品结构的高效化、高端化和服务化。

2024 年 4 月 8 日，毕马威中国发布《智能工业企业未来展望》报告。报告显示，中国制造企业总收入中已有 23% 来自服务，有 37% 的企业通过销售服务增加收入，28% 的企业提供现场技术人员服务，27% 的企业提供系统集成服务，到 2025 年末，数字赋能型服务将占制造企业服务收入的 72%，而非数字赋能型服务收入将下降 1%。

⊖ 产品服务化是指产品被视为传递服务的媒介或平台，制造企业由产品提供者向服务提供者转型。

3. 质量感知决策

产品质量是顾客品牌评估与购买决策的重要判断依据，分为客观质量与感知（主观）质量。客观质量（objective quality）就是按照严格标准与规定所测得的质量，往往通过技术规格、物理特性、成分结构等指标来量化评估，是对产品技术的反映；感知质量（perceived quality）则是顾客通过视觉、听觉、触觉等感官系统及对相关信息的判断而对产品质量形成的评价，也称主观质量。相较于客观质量，感知质量是抽象的、笼统的、难以量化的，受到顾客个人背景、主观意识（如价值观、经验、情绪、偏好）、感官体验（如手感、交互程度）、使用场景等因素的影响，多以好用、精致、劣质等主观词汇表达。

客观质量是产品真实质量的体现，而感知质量则是顾客的主观判断。虽然客观质量是感知质量的基础，但两者并不一致，存在偏差，高客观质量并不一定能获得较高的感知质量。因此，感知质量决策就是在客观质量高水准的基础上，通过线索的开发、提供与传播，提升顾客对产品质量的感受与评价。

顾客判断产品质量的依据被称为线索（cue）。信息不对称的普遍存在使得顾客只能依赖与产品相关的线索来判断产品特性，进而形成购买决策。根据线索的特性，线索分为内部线索（intrinsic cue）与外部线索（extrinsic cue）。内部线索是指产品本身的特性，如技术概念、成分、外观、重量、味道，这些属性不会被改变，也不受外界控制；而外部线索是指与产品相关但是可以被改变的属性，或是与产品本身无关的信息，如产地、价格、包装、销售承诺、代言人推荐、品牌形象、服务人员仪表等。

需要强调的是，在竞争激烈的市场环境下，品牌间致力于通过线索的争夺来开发、教育市场，多种线索被开发、提供，但顾客是否认同、信任、依赖这些线索来判断质量需要营销者在线索呈现与传播上更加精细、到位，线索的可视化、可验证需要被强调。随着网络技术与数字技术的发展，产品功能、结构、操作、线索的具象化展示已成为现实，营销者完全可以通过体验平台，借助可视化手段及互动、服务等措施，让产品"活、动"起来，从而加强顾客对产品质量的感知，实现销售转化。

9.3　产品生命周期

产品一般不会无止境地在市场上延续下去，随着产品及市场的成长，顾客对产品整体各层次、产品本身的功能和质量、产品组合等的态度和追求都会发生明显的变化，这种变化如同生命一样，存在不同的形态及从出生到衰亡的过程。生命周期理念不仅体现在产品上，也体现在技术、品牌、顾客、组织等方面的发展变化上。

与其他生命周期不同，产品生命周期不是产品自然生命或使用生命的反映，而是产品市场寿命的体现。产品生命周期既是社会发展的结果，也是组织营销活动的结果。营销者需要积极适应产品生命周期的变化，针对不同周期阶段采取不同的策略，更要主动引导这种变化，使之朝着有利于社会和组织发展的方向演变。

9.3.1　产品生命周期形态

1. 产品生命周期及阶段

产品生命周期（product life cycle））是指一种产品从投入市场到退出市场的全部过程，表现为一条随时间推移的产品销售（需求）量变化的曲线。这也意味着：①任何一种产品的生命都是有限的；②产品生命周期可以划分出不同的阶段；③在产品生命周期的不同阶段，产品面临的机会和威胁不同，适用的营销策略不同。

典型的产品生命周期表现为一条 S 形曲线，一般可分为引入期、成长期、成熟期和衰退期 4 个阶段，如图 9-4 所示。

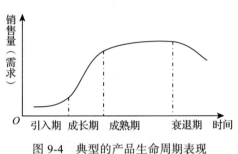

图 9-4　典型的产品生命周期表现

引入期　在这一阶段，产品刚刚推向市场，顾客对产品不了解，销售量较低、增长缓慢。产品技术及性能还不够完善，需要较高的研发投入，组织需要对市场进行培育，营销费用高，产品利润较低甚至亏损，市场风险高。

成长期　顾客开始了解并逐渐接受产品，销售量及利润迅速增长，产品技术及性能大幅度提升，生产实现规模化，大批竞争者也随之进入市场。当然，并不是所有的产品都能进入成长期，有些产品终究不能被顾客接受，市场引入失败，只得退出市场。

成熟期　产品已被大部分顾客接受、购买，市场规模较为稳定、趋于饱和，产品技术及性能也已成熟、完善。虽然该时期新加入的竞争者较少，但竞争极为激烈，产品销售增长缓慢，利润开始下降，产能容易过剩。

衰退期　随着新的替代产品的出现或颠覆性技术的应用，顾客转而追求其他替代品，产品销量下降，价格也下降到最低水平，多数品牌因无利可图而放弃该产品。

大多数产品的市场历程证明了产品生命周期 4 个阶段的存在，但这并不意味着营销者可以事先准确预测这些阶段的产生，也并非所有的产品都会完整地经历这 4 个阶段。诚如第 4.1.2 节所强调的，随着新技术、新需求的涌现，产品生命周期正日趋缩短，甚至不再完整。

⊜ 讨论 9-2

产品生命周期的多种形态

产品生命周期是以统计规律为基础的一种理论抽象结果，在现实中并非所有产品的生命周期都严格地呈 S 形。受各种因素的影响，产品生命周期有可能偏离正常的成长路径，产品生命周期的图形往往并不规范，而是呈现出多种形态，有学者认为有 17 种之多。

风格形呈现出一种循环、再循环的模式，如图 9-5a 所示。时尚 / 流行形的特点是：产品刚上市时很少有人接纳（独特阶段），销量随着时间慢慢增长（模仿阶段），终于被广泛接受（流行阶段），之后缓慢衰退（衰退阶段），如图 9-5b 所示。时髦 / 热潮形产品来势凶猛，很快就吸引大众的注意力，快速成长又快速衰退，如图 9-5c 所示。扇贝形产品的生命周期随着产品的不断创新或新用途的不断发现而不断地延伸再延伸，呈现出一个扇贝形结构，如图 9-5d 所示。你能举出现实生活中，各种形态对应的典型产品吗？

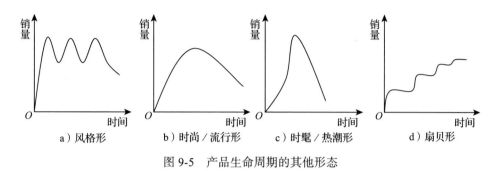

图 9-5 产品生命周期的其他形态

2. 影响产品生命周期形态的主要因素

行业内的所有组织都可以通过对产品、顾客施加影响，使产品生命周期向着有利于自身的方向演变，如为产品寻找新的用途、采用新的生产技术，都可以在一定程度上延长成熟期。影响产品生命周期形态的主要因素包括但不限于以下内容。

产品的技术成熟度　建立在相关成熟技术上的新产品引入期较短，成熟期却可能很长；而全新产品作为具有开创性价值的产品，技术与产品尚未成熟，也不为顾客所熟知，引入期往往较为漫长，甚至在引入阶段就会被另一种全新产品或技术所替代。例如，相较于计算机，平板电脑的引入期就明显较短，2007 年我国市场上首次引进国外平板电脑，但仅用了 10 年时间，产品就进入成熟阶段，主要依赖升级换购保持较低增速。

与原有系统的相关度　当新产品的商业生态系统比较成熟、完善，即新产品可以借助现有的生产、销售、物流等系统，或与顾客的使用系统高度关联时，该产品的引入和成长期就短。

产品性质　当产品逐渐成为必需品时，其产品生命周期就长，反之则短。

理想的产品生命周期形态具有如下特征：①产品开发期、引入期短，因此产品开发、市场开发成本较低；②成长稳健，稳健的需求增长有利于投资及生产能力的及时跟进，但应避免因过度投资而供过于求；③成熟期长，这就意味着各品牌有一段相对稳定的经营期，盈利时间长；④衰退缓慢，销售量是逐渐减少的，而不是突然下降，便于产品的转产升级与过剩产品处理。

9.3.2 各阶段营销策略

产品生命周期理论的意义不在于认识到产品的市场寿命存在阶段性，而在于揭示不同阶段的顾客与竞争者对产品的态度与行为，呈现不同的市场机会和利润空间。营销者可以借助这一理论，在产品生命周期的不同阶段，有针对性地开展营销策略，有的放矢，实现产品在整个生命周期中的利润最大化目标。

1. 引入阶段

当新产品经过研发、生产、试销进入市场时，也就意味着产品进入引入阶段。作为新产品，要让中间商和顾客接受，需要较高的营销投入与市场培育时间，产品项目单一，竞争者少，购买者大多对新事物具有较强的接受与购买能力，此时的新产品提供者常被称为市场开拓者。显然，在这一阶段，市场开拓者的营销目标是提高产品知名度，吸引顾客试用，确保销售网点有货可供，一般存在 4 种可供选择的组合策略，如图 9-6 所示。

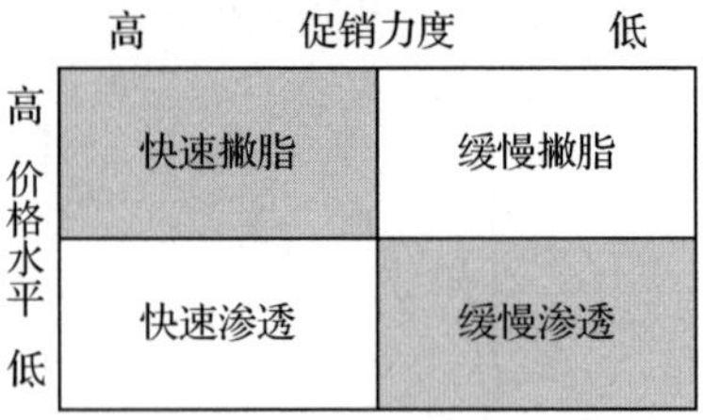

	高　　促销力度　　低	
高 价 格 水 平 **低**	快速撇脂	缓慢撇脂
	快速渗透	缓慢渗透

图 9-6　引入阶段的营销策略

快速撇脂　快速撇脂就是采用高促销和高价格的组合将新产品推向市场，高促销是要迅速引起目标市场的注意，高价格是要攫取较高利润，尽快回收新产品的投资。该策略的适用条件是：①有目标市场渴望得到该产品并愿意为此付出高价；②市场开拓者面临潜在竞争者的威胁，需要及早树立品牌；③如果需求潜力较大，市场开拓者有可能向下延伸产品线。

缓慢撇脂　缓慢撇脂是以低促销和高价格的组合推出新产品，便于市场开拓者获得更多利润。该策略的适用条件是：①市场规模相对较小；②目标市场大多已了解该产品且能接受适当的高价；③竞争威胁不大。

快速渗透　快速渗透采用高促销和低价格的组合推出新产品，其目的在于快速打入市场，获取较高的市场占有率。该策略的适用条件是：①产品的规模经济效果明显；②市场容量很大；③潜在顾客对产品不了解，且对价格敏感；④潜在竞争激烈。

缓慢渗透　缓慢渗透以低促销和低价格组合推出新产品，该策略的适用条件是：①市场容量较大；②潜在顾客易于或已经了解该产品，对价格敏感，需求价格弹性较高；③潜在竞争不会很激烈。

2. 成长阶段

成长阶段的标志是销量迅速增长，新的竞争者不断加入，产品开始有所改进和扩展。该阶段的营销目标是最大限度地迅速扩大市场份额，树立品牌形象，具体可以采取的策略包括：①改进产品质量，赋予产品新的特色和样式，增加侧翼产品；②进入更低层次、对价格敏感的细分市场，并在适当时候降低价格；③进入新的分销渠道；④改变广告内容，从形成产品认知转向建立品牌信任和促进购买。

🔵 案例 9-3

晶科能源的领跑秘诀

2024 年 3 月，国际能源署首次发布《清洁能源市场监测》报告，报告指出全球光伏装机容量同比激增 85%，达到 420GW，光伏产品需求将持续保持高增长态势。分析人士指出，基于装机容量的高基数，全球光伏组件的需求增速将维持在 20% ~ 30%，中国企业的主导力量将进一步增强。截至 2023 年底，居光伏组件全球出货量第一位的是晶科能源，累计出货量达到 210GW，市场份额近 15%。技术布局、全球化销售是晶科能源领跑全球的主要原因。

光伏中的 P 型与 N 型代表了太阳能电池板的两种主要电荷载体。P 型电池工艺简单、使用寿命长、成本较低，一直占据市场主导地位。晶科能源是最早布局 N 型组件的厂商之一，N 型电池在转换效率、稳定性和高温性等方面表现更优，其自主研发的 N 型组件 22 次打破转换效率纪录，电池实验室效率达 26.40%，量产效率突破 25.40%。晶科能源在 N 型组件及产业化上的突破与引领，使其快速步入技术迭代、高端溢价的红利收获期，保证了营收、利润的高增长。据统计，晶科能源的 N 型组件出货量约占同类市场的 40%，贡献了企业 60% 的营业收入，产品线丰富，能够针对不同地区的顾客偏好，适配多元场景。

晶科能源的全球化布局也最早、最猛，产品覆盖全球 190 多个国家和地区，有 3 000 多个战略顾客，建立了 120 多个全球营销分支、35 个全球服务中心。自 2020 年上市以来，晶科能源的海外收入在营收中的占比从未低于 50%，远超国内光伏头部企业，品牌与渠道优势明显，很好地满足了海外市场日益增长的需求，保证了晶科能源在行业与市场中的领先地位。

资料来源：黑鹰光伏王亮. 晶科业绩"狂飙"，持续引领 N 型赛道 [EB/OL].（2023-11-06）. https://www.sohu.com/a/734118401_121258448.

上述部分或全部策略的实施，依赖较高的营销费用，产品的竞争能力与市场占有率得以加强，当销量增长到一定程度时，产品的单位营销费用可能会有所下降。在该阶段，很多品牌容易犯故步自封的错误：由于供应与需求都在迅速增长，某些品牌即使减少营销费用，短时间内也不会造成销售额的明显下降，但若营销创新持续不足、营销费用又低于竞争对手，前期形成的品牌优势与市场地位很容易丧失，抓不住市场快速增长的机会，从而被竞争对手赶超。

3. 成熟阶段

成熟阶段可以再分为减速、稳定和下降 3 个时期。在减速期，虽然仍有少数后继购买者进入市场，市场仍呈上升趋势，但销售增长率开始下降。同时，一些在成长阶段晚期开工建设的生产线可能刚刚投产，供应能力持续增长。销售增长减缓而供应持续增长将导致竞争日趋激烈。在稳定期，市场饱和，市场规模主要取决于人口增长和重置需求。同时，所有生产能力都已经释放，供求趋向平衡。在下降期，顾客开始向其他替代产品转移，产品销售量开始下降，竞争过于激烈，一些品牌由于无利可图开始退出。

鉴于上述情况，成熟阶段的主要营销目标是建立品牌忠诚，巩固市场占有率，并设法延长产品成熟期，可采用的营销策略有 3 种，如图 9-7 所示。

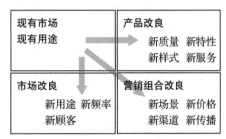

图 9-7　成熟阶段的营销策略

市场改良　市场改良就是通过开发新市场寻找新顾客，保持和扩大自身的市场份额。具体方式包括：①挖掘产品的新用途；②刺激现有顾客增加使用频率或每次使用量；③寻找未使用过这种产品的潜在顾客；④争夺竞争对手的顾客。

产品改良　产品改良是指通过改进产品以刺激销售，主要包括质量改进、特性改进、样式改进、服务改进等方式。由于技术与产品已经成熟，这种改良一般不是重大、革新性的。

营销组合改良　营销组合改良是指通过创新场景，改变价格、渠道、传播等营销策略及组合，以提升目标顾客的品牌偏好，增加销量，延长产品生命成熟期。

4. 衰退阶段

大多数产品最终都会走到衰退阶段，如随身听、胶片相机。这一阶段的主要特征是产品销量和利润下降，既可能是缓慢下降，也可能是突然下降。当产品进入衰退阶段后，常用营销策略包括以下几种。

维持策略　维持策略就是继续沿用过去的营销战略与策略，直至产品完全退出市场。该策略适用于有吸引力的产品且品牌本身具有较强的竞争实力。

收缩策略　收缩策略就是削减产品线及费用支出，将资源转向最有力的细分市场、最有效的分销渠道、最易销售的产品上。

放弃策略　放弃策略即迅速放弃该产品，转而生产另一种产品。

9.3.3　新产品开发

产品生命周期理论的一个重要启示是：随着科技水平的迅速发展、顾客需求变化加快、市场竞争日益激烈，组织要持续发展必须不断推出新产品，以适应市场需求的发展变化及产品生命周期的日益缩短。

如图 9-8 所示，新产品开发流程一般包括产生创意、筛选创意、概念形成及测试、制定营销战略、财务分析、产品开发及测试、市场试销及商业性投放 8 个环节，可归纳为创意、概念与商品化 3 个阶段。

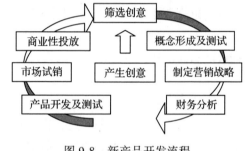

图 9-8　新产品开发流程

1. 创意阶段

创意阶段是新产品开发过程中最基础的一步，包括产生创意和筛选创意两个环节。

产生创意　创意是一种新的能激发顾客需求的概念或设想。产品创意主要来自顾客的潜在需求，新技术、新工艺和新材料，竞争产品，销售人员和中间商，调研机构等。通常，情感性创意主要来自灵感，功能性创意主要来自技术进步。营销部门需要激励组织内外的人员与机构发展产品创意，积极拓展搜集渠道，联动并协调其他部门对产品创意进行充实、完善。

筛选创意　并非每一个创意都具有可行性与高价值，需要对创意进行分析、筛选，具体包括但不限于以下标准：①市场机会，如产品潜在市场的规模和成长率、竞争程度；②资源和能力，如是否符合组织的营销目标，是否有资源和能力生产这种产品并取得优势；③产品关联性，即新产品对现有产品营销、销售的影响，是否符合组织的营销目标与产品线规划；④现有的销售结构、渠道、物流等是否适合或能够支撑该产品的销售。表 9-3 节选自一份较为典型的新产品创意评判表。

表 9-3 新产品创意评判表

产品成功必要条件	相对权数（1）	产品能力水平（2）	评分（1）×（2）
产品的独特优点	0.4	0.8	0.32
较高的绩效成本比率	0.3	0.6	0.18
较高的营销资金支持	0.2	0.7	0.14
较少的强力竞争	0.1	0.5	0.05
小计	1.0		0.69

注：评分等级标准是 0～0.3 为差，0.31～0.6 为尚可，0.61～0.8 为佳，可接受的最低分为 0.6。

2. 概念阶段

在概念阶段，营销部门将通过对目标市场的调查，把创意转变为产品概念，制定营销战略，并进行财务分析，以明确产品概念的市场与盈利空间。

概念形成及测试 产品概念是指用简洁、清晰、符合顾客逻辑的语言对已确定的产品创意进行描述，进而形成的产品构想与雏形。通常，一个完整的产品概念由两部分组成：①问题，顾客内心关注的问题或迫切需要解决的需求；②支持点，如何解决问题及解决的程度，主要描述相对老产品的优势。一个产品创意可以转化为多个产品概念，营销者需要将初步设定好的多个产品概念，以文字、图画、实物或数字化模型的形式展示于目标顾客前，通过获取并分析他们的反应来了解产品概念的受欢迎程度。

材料 9-3

微单的崛起

微单的全称是微型单电相机，由单电相机发展而来。在微单出现之前，单电相机并没有统一名称，有的叫无反相机，有的叫 EVIL 相机（带有电子取景器的可交换镜头相机）……市场表现平淡，并未表现出明显的市场增势，卡片机和单反两种产品基本瓜分了整个市场。卡片机的便携性好，单反的专业性强。

随着电子元器件的不断小型化及影像传感技术的突破，微单的出现推动了单电相机的发展，也彻底改变了相机的市场格局。微单将单电相机的"小巧便携""性能接近单反"这两大卖点传神地表达出来，简单易记、通俗准确，迅速被消费者关注并正确理解，也使相机品牌跳出性能参数竞争的原有思维，从顾客体验入手进行品牌定位，并以此创造市场。

资料来源：杨钊. 微单启示录 [J]. 商业价值，2012（6）：3.

制定营销战略 确定最佳产品概念后，必须制定一个把这种产品引入市场的营销战略，并在未来的发展中不断完善。初次拟定的营销战略应包括 4 个部分：①目标市场规模、结构、购买行为；②品牌定位；③第一年的营销组合和营销预算、销售量、市场占有率等；④较长期不同阶段的销售量、营销预算和营销组合。

财务分析 财务分析的任务是在初步拟定的营销战略的基础上，从财务上进一步判断新产品是否符合组织的发展目标，包括销售额预测、成本与利润推算。预测新产品销售额可参照市场上类似产品的近年销售统计资料，充分考虑各种竞争因素，分析新产品的品牌定位和可能的市场占有率。预测出新产品的销售量后，营销者就可以推算出产品的预期成本与利润，包括营销、研发和运营等预计成本，评估新产品的财务吸引力。

3. 商品化阶段

在商品化阶段，新产品实体被开发出来并要通过一系列测试；若测试结果满意，新产品就要在可行的营销方案下进行试销；试销成功后即可进行批量生产，并被投放市场。至此，整个新产品的开发流程得以完成。

产品开发及测试　若营销部门对新产品的财务分析结果感到满意，就可以移至研发部门或技术工艺部门试制产品模型或样品（以下简称"产品原型"）。由此，产品概念转化为实际产品。当然，产品原型必须具备产品概念所规定的所有特征。

市场试销　在市场试销环节，产品被引入更加真实的市场环境中，为产品的大规模上市与推广建立市场经验。产品试销前，必须先对以下问题做出决策：①试销的区域范围和地点，试销市场应是目标市场的缩影；②试销时长，试销时长应尽可能长于产品的平均重复购买间隔，因为只有重复购买才能真正说明顾客对新产品的认可；③试销的评估指标，如顾客的首次购买及重复购买情况、满意度、推荐率等；④试销的费用；⑤ 试销的营销组合；⑥试销的各种预期结果及应对方案。

商业性投放　产品试销成功后，即可以正式投入批量生产，全面推向市场。营销部门必须就以下方面做出慎重决策：①投放时机，新产品进入市场的时机选择是个关键问题，既可以为获取先发优势而抢先进入，也可以为避免承担巨额市场开发费用和风险选择后期进入，当然，投放频率及避免与强大对手直接竞争也很重要；②投放地区，新产品通常由单一地区逐步推向全国、全球市场，但在竞争对手迅速跟进的情况下，以在最大区域范围内尽可能同时发布为好；③导入策略，营销部门应制定尽可能完备的产品上市策略及营销方案，合理分配营销费用，根据主次轻重，有计划地安排各种营销活动。

◻ 本章小结

1. 产品是包括核心产品、形式产品和附加产品 3 个层次的整体。核心产品代表了购买者真正要购买的东西，是产品所提供的主要利益；附加产品是附属于产品的附加服务与利益，是对产品利益的扩展。

2. 随着技术进步、顾客收入水平及对产品技术认知的提高、产品生命周期与供求变化，不同层次的产品也在逐步完善，产品通常沿着"核心产品 – 形式产品 – 附加产品 – 新的核心产品"的路径革新改进。

3. 组织提供给顾客的全部产品之间存在着一定的联系和影响，这些产品被称为产品组合，由产品线与产品项目构成，可以从宽度（也称广度）、长度、深度和黏度（也称相关度）4 个方面，根据具体语境与需要进行衡量。

4. 波士顿矩阵（简称 BCG 矩阵）以产品的相对市场占有率和市场增长率为参数，将被分析产品分为吉星、金牛、问题和瘦狗产品。通常，吉星产品要持续投入以保持领先地位，金牛产品是企业利润的主要来源，问题产品要视具体情况或加强或放弃，而瘦狗产品有时具有战略或其他现实意义，不能仅从利润角度进行判断。

5. 产品线决策包括宽度与长度两部分内容。产品线宽度决策是对增加／减少产品线数量、增加／减少什么产品线的决策，属于组织发展的战略性决策，反映了组织业务领域与经营范围的调整，是顾客最容易掌握与描述组织性质的线索；产品线长度决策是对延伸／收缩产品项目数量、延伸／收缩什么产品项目的决策，代表着组织对顾客需求的覆盖程度。

6. 产品线长度决策分为横向决策与纵向决策。横向决策是指调整的产品项目与现有产品项目存在横向差异，多在外观、尺寸、包装等属性上存在区别。纵向决策是指调整的产品项目与现有产品项目存在纵向差异，即在质量、性能、价格等方面存在差异，因此，又可细分为向上、向下与双向 3 种纵向决策。

7. 产品项目决策使产品项目更具吸引力与生命力，其中特色化决策侧重在顾客认知中形成产品项目间的区别，以凸显项目的独特性；服务化决策重在通过服务内容的拓展与服务质量的提升，将有形产品与基础性、增值性、补救性服务进行有机结合；质量感知决策则强调通过内外部线索来提升感知质量。

8. 产品生命周期是一种产品从进入到退出市场的全部过程，是一条随时间推移的产品销售（需求）量变化曲线，存在多种形态。具有典型性的产品生命周期可分为引入期、成长期、成熟期和衰退期 4 个阶段。

9. 引入阶段的市场特点是销售量低、增长缓慢、市场风险高、竞争者少。因此，该阶段的营销目标主要是提高产品知名度，吸引顾客试用，确保销售网点有货可供，依据促销力度与价格水平，存在快速撇脂、缓慢撇脂、快速渗透、缓慢渗透 4 种可供选择的策略。

10. 成长阶段的市场特点是销量迅速增长，新的竞争者不断加入，产品开始有所改进和扩展。该阶段的营销目标是最大限度地迅速扩大市场份额，树立品牌形象。具体策略包括：改进产品质量，赋予产品新的特色和样式，增加侧翼产品；进入更低层次、对价格敏感的细分市场，并在适当时候降低价格；进入新的分销渠道；改变广告内容，从形成产品认知转向建立品牌信任和促进购买。

11. 成熟阶段的标志是市场趋向饱和、销售增长缓慢、竞争激烈。该阶段的营销目标是建立品牌忠诚，巩固市场占有率，并设法延长成熟期，具体可采用市场改良、产品改良、营销组合改良等策略。

12. 衰退阶段的产品销量开始下降，多数品牌因无利可图而放弃该产品，留存下来的品牌可采用维持或收缩策略。

13. 新产品开发流程一般包括产生创意、筛选创意、概念形成及测试、制定营销战略、财务分析、产品开发及测试、市场试销及商业性投放 8 个环节，可归纳为创意、概念与商品化 3 个阶段。

⋀ 关键术语

核心产品　形式产品　附加产品　产品组合　产品线　产品项目　波士顿矩阵
吉星产品　金牛产品　问题产品　瘦狗产品　宽度决策　长度决策　横向决策
纵向决策　补救性服务　感知质量　内部线索　外部线索　产品生命周期
快速撇脂　缓慢撇脂　快速渗透　缓慢渗透　产品概念

☝ 简答题

1. 简述产品进化的一般规律。

2. 如何描述产品组合？

3. 依据波士顿矩阵，简述 4 类产品的特点与经营重点。

4. 典型的产品生命周期可以划分为哪些阶段，各阶段的特点是什么？

5. 引入阶段的营销策略有哪些选择，适用条件分别是什么？

6. 在成熟阶段，如何进行市场改良？

7. 新产品经过哪些阶段与环节？

▣ 思考题

1. 从整体角度理解产品有何营销意义？

2. 保留瘦狗产品有怎样的现实意义？

3. 哪些因素影响着产品线长度决策？

4. 市场开拓者如何避免在成长阶段被竞争者超越？

◉ 实践与探讨

　　走访身边的企业，选取一条以纵向延伸为主的产品线，探讨以下问题。

1. 该产品线中的各产品项目分别承担什么功能？各有怎样的特色？

2. 该产品线中的主打产品（主要销售或利润贡献者）是谁？企业在延伸中采取了哪些措施或技巧来减少或避免对主打产品销售的损害？

3. 你认为该产品线的长度合理吗？请给出理由。

4. 企业是如何提升顾客对主打产品的感知质量的？

◉ 互联网实践

　　作为一个拥有超过 600 年历史的文化符号，故宫拥有众多皇家建筑群、文物古迹，是中国传统文化的典型象征，由此衍生出的文化创意产品也走红多年，每年创利 15 亿元以上。据统计，故宫文创产品已突破 1 万种，包括金属、玉石、玻璃、纸品等多个门类，涵盖生活用品、服装首饰、家居、文具多个领域，有萌、雅多个系列。在产品开发模式上，故宫设计研发部门出创意、出思想，具体的开发、生产由 60 多家合作单位完成。设计样稿出来之后，销售部门要进行市场评估，确保产品符合"元素性、故事性、传承性"才能推向市场。

登录故宫博物院官网（https://www.dpm.org.cn），去领略这些文创产品的创意之美，从新产品开发角度思考一种好的文创产品的创意、概念是如何形成的？

第 10 章
价 格 策 略

自然价格可以说是中心价格，一切商品的价格都不断地向其靠拢。不同的意外事件有时可能会使价格保持在这个中心价格之上，有时又会迫使它们降到这个中心价格之下。但不管什么障碍，它们虽然有时妨碍着商品价格固定在这个中心，但一切商品的价格总是不断地向这个中心靠拢。

——亚当·斯密（Adam Smith）

现代经济学主要创立者

诚如亚当·斯密所言，一切商品的价格总是不断向自然价格靠拢，意外事件只能使价格在自然价格上下波动。因此，价格策略的本质是企业寻求自然价格[⊖]和有利于自己的意外事件，根据意外事件的性质和影响力确定最终价格（以下简称"定价"），在具体内容上包括为新产品制定价格、适时调整价格两部分。

在 4 种营销基本策略中，价格是唯一看起来能够直接创造收益的营销策略，调整起来似乎也只是动动价格标签那么简单。事实上，价格直接创造收益只是一种表面现象，价格的提高或降低并不意味着收益的上升或下降，价格调整更不是一个简单的数字游戏，需要综合考虑市场需求、竞争环境、成本结构、品牌形象、顾客心理等诸多因素，顾客及竞争对手也往往对价格策略较为敏感，因此保持价格稳定是价格策略的基本准则。

⊖ 自然价格是指劳动决定的商品的交换价值，亚当·斯密将市场价格与自然价格联系起来，指出市场价格随商品供求关系的变化围绕自然价格波动，并受自然价格调节而同自然价格趋于一致。尽管公共产品或准公共产品也存在价格策略，但受限于内容篇幅，本章更多强调市场机制与竞争环境下的价格制定与调整，立足于企业这种组织形式进行价格策略的描述。

10.1 价格及影响因素

价格并不仅仅是顾客为获取产品而支出的货币，对企业来说也不仅仅是为了收回成本、获取利润。理解价格对买卖双方的多重意义、明确影响价格的各种因素和机制是一切营利性组织与多数非营利性组织寻求自然价格、制定合理价格的重要保障，也是避免频繁调整价格和价格战的基本前提。

10.1.1 营销中的价格观

作为经济学术语，价格是商品价值在市场上的货币表现，是对商品在市场稀缺程度的反映，可以指导生产者分配有限资源以满足消费者需求，因而政策制定者可以将价格作为社会经济的宏观调控手段。而在营销领域，价格不仅是产品价值的体现，还是营销组合中的关键要素，价格的作用不仅仅局限在增加收入、应对竞争上，更在塑造品牌形象、影响顾客购买心理及决策、传递企业战略意图等方面发挥重要作用。

价格与成本　从顾客角度来看，价格是为获取某一产品而付出的货币总额，是一种购买与使用的综合成本，也是一种机会成本。例如，消费者所购置的家用轿车，其支付的费用不仅包括轿车本身的价格，还包括车辆购置税、使用过程中的保险费、燃油费用等，以及因购置轿车而放弃其他投资选项的隐形机会成本。从企业角度来看，价格直接决定其收入与利润水平，反映其成本控制能力，如果企业能有效控制成本，那么就更有能力提供具有竞争力的价格。

价格与质量　产品质量分为客观质量与感知质量，详见第 9.2.3 节。客观质量高的产品通常具有更高的生产成本与附加值，因而产品定价也就相应较高，反之，客观质量低的产品售价也相对较低，这也是"一分价钱一分货"的由来。客观质量影响价格，而价格又会影响感知质量，尤其是对于非专家性和情感性的消费者而言，往往根据价格线索进行购前的产品质量判断，认为"便宜无好货"，高价产品的质量可能更高。高价提高了消费者的购前期望，若消费者的实际感知未能高于期望，则会导致购后的不满意。以高价诱惑消费者购买客观质量低的产品，也许能在短期内获利，但长期必然失败，更关键的是这种价格策略扰乱了市场秩序，加大了产品选择难度，进而使行业的营销成本增加，甚至出现了"劣币驱除良币"的局面。稳定、成熟的市场必然是质量与价格相匹配的市场。

价格与符号　与品牌具有符号价值一样，价格作为商品交换中的货币表现，也被赋予了一定的心理暗示与象征意义，具有社会群体认同和区隔的符号价值。高价格产品往往被视为较高经济能力、社会地位的标志抑或是尊重、情谊的表达，且相较于品质、形象，价格更易被识别、标记，因而价格在消费者的购买决策中往往发挥重要作用。

价格与价值　价格围绕价值上下波动是经济学的基本原理，这里的价值是客观的，是指凝结在商品中的无差别的人类劳动，由商品本身的属性、功能、稀缺性等因素决定，反映商品能够满足人们需求或欲望的能力。但在营销领域，价值是顾客在产品购买与使用过程中所感知的效用与满意度，包括产品价值、服务价值、人员价值、形象价值等，具有一定的主观性，对价值的衡量更多是基于顾客的个人需求、期望、偏好及主观评价，只有当顾客的价值认知符合或超过其价格（或整体成本）时，才会产生购买意愿。

⊜ 讨论 10-1   课程思政

你的购物哲学是什么

2011 年中国青年报社会调查中心曾对 1 104 名年轻人进行了一项消费观念调查。调查显示，84.2% 的受访者认为"面子消费"普遍存在，即在消费过程中存在向他人炫耀和展示自己财力与社会地位的消费活动，"不求最好，但求最贵"是该类消费的极端，价格因其外在性，成为当时年轻人购买决策的重要线索。

伴随着中国经济的高质量发展，当时的年轻人逐渐步入中年，"不买贵的，只买对的"成为他们当下的购物哲学，更加注重真实需求与性价比，量力而行，理性消费。与此同时，"95后"的新一代年轻人更加"精明"，"可以买贵的，但不能买贵了"成为新的消费潮流，可以为了高品牌、高价值的产品花费更高的价格，但拒绝"智商税"，不愿意被误导或高价欺骗。《新京报》发布的《2024 中国青年消费趋势报告》显示，热衷比价、爱买平价替代品、注重性价比与实际价值是现在年轻人的主要特点，但这种性价比并不是"低价至上"，而是在不降低品质、不将就的前提下寻求低价产品。

这种购物哲学、消费观念变化背后的深层原因可以从 3 个方面去解读：①中国社会经济的空间发展带来物质生活的丰裕，消费者更加自信，勇于自我定义消费的符号，不再需要用价格、进口品牌来定义消费中的自我表达；②随着国民收入的提高，物质需求对人的刺激越来越小，消费过程中的功能性需求逐渐让位于精神需求；③互联网环境形成的圈层文化对年轻人消费观念的影响越来越大，越发看重消费过程中的社群归属与标签。

价格与企业战略   对于企业而言，价格是其传达市场竞争、目标市场、品牌定位等战略行为意图的重要手段。例如，新产品上市时，企业可以采取高价策略强调产品的高品质与独特性，树立高端品牌形象，追求高利润；也可以采取低价策略快速抢占市场，以规模优势保持竞争优势。

价格与盈利模式   盈利模式涉及收入来源、成本结构、顾客关系、关键资源等内容，尽管价格是收入的基础，但价格的高低并不决定企业或产品的盈利模式。例如，QQ、微信、邮箱、短视频等很多互联网产品或平台采用了免费甚至补贴策略，企业因而在短时间内获取了海量用户与巨大的数据流量，加大了市场进入难度，形成了"赢者通吃"的市场格局。另外，海量用户与数据流量又推动了企业其他业务的发展，从而实现了整体盈利，免费的流量盈利模式如图 10-1 所示。当然，这种因免费而形成的盈利模式的前提是产品

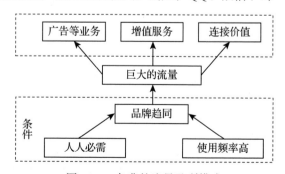

图 10-1   免费的流量盈利模式

的边际成本趋于零，即随着生产规模的扩大，每增加一单位产品并不带来额外成本，而这恰恰是许多互联网产品的特性。

10.1.2 影响价格策略的因素

供求决定价格是市场经济的基本原理，但就微观层面而言，价格策略要服从企业战略及目标，既不能脱离产品成本和顾客认知价值，也不能忽略竞争的影响，更要符合社会法律与道德规范要求。图 10-2 呈现了影响价格策略的诸多因素及相互关系。

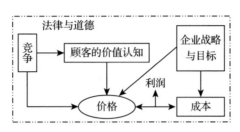

图 10-2　影响价格策略的因素

1. 企业战略与目标

企业在不同阶段会采取不同的发展战略，并根据市场环境设定具体的发展目标，而价格则是实现并传递企业战略与目标的重要手段。在下述相关目标中，最大市场占有率、质量领先、合理投资回报率与品牌形象维护多为企业长期的定价目标，其他多为特定市场形势下的短期目标。

最大市场占有率　市场占有率是企业经营状况和竞争力的综合反映。高市场份额可以保障企业销售的稳定、提高企业的抗风险能力，有利于企业影响并控制市场。提高市场占有率一般要求企业制定一个中等偏低的价格，过高的价格将抑制大多数顾客的购买力，过低的价格则又会影响品牌形象的建立。

质量领先　当企业拥有先进技术与生产工艺时，会以质量领先为发展战略，在目标市场上通过技术先进、性能卓越、服务优质等优势支撑其高品质形象，稳定的高价策略也往往被顾客所接受。

合理投资回报率　考虑到工业品的生产通常涉及较高的固定成本和可变成本，为了弥补这些成本，工业品的价格需要考虑投资回报率的目标以保证经济活动的可持续性。同时，工业品的购买与使用主要用于社会再生产，其购买者也关注产品本身的投资回报率。若价格合适，产品投资回报率高，购买者也倾向于保持和发展这种合作关系。

品牌形象维护　如果企业致力于品牌形象的维护，其价格策略应保持稳定，避免不同销售渠道的价格混乱，约束中间商，防止价格战的发生。

维持生存　当企业处于不利环境，如竞争激烈或价格下跌时，行业整体发展受限，企业往往以生存为短期目标，采取低价策略吸引更多顾客，保障现金流的稳定。

利润最大化　企业以盈利为目的，追求利润最大化几乎是所有企业的共同目标，但当前利润和长期利润有相悖的可能，当前利润有可能损害长期利润，反之亦然。企业在制定价格策略时需要明确以当前还是长期利润为目标，抑或是通过价格策略平衡当前与长期利润。

最高市场撇脂　企业喜欢在新产品推出时通过高价策略来"撇脂"，攫取较高利润，尽快回收投资，并在顾客心目中树立优质的产品形象，然后再随着市场的发展逐渐降低价格，以期在不同顾客层中都能获得最大程度的利润。但并非所有的产品都适合市场撇脂，需要具备以下几项条件：①市场前景好，有目标顾客渴望得到该产品并愿意为此付出高价；②小批量生产的单位成本不会过高以至于无法从中获利；③竞争威胁不大，该市场最初的高价格、高利润并不会吸引更多的竞争对手快速跟进；④高价策略能够提升该产品在顾客心目中的优质形象。

有些企业总是盼望着涨价，认为涨价意味着利润增加。然而，即使在供小于求的情况下，保持价格稳定也不失为明智之举。这是因为竞争最终会推动价格回到合理的水平，稳定的价格有利于在顾客心中塑造财力雄厚、实力强大和可靠负责的企业形象，对企业的长期销售和新产品开发都有着极为重要的意义。

一般而言，最大市场占有率、产品质量领先、保持价格稳定与合理投资回报率可以作为企业长期的定价目标，其他的只能作为特定市场形势下的短期目标。一旦时机成熟，企业就应转变为以长期目标为主。

2. 成本

成本是价格的最低限，价格不仅包括所有研发、生产、营销、销售等成本，还应包括企业承担风险的公平报酬。固定成本与可变成本之和为产品总成本。固定成本是指不随产量或销售量的变化而变化的成本，如房租支出、固定设备折旧、管理人员工资等；可变成本则随着产量的变化而变化，如销售佣金、营销费用、产品包装费用、原材料费用等。总成本与总产量之比为平均成本，也就是单位产品的成本。随着生产效率及产量的增加，平均成本呈递减趋势。

图 10-3 表明了价格、成本与利润之间的关系。一般来说，价格上升使销售量下降，销售量下降导致平均成本提高，推动了价格进一步上升，销售量随之进一步下降，反之亦然。因此，提价既不必然导致总销售收入或总利润的提高，也不一定导致单位产品利润的增加。正确的方法是认真预测产品在其生命周期内的最终销售量，在最终销售量的基础上准确测算成本，并以此为依据制定最优价格，而不是根据当前销售量来确定价格。

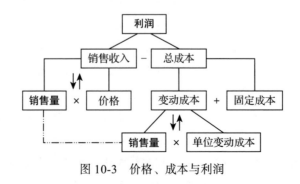

图 10-3　价格、成本与利润

3. 顾客的价值认知

顾客对产品的价格意愿主要取决于顾客对其购买与使用过程中的价值认知，也就是第 1.3.3 节所描述的顾客总价值，即顾客所认知的价值不仅限于产品价值，还包括服务、人员、形象等价值。顾客所认知的价值越高，愿意承担的价格也就越高，反之亦然。

顾客的价值认知是主观的，往往根据以下途径形成。①购买与使用体验：产品的异质性或独特性越强、服务体验性越佳、所引发的顾客情感共鸣越强，顾客的价值认知也就越高，对价格也就越不敏感，价格弹性空间也就越大；反之亦然。②形象及口碑：顾客对价值的认知也受品牌形象、口碑及包装、广告、促销活动等营销行为的影响，这些外部刺激对顾客的认知、判断产生影响。③与同类或替代产品的比较：顾客往往以同类或替代产品的功能、性能、服务、价格、形象等为参考来认识并判断价值。如果顾客对同类或替代产品的信息了解较少，则价格敏感度相对较低；如果产品价格高于顾客对该类产品价格的认知，顾客对产品使用价值的期待也就相对较高。

顾客的价值认知是一种判断过程，是基于某个参照或基准而展开的（详见第 5.2.4 节）。在不确定的情境下，判断与决策的结果或目标值容易向初始信息或初始值（锚定点）的方向偏移，形成锚定效应（anchoring effect）。作为一种心理现象，锚定效应普遍存在于顾客对价值或价格的认知与判定中。例如，企业在推出新产品时，总是将新产品与竞争对手（参照物）进行比较，竞争对手的价格就是企业设定的锚定价格，顾客一旦接受，这个价格就像锚一样成为顾客对新产品价格认知与判断的参照点，进而影响顾客的价格接受意愿。同样，竞争产品的性能、质量也可作为锚定点影响顾客对新产品价值的认知。

● 材料 10-1

乔尔·休伯的啤酒实验

老乔到货架上选啤酒，一种是售价 2.6 美元的高级啤酒 A，另一种是只卖 1.8 美元的廉价啤酒 B。高级啤酒更"好"（不管它指的是哪方面），品酒行家就其质量打了 70 分（百分制），廉价品牌则只有 50 分，老乔应该买哪种啤酒？

杜克大学商学院教授乔尔·休伯（Joel Huber）与其学生克里斯托弗·普多（Christopher Puto）向 3 组具备高智商与判断力的商学院学生提出了问题，并进行了参照对比。

第一组学生选择啤酒 A 和啤酒 B 的人数比例是 2∶1。面向第二组学生的试验增加了一款售价仅 1.6 美元、质量得分只有 40 分的啤酒 C，最终结果是虽然无人选择啤酒 C，但选择啤酒 B 的学生比例增加至 47%。面向第三组学生的试验增加了一款售价 3.4 美元、质量为 75 分的啤酒 D，结果有 90% 的学生选择了啤酒 A，10% 的学生选择了啤酒 D，没人选择啤酒 B。

资料来源：庞德斯通. 无价：洞悉大众心理玩转价格游戏 [M]. 北京：华文出版社，2011：115.

4. 竞争

影响企业价格策略的竞争因素主要涉及两个方面。

（1）市场竞争形态：在完全竞争市场上，价格完全由市场供求关系决定，买卖双方只是价格的接受者，没有哪个企业可以控制市场价格；在完全垄断市场上，垄断企业凭借市场地位成为价格制定者，可以针对不同顾客采取差别定价，但其定价权通常受政府管制以防止其滥用市场地位；在寡头垄断市场上，因为寡头企业之间的相互依存性较高，往往会形成价格合谋，以避免直接的价格竞争；在垄断竞争市场上，价格作为强有力的竞争手段被广泛使用，价格竞争激烈，每个品牌的价格策略都会对其他品牌的价格产生影响，策略价格也最为灵活多变。

（2）竞争对手及其价格策略：一方面，企业与竞争对手争夺同一市场，顾客总是在相同的价值认知下选择价格较低的品牌，或在既定的价格水平下选择产品价值认知最高的品牌，因而竞争对手的价格策略直接影响企业的市场份额与盈利能力；另一方面，竞争对手及其价格策略具有锚定效应，影响顾客对产品价值的认知。通常，产品之间的异质性越大，企业定价的自由度及价格空间也就越高，从这个角度来看，通过品牌及定位塑造差异是企业获取定价自由及价格空间的主要途径，毕竟客观属性的差异容易被跟进、模仿与超越。

5. 法律与道德

为确保市场的公平竞争和消费者的权益保护，法律与道德因素也会对企业的价格策略及行为产生影响，这种影响既有保护性的，也有监督性、限制性的。例如，为规范市场价格行为、禁止不正当价格行为，明确经营者在价格活动中的权利与义务，除《中华人民共和国反垄断法》《中华人民共和国反不正当竞争法》《中华人民共和国反倾销法》《中华人民共和国消费者权益保护法》等法律以外，我国还出台了《中华人民共和国价格法》《重要商品和服务价格指数行为管理办法》等法律法规。

出于趋利性，卖方会利用信息不对称性采取一些不良价格行为，如将低质量产品高价出售、制造短缺假象以推高价格，这些行为可能并不直接触犯法律法规，但违背了诚信经营的商业道德，虽然短期内可以获利，但从长期来看，会损害整个行业及市场的利益，柠檬市场（the market for lemons）就是典型例证。柠檬市场是因为买卖之间的信息不对称，价格机制无法有效区分产品质量，买方无法准确判断产品真实质量，只愿意根据产品平均质量出价，导致高质量产品不愿意低价交易而退出市场，循环往复，市场最终只剩下最低质量的产品，如图 10-4 所示。显然，诸如劳动力市场、二手市场、房地产市场等信息不对称较为显著的市场，如果企业的价格策略不考虑商业道德，任由柠檬现象蔓延，整个市场信用体系就会遭受重创，影响行业的健康持续发展。

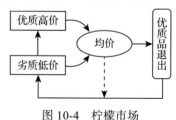

图 10-4　柠檬市场

10.1.3　价格决策流程

价格直接影响企业的盈利能力、市场占有率、品牌形象等诸多内容，且影响价格的因素众多，因此价格决策重要且复杂，通常由营销部门牵头主导，销售、财务、会计等多个部门共同参与，并经由企业决策层确认批准。

价格决策包括确定价格（即定价）与调整价格（即调价）两部分，其过程就是为实现经营目标，对产品价格的确定与调整进行分析、判断与抉择的过程。在具体呈现上，面向消费者市场的价格策略会更加灵活多变，定价技巧的运用也更为广泛；面向组织市场的价格策略则相对稳定，但买卖双方的价格判断空间更大，一线销售团队及人员在既有的价格政策下拥有一定权限的报价与调价空间。

图 10-5 呈现了一个相对完整的新产品价格决策流程，具体包括以下环节。

问题界定 在产品研发开始时，企业就必须考虑新产品（线）的目标顾客、品牌定位、竞争对手等内容，明确市场边界及定价目标。

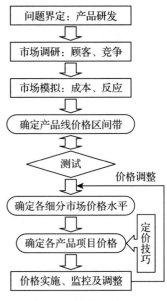

图 10-5 价格决策流程

🌐 材料 10-2 课程思政

整治"套娃"收费 电视重回客厅

"套娃"收费是媒体对智能电视机在收取会员费后，还针对单个频道或节目再次向用户收费的戏称。这种层叠如同"套娃"的收费模式带给用户极差的观看体验，既侵害了用户权益，也影响了电视产业的健康发展。《2024 年中国智能电视交互新趋势报告》显示，我国电视开机率已经从 2016 年的 70% 降至 2022 年的不足 30%，销售额连续 5 年下降。

2023 年 8 月，国家广电总局联合多部门开始部署并推进治理电视"套娃"收费乱象，要求收费问题到 2024 年底能"治得住、不反弹"。2024 年 9 月，国新办召开"推动高质量发展"系列主题新闻发布会，国家广电总局通报了电视"套娃"收费治理的相关成果：5.6 亿电视终端实现了收费包压减 50% 以上的目标，有线电视、IPTV 和互联网电视的费用分别压减 72%、79% 和 55%，单个终端的收费包由治理前的最高 86 个压减到现在不多于 6 个；对于收费项目，页面导航、收费标准等方面也进行了清晰化、醒目化和透明化升级，同时大幅提升了优质免费内容的供给，电视收视活跃度整体增幅达到 13.6%。

资料来源：界面新闻 . 从广电总局治理电视"套娃"收费乱象，观众正在重回客厅 [EB/OL].（2024-09-27）[2025-04-01]. https://baijiahao.baidu.com/s?id=1811334428635251690&wfr=spider&for=pc.

市场调研 企业通过调研充分了解竞争产品（或替代产品）的相对优势和劣势，分析其营销策略，洞悉目标市场需求及价值认知，掌握其购买决策过程。

市场模拟 建立市场反应模型，对产品上市后的市场反应进行模拟，计算出不同价格下的市场反应和成本、收益。

确定产品线价格区间带 基于企业战略及目标，结合市场模拟结果确定新产品在产品线中的价格区间带。

测试　若条件允许，通过市场测试验证模拟结果及产品价格区间带的合理性与准确性。

确定各细分市场价格水平　在产品线总体价格水平的基础上，基于目标市场模式及各细分市场情况，确定每个细分市场的价格水平。

确定各产品项目价格　根据产品项目之间的关系及相关定价技巧，从整体盈利角度进行组合定价，最终确定新产品价格。

价格实施、监控及调整　在最终价格付诸实施的过程中密切监控市场反应，以便及时做出必要的价格调整。

10.2　价格确定

企业在通盘考虑影响价格策略的因素之后，基于企业战略与目标需要对产品进行价格确定，即定价。由于成本、顾客的价值认知与竞争是决定产品价格的 3 个基本要素，因此产品的定价也就存在 3 种定价导向及方法，但在现实情境中，产品价格往往是 3 种导向综合的结果，即以成本费用为基础，以顾客需求为前提，以竞争（替代）品价格为参考，最终确定价格，如图 10-6 所示。

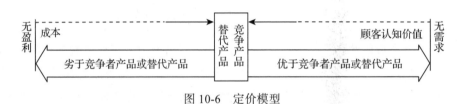

图 10-6　定价模型

不同导向下的定价方法适用于单个产品的价格确定，但大多数企业都生产经营一种以上的产品，产品之间存在成本、技术、市场、管理等方面的关联，这种关联自然也反映在价格及顾客心理上，企业需要通过科学、合理的定价策略及技巧实现企业战略及整体利润目标。

10.2.1　定价导向及方法

1. 成本导向定价法

成本导向定价法就是直接以产品成本为依据确定价格，包括成本加成、目标收益等具体方法。依据产品成本计算出的价格是产品价格的下限，低于它则意味着产品无法盈利。

成本加成定价法　在单位产品成本的基础上加上一定比例的加成形成产品售价的方法被称为成本加成定价（cost-plus pricing）法，其计算公式如下：

$$单位产品价格 = 单位产品成本 \times (1 + 加成率)$$

根据单位产品成本计算方法的不同，成本加成定价法可具体分为完全成本加成与变动成本加成两种定价决策，前者强调成本的功能，后者强调成本的形态，如表 10-1 所示。成本加成定价法将成本与价格直接连接，易于操作理解，简便易行。由于价格是基于成本确定的，而非市场需求或竞争对手的价格，可以避免价格竞争，维持市场稳定。由此形成的缺点就是忽略了市场需求的变化，难以适应不断变化的竞争环境，也未考虑价格与销量的关系，缺乏灵活性，因此成本加成定价法一般限于卖方市场条件下使用或在成本会计系统中服务于财务管理与决策。

表 10-1　完全成本加成定价法与变动成本加成定价法

比较项	完全成本加成定价法	变动成本加成定价法
单位产品成本 C	以单位产品的制造成本（含直接材料、直接人工、制造费用）为基础计算	以单位产品的变动成本（含直接材料、直接人工、变动制造费用，有时也包括变动销售费用和管理费用）为基础计算
加成率 r（100%）	$\dfrac{投资总额 \times 预期投资报酬率 + 非制造成本总额}{产品制造成本总额}$	$\dfrac{投资总额 \times 预期投资报酬率 + 全部固定成本总额}{产品的变动成本总额}$
特点	价格相对较高，能够提供稳定的利润	价格相对较低，具有较强的灵活性和竞争力
适用	适用于固定成本占比较大、成本结构稳定、产量相对稳定的情况，适合长期决策与利润评估	适用于成本结构灵活、产量波动较大的企业，适合短期决策与成本控制

目标收益定价法　目标收益定价（target-return pricing）法是在成本的基础上，综合预期销量与目标利润的一种定价方法，是成本导向定价的一种改进，具体计算公式如下：

$$单位产品价格 = 单位产品成本 + \frac{目标利润额}{预计销售量}$$

目标收益定价也被称为目标利润定价，其实质是在单位产品成本的基础上进行加成，只不过加成率为目标利润率。目标收益定价考虑到市场预期销量（需求量），保证了价格与市场需求的匹配，避免了因价格过高导致销量下降或价格过低导致利润受损。其缺点在于高度依赖对市场需求的预测，对企业的预测能力提出更高要求。

2. 需求导向定价法

需求导向定价法是以目标市场对产品的价值认知和需求强度为依据进行定价，具体包括认知价值定价、需求弹性定价等方法。依据需求尤其是认知价值所计算出的价格是产品价格的上限，超过它则意味着顾客不会产生购买需求。

认知价值定价法　认知价值定价（perceived-value pricing）法也被称为理解价值定价法，是以顾客对产品购买与使用的价值认知为依据确定价格。顾客根据产品的购买与使用所能满足的需求价值及满足程度来判断并形成认知，与产品实际价值存在偏差，顾客对价值判断、认知的途径详见第 10.1.2 节价值认知的相关内容。由于价格是根据顾客的认知价值确定的，与顾客的支付意愿相接近，因而容易被市场所接受，但由于顾客的认知价值是主观的，容易受外在因素的影响，所以认知价值定价的波动性较大，容易滋生夸大宣传、制造焦虑等商业道德问题。

需求弹性定价法　需求弹性定价（elasticity-based pricing）法根据需求弹性确定价格，其核心是需求量与产品价格之间存在反向变动关系，这种关系可以用需求弹性系数来衡量，反映需求量对价格变动的敏感程度。企业采用需求弹性定价时，首先要考虑产品的需求弹性，即价格变动 1% 所引起的需求量变动，然后再根据这个弹性系数确定价格。

3. 竞争导向定价法

竞争对手的价格决定了产品价格在成本（下限）与顾客认知价值（上限）之间的具体位

置。竞争导向定价法是以主要竞争对手的价格为依据确定价格，包括通行价格定价、对标定价和拍卖式定价等具体方法。

通行价格定价 通行价格定价（going-rate pricing）法也称随行就市定价法，以市场同类产品的平均价格为依据确定价格。为了避免在市场内挑起价格竞争，采用通行价格定价是一种比较稳妥、平和的做法。

对标定价法 对标定价（benchmark pricing）法就是围绕企业战略与目标，直接参考具体竞争对手的价格定价，价格可以比竞争对手高、低或差不多。对标定价并不一定代表攻击性，为避免直接冲突，跟随者或寡头企业通常采用对标定价法以保持与被跟随者或其他寡头的一致性。

⊝ 讨论 10-2
平替是"真香"还是陷阱

平替是与大牌产品功能相同或相似的平价替代品的简称。随意在哪个社交媒体或购物软件上，"平替"都是霸屏词汇，从日常穿搭、居家生活到饮食娱乐、出行旅游，平替消费已经渗透到生活的各个领域，反映了消费者对品牌溢价的理性审视与克制、平和的消费潮流。但与此同时，与平替有关的投诉在快速增加，打着平替旗号但质量与使用体验差强人意的产品并不少见，平替成为顾客容易"踩雷"之地。

大牌以高质高价立足，平替虽强调物美价廉，但其核心不应在"平"而在于"替"。平替对标大牌，但若过度追求价格优势而牺牲品质，平替是无法留住顾客的。用品牌填补各价格段的产品需求是市场与企业良性发展的表现，但若品牌思维仅限于价格上的"平"，而无品质上的"替"，最终将导致市场的低价竞争与无序。另外，也不是所有产品、品牌都可被平替，技术门槛、原创设计、品质壁垒等也是客观存在、难以逾越的。

拍卖式定价法 拍卖式定价（auction-type pricing）法是由卖方（或买方）对多个相互竞争的潜在买方（或卖方）出价，然后择优成交的一种定价方法，随着互联网及电子商务技术的兴起，拍卖式定价越发流行，又可具体分为以下 3 种：①加价法也称英式拍卖法，由卖方出示商品，明确起拍价及最低加价幅度，不同买方加价竞标直至产生最高应价者，多用于收藏品、不动产、二手商品的拍卖销售；②减价法也称荷拍卖法，卖方明确起拍价及降幅后，叫价由高到低直到有买方应价，多用于需要短时间处理大量商品的场合，如鲜花、水果等易腐商品交易中心；③密封投标法，多用于建筑工程、大型设备制造或政府大宗采购业务中，由买方公开招标，参加投标的卖方根据招标公告的内容，密封递价，参加竞争，择优成交（很大程度上取决于价格）。

10.2.2 定价策略及技巧

定价是一个系统、复杂的过程，企业并非只有一个产品，同一产品也并不仅限于一个市场销售，所以除了要考虑企业战略及目标、成本结构、市场需求、竞争态势、法律道德等因素对价格的影响外，还要考虑价格对顾客的心理作用及因产品间的关联在价格上所形成的相互影响，差别定价、组合定价策略及围绕顾客心理偏好的定价技巧也就常被企业所采用。

1. 差别定价

差别定价是对同一产品针对不同市场或不同情境采用不同价格出售的一种定价策略，如早鸟票、学生票就是典型的差别定价，其理论基础为经济学中的价格歧视（price discrimination）理论。

在经济学研究中，卖方可利用其在市场上的垄断地位或信息优势，对不同买方设定不同价格以获取更高利润。这种价格上的歧视可分为 3 级：一级价格歧视是卖方根据不同买方的支付意愿设定价格；二级价格歧视则基于购买数量来设定价格；三级价格歧视则根据市场特征（如地理位置、收入水平、消费习惯）设定价格。但显然，随着价格信息的公开透明，完全同质的产品实施价格歧视的难度越来越大，且容易引发卖方的道德危机，即使是基于购买数量、时间、地理位置的价格歧视也大多附有条件，如不支持产品退换、限定使用时间。

差别定价策略是价格歧视理论在营销领域的具体应用，价格差别的依据不是基于成本差异，而是不同顾客对同一产品存在需求及行为差异。差别定价在具体形式上会表现出因顾客、服务、地点、时间等方面的区别而对同一产品采取不同的价格，但实施的关键条件是不会因价格差异引发贱买贵卖的转卖行为，否则将直接导致价格体系的混乱、品牌形象及口碑的下跌。

顾客差别　企业根据不同顾客对同一产品采取不同的价格，如会员价、学生票、新用户专享价。相较于其他差别形式，顾客差别定价容易被质疑为对公平准则的违背，引发高价购买者的反感与抵触。因此，顾客区别的标签应合乎情理、易于接受、便于识别又能形成有效区隔，避免产品转卖。

服务差别　企业根据同一产品的附加或增值服务提供上的差别而采取不同的价格策略。服务差别定价多用于组织市场，企业会视交付日期、技术支持、维修保养等方面的不同而给予不同幅度的折扣或加价。

地点差别　企业根据地理位置、销售区域、使用场所等地点差别，对同一产品采取不同的价格。地点差别定价尽管有物流配送等方面的成本差异，但需求差异也是重要甚至是决定性因素。例如，同一饮品在超市、餐馆、酒吧的价格差异更多是因产品使用情境不同，顾客对饮品需求的迫切性、价格敏感度不同而导致的。

时间差别　企业根据季节、日期甚至时间点的差别采取不同的价格，如峰谷分时电价、电影院早晚场及工作日与休息日的票价。服务产品无法存储、易逝，为调节不同时间的供求平衡，服务业经常采用时间差别定价。

2. 组合定价

企业不会只生产经营一种产品，会有不同的产品线与产品项目，彼此之间存在内在关联，这也意味着企业的定价不应着眼于单个产品，应从整体出发，确保整个产品组合而非单个项目的利润最大化，这种定价策略被称为组合定价。根据产品之间的相互关系，组合定价策略又具体包括以下形式。

产品宽度定价　产品宽度定价是指企业为不同产品线设定不同的价格区间，以反映不同产品线的成本、性能、技术、目标市场等方面的差异。尤其是当产品线之间存在互补或交叉销售时，企业往往通过捆绑、选配等组合定价以吸引、促进顾客的购买。例如，房产中介通常有租赁、买卖两条产品线，服务内容、成交金额不同，所收取的佣金（服务价格）自然存在明显差异，但因市场具有一定的重合性，且受业务布局、品牌形象、中介人员等共同因素的影响，因此在佣金收取上存在一定的关联性。

产品线定价 同一产品线的不同产品项目之间存在密切关联，不同产品项目在产品线中的地位与作用各不相同。为发挥这种内在关联的积极效用，企业通常从产品线整体利润角度为不同产品设定价格，即产品线定价。因产品线中的产品项目在技术、功能、市场需求等方面存在一致性，尤其是当产品线围绕产品项目的纵向差异化而展开时，系列产品及其价格往往会形成锚定效应，影响顾客对某个产品项目价值及价格的认知。因此，企业在产品线定价时，需要充分考虑顾客的心理预期及价格敏感性，通过价格区间的合理设定，既能保持价格之间的一致性与逻辑性，给顾客提供更多的选择空间，又能根据市场环境与竞争态势的变化，灵活调整具体产品项目的价格，充分发挥其在产品线中的特有功能与作用，详见第 9.2.2 节。

捆绑定价 为刺激购买，提高整体销量，企业也常将多种产品组合在一起，以低于分别购买这些产品总价格的售价进行销售，这种策略被称为捆绑定价，如旅行平台将机票、住宿与门票捆绑销售，电影院推出爆米花与电影票的套餐。

▣ 案例 10-1
百度地图的收费与免费

百度地图是国内率先宣布地图导航服务永久免费的智能化位置服务平台，自 2005 年上线以来，经过 20 年的发展成长为国内领先的互联网地图服务商，车道级导航实现全国覆盖，月活跃用户超 4 亿。

早期，以凯立德为代表的车载导航品牌面向高档车辆车主提供地图下载及导航服务——地图免费下载，但升级及导航分开收费。凯立德、高德与百度的导航服务收费分别为 108 元、50 元与 30 元。2013 年 8 月 28 日，百度宣布手机导航 app 永久免费，4h 后高德跟进；8 月 29 日，百度又推出全面退款策略，任何购买过百度导航的用户均可申请退款，导航地图的免费时代由此到来，曾一度占据导航市场 60% 份额的凯立德则因继续坚守收费阵地逐渐被市场淘汰。但实际上，无论是百度还是高德，其免费仅是针对普通消费者用户，汽车制造商、第三方平台均需要缴费使用地图导航。除此之外，广告费与商家缴纳的导流费也是其重要收入来源。

2023 年，百度地图推出会员产品。针对个人用户，推出普通会员与高级会员，普通会员面向所有用户实现免费开放，享受主题换肤、行程分享等功能，面向高级会员按 30 元 / 月、88 元 / 季、298 元 / 年的收费标准收取费用，提供专属客户服务解决地图使用中的任何问题。面向全行业商家则以年度入驻费形式提供会员服务，套餐价有 2 299 元、6 599 元、9 999 元不等，会员享受后台转化数据查看、搜索排名提升、店铺装修、推荐流量加持、搜索展示提权等权益，帮助商家从海量点位中脱颖而出，实现获客拦截。

选配品定价 许多产品在标准配备之外，还会提供其他可供选择的配件或增值服务，以形成更加强大的功能或使用体验，满足顾客多样化需求，如专业相机的镜头配置、科技产品的技术升级服务。为鼓励顾客在购买主产品的同时也购买选配品，企业会对选配品及其组合确定价格，其价格低于单独销售的价格。

附属品定价 附属品与选配品的区别在于与主产品的关系。附属品具有从属性、辅助性，是主产品的必要构件，但因设计结构、损耗成本等方面的差异，从主产品中独立出来成为配套产品，这也使得附属品不具有通用性，仅限于同品牌或特定产品项目，顾客对附属品的初次购买也大多与主产品购买一起完成，如剃须刀与刀片、打印机与墨盒。选配品是额外、附加的，是为满足顾客特定需求或偏好而提供的，并不是主产品必需的，其通用性也更强。附属品定价就是企业基于附属品与主产品的互补关系，通过设定主产品与附属品的价格关系来实现市场目标的定价方法，要么分开定价，通常主产品定价较低，目的是扩大市场份额，附属品定价较高，目的是获取较高利润；要么通过组合搭配形成整体价格。

两段定价 两段定价严格意义上是一种价格组合，即企业销售产品时，先收取固定费用，然后根据使用量或额外服务再收取一定的可变费用，常见于电信、运输、水务等行业，如出租车的计费就包含起步价与里程费两部分。两段定价有利于降低市场风险，固定费用保证了部分稳定收入，可变费用则可根据市场情况灵活调整。

3. 心理定价

心理定价是针对顾客的心理活动与反应对价格进行设定、调整的一种技巧，常表现为以下形式。

尾数定价 尾数定价是指把价格尾数调整为符合顾客心理偏好或认知的一种技巧。有尾数的价格会给顾客一种精确核算的感觉，尾数 6、8 因在中国文化中有美好的寓意，也易被顾客视为一种好"口彩"。

整数定价 整数定价就是将产品设置为整数，这种定价技巧常用于高端产品或奢侈品，以强化产品带给顾客的奢华、高贵的心理暗示。

锚定定价 锚定定价就是利用价格的锚定效应进行价格展示，如呈现产品的前后价格差异、用其他产品价格作为锚点供顾客对比。

招徕定价 招徕定价本质是一种促销手段，是利用顾客求廉心理，以远低于产品正常价格或市场同类产品的价格吸引顾客，以实现促销目标。招徕定价的极致是免费，企业往往将免费融入选配品定价、附属品定价、两段定价等组合定价策略中，以免费吸引顾客，扩大市场，培养顾客习惯，进而通过其他产品或服务的提供实现盈利。

10.3 价格调整

保持价格稳定是定价的基本准则，这是因为价格一旦确定就对顾客需求、未来产品价格及成本、竞争者行为产生重大影响，从而在市场上形成动态效应；若价格调整变化，顾客、竞争对手、供应商、中间商等利益相关者必然对此做出反应，这种反应与价格本身的动态效应相叠加，将增大市场的不确定性与不稳定性，市场风险变大。但变化是现代社会的基本特征，外部环境与企业内部条件的变化让价格调整在所难免，这就要求企业密切关注自身价格的动态效应及竞争对手的价格变动，监控并分析价格行为所引发的市场反应，为自身价格的后续调整提供支撑与指导。

10.3.1   价格监控

1. 价格的动态效应

即使是在一个市场环境稳定，供求关系、价格水平、竞争态势等要素变化很小的静态市场，一旦价格确定也会形成动态效应，对顾客的未来需求，产品的未来价格、未来成本及竞争对手产生重大影响，如图 10-7 所示，图中 #1、#2、#3、#4 分别对应上述四种影响。

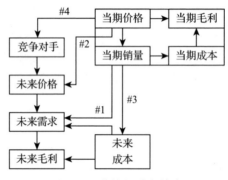

图 10-7   价格的动态效应

当期价格对未来需求的影响   当期价格决定当期销售，如果产品当期销售良好，顾客满意度高，就会形成品牌效应与良好的口碑，企业信心与顾客信心为之增强，对生产决策与购买决策产生正向影响，市场未来的整体需求有望持续稳定或增长；反之亦然。

当期价格对未来价格的影响   当期价格及顾客对其合理性的认知会直接影响顾客对未来价格的预期，进而对未来需求产生影响。顾客对未来价格的预期包括价格变化方向（上涨还是下跌）、变化幅度、变化速度、变化频率等内容。显然，若顾客预期未来价格是持续走高的，将加剧购买的迫切性，推动市场增长；反之，顾客则有可能持币待购，观望情绪强烈，市场热度消减。

当期价格对未来成本的影响   既然当期价格对产品的未来需求与价格都会产生影响，自然也会影响产品的未来成本，这也意味着当期价格不仅影响当期产品的盈利状况，也关系到产品未来及整个生命周期内的盈利状况。

当期价格对竞争对手的影响   当期价格的影响不仅涉及顾客、企业自身，还包括市场其他主体——现有竞争对手及替代者、新竞争对手、供应商、中间商等，这种影响是竞争或合作所带来的，这些市场主体必然会对此做出回应。

2. 市场反应与应对

图 10-8 呈现了市场相关主体对企业提高价格的反应。供应商可能会随之要求提高原材料

的价格；新进入者认为市场前景明朗、乐观，于是加快进入，共同培育或抢占市场；中间商的单位产品利润一般也随之上升，销售积极性得以提高，从而刺激产品销售；直接竞争／替代者可能跟随涨价，但若其价格保持不变，率先涨价者将面临市场份额下滑、品牌形象受损、竞争压力增大等一系列挑战。

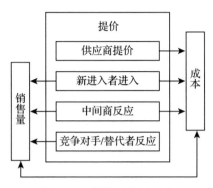

图 10-8　提价的市场反应

　　企业除了要关注自身价格行为所引发的市场反应外，更要密切关注直接竞争对手（或替代者）的价格行为，洞悉其采取此种价格行为背后的原因，了解这种价格行为是临时的还是长期的，据此进行针对性应对。图 10-9 是企业面对竞争对手（或替代者）降价的应对模型。当竞争对手的降价行为不会对其造成重大损害且是短期行为时，企业可以不做应对；当竞争对手采取小幅降价并可能对自身造成损害时，企业可以采取超过其降价幅度的优惠券、赠品等非价格手段与之竞争；当竞争对手降价幅度较大时，企业可以利用产品线中的其他项目进行价格应对，抑或强化产品的异质性……

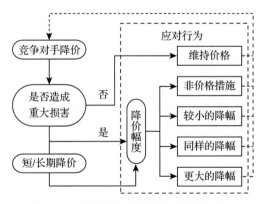

图 10-9　面对竞争对手降价的应对模型

10.3.2　价格应对

面对内外环境的变化，企业的价格应对无外乎是维持价格、提高价格与降低价格 3 种方式。

1.维持价格

稳定的价格能给顾客留下企业实力雄厚、关心顾客、可靠负责的良好印象。但当不得不调整价格时，企业可通过采取以下变通策略维持价格稳定，保护品牌形象。

（1）停止生产与销售需要调整价格的产品，推出新产品。当供大于求而引起价格下跌时，企业不应降低原产品的价格，而应致力于技术革新推出新产品，当然，这种策略要求企业具备较高的技术创新及市场洞察能力。

（2）扩大生产规模，降低产品成本。当面临原材料（或能源、工资等）价格上涨时，企业应设法扩大生产销售规模，降低单位产品的生产成本、营销费用，以保持价格稳定，而非简单地提高产品价格。

（3）因供不应求而形成价格上涨压力时，企业不能随便跟风提高价格，尤其不能随意变更和中间商之间的协定。正确的策略是在保证质量的前提下，采取一切可能的方法和途径迅速扩大产量，甚至允许市场的短暂脱销，而不是人为地提高价格限制消费，更不能因为市场及利润表现良好而忽视企业在技术、市场、品牌等方面的核心能力培养，毕竟市场瞬息万变。

2. 提高价格

企业通常多因以下情况而提高价格。

（1）资源限制导致上游产品供应不足、价格上涨，推高了产品生产成本。例如，石油、天然气等不可再生的自然资源因资源枯竭或国际关系变化等诸多因素，影响了资源的稳定供应，必然对依赖这些资源的产业产生重大影响。

（2）通货膨胀、物价上涨或受政策法规变化的影响，劳动力、销售、物流等成本费用增加。

（3）产品供不应求，为平衡供求关系而提高价格。

（4）因品牌定位或形象升级而提高价格。

（5）竞争对手提高价格，为避免在顾客认知中与竞争对手拉开差距，企业也随之提价。

价格的提高对于顾客而言意味着支付成本的增加，不解、不满甚至抵触等负面情绪随之出现，因此企业提高价格时应充分做好预案来应对价格调整所带来的不确定风险。对于前两种情况所引发的价格调整，企业应向顾客充分说明原因，增加定价的透明度以获取理解，减少顾客对价格调整的疑虑，同时尽可能通过技术创新强化成本管理以控制价格涨幅。而对于后三种情况，企业一方面可以通过服务的提升、产品的优化改良或限时折扣、积分回馈等适时的促销活动来提升价值认知，平衡顾客对价格上涨的不满；另一方面，可以通过产品线的延伸为价格敏感型顾客提供更多的价格选项，抑或通过包装、口味、组合等方面的改变，模糊锚定点，降低顾客对价格提高的直接刺激。

● 案例 10-2

一路高涨的乌江榨菜

得益于良好的气候与土壤条件，重庆涪陵是榨菜原料青菜头的重要产区，早在 20 多年前就拥有 300 多家榨菜生产企业，但受制于企业规模与生产工艺的不足，产品一直深陷低价低质的恶性竞争中。

2004 年，重组后的重庆涪陵榨菜集团独创出"三清三洗三腌三榨"的工艺标准，实现了产品从清洗、切分、脱盐到成品包装的全自动生产，采用独创乳化技术改良口感，并将主打产品乌江榨菜的零售价从 0.5 元提升到 1.2 元，同时配以央视黄金时段的广告宣传，乌江一跃成为榨菜第一品牌，成功摆脱了市场对榨菜"不卫生、不健康"的低价值认知，并且其高品质形象深入人心，产品利润也较之前高了 4 倍有余。2008 年，冰雪灾害让青菜头整体减产 30%，乌江榨菜价格不得不上涨 23%，但出乎意料的是，提价后的产品销量虽略有下降，但集团利润却从 1 000 多万元增长到 3 000 多万元，乌江榨菜的价格自此开始一路走高。

2009—2015 年，乌江榨菜的提价策略总体是温和、谨慎的，采取的是"重量规格减少、价格小幅增长"的策略，虽然一直维持在 1 元价格带，所购买的产品规格却从 100g 降到了 60g。2017 年，乌江榨菜进入 2 元时代，4 年后又跨过 3 元大关。凭借行业地位，乌江榨菜将定价权发挥得淋漓尽致，销量下降也涨、上升也涨；成本上升快涨，下降慢涨。尽管乌江榨菜在此期间也进行了产品升级，向轻盐、低脂、低卡的健康方向创新发展，采取了降价促销、品类拓展等措施，还推出过一款 1 521 元的榨菜礼盒……但面对如此频繁的提价，2023 年、2024 年产品营业收入、净利润已连续两年下滑。

资料来源：快刀商业评论. 13 年涨价 13 次，频率猛过茅台："榨菜刺客"打工人吃不起了 [EB/OL].（2024-04-14）[2025-04-02]. https://baijiahao.baidu.com/s?id=1796292864570074747&wfr=spider&for=pc.

3. 降低价格

尽管从表面上看，降低价格会提高市场份额、增加销售量，但若竞争对手跟进降价，销售量和市场份额未必会提高，反而会影响行业整体利润水平，价格难以回升到原来水平。更值得警惕的是，降价很难形成品牌偏好，反而会影响顾客的预期与认知，若顾客对企业的降价行为形成了预判，则会降低顾客购买的迫切性，需求转化为订单的周期将延长、效率将变低；而对已购买的顾客而言，更会造成购后不协调，产生心理不平衡，对顾客忠诚、品牌形象及口碑形成负面影响。因此，价格竞争是一把双刃剑，企业要尤为谨慎使用、认真对待。

一般来说，只有存在以下情况时，企业才有可能选择降低价格：①当生产能力过剩，造成产品积压，其他促销手段及销售改进不能奏效时，只能依赖降价清理库存，促销销售；②当企业面临强大的竞争压力，市场份额逐渐下降，技术革新、产品改良力有不逮时，为维持市场占有率，企业采取降价策略，这种降价可能有助于短期目标的实现，但从长期来看会影响品牌形象与顾客的价值认知；③当顾客不再认可产品品牌间的差异，企业由差异化战略转向低成本战略时，降低价格是其必然选择；④优势品牌可以降价抢占弱势品牌的份额，重塑市场格局，达成目标后再逐步恢复原来的价格水平。

对于企业而言，前三种情况属于被动降价，后一种情况属于主动降价。为弱化价格降低所产生的负面影响及风险，避免或消除顾客对降价进行运营困难、形象下滑等负面解读，企业要合理制定降价策略，包括选择合适的降价时机、控制降价频次、科学设置降价幅度等，尤其是对于前三种情况，要在实现降价目标的同时，避免强烈刺激竞争对手而陷入价格竞争。除此以外，企业还应在品牌形象维护、顾客关系管理等方面予以强化，努力提升顾客与品牌之间的情感联结，增加信任度。

📖 本章小结

1. 价格不仅仅是顾客为获取产品所付出的货币，也是成本、质量的信号，具有符号价值，体现着顾客在产品购买与使用过程中的价值认知，隐含着企业战略及盈利模式。

2. 价格决策包括确定价格（即定价）与调整价格（即调价）两部分内容，具体的价格策略要服从企业战略及目标，既不能脱离产品成本和顾客认知价值，也不能忽略竞争的影响，更要符合社会法律与道德规范要求。在现实情境中，产品价格往往以成本费用为基础，以顾客需求为前提，以竞争产品（替代产品）的价格为参考最终确定。

3. 成本导向定价是以产品成本为依据确定价格，包括成本加成、目标收益等方法，其中根据单位产品成本计算方法划分，成本加成定价法又分为完全成本加成法与变动成本加成法两种。需求导向定价以目标市场对产品的价值认知和需求强度为依据确定价格，具体包括认知价值定价法、需求弹性定价法等方法。竞争导向定价则以主要竞争对手的价格为依据确定价格，包括通行价格定价法、对标定价法和拍卖式定价法等方法。

4. 顾客在产品购买与使用过程中的价值认知是一种判断过程，是基于某个参照或基准而展开的，在不确定情境下，判断的结果容易向初始信息或初始值（锚定点）的方向偏移，形成锚定效应。

5. 差别定价的理论基础为经济学中的价格歧视理论，是对同一产品针对不同市场或不同情境采用不同价格出售的一种定价策略，在具体形式上表现出因顾客、服务、地点、时间等方面的区别而非成本差异对同一产品采用不同的价格。

6. 当企业产品存在组合时，定价不应着眼于单个产品，应从整体出发进行组合定价，确保整个产品组合而非单个项目的利润最大化。根据产品之间的相互关系，组合定价策略包括产品宽度定价、产品线定价、选配品定价、附属品定价、两段定价、捆绑定价等形式。

7. 心理定价是针对顾客的心理活动与反应对价格进行设定、调整的一种技巧，包括尾数定价、整数定价、锚定定价、招徕定价等技巧。

8. 保持价格稳定是定价的基本准则。即使在不得不调整价格的情况下，也应尽可能采取变通策略，如推出新产品、降低成本、允许市场短暂脱销，避免直接的价格调整。

9. 价格提高增加了顾客的支付成本，容易使其产生不解、不满等负面情绪，企业应向顾客说明原因，增加定价透明度以获取理解；通过技术创新、成本管控、产品改良及适时的促销以提升顾客的价值认知，平衡顾客对价格上涨的不满，同时通过产品线的延伸为价格敏感型顾客提供更多的价格选项。

10. 价格降低削弱了顾客购买的迫切性，对已购顾客造成购后不协调，对品牌形象及价值认知、顾客忠诚形成负面影响。因此，企业要在降价时机、降价频次、降价幅度等方面科学考虑，避免强烈刺激竞争对手，强化品牌形象维护、顾客关系管理，努力提升顾客与品牌之间的情感联结，增加信任度。

🔺 关键术语

价格决策　锚定效用　柠檬市场　成本导向定价法　需求导向定价法　竞争导向定价法

成本加成定价法　目标收益定价法　认知价值定价法　需求弹性定价法　通行价格定价法
对标定价法　拍卖式定价法　差别定价　组合定价　产品宽度定价　产品线定价
捆绑定价　选配品定价　附属品定价　两段定价　心理定价　锚定定价

● 简答题

1. 请从营销角度解读价格与质量、价格与价值的关系。

2. 企业定价目标有哪些？

3. 定价存在哪些导向？在现实情境中，价格与定价导向存在怎样的关系？

4. 简述完全成本加成定价法与变动成本加成定价法的区别。

5. 举例说明锚定效应在价格策略中的具体运用。

6. 拍卖式定价法表现出哪些具体形式？

7. 实施差别定价的依据及关键条件是什么？

8. 选配品定价与附属品定价的区别是什么？

9. 为什么保持价格稳定是定价的基本准则？

● 思考题

1. 为什么价格具有符号价值？

2. 新产品价格往往会经历由高而低的过程，请从成本、竞争、顾客价值认知等角度分析这
一过程的合理性与不合理性。

3. 请选取生活中的免费案例，剖析这种定价策略及背后的盈利模式。

● 实践与探讨

请利用学校的商业对抗模拟软件，组队对抗并复盘思考以下问题。

1. 描述你的价格决策流程。

2. 你调价的理由是什么？调价后是否达到了你的预期？若未达到，原因是什么？

3. 你降价的理由是什么？降价后是否达到了你的预期？若未达到，原因是什么？

4. 面对竞争对手的价格调整，你的应对表现如何？若再来一次，你会做出哪些改变？

● 互联网实践

价格在顾客的购买决策与选择中占据重要地位。随着网购的兴起，顾客面对海量商品
及不断变动的价格信息，信息不对称性越发严重。为帮助顾客找到产品的最优购买渠道，
慢慢买、比一比、等等党等专业比价平台或 app 得以快速发展。

登录慢慢买或其他比价平台，分析该类比价平台的盈利模式，思考比价平台分别对企业
价格行为、顾客购买行为产生了怎样的影响？企业应如何规避比价平台所带来的负面影响？

第 11 章
渠道策略

对快消行业来说，渠道的把控力越强，市场话语权就越大。我们通过合理分配厂商之间的利益关系，与 6 000 余家经销商建立联销体制度……将市场网络一直延伸到了农村，变"一家企业在市场上与人竞争"为"几千家企业合力一起竞争"。诚信与双赢是我们与经销商合作的基本原则。

——宗庆后

娃哈哈集团创始人

营销的早期职能就是缩小或消除产品供应与需求在时间、地点、品种、数量等方面的差异，使产品被顺畅、高效地送达终端顾客，这个过程及相关活动被称为分销。产品的生产制造商（以下简称"制造商"）经常面临一个基本决策：是自己完成分销活动还是借助外部力量？这也意味着在制造商与顾客之间存在一个中间层级，由一系列功能上相互依赖的外部组织或个体构成，承担着产品的分销、组配、物流及信息传递、促销、融资等功能，形成了产品的渠道系统。站在制造商角度，渠道策略包括两方面内容：渠道设计及对渠道成员的互动、管理。⊖

相较于在组织内部完成的产品、价格与传播策略，渠道多存在于组织外部，具有较高的稳定性与战略性，其建立与完善需要较高的持续投入，调整的成本与难度较大。除此之外，电子商务与平台经济的高速发展也对传统渠道模式产生了巨大冲击，推动着渠道模式的不断创新与变革。因此，渠道设计既要慎重、周详，又要灵活应变、创新发展。

渠道成员有各自的立场与发展目标，其行为并不一定要与制造商保持一致，容易产生渠道冲突，造成渠道效率低下。制造商无法像组织内部管理那样基于制度与权威解决上述问题，只能通过互赢互利与持续深化的合作关系来协调渠道成员的目标与行为。正因为渠道涉及跨组织的关系管理与协调，其管理难度与挑战度也就远高于其他营销策略。

11.1　渠道构成

渠道也被称为分销渠道，是产品从生产领域（制造商）向消费领域（终端顾客）转移的路径与通道，由一系列相互依赖的外部组织或个体构成，这些组织或个体被称为渠道成员。渠道成员密切参与产品从生产到最终消费的全部过程，并随着社会分工的发展，其作用越发凸显。当然，互联网的普及及信息技术的进步，也对传统渠道带来了巨大冲击与挑战，涌现出众多新的中间商类型，推动了渠道系统与形态的发展与变革。

11.1.1　渠道系统

产品转移、分销的过程涉及不同环节与参与者，无论参与者是内部机构还是外部渠道成员，都在帮助制造商实现营销目标、完成渠道任务，彼此间相互关联、相互影响，渠道因而被视为一个系统，并呈现出不同的渠道模式、功能与结构。

1. 渠道模式

制造商生产出产品后，要将其转移、交付到终端顾客手中，该分销过程要么由制造商内部机构完成，即制造商通过人员、自营店、官方网站等形式直接面向终端顾客进行产品销售，渠道完全内部化；要么部分或完全外包给外部组织或个体，即制造商利用社会分工，出让部分利润或一定费用，由外部组织或个体完成销售任务与分销活动，由此形成独立于制造商之外的渠道系统，这些外部组织或个体因身处渠道系统成为渠道成员。[⊖]

根据其在渠道系统中的功能及角色，渠道成员分为辅助商与中间商。辅助商不参与产品的交易过程，只是为产品分销提供储运、保险、售后等支持性服务，对营销活动与渠道运转仅起到间接、辅助作用，如物流公司、仓储公司、运输保险公司、第三方售后机构等；中间商则直接参与产品交易，促使交易行为的发生与实现，是连接制造商与终端顾客的中间环节，因而是构成渠道的关键力量，包括批发商、零售商、电商平台等角色，详见第 11.1.2 节，制造商与中间商的关系常被简称为厂商关系。

图 11-1 呈现了制造商进行分销决策时的两种极端模式。当制造商将分销活动完全外包给中间商时，双方使用市场机制完成合作，制造商专注于生产、研发等核心业务，产品经由中间商流向终端顾客，所有的分销活动及产生的成本、收益与风险由中间商独立承担；若制造商将全部分销活动纳入其职能范围，拥有自营渠道，则分销活动及管理受企业机制的影响与控制。基于社会分工，前者常被称为间接销售模式，即制造商不直接从事产品销售活动，而

⊖ 从制造商角度来看，渠道成员仅指其外部渠道系统中的辅助商与中间商；但若从产品转移与流通的社会或行业角度来看，渠道成员除了辅助商与中间商外，还包括制造商与终端顾客，为避免歧义，本章将这些主体统称为"渠道中相关主体"，渠道成员仅指辅助商与中间商。

是通过中间商将产品销售给终端顾客，渠道完全市场化；后者为直接销售模式，是指制造商将产品直接销售给终端顾客，渠道完全内部化。需要强调的是，无论哪种模式均需要辅助商的参与，即使在直接销售模式下，制造商也无法完全依赖自身职能承担渠道所有功能。

现实生活中的渠道模式并非如图 11-1 所呈现的两种非此即彼的状态，制造商可以在直接销售与间接销售之间进行多种形态与结构的选择和组合，即渠道模式可以视为外包与自营的程度问题。这也意味着在销售模式上，制造商既可以采取直接销售或间接销售的单一模式，也可以采取两者兼有的混合模式；在产权关系上，制造商与中间商可以没有任何产权关系，也可以通过合资、持股等方式形成产权关系；在厂商关系上，制造商与中间商可以是单纯分销关系，也可以是特许经营、战略联盟、网络组织等更加紧密的关系。⊖

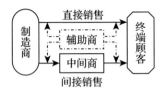

图 11-1　渠道模式

从渠道形态上来看，渠道模式又可分为互联网渠道与传统渠道。互联网渠道是指利用电商平台或互联网工具进行产品销售的一种渠道形态，也称线上渠道，基于互联网的发展普及而形成；传统渠道则通过人员推销或实体场所进行产品销售，又称线下渠道。若综合考虑渠道模式与形态，渠道表现出多种类型，如图 11-2 所示。互联网渠道打破了传统渠道的物理店铺限制，使产品销售不再受时间、区域的限制，具有智能化服务与精准营销能力，因而对传统渠道带来巨大冲击。

	传统　渠道形态　互联网	
直接 渠道 模式 间接	**传统直销** （如人员销售、自建 专卖店）	**互联网直销** （如员工直播带货、 自建官网商城）
	传统分销 （如区域代理、特许 经营分销）	**互联网分销** （如社区团购、社交 电商）

图 11-2　渠道类型及示例

📧 案例 11-1

拥抱互联网的三一重卡

三一集团（以下简称"三一"）是国内首家"破千亿"的工程机械制造商，位列全球建筑机械行业三甲，其混凝土设备为全球第一品牌。三一能够在近 40 年的时间里快速成长为全球领军企业，除了卓越的产品品质与技术创新以外，还得益于其独特的代理商体系。

工程机械设备领域长期依赖代理商进行产品销售，但三一的代理体系具有以下特点：①无论是国内的省级区域划分还是全球的中东、北非、南非、亚太和俄罗斯五大销售渠道，均采

⊖　在厂商关系中，特许经营是指特许人（制造商）将其商标、商号、经营模式、诀窍等知识产权连同经销权授予受许人（中间商）使用，以降低受许人经营风险，受许人必须遵守特许人的经营规则、服务标准等；网络组织是指各成员企业基于共同目标，在各自角色与任务的基础上，通过密集多边联系、互利和交互合作而形成的具有网络结构的组织形态；战略联盟详见第 6.3.2 节。

用独家代理制；②实施代理商帮扶计划，在资金、风险管控等方面加大对代理商的投入，使其实力与抗风险能力更强；③通过持有代理商股份，加深利益捆绑；④代理商的利益分配机制更有弹性，产品的市场份额越高、销售佣金费率也越高。这种互利共生、共同成长的渠道关系成为三一从国内走向海外不断开疆拓土的利器。

重型卡车（以下简称"重卡"）是三一于 2017 年启动的新项目，属于市场集中度高、投入大的高门槛产品。尽管重卡的购买者除企业以外，乡村个体用户也占据较大比例，但传统车企仍将其视为工业品，采用经销模式，依赖经销商"邀约到店"的方式进行销售，并不与购买者发生直接联系。为此，三一重卡在国内率先采用面向消费者的 O2O 模式，通过"直播 + 社群 + 外呼"的线上引流与线下体验店的紧密配合，完成厂家直销的闭环交易，成为最快进入国内"万台俱乐部"的品牌，仅用 4 年时间就成为新能源重卡的年度销售冠军。其具体做法如下：①三一重卡抓住短视频直播风口与抖音流量红利，在坚持常态化直播的同时，积极推广 app 社区"致远会"与微信公众号"三一卡友之家"，以内容与活动为抓手经营粉丝阵地，鼓励卡友推介拉新；②成立"外呼中心"，根据用户在直播间和新媒体平台所留下的电话信息，与用户建立联系；③创新零售新模式，布局融品牌展示、VR 交互看车、社群运营于一体的"快闪店"，推动流量向销量的转化。

资料来源：周文辉，冯露通，谢凯. 三一重卡：消灭传统渠道 [J]. 商业评论，2022（10）：54-62.

2. 渠道功能

既然制造商可以将渠道完全内部化，直接销售产品，为什么带有中间商的间接销售模式在现实生活中会普遍存在？这种外部化（或市场化）渠道具有哪些优势？既然渠道是连接制造商与终端顾客的路径，对于上述问题的回答自然可从制造商与终端顾客两个角度展开。

从制造商角度来看，其愿意通过中间商分销产品多基于资源配置、交易频次与成本的考量。

优化资源配置　渠道外部化是社会分工的产物，制造商可以更专注于自己擅长的产品研发与生产，中间商则可凭借自身的物流设施、销售网络、品牌信誉等专用资产及分销活动的规模经济性，有效连接与匹配供求双方，推动产品对市场的覆盖与渗透，让更多的潜在购买者转变为现实顾客，有利于市场创造与规模扩大。除此以外，制造商与中间商的分工合作还可以共担市场风险，降低市场的不确定性。

减少交易频次　图 11-3 直观呈现了制造商在直接销售与间接销售情况下的交易次数。假设市场上存在 3 个制造商与 3 位顾客，由于制造商无法判断哪位顾客需要其产品，因此为了不遗漏任何潜在顾客，每个制造商不得不进行 3 次顾客接触；若有中间商的存在，每个制造商只需要与中间商进行 1 次交易即可，终端顾客亦然。当然随着中间商数量的增加，交易次数也会随着增加，但终端顾客（尤其是消费者）的数量毕竟远超中间商。中间商的存在使制造商的交易次数成倍数级下降，有利于交易的规范、高效及交易效率的提升，尤其是当制造商数量越多时，中间商的这种优势就体现得越发明显。

节省成本　传统渠道成本取决于制造商所要服务的市场规模与分销机构的数量，而在互联网渠道成本中，平台及推广费用的占比较高。制造商自建渠道直接销售，虽然有利于渠道控制与管理、便于品牌形象的提升与市场信息的快速获取，但相较而言，自建渠道初期投入大、运行成本高，搜寻顾客的成本及交易、售后成本也都明显高于外部渠道。因此，当制造商资金及能力有限时，其多愿意将渠道外部化，进行间接销售；即使资金充足、能力齐备，制造商也会考虑自建渠道的投入产出与机会成本。

图 11-3   交易次数示意图

制造商虽批量提供产品，但产品类别有限，而终端顾客往往需要数量有限但类别丰富的产品。因此，从终端顾客角度来看，中间商的存在不仅减少了产品交易次数，节约了产品搜寻成本，还为终端顾客创造或提升了以下方面的价值：①中间商通过对产品的储存、聚集、分类、搭配等活动，解决了顾客在购买时间、地点等方面的限制，满足了顾客对多样化产品选择与购买的需求；②中间商通过演示、讲解、推荐、配送、安装、调试、退换货等基础服务，为终端顾客的产品购买与使用提供了保障与便利；③中间商通过环境、人员、品牌形象、个性化服务、产品筛选及品质把控等方面的努力，优化了终端顾客的购买体验。

⊖ 讨论 11-1

没有中间商赚差价？！

随着电商平台的发展，"没有中间商赚差价""消灭中间商，把利润还给顾客""源头发货，物美价廉"等诸如此类的广告词我们经常听到，其背后的潜台词是"中间商赚取的利润远远大于其提供的价值，甚至只赚利润不提供价值""品牌商应借助电商平台绕开中间商"。这种论调之所以被众多消费者所接受，多半是因为在以下方面存在认知偏差。

首先，相较于生产成本，消费者对流通成本、信任成本的认知没有那么的直观、强烈与清晰，而这恰恰是中间商的价值所在。尤其是在复杂环境或大（区域）市场条件下，没有中间商的存在，产品零售价只会更高而不会降低，并且所有购买的手续、突发情况都需要自己去处理。

其次，即使在数字化、网络化的发展背景下，中间商也具有天然优势。互联网的普及使产品的销售没有了时空限制，用户规模以亿计量，但制造商品牌要触达这些用户的基本前提是亿级用户在线，而这仅依赖自身的 app、微商城是无法实现的。亿级用户在线的基本逻辑应该是"百万终端→千万超级触点→亿级用户在线"，每个链路都被分布式放大。千万超级触点可以是物（如一物一码）、人（如导购）或门店，通过这些触点连接用户使其上线，才能实现真正的用户运营。而对于这项工作，中间商与制造商相比，显然有着天然优势。

概括起来，渠道市场化促进了产品、资金、信息及服务的顺畅流转，经由渠道成员的相互合作，渠道也形成了如图 11-4 所示的功能。也就是说，渠道不仅仅是产品流动的环节呈现，也是一个不断给产品与顾客增值的链条。渠道成员所承担的功能越多、增值越大，被替代的可能性也就越小，与制造商的合作关系也就越密切。

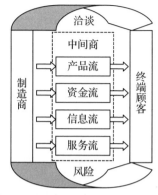

洽谈与交易　洽谈与交易是渠道的基本功能，渠道成员与制造商、终端顾客就产品的规格、数量、价格、交付时间等条款进行商议、谈判，通过支付、调配、物流运输等实现产品在时间、地点、所有权上的转移。

融资　渠道成员通过保证金、预付款、信贷、授信赊销额度等方式为产品分销提供了资金支持，简化了担保、抵押、审批等一系列冗长的融资手续，减少了资金占用。

信息与反馈　作为信息的传递者与反馈者，渠道成员推动了有关市场行情、销售环境、顾客及竞争对手信息的共享与交流，降低了供求双方之间的信息不对称，调节了市场供求关系。

图 11-4　渠道功能示意图

服务支持　在产品从制造商到终端顾客的转移过程中，渠道成员提供了储存、分类、搭配、展示、讲解、促销、配送、安装、调试、维修等一系列基础性与增值性服务。随着互联网与人工智能技术的发展，渠道的服务支持功能也在不断创新、突破，如智能导购、全天候客服、大数据分析、VR 学习、供应链协同，为制造商与终端顾客创造了更高价值。

风险承担　随着产品所有权的转移，市场风险也在渠道成员间不断转换，这种风险又迫使渠道成员更加注重合作协同，不断强化并发挥自己的专长。

3. 渠道结构

渠道结构是对渠道类型、环节、空间分布及渠道成员之间关系与任务序列的描述，通常从渠道广度、渠道长度、渠道宽度、中间商类型 4 个方面展开，如图 11-5 所示。

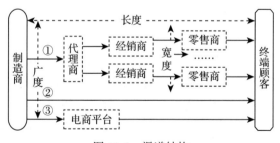

图 11-5　渠道结构

渠道广度　渠道广度是指制造商所拥有的渠道类型的多寡，其本质是渠道多元化的选择。若仅按渠道模式或形态划分，渠道广度只有单渠道（要么是直接销售或间接销售，要么是传统渠道或互联网渠道）与双渠道（两者兼有的混合渠道）之分；若考虑到每种模式下的渠道形态差异，渠道类型就较为多元，渠道广度可用具体数量来表示。图 11-5 中的①②③分别对应直接销售、传统分销、互联网分销 3 种渠道类型，意味着制造商为多渠道模式，渠道广度为 3。

渠道长度　渠道长度是对渠道层级长短的描述，是指产品在具体流通过程中所经历的购销环节（中间商层级）。图 11-5 中的传统分销模式为三级渠道（代理商 – 经销商 – 零售商），而直接销售则属于零级渠道。渠道层级越长，制造商对渠道的控制力就越弱，对市场信息的获取及反馈就越滞后，渠道冲突就越容易发生，但可充分利用的中间商资源及专业化优势就越多，便于以较少投入获得广泛的市场覆盖面；反之亦然。

渠道宽度 渠道宽度也称渠道密度，是指同一层级的中间商数量，常用密集分销、选择分销与独家分销 3 种形态描述渠道的宽窄，详见第 11.2.3 节。

中间商类型 中间商是连接制造商与终端顾客的中间层级的统称，存在多种类型，承担着不同的渠道角色与功能，详见第 11.1.2 节。在某种程度上，广度、长度与宽度是对渠道形态、层级、覆盖范围等外在特征的描述，中间商类型则深刻反映了渠道结构的内在特征，如渠道中各主体间的职能分工、合作纽带、关系基础。

11.1.2 中间商类型

按照在产品分销中的作用及交易规模，传统中间商分为批发商与零售商，但在现实生活中，批发商会兼营零售业务，零售商也会兼营批发业务。随着互联网与电子商务的发展，作为连接交易双方的桥梁，电商平台的功能与角色已经远远超越了传统中间商"促进交易完成"的范畴，成为现代渠道系统中的中坚力量与关键环节。

1. 批发商

批发商是以批量销售为特征的中间商，面向下游批发商、零售商、产业用户等组织市场服务，产品经由批发商分销后通常并不直接进入个人或家庭消费领域。

相较于其他中间商类型，批发商具有以下特征：①批发商批量购进、批量销售，具有规模效应，多拥有较为广泛的分销网络；②批发商的选址更关注租金，店面装修及布置也较为简单；③批发商的产品组合较窄，只经营一类或几类同类产品；④批发商需要投入并占用大量资金，在产品调配、仓储物流、销售谈判、风险管理等方面需要具备较高能力。根据产品所有权关系及经营方式，批发商又可细分为经销商、代理商、经纪商、集货商等。

经销商 经销商是先从制造商或上一级经销商那里取得产品所有权，再进行分销的一种批发商类型。经销商独立承担产品滞销等风险，也独享产品溢价的收益，按照经销产品的类别范围，经销商可分为综合经销商与专业经销商，综合经销商经营多个产品类别，而专业经销商通常只经营某一类产品；根据渠道形态，经销商可分为互联网经销商与传统经销商。当然，这两种分类方式也可以混合使用，如互联网综合经销商、互联网专业经销商。互联网渠道具有天然的规模效应，所能展示的产品类别原则上可以无限扩展，因此不仅一些传统经销商开始转型，自建或入驻电商平台，积极探索与互联网渠道的融合发展；以早期的当当、京东为代表的互联网专业经销商也在向综合渠道商甚至电商平台发展，在不断拓宽产品类别的同时还开放平台供第三方卖家使用。

代理商 代理商接受制造商或终端顾客的委托进行产品销售或采购活动，通过促进和缔结交易赚取佣金，在此过程中代理商基于委托方的授权，在权限范围内以委托方的名义活动，但并不取得产品所有权。根据代理层次与范围，代理商又可分为全国总代理、区域或分品牌代理。

经纪商　经纪商多存在于证券、保险、房地产等专业技术较强的产品领域，通过中介服务（如信息咨询、交易操作）促进交易达成，并以此赚取佣金。经纪商通常以自己的名义进行活动，既不拥有产品所有权，也不一定获得代理权，其作用仅限于为交易双方牵线搭桥，创造缔约条件，由于不代表任何一方的立场，因而也常被称为掮客。

集货商　集货商多存在于农产品等分散、非规模化的生产领域，它们通过对不同区域产品的集中收购、统一配送来提高分销效率、赚取利润。

2. 零售商

零售商处于产品流通的最终环节，是直接面向终端顾客进行产品零售的中间商。根据其经营活动是否有固定店铺，零售商分为店铺零售与无店铺零售两大类，前者包括便利店、超市、百货商店、专卖店、专业店、仓储会员店、购物中心等零售业态，后者则涵盖电视购物、邮购、自动售货亭 / 机、网上商店等。

🔘 材料 11-1 课程思政

我国零售业态的发展变迁

2024 年 12 月，商务部等 7 部门联合印发《零售业创新提升工程实施方案》，提出"到2029 年，初步形成供给丰富、布局均衡、渠道多元、服务优质、智慧便捷、绿色低碳的现代零售体系"。作为国民经济的基础性产业，零售业的发展在引导生产、扩大消费、吸纳就业、保障民生等方面发挥着重要作用。自改革开放以来，我国零售业的发展可分为以下 4 个阶段。

传统零售：1990 年以前，我国零售业主要由便利店 / 杂货店、批发市场与百货商场构成，受制于当时的条件，三种业态只能分别满足当时消费者对"快、省、多"的需求。

现代零售：随着商品化、供应链、城市化水平的提高，大型商超、专卖店、专业商店、折扣店等新型零售业态不断出现，可以同时满足消费者"多快好省"的多种需求。

电商零售：移动互联网及电商平台的发展使零售业在 2000 年以后进入颠覆性创新阶段，以淘宝、京东、拼多多为代表的电商平台将"多快好省"的需求满足做到极致，跨境电商也得以快速成长。

新零售：尽管"多快好省"的需求满足已近极致，但消费者体验的边际效应在递减，且电商平台难以满足非标产品（如生鲜）的接入问题。在数据技术、人工智能与物联网的推动与应用下，以"线上服务＋线下体验"为特征的新零售在我国诞生并快速发展，生鲜超市、潮玩集合店等新的零售品类广受年轻消费者的欢迎。

资料来源：徐雪迎 . 新零售时代下，渠道品类的创新 [J]. 销售与市场，2023（9）：27-30.

便利店　便利店多设在交通要道及车站、医院、办公楼宇等公共活动区域，是以满足顾客便利性、即时性需求为目的的小型商店。便利店主要经营周转率高的便利品，品种范围有限，营业时间长，经营成本与售价自然也相对较高。

超市　超市是采用开架自选售货、集中收款的方式，以满足顾客日常生活需要为主要目标的一种自助式零售业态。超市拥有较宽的产品线，营业面积较大，出入口分设，明码标价，主要面向辐射区内的居民或流动顾客。辐射半径 2km 左右，营业面积 6 000m² 以内的为社区超市，超过上述指标的则为大型超市。

百货商店　百货商店多设在商业中心或商业集聚地，以服饰、箱包、化妆品、珠宝首饰、家居用品等相对昂贵、强调品牌的产品为主，实行统一管理、分区销售模式，注重购物体验与服务，经营面积通常为 6 000 ～ 20 000m²。百货商店的发展历史比较悠久，发展出自营、联营、代销、租赁等经营模式并被单一或混合使用。自营就是百货商店以自有资金购买产品，盈亏自负，购销差价为其收入与利润来源，买手制、自有品牌是自营模式下的常见举措。联营是指百货商场与品牌方共同经营，按合同约定分享经营收益，分担经营责任：品牌方在百货商店内设立专柜，负责产品供应、陈列、推介与现场服务等，百货商场则提供设施、场地及相应的综合管理，如促销、环境、收银、退换服务，此时百货商场虽不拥有品牌方的产品所有权，但作为销售主体，对产品与顾客负有经营者责任。代销即百货商店扮演代理商角色。租赁则是指出租营业场地或设置，不对租赁方进行经营方面的监督或管理。

专卖店　专卖店是只销售某一品牌的相关产品的零售商店，所以也被称为品牌专卖店。专卖店通常采用专柜销售或开架面售的方式，通过专业性服务与良好的购物氛围来呈现品牌形象，多设在商业中心或百货商场、购物中心内。

专业店　专业店是以销售某一类产品为主的零售商店，如药店、琴行、书店、渔具店。专业店以产品线长、提供专业服务为特征，经营同一产品类别的多种品牌。

仓储会员店　仓储会员店是以会员制为基础，实行储销一体、批零兼营的大型零售业态。仓储会员店多设在城乡接合部，辐射半径 5km 以上，营业面积超 6 000m²，产品种类齐全，自有品牌会占有一定的比例。

购物中心　购物中心是一种集购物、娱乐、餐饮、教育、会展等多种服务业态为一体的大型商业综合体，具有规模庞大、功能齐全、业态丰富、环境舒适等特点。品牌直销购物中心（也称品牌折扣中心）是近年来迅速发展的一种购物中心形式，购物区以销售过季、断码、下架知名品牌产品的折扣店为主，满足了顾客对折扣品牌一站式购物与休闲娱乐的综合需求。

电视购物　电视购物以电视为产品宣传与展示的渠道，面向电视观众销售产品，具有覆盖范围广、产品展示直观生动的特征。电视台（或其成立的公司）既可作为经营销售主体，承担从选品、制作节目到播放、销售、售后的全程工作，亦可仅作为播放平台，将播放时段销售给电视直销公司。

邮购　邮购是通过邮购产品目录向顾客进行产品宣传与展示并获取订单的渠道。邮购渠道的发展与成功主要发生在传统商业销售向互联网销售转变的过渡阶段，具有销售成本低、覆盖面广的特点，随着电话、短信、电邮等载体的兴起，邮购销售逐渐发展为目录销售（catalog sale），至今仍被应用于报刊征订、收藏品流通等领域。

自动售货亭/机　自动售货亭/机面向流动顾客，以饮料、零食、报刊、纪念品等即时性消费的产品为主，由自动售货机器完成 24h 售货服务，因机器空间有限、售货地点分散，其配送、补货成本较高。

网上商店　网上商店是电子商务应用的重要表现形式，并随着互联网技术的发展而日益繁荣。与传统实体店相比，网上商店投资少、经营成本低，突破了产品种类、交易时间与区域的限制，具有价格透明、购买便捷、全天候、智能化等特征。

3. 电商平台

电商平台是电子商务平台的简称，是为交易双方提供网上交易的平台，是最核心的互联网渠道成员。随着信息技术的飞速发展，特别是移动互联网、支付技术、大数据、云计算等技术的广泛应用，电商平台除了提供交易信息与匹配服务以促进交易外，还制定交易规则，提供在线支付、订单管理、物流配送、营销推广、售后与纠纷处理等服务，更因为平台的虚拟性，不仅可陈列的产品品类更多、销售范围更广，更因为信息传播与交换的高效率、安全便捷的交易环境，在订单、结算、配送、售后等诸多环节实现了环节简化与效率提升，这也意味着电商平台不仅拓展了传统渠道的功能与市场边界，在渠道效率、成本费用上也较传统渠道呈现出巨大优势。

根据商业形态及模式，电商平台可分为传统电商、社交电商、内容电商等；根据交易主体，传统电商平台又可分为 B2C（business-to-consumer）平台、B2B（business-to-business）平台、C2C（consumer-to-consumer）平台及 O2O（online-to-offline）平台等，如表 11-1 所示。

作为交易平台，电商平台促进了交易行为的发生与实现，但其本身并不直接参与交易，因此严格意义上并不属于中间商，但在角色与功能上，却又切实承担并拓展了中间商的功能，被视为互联网中间商。随着互联网经销商向电商平台的商业模式转型发展，除自营模式外，还发展出联营、金融合作、物流合作等模式，电商平台在渠道中所扮演的角色也越发复杂、多元。⊖

表 11-1　电商平台划分及具体类型

依据	类型	特征	代表平台
商业形态及模式	传统电商	以在线销售为主要业务模式	唯品会、拼多多
	社交电商	通过社交传播与分享进行电商活动	蘑菇街、微信
	内容电商	借助优质内容引发用户购买兴趣与购买行为	小红书、抖音
交易主体	B2C 平台	企业对消费者之间的电商活动	天猫、京东
	B2B 平台	企业对企业之间的电商活动	慧聪网、阿里巴巴
	C2C 平台	消费者对消费者之间的电商活动	易趣、闲鱼
	O2O 平台	线上服务与线下消费的融合	滴滴出行、58 到家

⊖　自营就是电商平台从供应商采购产品，通过自有物流配送并提供售后服务，其角色为互联网经销商。联营是互联网经销商向第三方卖家开放平台，欢迎其入驻，卖家自行管理和销售产品，是互联网经销商向电商平台转型的关键举措。当互联网经销商（或电商平台）拥有强大的配送网络、智能化仓储管理系统以及安全、便捷的金融服务时，卖家可通过合作使用其物流系统与金融服务。如京东商城除了自营产品外，还有 SOP（sale on platform）店铺、SOP 入仓店铺、FBP（fulfilled by platform）店铺等模式：SOP 店铺就是京东仅提供平台，商家自主运营、自主发货、自售售后，与天猫类似；SOP 入仓店铺就是商家可通过京东配送，产品要进入京东仓库；FBP 店铺则可享受京东自营产品的所有服务，京东向顾客开具增值税专用发票，但若产品超过 60 天未销售，需要店铺自行处理。

材料 11-2

社区团购的 4 次变革

作为一种电商模式或消费形态，社区团购以真实社区或社交关系为纽带，通过线上平台或互联网工具（如小程序、QQ 群）聚集需求，以团购形式购买产品。在此过程中，团长负责组建社区团购群，发布团购信息，社区居民参与团购后将款项预先支付给团购平台，供应商通过平台接收订单，将产品配送至团长处，有团长配送或居民自提两种取货方式。预售、次日达、自提、团长集采集配是社区团购的核心要素，团购平台与团长以中间商身份连接了产品供应商（可以是制造商，也可以是区域经销商）与社区居民。根据前瞻产业研究院的统计与预测，2023 年我国社区团购的用户规模为 6.78 亿人次，市场规模超过 3 200 亿元，预计 2029 年将突破 1 万亿元。

社区团购的出现可追溯至 2016 年，以长沙的"兴盛优选"为标志，历经 4 次变革，即将成长为万亿级市场。第一次变革从简单的微信、QQ 团购群转向专业的社区团购平台，提升了交易的专业性与效率。第二次变革引入了大数据和人工智能技术，优化了供应链与物流，使产品配送更加精准、快速。第三次变革融合线上线下资源，确立了 O2O 模式，增强了用户的购物体验。第四次变革则是与直播电商深入结合，通过直播推荐产品、重构流量来源，并在此基础上与快递驿站、便利店等实体网点积极合作，团长的主要职责已由寻找货源、推销产品、分拣管理转向分享直播链接与维护用户关系。

资料来源：广州赤焰信息科技公司.历经四次变革九次迭代，社区团购与直播电商融合，引爆私域流量 [EB/OL].（2024-06-28）[2025-04-02]. https://baijiahao.baidu.com/s?id=1803096867089392783&wfr=spider&for=pc.

11.2 渠道设计

渠道设计是为实现营销及销售目标而建立新渠道或调整现有渠道的一种决策行为。渠道设计既产生于新产品上市前，是对渠道从无到有的新建、规划；也发生在产品运营后，以调整、优化正在运行的渠道使之更加符合制造商的发展与市场变化的需要。无论是新建还是调整，渠道设计都围绕渠道结构而展开，基本流程及内容如图 11-6 所示。

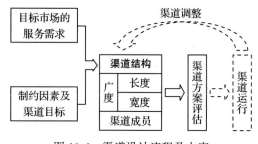

图 11-6 渠道设计流程及内容

11.2.1 分析服务需求

渠道的设计与运行是为了更好地服务于目标市场，创造并提升顾客价值。因此，分析目标市场的需求及行为，尤其是对渠道的服务需求进行分析是渠道设计的第一步。目标市场对渠道的服务需求通常围绕以下内容。

购买数量 若顾客一次性购买的数量少，且购买频率高，渠道结构应以方便购买为原则进行设计；若顾客是大批量、低频购买，渠道设计则应更强调配送效率与专业服务，建立长期稳定的合作关系，可以选择短而窄的渠道结构。

等待时间 等待时间是指顾客从订单确认到产品交付的时间。顾客通常喜欢快速交货的渠道，但不排除在可能的情况下也会考虑交货速度和服务质量、费用等因素间的平衡。

空间便利 空间便利是指渠道为顾客购买产品所提供的方便程度，如易于到达、方便选购、布局合理、动线流畅等。

产品结构 顾客会同时购买多种产品，而有些产品的购买则总是单独进行的。顾客购买情境及购买时对产品种类、组合的拓展会对渠道所提供的产品结构产生直接影响。互联网对传统渠道冲击的最直接体现就是产品品类的极大丰富，产品供给、销售的地域限制被消除。

服务支持 服务支持是指顾客对渠道成员提供附加服务及质量的要求，包括产品展示、讲解、信贷、送货、安装、调换、使用培训等。服务支持越多，渠道成本与产品售价也就会相应上升，制造商与渠道成员应基于自身资源及能力，切实围绕目标市场的服务要求进行服务提供，避免服务过剩或不足，毕竟有的顾客愿意为优质服务支付更高价格，有的顾客可能更愿意接受低水平服务、低价格。

购买体验 购买体验就是顾客在具体购买场景中所形成的感受与经历，可以是环境的舒适、人员的专业、设备的智能、互动中的贴心等。

11.2.2 明确制约因素与渠道目标

1.制约因素

产品、资源、竞争及环境因素不仅制约着制造商的渠道设计与管理，也影响着渠道对目标市场服务需求的满足程度。

产品 不同的产品特性对渠道产生不同的要求。①产品的理化特质：产品的理化特质是指产品的物理性质和化学性质，如易腐、易损产品或体积较大的笨重产品应尽量避免多次周转，宜使用短渠道或直接销售。②产品价格：价格高昂的产品宜采用较短的传统渠道或直接销售，努力提升顾客价值，如珠宝、医疗设备；而价格较低的产品可采用互联网渠道或较长、较宽的渠道，以方便顾客购买。③产品标准化：通常，产品越是非标准的，越宜采用短而窄的渠道结构，越是小众产品（市场规模较小），越适合网上销售。④产品技术：若产品技术含量高、不易学习，需要专业的技术与服务支持，则一般由制造商直接销售或代理商分销，否则培训成本或者其他配套成本会更高，并且在技术支持、售后服务等方面容易出现更多不可控的因素。⑤产品的消费特性：越小众的产品（市场规模小）越适合互联网渠道销售；越高频购买、即时性消费的产品，越适合长而宽的渠道结构；当产品购买与使用具有外在性时，应选择能创造购物愉悦与增值服务的零售商。

资源 任何组织决策都受制于自身资源及能力，渠道决策也不例外，企业规模、资金实力、品牌影响力、产品组合、管理专长等对制造商渠道设计的影响最为直接、显著。制造商的总体规模决定其市场规模、分销规模及厂商关系中的地位；财务资源、营销资源决定了其所能承担的销售费用、渠道职能及对中间商的支持力度；产品组合影响渠道类型与结构，产品组合越广、越深、关联性越强，采用独家或少量中间商经销的方式就越有利；管理专长及能力自然影响其对渠道成员的关系协调与管理能力。

竞争　市场结构及竞争对手的渠道结构与策略也是制造商渠道决策中必须要考虑的因素。根据竞争的激烈程度及自身的竞争战略意图，制造商可采用以下指导思想进行渠道设计以应对竞争。①对抗型渠道：与竞争对手在相同的渠道内进行直接、正面竞争。当市场集中度高、产品差异性小且渠道资源有限时，制造商为了夺取市场份额与顾客资源，会考虑该渠道方案。②规避型渠道：为避免与竞争对手在渠道上的直接冲突而采取差异化渠道方案，这种差异化可以体现在渠道模式、渠道结构及渠道成员选择等方面。当产品差异化显著、品牌形象鲜明且制造商具备一定的资源及能力时，可采用该种方案。③共生型渠道：在市场开拓、资源分享等方面与竞争对手及渠道成员建立共生共荣、互相赋能的竞合关系，如百货商场临近竞争对手的选址、电商平台的自营与联营，这些渠道行为既有共享商圈、流量及配套设施等方面的考量，也有利于发挥各竞争主体、商业形态、经营模式的协同效应。共生型渠道适合市场潜力大、渠道资源丰富、品牌差异化高的情境。

环境　制造商的渠道决策受外在环境要素的影响，除竞争要素外，主要包括以下内容。①经济状况：经济健康发展时，制造商的渠道选择余地更大；但若经济萧条、衰退，制造商则会尽可能利用短渠道将产品推向市场，并取消一些会提高产品价格的服务。②区域习惯：不同区域的渠道状况、中间商的认知水平和能力存在显著差别，顾客受社会 – 文化、自然 – 人口环境的影响也会形成不同的渠道认知与偏好。③基础设施：渠道功能的发挥离不开物流、运输、仓储等基础设施的支撑。④政策法律和政府服务：税收政策、进出口规定、专卖制度、直销法等政策法律及市场准入、行政审批、检验检疫等政务效率也会直接影响制造商的渠道选择与渠道效率。

2. 渠道目标

渠道目标是制造商基于营销目标及战略，在渠道设计与管理时期望达到的具体效果或标准。制造商的渠道决策往往是多目标的，包括但不限于以下方面。

分销效率　分销效率是指产品在分销过程中的流畅性与有效性，常用分销速度、回款时间、渠道费用等指标进行衡量。渠道的基本任务是使产品快速、高效地到达顾客手中，制造商对分销效率的要求决定了渠道结构的整体设计及对渠道成员的激励、控制。

市场覆盖　市场覆盖是指渠道所能达到的区域范围及其渗透程度。市场覆盖越广、越深则意味着产品与顾客接触、交易的概率越高，进而影响产品销售与市场份额。制造商对渠道长度与宽度的选择尤其受市场覆盖目标的影响。

⊙ 讨论 11-2

高市场覆盖等于售点规模化吗

我国是一个超大规模、多层次、立体的市场，约有 1 200 万个售卖场所（以下简称"售点"），传统小零售点 680 万个。对于全国性品牌而言，高市场覆盖显然是其主要渠道目标，但高市场覆盖是不是意味着售点要上规模、广铺货？

首先，高市场覆盖是一种规模化的体现，但规模化是为了更高效地触达终端顾客，不以触达为目的的市场覆盖必然会造成高成本、低效率。因此，制造商应先基于目标市场对售点类型、区域数量进行筛选、圈定，保证产品与售点、目标市场相匹配；再将位置、数量、促销堆头、物料摆放等陈列细则作为目标的基本要求，以确保市场覆盖目标合理、有效。

其次，为推进市场覆盖目标的达成效率，制造商需要结合区域市场的竞争格局、进货活跃度、单位时间销量、品牌建设、利润空间等内容对售点进行等级排序，按照售点铺货的先易后难、市场或利润的先大后小原则进行渠道建设，即市场覆盖是要分先后、缓急的。

最后，当制造商存在多种销售模式时，高市场覆盖容易导致渠道冲突扩大或加剧，要从销售业绩是否提高、渠道组织是否增效的角度去评估、调整市场覆盖目标，避免与其他渠道目标相对立。

服务能力　随着社会分工的深化与经济发展水平的提升，渠道功能不再局限于产品分销范畴，在终端顾客的服务提供与支持、对制造商的市场推广与品牌提升等方面发挥着不可替代的作用。因此，制造商在制定渠道目标时必然要考虑其对目标市场或潜在市场的服务能力，包括服务需求的满足能力、顾客价值的创造程度、品牌形象的提升幅度等，这也是渠道决策服从于营销战略的重要体现，毕竟顾客满意是市场营销的重要基石。

关系平衡　渠道决策涉及对渠道成员的关系管理与协调及对竞争者的竞争规避或对抗。因此，渠道目标既需要有平衡或制衡渠道成员权力的考量，避免在厂商关系中受制、减少冲突，推进厂商关系的深化发展；也需要考虑竞争情况，在竞争对抗中防止过度竞争，从而保持渠道稳定。很多时候制造商出于权力或竞争平衡方面的考虑，会采用混合模式或对渠道模式进行创新探索。

11.2.3　构建渠道结构

1. 渠道广度

在传统渠道模式下，制造商对渠道广度其实并没有太多的选择余地，大多沿用行业惯有的渠道模式，毕竟产品特性、顾客习惯、自身资源及能力都限制了这种选择空间，制造商要么直接销售要么间接销售，采用混合渠道的情况较少，大多在渠道长度、宽度与渠道成员上进行选择与调整。但随着互联网的普及及数字产业的高速发展，传统渠道的地缘优势在弱化，电商平台、移动应用 app 为顾客构筑起新的交互活动空间，制造商的渠道多元化选择空间变大。一方面，直接销售的方式与途径更加多样，制造商除了传统的人员销售、自建实体店铺外，还可通过官方网站、互联网官方旗舰店及小程序嵌入社交媒体等方式直接销售；另一方面，互联网专业经销商也越来越向综合化、平台化方向发展，不仅自营产品的类别不断拓展，还开放平台引入第三方卖家入驻。制造商可选择的渠道类型越来越多，渠道广度决策由仅限于渠道模式的单双选择向融合互联网形态的多渠道模式转变。

相较而言，受产品与市场的限制，面向组织市场的工业品仍以传统渠道为主，渠道广度决策主要考虑是否在直接销售的基础上，通过代理商针对特定区域或市场进行产品销售；电商平台的使用更多基于产品展示、宣传或品牌传播的考量，而非单纯以分销为目的。面向个人及家庭的消费品营销则呈现出多渠道融合的特征，单一渠道已经难以满足消费者方便购买的需要，融合直接与间接、传统与互联网的渠道模式成为趋势。但制造商所选择的渠道越广，渠道管理的难度也就相应越大。在多渠道融合的发展模式下，消费品制造商既要实现消费者从搜寻信息到获取产品的无缝连接与良好体验，又要降低、避免不同渠道模式之间的矛盾冲突，因此对其渠道管理能力提出了更高要求。

2. 渠道长度

渠道长度越长，产品从制造商转移到终端顾客手中所经过的中间环节就越多，产品、资源、竞争及环境因素影响制造商的渠道长度选择。图 11-7 呈现了消费者市场与组织市场的渠道长度差别。

大多数工业品因专业性强、技术复杂，其顾客购买规模大、区域分布也较为集中，通常采用短渠道或零级渠道（即直接销售）；但若产品标准化程度较高、技术简单或顾客分布分散、购买量较少，制造商则多采用长渠道，借助中间商的力量使产品渗透到更多、更深的市场中。当然，随着制造商对互联网与传统渠道的融合探索，渠道结构扁平化成为趋势，渠道长度在逐渐变短。

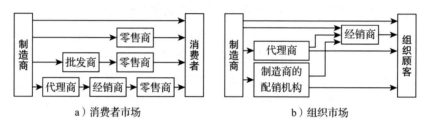

a）消费者市场　　　　　　　　b）组织市场

图 11-7　渠道的层级类型

3. 渠道宽度

渠道宽度主要由顾客对选择性、便利性和服务有效性的要求所决定。渠道并非越宽越好，不适当的渠道宽度往往是渠道冲突的主要根源，对于渠道宽度，制造商应以方便用户并保持适度竞争为原则进行选择，通常有 3 种方案可供选择，如表 11-2 所示。

表 11-2　3 种渠道宽度方案的比较

特征	密集分销	选择分销	独家分销
渠道目标	高市场覆盖	中等市场覆盖	品牌形象维护与提升
	分散风险、薄利多销	销量与毛利率适中	价格稳定、毛利率高
	提高品牌知名度	适度渠道控制	渠道控制及忠诚
顾客需求	注重便利	乐于选择比较	购买体验与专业服务
策略协同	广告拉动	促销支撑、良好服务	人员推销、愉悦购物环境
关键缺点	渠道控制差	准确定位难	销售潜力小
适用举例	家用杂货、办公用品	机电工具、服装、家具	奢侈品、汽车、复杂设备

密集分销　密集分销也称广泛分销，是指制造商借助尽可能多的中间商进行产品分销。显然，密集分销有利于建立尽可能大的市场覆盖面，使顾客可以随时、随地购买产品，尤其是

当顾客对购买的便利性极为关注时，制造商会选择该方案。

选择分销　选择分销介于密集分销与独家分销之间，是制造商在一定市场范围内选择多家中间商来分销产品。选择分销使制造商既有足够大的市场覆盖范围，又能对市场具有一定的控制性，避免受制于独家中间商，同时能推动中间商之间的适度竞争，保证终端顾客拥有一定的选择、比较余地。

独家分销　独家分销是指制造商在一定的地理范围或市场覆盖半径内仅选择一家中间商来分销产品。独家分销有利于厂商关系的稳定与深化，便于制造商控制市场，降低渠道管理的难度与费用，有助于品牌形象的提升；对于中间商而言，因区域内无其他中间商参与该产品的分销，可以独享制造商的资源支持与让利，消除渠道冲突所带来的风险与销售受损。通常，独家分销和短渠道紧密相关，奢侈品、轿车等具有外在性的高价值产品或具有技术诀窍的专用产品，如大型成套设备，多采用独家分销方案。

4. 中间商类型

中间商类型的选择关系到渠道中各主体间的职能分工、渠道地位、合作关系、运行效率等内容。因此，中间商类型的确定并非在广度、长度与宽度决策完成后才展开，而是融合于上述决策之中。尤其是随着社会经济的发展与技术的进步，中间商作为独立经济体，在服务内容、商业模式、产业链融合等方面不断创新发展，中间商类型及其在渠道中的角色、功能也在不断演变与扩展，跨境电商平台、虚拟集市、快闪店等新型中间商为制造商提供了更丰富的选择与合作创新机会。

⦿ 材料 11-3

创业者的"加盟"时代

2024 年 3 月，坚守直营模式多年的海底捞宣布将着手推行加盟特许经营模式，"连锁加盟"在创业者中再次成为热点话题。中国连锁经营协会发布的数据显示：2023 年全国商业特许经营 TOP280 门店总数达到 631 003 家，同比增长 10.29%，前 20% 企业（前 56 家）的门店数占比 66.98%，拥有万家以上门店的加盟品牌有 9 家，行业集中度进一步提升，零食折扣和食品专卖加盟表现亮眼。

加盟特许经营是加盟商（受许者）在连锁经营模式下，不仅获得品牌方总部（特许者）的品牌、商标、专有技术、经营模式等经营资源的许可使用权，还接受其在商品采购、经营管理、组织机构、技术培训等方面的指导与帮助，并按照品牌方总部的统一要求在一定区域内从事特定品牌或业务经营活动。在此过程中，加盟商作为中间商，虽然拥有店铺的所有权或使用权，但经营权受到品牌方总部的严格控制。不过也恰恰是品牌方对设备、货源、产品、装修设计等方面的严格把控与技术赋能，让加盟门店的存活率远高于非加盟门店，品牌方也因加盟店的加入缓解了融资压力，加快了市场开拓速度。

资料来源：余乐. 半熟财经中国商业进入"加盟时代"[EB/OL].（2024-03-11）[2025-04-02]. https://www.huxiu.com/article/2761139.html.

11.2.4 确定渠道成员

渠道结构能否落地、是否高效运转取决于制造商所选择的渠道成员及责权关系的划分与履行。当然，选择本身是双向的，制造商在选择渠道成员的同时，渠道成员也在选择制造商。制造商与各渠道成员都期望合作能够互利共赢、长期稳定，因此都会根据自身情况设定相关标准对对方进行全面考察与评估，就具体责权关系、合作条款等内容深入谈判磋商。

1. 选择中间商

相较于辅助商，对中间商的选择是制造商在构建渠道结构之后的首要任务，是在中间商类型已明确的前提下展开的，是为了实现外部资源的最大化利用和最优匹配寻求具体合作对象的过程。考虑到中间商在发展目标、经营机制、合作动机、资源能力等方面也有自己的诉求与限制，并不尽然能与制造商保持目标和利益的一致，尤其是当中间商与多个制造商建立渠道关系后，这种不一致性更会加剧资源争夺与渠道冲突。因此，制造商往往根据自身实际情况，结合以下原则对中间商进行考察、评估与选择。

战略匹配　制造商在选择中间商时，不仅要考虑当前的市场利益，更要考虑市场的发展变化和自身长期战略，应选择那些在价值观、经营理念、战略目标、企业文化和合作精神等方面与自己相对一致的中间商。否则，今天合格的中间商就会成为明天发展的障碍，窜货、价格混乱等现象的根源往往就在于这种认知与战略偏差。

市场匹配　市场匹配包括多层含义。①目标匹配：在市场或渠道目标上，中间商与制造商应具有较高的一致性或重合度，从根本上降低渠道冲突，保持渠道的稳定与发展。②目标市场及市场地位匹配：目标市场及其需求、行为是渠道设计的基础，制造商所选择的中间商要确保能够高效分销产品并方便目标市场购买与消费，所以制造商要充分考虑中间商的顾客类型、影响范围、品牌形象与自身目标市场的吻合程度。当然，若双方的市场地位相当，则更利于厂商关系的和谐稳定，避免因地位不匹配而产生权责失衡与冲突。③对市场结构与竞争格局认知上的匹配：大多数中间商总是代理或经销多个有竞争关系的产品与品牌，若其对市场结构、竞争格局及各产品、品牌之间的竞争关系的理解、看法与制造商存在较大偏差，缺乏基本的一致性，那么双方很容易就分销过程中的资源分配产生冲突，削弱双方的信任基础，进而引发沟通障碍并导致合作意愿的下降。

能力匹配　能力匹配是指制造商要选择那些有能力或至少有潜力达成分销目标与实现渠道功能的中间商。为此，制造商要对中间商进行全面考察，从经营表现（如经营年数、成长情况、人员素质、发展潜力、盈利能力、偿付能力）、市场能力（市场覆盖范围、品牌运作、销售服务水平、物流水平等）、组织管理、营销意识、口碑声誉、现有合作伙伴等方面进行深入、细致的评估。能力互补、声誉良好是制造商选择中间商的基本要求。

制造商对中间商的选择是一个多目标决策过程，除了战略、市场、能力的匹配原则以外，中间商的合作意愿、排他性条款、社会责任等也都是需要考虑的重要事项。

2. 确立权责关系

权责关系是制造商与各渠道成员对渠道功能、任务、权利与收益等内容的明确分配与约定，既反映了渠道系统内各主体之间合作与分工的边界，也呈现了渠道运转所需要的一系列规范性的渠道政策与管理制度，包括价格政策、销售条件、地域权利、服务责任及奖惩制度等。

价格政策　价格政策涉及渠道成员的经济利益，是制造商与渠道成员在价格方面所达成的共识，包括基准价格、地区价格、折扣制度、价格调整条件及方式、监督机制等。

销售条件　销售条件本质上是厂商之间或渠道成员之间的博弈与约定，包括交付条件、产品保证、退换货政策等。其中，基于实力地位与博弈结果，交付条件存在先销后款、先款后销、担保支付、托收保付等形式，[注]产品保证则是制造商在产品品质、品牌结构、数量供应、售后服务、差价补贴等方面的承诺与条款约定。

地域权利　地域权利是指制造商赋予中间商在某一地域或市场范围内专门销售的权利。除非是独家分销，否则中间商的经营区域总是有一定重叠，进而容易产生直接竞争与渠道冲突。因此，在中间商间分配区域范围及销售权益是避免渠道冲突的重要手段。

服务责任　服务责任是制造商与渠道成员分工与合作的重要体现。除了产品分销方面的责权划分外，营销及费用支持、数据分享、进销存等系统建设，培训、产品陈列等服务责任需要双方事先约定。

奖惩制度　奖惩制度旨在激励渠道成员更好地完成渠道任务与实现服务目标，以惩戒内容规范、约束渠道成员行为，防止其违反渠道政策与管理制度、损害其他成员利益。

11.2.5　评估渠道方案

对于初步形成或优化改善后的备选渠道方案，制造商需要从经济性、控制性和适应性 3 个方面进行评估，以确定最终的渠道方案。

经济性　每种渠道方案都有其特定的渠道成本和销售特定，制造商可在此基础上进行销售额、利润率、投资回报率等财务预测，结合渠道成本、目标进行经济性评估。

控制性　若制造商采用直接销售，因渠道内部化，制造商对渠道的控制自然最强；而在间接销售模式下，制造商对渠道、渠道成员的控制性自然弱化，且渠道层级越长、中间商实力越强，该方案下的制造商控制性就越弱。

适应性　适应性是指渠道方案对环境变化的适应程度。渠道建设与管理需要持续投入，并且这种投入具有很强的路径依赖特征，制造商很难在短期内转化渠道模式、结构及成员关系，即使进行这种转化、调整也容易引发内部利益冲突、顾客流失、品牌形象受损等不良反应。因此，适应性在渠道方案评估中，尤其是在不确定市场环境中非常重要。

⬤ 案例 11-2

格力的渠道变革

作为从"中国制造"到"中国创造"的生动缩影，格力电器除了在空调市场产销量长居

⊖　先销后款是产品先分销后回款，先款后销则是先支付款项后交付产品，前者对下游有利，后者对上游有利；担保支付是第三方机构对交易双方的资金与产品进行监管与担保，被广泛应用于国际贸易或电商平台中；而托收保付是卖方与保理商（银行或财务公司）签订的契约关系，保理商提供应收账款追收、坏账担保等服务。

世界第一以外，在冰洗生活电器领域也表现不俗。回顾格力电器 30 多年的发展历程，以"自主管控、互利共赢"为原则的渠道建设与变革贯穿始终，具体包括以下阶段。

依赖个人销售（1991—1994 年）：企业创始之初，主要采用销售人员入户推介的方式直接面向消费者进行产品销售。

采用大经销商制度（1995—1997 年）：为适应家用空调市场的快速增长，在各省选择 2～5 家有实力的一级经销商进行合作，开发、深耕当地市场。虽然格力市场份额快速增长，但一级经销商之间的倾轧倾销现象越发严重。

成立区域性销售公司（1997—2003 年）：1997 年，格力与湖北四大经销商共同出资，试点成立销售公司，以其为主体与二、三级经销商合作，摸索出"联合代理＋股份制区域性销售公司"的渠道模式，并推向全国，最终形成 27 家区域销售公司，负责产品的省内分销。此后，格力又通过增资方式实现了对销售公司的控股，以确保渠道话语权。此次变革使格力与省内大经销商形成了利益共同体，终止了一级经销商之间的无效内耗，实现了价格体系的稳定、统一。

自建专卖渠道（2004—2013 年）：以苏宁、国美为代表的家电零售商快速崛起并逐渐掌握零售话语权，在终端价格、促销费用等问题上与格力产生激烈冲突。恰逢家电下乡等利好政策出台，格力开始推动以自建专卖店为核心的渠道变革。格力通过出让 10% 的股份给十大区域销售公司所组建的京海担保公司，进一步强化了区域销售公司与格力的利益统一，从而借助销售公司的经销体系与资源推进专卖店在下沉市场的快速布局，最终自建专卖店 3 万家，以绝对优势成为空调市场的第一品牌。该阶段是格力的黄金发展阶段。

线上＋线下的混合渠道（2014—2018 年）：为适应电商经济，格力上线官方商城，并入驻京东、天猫等平台。但因线下经销商利益紧密捆绑，所有专卖店由销售公司统一管理，格力出于平衡线上、线下利益的考虑，未将产品价差拉开，导致线上产品因不具价格优势而销售疲软，线下的三四线市场又遭到电商的低价冲击，被美的空调缩小差距，市场呈现双寡头格局。

双线融合新零售（2019 年至今）：随着直播带货的兴起及线上销售占比的逐年递增，格力于 2019 年开始了双线融合的新零售变革，其核心是通过入驻多个平台的"格力董明珠店"改变沿用多年的"格力总部 - 销售公司 - 经销商 - 格力专卖店"的渠道模式，即顾客通过直播、线下门店及第三方电商平台被引流至"格力董明珠店"，线上下单、线下体验；门店也可以直接从格力总部拿货，简化渠道层级，扭转价差劣势，引流形成的销售额被计入其销售业绩；区域销售公司则需要转型为服务商，不再承担物流与仓储职能，仅提供安装、售后等服务；格力以佣金形式支付销售公司费用，并收回定价权，同时自建物流、仓储系统，加强渠道的信息化与数字化建设。

资料来源：纪敏 . 格力电器（000651.SZ）投资价值分析报告：探究渠道改革的 α[EB/OL].（2022-07-05）[2025-04-02]. https://www.vzkoo.com/document/20220705f6449b82d77689779b1747e4.html.

11.3　渠道管理

渠道设计完成了对渠道结构的整体规划，要使之高效运行且更好地服务于目标市场与发展目标,制造商还必须对渠道功能涉及的成员进行管理,促进渠道关系的长期、稳定发展。渠道成员的资源、立场与发展目标各有不同,渠道管理的主要任务就是深化合作与控制冲突。合作与冲突共存于渠道关系中,合作是冲突的前提,没有合作就没有冲突,高水平合作往往意味着渠道冲突是低水平的,但低水平冲突并不一定代表着渠道合作的高水平,即合作与冲突并不是此消彼长的关系。

11.3.1 深化渠道合作

1. 渠道合作

渠道合作是指制造商与各渠道成员为了实现共同目标而采取的行为与产生的行为意愿。渠道合作的内容众多,形式多样,包括联合促销、联合储运、信息与数据共享、特许经营、专卖合作、地域保护、组建渠道联盟等。从制造商角度来看,渠道合作的形成与发展如图 11-8 所示,其核心环节是对渠道成员的激励、评价与调整。

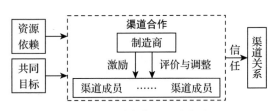

图 11-8　渠道合作的形成与发展

资源依赖　渠道合作的根源在于合作双方拥有彼此所依赖的资源,如品牌资产、专用知识、地点或设施的专用性、关系资源。这种资源依赖性是社会分工专业化的结果,渠道成员所拥有的资源越稀缺、越不可替代,其在渠道中的地位就越重要,制造商对其依赖的程度也就越高;反之亦然。

共同目标　尽管制造商与渠道成员各有各的发展目标与合作动机,但出于资源依赖与合作的需要,必然存在共同的渠道合作目标——提高终端顾客的满意度与渠道效率。制造商进行渠道管理的首要任务是在渠道系统中确立顾客满意原则,让所有渠道成员意识到终端顾客的满意是各渠道主体获取利润并得以长远发展的根本,避免渠道成员将利润置于终端顾客的需求之上。终端顾客的满意是渠道效果的某种体现,但共同目标的设定必须考虑效果与效率的平衡。相较于顾客满意度提升的主观性、复杂性与长期性,渠道效率是对渠道投入产出关系的描述,其提升比较直观、容易量化(详见第 14.2.3 节),是制造商与所有渠道成员普遍关注的问题。制造商的渠道管理并非为了使渠道成员听命于自身,而是通过对共同目标的沟通与确定,引导并推动渠道合作实现长期、稳定的发展。

渠道关系　渠道关系是指渠道中各主体之间的交往状态与合作深度,其本质是组织间的合作与互动。渠道关系建立在制造商与渠道成员共同的目标、利益和信任基础之上,其形成与发展可参见第 6.3.1 节。当然,基于中国社会与文化背景,国内学者也提出人际关系是建立和维系渠道关系的重要基础。

信任　广义上的信任是一方对另一方行为、意图和言辞的正面期待，而在渠道关系中，信任常被定义为对某一渠道主体的可靠性、诚实性及合作意愿的认可与正面预期。信任需要时间与努力的累积，制造商或渠道成员是否兑现承诺是建立信任的关键。例如，从渠道成员的角度看待制造商的承诺，至少应包括以下几点：①在相同的分销制造商品牌竞争对手面前，是否提供了一定程度的保护，如地域权利、促销补贴、销售兜底；②是否在合作关系中投入了较高水平的专有资源或资产，如需求信息共享、能力技能培训、专有的物流系统。

2. 激励渠道成员

渠道成员往往同时经营多个相互竞争的产品及品牌。为调动、推进渠道成员完成渠道目标并将更多的资源投向自己的品牌，制造商可围绕图 11-9 呈现的力量对渠道成员展开针对性的激励活动，正向强化其需求与行为，推动渠道关系的长期、稳定发展。

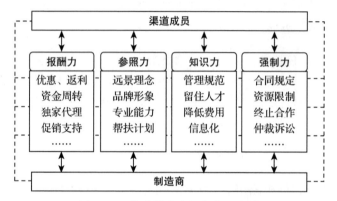

图 11-9　激励渠道成员的常用力量

报酬力　报酬力是向合作方提供直接或间接的附加利益或价值，是推动渠道合作的最有效手段。直接利益包括价格优惠和销售返利等，间接价值包括资金周转的支持、授予独家代理权、促销支持、提供配送和库存服务等。报酬力的本质是物质利益的单方让渡。对制造商而言，一味地增加报酬力会增加渠道成本，容易滋生渠道成员对更多利益的索取动机，通常与其他力量搭配使用。

参照力　参照力产生于渠道成员以与制造商合作为荣的情况，这就要求制造商拥有被渠道成员充分认可的远景理念、较高的专业能力、平等尊重的沟通机制、良好的品牌形象、持续的帮扶计划与分享文化等正向价值，推动渠道成员在合作中更加积极主动地配合制造商。

知识力　知识力是指具有较高价值的知识与技能，如专业技术、共享系统、信息、数据，这些知识有利于渠道成员核心能力的培育与提升，也有益于渠道合作与渠道效率的整体提升。

强制力　制造商也可以依据合同规定及实力所决定的从属关系，借助法律、专有资源限制、终止合作等威胁或制裁手段，要求渠道成员有所作为或有所不为。这种强制力对渠道成员行为具有规范、约束性，但从渠道变革角度来看，它也是一种高效的推动力量。由于强制力容易引发冲突与关系紧张，因而在现实中多与其他力量配合使用。

3. 评价与调整

无论是渠道结构本身还是渠道合作都是动态发展的，制造商需要分两个层面对渠道进行评价，及时发现问题并厘清成因，进而对现有渠道进行针对性调整与优化。

对具体渠道成员的评价与调整　该层面的评价往往基于渠道成员的财务绩效与渠道贡献而展开，考察其随着内外部环境的变化，在战略、市场、能力等方面是否继续符合匹配原则，具体内容详见第 11.2.4 节。当渠道成员不符合匹配原则时，制造商需要考虑是否与之终止合作，若终止，是重新选择渠道成员还是不再新增；若继续合作，则要考虑在怎样的期限范围内以何种举措帮助其成长以达到继续合作的要求。

对整个渠道系统的评价与调整　该层面的评价基于营销战略与渠道目标而展开，若评价结果不佳则需要对渠道结构进行调整。依据调整力度与影响性，由弱到强依次包括以下调整方式。①在不改变渠道结构的基础上，对价格、物流、服务责任、奖惩等渠道政策与管理制度进行调整，推动渠道关系的稳定与深化。②在保持整体渠道结构不变的前提下，对区域市场的渠道结构及成员关系（合作方式）进行调整，如为了在区域市场加大对渠道的控制力度，制造商可以采用增加渠道类型、将经销改为代理、通过注资方式参股经销商等方式。③在不改变渠道广度、长度与中间商类型的情况下，调整渠道宽度，即对渠道层级的中间商数量进行调整；这种调整虽然不会对整体渠道结构产生大的影响，但会对其他成员的渠道权益产生影响，尤其是当增加中间商数量时，这种影响会导致其他渠道成员的反对与抵制，需要做好善后与沟通工作。④对渠道广度、长度及中间商类型进行较大调整，这种调整涉及面广、影响大，容易引发渠道系统震荡，因而只有在制造商自身条件或外部环境发生重大变化，或是原有渠道结构已经不符合甚至制约企业发展时才会展开，调整难度高、阻力大。当然，若制造商进行转型甚至革命性战略变革，可能就需要突破原有的渠道系统，构建全新的渠道结构。

11.3.2　控制渠道冲突

渠道冲突是发生于制造商与渠道成员之间及渠道成员彼此之间相互对立的不和谐状态。渠道冲突是渠道关系中的一种常态现象，在制造商与各渠道成员追求自身利益最大化的行为中产生，其本质是利益冲突与资源争夺。渠道冲突无法避免，从制造商角度来看，只能通过对渠道成员的协调，将冲突控制在其可承受的范围之内。

1. 冲突原因

导致渠道冲突的原因是多方面的，但目标差异是导致渠道冲突的根本性原因。

目标差异　目标差异是导致渠道冲突的根本性原因。尽管制造商与各渠道成员因共同目标而展开合作，但各主体的独立性与逐利性使之在具体的行为目标上存在差异，这种目标上的不一致也就必然会导致冲突。表 11-3 简单呈现了厂商之间常见的目标差异与渠道冲突。

资源稀缺　资源稀缺是渠道冲突产生的另一个重要原因。无论是顾客资源、促销资源还是货架空间、广告时段都是有限的，对渠道资源的争夺必然引发冲突。

表 11-3 目标差异与渠道冲突

比较维度	渠道主体	
	制造商	中间商
财务目标	高出厂价	高购销差价
	更多销售额	更快的产品与资金周转
	减少渠道补贴	制造商更多的补贴与支持
目标市场	多个目标市场，跨区域销售	局限于特定的目标市场与特定区域内
	密集分销，抢占市场	期望独家经营
产品政策	专注于产品与品牌	与多个品牌合作
	产品线调整	范围经济

权限分歧　尽管在渠道合作中，合作双方对渠道任务、责任关系都有了明确分配与约定，但因角色立场、资源能力的差异，在某些决策权限上仍会存在一定的冲突。如制造商与零售商在品牌是否参加满减活动、新品配销比例等方面的冲突多是由决策分歧造成的，零售商认为制造商对其决策内容进行了过多干预。

认知差异　不同主体对相同刺激物的认知存在差异，渠道主体也不例外。例如，在营销支持上，制造商认为售卖场所广告（point of purchase advertising，POP 广告）可以营造销售气氛，激发顾客购买欲望，但零售商可能认为其促销效果不佳，反而占用卖场空间。

沟通障碍　信息不对称及沟通不畅会导致信息失真，当信息不能被准确传递与理解时，渠道冲突自然也就难以避免。

2. 冲突类型及表现

根据冲突双方的关系，渠道冲突分为垂直冲突、水平冲突与多渠道冲突 3 种类型。

垂直冲突　垂直冲突是发生在渠道上下游环节之间的冲突，既有制造商与批发商的冲突，也有上下游中间商之间的冲突，冲突内容及表现多样，包括但不限于以下几种：①结算冲突，下游渠道成员希望先销后款、分批回款，上游则更愿意先款后销、一次到位；②存货冲突，所有渠道成员都希望把存货水平控制到最低，把存货风险转移至上下游，上下游亦如此；③服务冲突，制造商与渠道成员有服务责任、费用支持等方面的具体约定，制造商希望其提供更高的服务水准，为顾客创造更多的价值，而渠道成员则可能将资源更多地向其他品牌倾斜；④信息冲突，渠道成员愿意向制造商提供对自身有利的信息，封锁对自身不利的信息，反之亦然。

水平冲突　水平冲突是在同一渠道层级的不同成员之间发生的冲突，常发生于销售区域存在重叠的渠道成员之间，其实质是一种竞争行为，主要体现在用户与价格两方面。①用户冲突：随着各中间商的成长与市场的拓展，销售区域开始交叉、重合，很容易引发用户冲突。例如，经销商利用销售政策与运输成本等方面的差异，跨过自身覆盖区域向其他非辖区进行销售，这种窜货或冲货行为不仅会使经销商之间产生冲突（水平冲突），还会引发被窜货地区的经销商与制造商的冲突（垂直冲突），认为制造商约束不力使其利益受损。②价格冲突：为争夺市场，同一层级的中间商会采用各种促销活动与优惠手段以突出价格优势，从而引发冲突，损害品牌形象与市场秩序。需要注意的是，虽然制造商通过销售区域的划分、差异化产品的提供在某种程度上降低了用户、价格冲突，却也引发了渠道成员对于制造商在产品分配及营销资源、服务支持上的不满，加剧了垂直冲突。

多渠道冲突　制造商面向同一市场采用多种渠道模式所产生的冲突即多渠道冲突，其因渠道广度而产生。相较于垂直冲突与水平冲突，多渠道冲突的根源及表现更为复杂多元，影响也更为广泛，上述冲突表现均在多渠道冲突中有所体现，毕竟当制造商采用多种渠道模式时，目标市场、渠道目标、资源分配等方面的差异就已然存在。

3. 协调渠道成员

利用协调机制是制造商将渠道冲突控制在可承受范围内的基本思路，具体包括合同约束、目标协调与沟通等手段，如图 11-10 所示。当然，在现实生活中，制造商对渠道成员的激励与协调是融合使用的，两者相辅相成，相互促进。

合同约束　一方面，制造商借助合同对合作内容、方式、条件、期限及各方权益、义务及违约责任等内容进行明

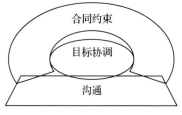

图 11-10　渠道协调机制

确，在一定程度上保证供货水平、服务支持、资金结算等方面的一致性，为冲突控制提供清晰指导，尤其是当窜货等冲突发生时，应严格按照合同条款进行惩戒；另一方面，制造商也可通过对品牌、产品型号的差异化提供实施区隔策略，规避冲突的发生。

目标协调　目标协调是对渠道成员行为的同步化与整合。制造商可以通过制定共同的高级目标，激励并引导渠道成员在此目标下通过关系深化、模式创新来减少冲突。如制造商可推行代理制，使渠道成员的收益来源由赚取价差转变为赚取佣金，以消除价格矛盾；或以资本为纽带，构建渠道利益共同体，使整个渠道系统目标趋于一致。

沟通　沟通是协调的基础，只有有效沟通才能避免信息的不对称与失真，了解渠道成员的需求、意愿与期望，进而制订合理的协调方案。制造商与渠道成员可以通过成立协调委员会、建立沟通机制、创新沟通方式（如加入同业组织、互换员工）等措施深化合作、解决纷争。当然，若冲突是长期的或是比较尖锐的，无法通过协商、说服等沟通方式达成谅解，则可以引入第三方进行调解、仲裁甚至借助法律诉讼予以解决。

案例 11-3

泰嘉化解冲突的"加减乘除"法

带锯条被誉为"工匠之手"，是金属切割加工领域的一种刀具，长期由外资品牌垄断。泰嘉科技（以下简称"泰嘉"）成立于 2003 年，其前身是美国带锯条金属材料在中国的独家代理商。2006 年，泰嘉完成了从贸易到制造的重大转变，双金属带锯条生产线正式投产、运营，并迅速成长为该细分领域国内第一、全球前三的品牌，打破了国外技术壁垒，解决了行业材料"卡脖子"的问题，但与此同时，各地经销商窜货、抢夺顾客资源的情况也越发严重，甚至出现经销商重新贴标发货而泰嘉成为"贴牌"企业的荒诞现象。为解决上述问题，泰嘉开出"加减乘除"法的妙方。

"加"：泰嘉以"官网＋'锯切技术'公众号"为平台进行品牌宣传与技术分享，创建在

线"锯切学院"，面向顾客提供培训课程，自建 B2B 商城平台，经销商只有提供备案终端的顾客信息才能实现平台采购，同时利用 ERP、CREM 系统将内部业务与外部顾客进行有效对接，实现了对终端顾客信息的掌握。

"减"：实行市场秩序保证金机制和奖惩制度，对破坏市场秩序的经销商罚款、降级甚至终止合作。

"乘"：创建"高端锯切联盟"，以事业共同体营造精神共同体，共同发展、共享成果，以股权激励机制完善生意传承机制，培养"嘉二代"。

"除"：取消每年的"促销会"，将价格优惠支持转变为技术支持、数字化工具支持，通过品牌背书帮助经销商满足终端顾客的定制化需求。

资料来源：周文辉，赵喆.泰嘉股份：渠道关系三级跳 [J].商业评论，2023（10）：63-71.

📖 本章小结

1. 渠道也称分销渠道，是产品从生产领域（制造商）向消费领域（终端顾客）转移的路径与通道，由辅助商与中间商组成，承担着产品分销、组配、物流及信息传递、促销、融资等功能。因此，渠道既是产品分销流动的通道，也是产品与顾客增值的链条。

2. 制造商既可以将渠道内部化，由内部机构完成分销，也可以通过社会分工，借由外部组织完成分销，即渠道市场化。前者为直接销售模式，后者为间接销售模式，制造商可以在两种模式之间进行多种形态和结构的选择与组合。

3. 从制造商角度来看，通过中间商分销产品更多是基于优化资源配置、减少交易频次、节省成本的考量；并且中间商通过提供服务，在搜寻与交易效率、多样化产品满足、购买便利与体验等方面更好地满足了终端顾客需求。

4. 渠道结构是对渠道类型、环节、空间分布及渠道成员之间关系与任务序列的描述，通常从渠道广度、渠道长度、渠道宽度、中间商类型 4 个方面展开。渠道长度的本质是渠道多元化的选择，是指制造商拥有的渠道类型的多寡；渠道长度是对渠道层级的描述；渠道宽度是指同一层级的中间商数量，有密集分销、选择分销、独家分销等形态；中间商类型则深刻反映了渠道结构在职能分工、合作纽带、关系基础等方面的内在特征。

5. 按照在产品分销中的作用及交易规模，中间商分为批发商、零售商与电商平台等角色。批发商包括经销商、代理商、经纪商、集货商等，以批量销售为特征，主要面向组织市场；零售商则处于产品流通最终环节，直接面向终端顾客销售，可细分为店铺零售与无店铺零售两大类；电商平台则伴随信息技术发展与互联网普及而产生，其渠道功能与角色远远超过了传统中间商"促进交易完成"的范畴，成为现代渠道系统的中坚力量与关键环节。

6. 渠道设计的核心是渠道结构，既产生于新产品上市前，是对渠道从无到有的新建、规划，也发生在产品运营后，以调整、优化正在运行的渠道，使之更加符合制造商的发展与市场变化的需要。

7. 目标顾客的渠道服务需求及产品、环境、竞争和资源等制约因素，影响着制造商的渠道决策。制造商的渠道决策是多目标的，需要统筹考量分销效率、市场覆盖、服务能力、关系平衡等内容。

8. 制造商往往围绕战略匹配、市场匹配、能力匹配 3 项原则选择中间商，并与其在渠道功能、任务、权利与收益等内容上进行明确分配与约定，形成一系列规范性的渠道政策与管理制度。

9. 制造商需要从经济性、控制性与适应性 3 个方面对初步形成的渠道方案进行评估，若未达到要求则需要再次调整优化，若达到则推进方案的落地运转。

10. 渠道是营销组合要素中唯一涉及跨组织关系管理与协调的要素，渠道管理的主要任务是深化合作与控制冲突。渠道合作的根源在于资源依赖，由此形成共同的渠道目标——提高终端顾客的满意度与渠道效率。随着互动与合作的深化、信任的建立，渠道关系将长期稳定发展。在此过程中，因目标差异、权限分歧、认知差异及沟通障碍等因素，渠道冲突必然存在、无法避免，制造商需要将冲突控制在其可承受的范围之内。

11. 激励与协调相辅相成、互相促进，制造商在渠道管理过程中也是将两者融合使用的。常用的渠道激励力量包括报酬力、参照力、知识力和强制力，对渠道成员的协调则主要依赖合同约束、目标协调与沟通。

⚛ 关键术语

分销　渠道　渠道成员　辅助商　中间商　直接销售　间接销售　互联网渠道
传统渠道　渠道广度　渠道长度　渠道宽度　批发商　经销商　代理商　零售商
密集分销　选择分销　独家分销　渠道合作　渠道关系　信任　渠道冲突
垂直冲突　水平冲突　多渠道冲突

⚛ 简答题

1. 渠道可以划分为哪些类型？
2. 制造商为什么愿意选择中间商来分销产品？
3. 批发与零售、经销与代理存在怎样的区别？
4. 为什么互联网渠道对传统渠道带来巨大冲击？
5. 面对竞争，制造商要以怎样的指导思想来设计渠道？
6. 渠道目标通常包括哪些内容？
7. 简述制造商渠道结构设计的主要内容。
8. 简述制造商选择中间商的基本原则。
9. 如何评估渠道方案的合理性？
10. 制造商对中间商的主要激励力量有哪些？

◉ 思考题

1. 渠道的本质是什么？所承担的功能发生了怎样的变化？

2. 为什么说电商平台的渠道功能超越了传统中间商的"促进交易完成"范畴？

3. 请分析超级市场、便利店、百货商店、专卖店这 4 种零售商在服务提供上的差别，并分析其发展趋势。

4. 分别寻找采用密集分销、选择分销和独家分销的产品，归纳总结这 3 种渠道宽度决策方案的适用情境。

◉ 实践与探讨

以 3 ～ 4 人为一组，选取熟悉的制造商品牌，围绕以下内容就你所在城市进行调查分析与交流。

1. 该品牌的渠道广度如何？请详细勾勒每种渠道类型的渠道结构及目标市场。

2. 在不同的渠道类型下，该品牌是否在产品、价格、服务等方面存在显著差异？存在怎样的差异？

3. 若不存在显著差异，制造商是如何控制渠道冲突的？

4. 若存在显著差异，制造商是否因此规避了多渠道冲突？还是说反而加大了冲突矛盾？制造商应该如何利用区隔策略确保对渠道冲突的有效控制？

◉ 互联网实践

"格力董明珠店"作为格力电器唯一官方网上商城，是格力正在实施的渠道变革的重要抓手，旨在通过线上布局，推动线上、线下的加速融合。消费者既可以通过格力官方网站、格力董明珠店 app，也可以通过天猫、京东、抖音等平台入口搜索、进入"格力董明珠店"。

但与此同时，天猫还有" GREE 格力官方旗舰店"及" gree 格力空调旗舰店""格力生活电器旗舰店"子店铺，京东则设有"格力京东自营官方旗舰店"。请查阅资料或走访企业，弄清楚这些店铺之间的关系，它们在渠道系统中分别扮演什么角色，承担什么功能？格力又是如何管理这些店铺的？

第 12 章
传播策略

在传统媒体时代，我们好像住在地球上；后来到 PC 互联网时代，我们就住到了太阳系；现在进入移动互联网时代，我们好像住在了银河系，信息爆炸，人们每天获取的信息越来越多，但真正记到脑子里的信息则越来越少。有效注意力是一切商业活动的起点，它的界定范围不是顾客"看"，而是顾客主动"看到"。

——江南春

分众传媒创始人

杰罗姆·麦卡锡在 4P 组合中，将用于沟通并说服顾客的工具与方法称为 promotion，主要包括广告、公共关系、人员推销与销售促进，但因表述、翻译的问题，该策略尽管常被从字面理解为"促销"，但其更多具有"传播""推广"的蕴意。随着会展、事件、邮购、搜索引擎、短视频等传播、说服工具的兴起与发展，用"一个声音说话"的整合营销传播（integrated marketing communication）理论逐渐得到营销理论界与企业实务界的广泛认同与应用，将 promotion 译为"传播"[⊖]更有助于其在营销中发挥作用。

现代营销的丰富实践表明：好观念并不一定能被社会所接受，好产品也并不见得就能取得商业上的成功。营销者必须向现实或潜在顾客进行有效传播，使其接受、认可组织所创造的需求及其背后的生活方式与价值主张，并在具体购买与关系深化中得以体现。随着信息社会的发展，数字化与网络化成为社会交往的基本形态，信息量每天都在大幅增长，传播成本也越来越低，内容生产日趋碎片化与低门槛。如果没有好的创意与传播策略，营销者发出的信息就如同海洋中的一滴水，不会形成波澜，"酒香不怕巷子深"的经营理念在当今社会已经失去意义，如何有效传播成为营销者必然要解决的基本问题。

⊖ 也有教材将 promotion 译为"推广""沟通"。考虑到"整合营销传播"的提法已经被普遍接受，为避免认知、理解上的差异，本章使用"传播"来呈现 promotion 的实质含义。

12.1 传播原理

传播学认为传播是人与人之间、人与社会之间，通过有意义的符号进行信息传递、接收和反馈的活动总称。作为营销基础要素或策略之一，营销传播常被界定为营销者以目标受众正确理解的方式，向其传递信息并使之接受、反馈的活动，其本质是通过信息设计与传递改变目标受众的行为，进而实现营销目标，营销者期望影响的群体被称为目标受众（target audience）。显然，无论是传播学还是营销学，它们的传播内涵并无实质区别，都是信息的传递与交流，只不过营销传播⊖的指向性更强。

12.1.1 传播过程与要素

传播学认为一个完整的传播活动包含发出者、编码、信息、媒介、接收者、解码、反应、反馈、噪声9个基本要素⊖。信息首先被发出者按一定的形式加以组织（编码），然后通过信息媒介传送至接收者，接收者对接收到的信息进行理解（解码）、形成反应，继而反馈给信息的发出者，发出者借此判断传播效果并修正下次传播活动。在此过程中，环境中存在的各种噪声会对上述各环节、各要素产生不同程度的干扰，影响传播效果。以此为基础，营销传播过程及要素如图12-1所示。

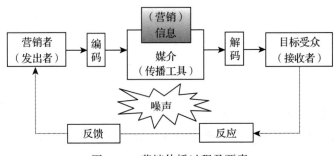

图 12-1 营销传播过程及要素

营销者 营销者负责发起和传播营销信息，是营销传播活动的起点，可被视为信息源。当然，为了提升传播效果，营销者也会选择合适的代言人，由其发出信息，详见第12.3.3节。

编码 编码是发出者将信息转化为可传递的符号或形式的过程，即营销者根据目标受众的理解能力与解码习惯进行信息设计，以准确传达其传播目标与意图。

信息 信息是营销者所要传达的具体内容，包括需求、产品、品牌、场景、观念、营销活动等诸多内容，通过文字、图像、声音等多种形式予以呈现。

媒介 媒介是信息传递的载体与途径，可以是物理的、数字的、人际的……其功能是连接信息的发送者与接收者。信息媒介种类繁多、形式多样，在传播范围、速度、方式、成本等方面存在区别，营销者根据不同的媒介特性将其工具化，并融合技术手段、创意元素等内

⊖ 为行文简洁，本章以"传播"替代"营销传播"，当内容涉及传播学相关内容时，使用"营销传播"以示区分。

⊖ 也有学者将传播过程划分为发出者、接收者、信息、媒介与反馈5个基本要素。相较而言，传播过程九要素增加了编码、解码、反应与噪声，更加有助于全面理解传播活动的复杂性与动态性。

容形成具体的传播工具，为营销目标服务，详见第 12.2 节。

目标受众　在营销传播中，目标受众是接收者，负责接收和理解营销者发出的信息。在现实生活中，很多产品的购买者、决策者、使用者是分离的，且存在诸多影响者，营销者的营销传播所借助的媒介又都具有时效性，所能触达的接收者也被局限在特定范围内，因此目标受众与目标市场是完全不同的两个概念，目标受众既可以是目标市场的具体化与细化，如目标市场中的价格敏感型顾客、渗透市场、竞争品牌的购买者，也可以是独立于目标市场抑或是比目标市场范围更大的群体，如需求发起者、影响者、潜在市场、社会大众。

解码　由于接收者和发出者往往具有不同的知识结构、生活经验和思维模式，因而发出者所发信息的原始内容、形式或意义并不容易被接收者全面、准确地转化、理解，从而导致信息遗漏、失真或被误解。解码就是目标受众解读、理解营销者的传播意图与信息内容的过程。显然，营销者的编码质量（信息设计质量）与目标受众的解码能力（即信息处理能力，详见第 5.2.3 节）决定了营销信息能否被准确解码。

反应　反应是目标受众接收营销信息后做出的心理、行为上的回应，如喜欢、拒绝、关注与转发。

🔎 材料 12-1

饿了么的反常规文案

广告文案是广告整体构思的体现，直白则失之韵味，晦涩则难以产生共鸣，需要在艺术与商业之间找到完美平衡，既要确保营销信息清晰、直接传达，令人印象深刻，又要富有创意与艺术性，能够打动目标受众。创作者的创意巧思能否被受众正确解读是衡量广告文案合格与否的基本标准，若能引发正向的话题热度、达成广告目标，则属于成功文案。

"2024 年狂人创意大奖"评选出十大广告文案，饿了么两度上榜。饿了么在春节前推出的"祝你过年不用饿了么"用反常规的创作手法，鼓励受众春节期间远离外卖服务，回归家庭享受与家人一起的慢生活，既体现了饿了么对受众生活方式的洞察，有效提升了品牌形象，也在提醒受众，饿了么春节不打烊，若需要仍可为你服务。对于春节过后卸掉过冬脂肪的年轻人的减肥需求与痛点，饿了么与 Keep 联动，推出"劝你不要 Keep 一套，饿了么一套"的"饿了 5 折天，减脂美食 5 折起"的促销活动，聚焦并放大"吃练两难全"的真实减肥场景，在趣味玩梗中完成促销活动的告知目标，不仅制造了话题，还以真诚与人情味收割了一波好评。

反馈　反馈是目标受众将其反应通过一定渠道传回给营销者的过程，本质上是一种双向传播的过程，涉及信息的交流、互动与调整。营销者可以根据反馈了解传播效果与目标受众的需求，从而调整传播活动。

噪声　噪声是干扰营销信息传递的外在因素，也是导致信息失真的另一个主要原因。噪声既包括行业、经济、伦理道德、风俗、政治和法律等外在环境，也包括诸如竞争品牌、替代产品、使用评论等资讯信息；既对营销者的信息决策产生影响，也影响目标受众对信息的接收与理解；这种影响既可以是正面的，也可以是负面的。

12.1.2 互联网传播与新媒体

在过去的历史长河中，信息革命一直推动着信息的记录、分享与传播，从最初的语言交流到文字的创造、印刷术的发明，再到无线电与电视的广泛应用，信息虽然实现了远距离、广覆盖的实时传播，但传播模式并未发生实质变化。而当互联网作为全新的传播媒介与技术被广泛普及后，不仅改变了过去信息单向流动的传播模式，也重塑了媒体生态与社会交流模式，对我们生活的方方面面产生了深远影响，且这种影响还在不断持续深化与扩大。

1. 互联网传播模式

在构成要素上，互联网传播和传统传播并没有差别，但传统媒介环境下的信息传播是一种单向传递，即一方发出信息，另一方接收信息，时间上有滞后，反馈较为隐性；而互联网传播则是一种双向沟通，双方都既是信息的发出者，也是接收者，时间上是即时的，反馈是显性的。互联网传播模糊了信息发出者与接收者之间的边界，这就意味着传播要素不再为单方所有，双方都要编码、解码，都会对对方做出反应与反馈，噪声同样存在，如图 12-2 所示。概括起来，互联网传播在传播方式、内容、效果上实现了对传统传播的颠覆性变革。

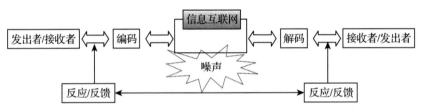

图 12-2　互联网传播过程及要素

即时、双向、互动　互联网使信息传播变得快捷、双向。互联网打破了信息传播的时空限制，信息一旦发出就几乎能同步被接收，目标受众不仅可以接收信息，还可以即时反馈，使信息传播变得双向。这种双向传播又增强了信息的互动性与参与感，任何一方都可以根据另一方的反应与反馈及时调整信息，双方可以展开即时交流与讨论。

数字、多样、丰富　互联网传播的信息以数字化形式存在，信息的存储、复制与传播更加容易，网络环境的虚拟性又为信息传播提供了新的空间与方式，一对一、一对多、多对多，文字、图片、影像，同步、异步等多样、立体的传播形式均可以实现，信息内容也更加丰富多元，互联网的"富媒体"特性使信息表达与传播更具表现力、链接内容可以逐步递进、层层展开。

开放、扁平、精准　互联网是一个开放的信息交流平台，且这种开放性并非人为规定，而是由其分布式的技术特质与传播方式所决定的。组织及个体接入网络并获取信息的障碍及成本较低，话语权相对平等，信息分享、讨论的参与也就越发高涨，促进了社会的横向对话与交流，信息传递更加扁平化。此外，人工智能技术与大数据分析的快速发展，也使得互联网传播更加精准且极具个性化。

2. 新媒体及其传播

互联网的发展普及推动了媒介形态的演进，催生出众多传播工具与新兴媒体，从最初的手机短信、电子邮件、门户网站、网络论坛，到如今的应用程序（app）、社会化媒体、短视频平台……新媒体打破了报刊、广播、电视与户外广告 4 类传统媒体主导的媒体生态，成为当前信息传播与社会交流的主要媒介。

材料 12-2

网络视听与新媒体生态

QuestMobile 数据显示，截至 2024 年 10 月，包括抖音、快手、小红书、哔哩哔哩、微博在内的新媒体平台全网去重活跃用户规模及渗透率分别达到 10.71 亿、85.7%，增长渐趋天花板，其中抖音、小红书月度活跃用户维持较高增长，同比增长率分别达到 8%、11.9%。这些新媒体平台因具备生活娱乐、资讯获取、知识学习等多方面的功能属性，对其他垂直平台形成渗透和替代趋势，平台用户分化已经出现。

从用户画像来看，快手 36 ~ 40 岁年龄段的用户占比更突出，小红书女性用户占比达到 65%，哔哩哔哩 35 岁以下用户占比高达 87.8%，微博、哔哩哔哩、小红书二线城市及以上用户占比分别达到 55.9%、57.6%、55.4%，抖音、快手三线及以下城市的用户普及率更高。从内容生态来看，各新媒体平台均推出扶持政策，推动短剧精品化，其中抖音平台短剧内容稿件量占比上涨 6.1%，短剧内容渗透率达 66.1%，热门短剧发布者重点分布在剧情搞笑及影视娱乐类账号；快手平台短剧渗透率达 73.6%，热门短剧发布者中影视娱乐类账号超 8 成。

资料来源：QuestMobile.2024 新媒体生态：五大平台覆盖 10.71 亿用户，内容商业化开始爆发 [EB/OL].（2024-12-24）[2025-04-02]. https://www.toutiao.com/article/7451813934866121279.

新媒体[⊖]是相对传统媒体而言的概念，是利用互联网技术、移动通信技术与数字技术，通过互联网及终端设备向目标受众提供信息的一种媒介形态与传播形态。新媒体因依托互联网，具有互联网传播的所有特征与优势，较之传统媒体不仅在传播载体、介质上更加先进，实现了数字、语言、文字、影像等多种传播方式的统一数字化处理，还在传播路径、内容生产、业态边界等方面引发变革，催生出全新的传播环境：任何人都可以不受时空限制地公开传播信息。

传播路径　无论是单向的传统传播还是早期互联网的双向互动传播，因目标受众的影响力或辐射范围有限，个体信息源之间的互动无法形成多级传播，而新媒体所具有的用户连接（如关注、添加好友）、社交互动（如点赞、评论、转发、私信）及社群功能，实现了目标受众间零成本、广泛、高频的互动，每个目标受众都可能成为信息源，信息传播路径由线性向网

⊖　广义上的新媒体也包括公共视听新媒体，即利用视频技术，以公共视听载体进行信息传播与交互的新媒体，如数字电视、网络电视（IPTV）、楼宇电视、车载移动电视。有学者认为公共视听新媒体原本就存在，只是融合了数字化技术而呈现了新的发展面貌，并不是新技术诞生的产物，不应视为新媒体。因此，这里采用狭义的新媒体概念，即基于技术进步而诞生的新媒体形态。

状扩散，信息得以多级流动与扩散，呈现出"病毒式传播"[一]效应，如图 12-3 所示。在此过程中，意见领袖的信息"中继站"功能被放大、深化，在海量实时的信息浪潮中，成为目标受众筛选信息、研判事实的重要参考。

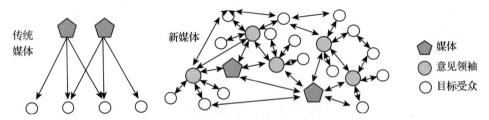

图 12-3　传统媒体与新媒体的信息传播比较

内容生产　传统媒体的信息内容由专业采编及制作团队完成，审核、分发流程规范，信息质量稳定但周期较长、更新频率较低；而新媒体通常具有即时发布与更新的能力，且内容创造门槛较低，每个目标受众都可以成为内容生产者，信息内容更加多元化与碎片化，生产、传播与扩散的节奏与速度大幅提高，接近实时同步。所以，新媒体的信息每时每刻都是海量的，信息来源广泛且复杂，内容质量与可信度参差不齐，信息监管越发困难，对受众注意力的争夺越发激烈。表 12-1 呈现了新媒体与传统媒体在信息发布上的区别。

表 12-1　新媒体与传统媒体在信息发布上的区别

比较维度	新媒体	报刊	电视	广播	户外广告
表现形式	多（富）媒体	图文	多（富）媒体	音频	图文
表现力	极强	弱	极强	弱	中等
分享性	易分享	难分享	不能分享	不能分享	不能分享
覆盖面	全球	有限地域	有限地域	有限地域	非常有限地域
精准性	精准	粗略	粗略	粗略	随机
及时性	即收即发	差	尚可	尚可	非常差
互动性	强	无	无	无	无
信息量	巨大	有限	大	大	小
存储性	易	不易	即逝	即逝	即逝
成本	极低	低	高	低	高
获取性	极易	易	订阅	易	偶遇
再读性	易再阅	可再阅	不可回看	不可回听	偶遇

业态边界　传统媒体以信息内容为产品进行差异化经营，媒体之间、目标受众之间的区别较为清晰明确，而新媒体的社交属性与技术特征使其从单一的内容生产者转变为集多种服务为一体的综合性平台，所提供的产品不再局限于内容产品（如资讯、学习知识、娱乐消遣），还包括接入产品（如客户端、流量导入）、关系产品（如利用算法推介产品，允许用户电商直播）及各种服务（如广告、数据分析、支付），行业边界、市场边界被打破，跨界发展变得简

[一]　病毒式传播最初用于描述口碑传播现象，是指利用人际网络与用户积极性，使营销信息像病毒一样快速复制、迅速传播；随着互联网与新媒体的发展，病毒式传播也被用于形容因意见领袖等他人的影响与用户的自传播行为所形成的指数级增长的传播效果。意见领袖的概念详见第 3.1.3 节。

单、没有障碍。从营销角度来看，新媒体不仅是营销者的传播工具与沟通平台，还是销售渠道、营销数据库与内容创意池。

12.1.3　传播与行为改变

营销传播的目的是推动目标受众的行为向营销者期望的方向改变。消费行为学与社会心理学认为人是会学习的，会在外来刺激与内在心理的作用下产生或改变行为。

图 12-4 呈现了行为形成的过程：行为大多数时候由态度引发（序号①），而态度由认知、情感与行为倾向 3 种成分构成；当外来刺激或情境压力较大时，行为也会自然发生（序号②），进而影响甚至改变态度。传播无论是作为释放刺激信号的过程，还是社会交互或信息扩散的手段，在受众的行为产生与改变过程中都发挥着重要作用，传播的营销意义也由此产生。

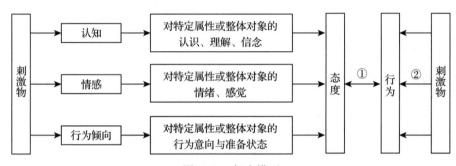

图 12-4　行为模型

行为在外界刺激和学习中形成，因信息与经验的影响而改变，营销传播既可以从认知、情感、行为倾向上影响目标受众态度，进而改变其行为；也可以略过态度，直接进行强刺激促使目标受众的行为发生，如从众、服从行为的发生多属于此类情况。

1. 态度改变

态度不是先天承续的，而是经由后天学习形成的，如过去的使用经验、他人的口碑、广告的记忆、媒体的报道等。态度虽然由认知、情感与行为倾向 3 种成分构成，但这 3 种成分发生的顺序与所起的作用并不相同，如表 12-2 所示，营销者可以此为依据通过针对性传播策略来改变目标受众的认知、情感与行为倾向，进而推动行为的达成与改变。

表 12-2　态度的生效层次

类型	成分次序	示例及解释
高参与 基于认知信息加工	认知→情感→行为倾向	如家用轿车，先积累有关产品的属性、利益，然后才形成偏好，进而等待好的购买时机
低参与 基于行为学习过程	认知→行为倾向→情感	如外卖点餐，基于菜系、评分、送达时间等简单、有限的信息点餐，情感反应较弱
经验/冲动 基于享乐需求满足	情感→行为倾向→认知	如歌迷仅凭对歌手的喜爱就直接购买唱片或其代言的产品，然后再不断收集、积累有关信息，建立认知

改变认知　认知是一种信息处理过程（详见第 5.2.3 节），对认知的改变就是改变或重塑目标受众知识结构的过程。对于需要高参与的复杂型购买而言，目标受众通过广告、培训、

宣讲等途径，意识到当前所存在的问题（需求）及解决的手段（产品）。对产品的功能、属性、品牌特性等信息有正确、深入的了解是其进行选购行为或改变以往选购行为的前提。建立在深入理解基础上的品牌偏好及购买行为具有持久性。

改变情感   情感是态度最核心的成分，具有强化或扩大正面或负面经验的功能，在满足顾客享乐性需求、能够传达个性与自我的产品选购上发挥着较大作用，尤其是当情感与认知发生冲突时，行为倾向更容易受到情感的主导。毕竟相较于具有理性与逻辑性的认知而言，情感是最直接、最深刻的体验，这也就解释了为什么很多消费者明知道吸烟有害健康但仍在情感上沉溺于吸烟。当然，在此过程中，其行为会表现出较高的复杂性与不确定性，会存在纠结、犹豫、挣扎等心理活动。利用情感诉求与目标受众建立情感连接是营销传播中最常用的策略。

改变行为倾向   行为倾向常被视为一种购买意图，当产品购买的频率较高时，行为倾向往往会发生较大作用，即所谓的习惯性购买，营销者常通过增加顾客与产品的接触频率、提高广告（语）频次等措施影响目标受众的行为倾向。第 3.1.3 节描述了需求扩散中意见领袖的作用，借助意见领袖影响群体行为倾向是较为常用的营销传播手段。当然，考虑到营销效率，群体行为的改变才是营销传播高效性的体现。

2. 行为刺激

行为也可以略过态度自发地发生，而这种发生往往需要强大的外来刺激与情境压力，如营销者大力度的限时促销活动就会引发目标受众的直接购买行为，在行为发生后再形成认知与情感，营销者亦可借助参照群体或意见领袖的力量对目标受众的行为施加压力。社会心理学的社会规范（subject normal）理论对此给出解释：人从属于社会群体，彼此间的相互影响与学习会产生共同的信念与行为规范，从而为个体提供了具体的行为指南。现实生活中的很多购买行为有时就是为了迎合群体行为而发生的，这种在购买或消费决策中，用作参照、对标的个人或群体就被称为参照群体。

能够对目标受众行为产生强刺激影响的方式主要有 3 种，如表 12-3 所示，营销者在传播过程中可以单独使用，也可以混合使用。当然，在组织市场上，强有力的承诺、互惠是营销者经常使用的强刺激手段。

表 12-3   影响目标受众行为的方式

影响方式	信息特征	动机	示例
信息性影响	可信度	获得有用信息	候餐人数越多，口碑越好，因此果断加入
规范性影响	社会力量	赢得奖励或避免惩罚	穿正装面试，避免留下不尊重的印象
价值表现影响	类似性	一致性表达	唱着嘻哈歌曲，穿大号、宽松衣服

信息性影响   信息性影响是指他人的行为被视为一种有用信息，影响个体决策或行为选择，即个体愿意接受他人行为或信息为信息来源，并认为能对其行为提供正确指导或建议。在现实生活中，信息性影响普遍存在，尤其是当目标受众处于信息不对称状况或外部环境变化极为不确定时，信息性影响往往发挥更大的作用，如跟风消费、专家影响等。信息性影响基于个体对正确行事的渴望而产生，影响范围及强度主要受信息源可信度的影响，营销者在

信息源决策（如代言人、示范用户）上可以从相似性、专业性等方面入手，强化可信度来影响目标受众的行为，详见第 12.3.3 节。

规范性影响 规范性影响是指社会规范、群体期望或他人的行为准则对个体决策或行为选择的影响，其核心在于个体对社会规范的遵从或对群体期望的适应。规范性影响产生的前提是社会或群体能给予个体某种奖励或惩罚，如他人认同或批评、集体融入或排斥，个体为了获得奖励或避免惩罚而依社会期待行事，表现出一定的遵从或服从性行为。营销者借助这种规范性影响或利用情境等手段塑造某种规范，形成某种行为规则或标准，以约束或改变目标受众的行为。

价值表现影响 价值表现影响是指个体自觉遵守或内化某种价值观或群体规范，并在行为上予以贯彻体现。例如，热爱嘻哈音乐的青少年很容易在着装上被识别出来，有些青少年可能觉得不如此着装不足以体现嘻哈文化，不足以表达自己的态度；而有些可能只是通过这种着装模仿（一致性），希望自己与嘻哈文化或同好建立并保持一定的关系。第 8.1 节中强调品牌的符号价值，要求营销者表达、传递品牌的价值主张及社会心理学含义，可以从价值表现影响予以解释：唯有当顾客在价值观层面与品牌建立一致性时，顾客才会对品牌长久偏好、持续购买，且无须任何外在奖惩。

12.2 传播工具

传播工具是营销者为实现传播目标而使用的信息传递手段，营销者借助传播工具将营销信息传递给目标受众。表 12-4 呈现了 4 种传统传播工具：广告（advertising）、销售促进（sales promotion）、公共关系（public relations）与人员推销（personal selling）。但在数字化浪潮的推动下，互联网作为一种全新的传播媒介，在颠覆传统媒介单向、线性传播方式与内容生产模式的同时，不仅推动了传统传播工具的数字化转型与升级，使其沿袭了互联网传播的特征及优势，而且创新发展出更多新的传播工具。

表 12-4 传统传播工具及比较

传播工具	常见类型			优势	劣势
广告	视频广告 音频广告 平面广告 翻牌广告	外包装广告 销售点陈列 宣传手册 招贴和传单	企业名录 视听材料 标志图形 广告牌	覆盖面广、可重复、表现力和感染力强、灵活性好	信息量小、干扰多、购买行为滞后、说服力较差
销售促进	竞赛、游戏 抽奖、返利 积分、礼品 低息贷款	样品 以旧换新 搭配商品 购货券	交易会 展览会 演示 招待	刺激快、诱惑性强、手段多样	时效性短
公共关系	记者报道 年度报告 慈善捐赠 社区关系	标识宣传 企业期刊 出版物 研讨会	演讲 赞助 游说	可靠性强、吸引性强、有利于树立组织形象	见效慢
人员推销	销售展示 顾客拜访	电话推销 培训推销		直接沟通、针对性强、可建立密切关系	成本高、人员能力及素质要求高

12.2.1　广告

作为最常见的传播工具，广告以付费方式通过非人际传播媒介向目标受众传递信息。广而告之，让尽可能多的目标受众接受、理解信息是广告的主要功能。

1. 广告特征

广告具有悠久的历史，形式多样且随着时代发展不断变迁，具有如下特征。

公共性　广告覆盖面广，社会接受度高，是一种高度公开、广为普及的信息传播手段与营销工具，这意味着广告传递的信息是一种法律意义上的要约邀请，承担着一定的社会责任，广告应该健康、正面，不应包含任何虚假、欺诈、误导性内容。

凝练性　受制于制作、传播成本及时空限制，广告信息只有经过精心设计与高度凝练，才有可能被目标受众接受并正确理解与记忆，广告创意、信息表现尤为重要。

表现力强　广告融合了视听手段、数字技术、艺术创作等科学性与艺术性元素，在内容呈现、视觉冲击、情感共鸣、艺术表现等方面具有其他工具无法比拟的优势，可以生动、准确地呈现营销内容与传播意图。

2. 广告类型

依据媒介，广告分为报纸广告、电视广告、广播广告、杂志广告、传单广告、户外广告、互联网广告、招贴广告、直邮广告、电话广告等类型。表 12-5 概括了几种主要广告类型的优缺点及应用范围。

表 12-5　常见的广告类型比较

类型	优点	缺点	适用产品
报纸广告	目标受众稳定、版面选择弹性大、本地市场覆盖率大	表现力弱、互动性不足、信息持久性较弱	当地市场产品
电视广告	视听结合，表现力与感染力强、覆盖面广、影响力较大	成本高、干扰多、信息瞬间即逝、信息传达不充分	大多数产品
广播广告	目标受众相对明确、成本低	信息瞬间即逝、传播面窄	当地市场产品
杂志广告	目标受众稳定、注意率高、信息保存期长、传阅者多	时效性差、传播面窄、版面限制多	高端产品专业产品
传单广告	发放灵活、成本低、即时性强	易造成低档产品的印象	促销产品
户外广告	展露时间长、重复性高	信息量小、传播效果难评估	耐用消费品
互联网广告	时效性强、交互性高、可精准投放、传播范围广、效果易测度	容易被屏蔽	大多数产品

广告表现力强，且传播的信息在时间与空间上具有一定的持续性，对目标受众的认知、态度及行为能够产生较大影响。营销者基于这种对目标受众的态度与行为影响设定广告目标，进而将广告分为通知性、说服性与提醒性广告。通知性广告就是让目标受众知道产品、品牌或者某个促销活动的存在，侧重于产品品类、品牌名称、活动内容等信息的传递，多用于产品引入或品牌上市阶段。说服性广告旨在改变目标受众认知、培养其品牌偏好、鼓励使用本品牌产品，是营销者借助广告进行市场教育的行为。当市场竞争激烈、产品为高参与购买型

产品时，说服性广告被广泛使用，有助于品牌定位的塑造与顾客忠诚的培养。提醒性广告也称提示性或强化性广告，如商场卖场中的销售陈列、广告牌，主要是为了保持目标受众的品牌记忆与认知，唤醒其对产品的再次需求与购买，多用于低参与购买型产品或成熟期、衰退期产品。

如果按照广告性质的显示度或目标受众对广告的感知程度，广告也可分为显性广告与隐性广告。显性广告就是直接以广告的面目呈现给目标受众的广告，上述大多数媒介广告均属于显性广告，具有信息直接、广告意图明确等特点。隐性广告则是以间接、隐匿的方式呈现的广告，如公众号中看似是生活动态的品牌推文、影视作品中的广告植入。当广告信息与影视、小说、游戏剧情或背景自然相融，成为内容的有机组成部分时，目标受众的抵触、防御情绪将显著减弱，他们也就更容易接收与记住广告信息。

3. 互联网广告

相较于传统广告，互联网广告沿袭了互联网传播的所有特征与优点（可参见表 12-1 的相关内容），其中，精准推送、容易衡量、融合信息流是其最为显著的特征。

精准推送　虽然互联网具有无国界覆盖、可连续投放的特性，但随着人工智能与大数据技术的发展，其投放逻辑更多是基于浏览历史、搜索记录、购买行为等数据来构建受众的兴趣偏好、消费习惯，进而实现广告的精准推送。相较于传统广告主要依赖覆盖面广的媒介进行信息传递，互联网实现了广告从"广而告之"到"准而告之"的转变。

容易衡量　传统广告很难准确地知道有多少受众接触、关注广告信息，理解、记住多少广告信息，更不要说接收广告信息后的态度和行为改变，营销者只能通过事后市场调研进行大致估算，偏差较大。但对于互联网广告，营销者可以利用服务器端的访问记录软件，记录受众信息、访问记录、浏览数据等，通过广告曝光次数、点击次数、到达率、转发率等指标，实现广告效果的精准统计与实时监测。

融合信息流　随着社交媒体与短视频的兴起，信息流广告得以快速发展。信息流广告是将广告内容与信息流（如视频内容、新闻资讯、用户动态）融为一体，以非干扰方式自然、和谐地呈现给受众的一种广告形式，具有原生、沉浸、互动等优点。显然，信息流广告是一种隐性广告，也是当前媒体平台进行流量变现的主要途径。除此之外，互联网广告也存在多种类型的显性广告，如表 12-6 所示。

表 12-6　常见的互联网广告类型

类型	概念	规格、形式
横幅广告	以 GIF、JPG、SWF 等格式，通过静态或动态图像固定于网页中的矩形公告牌，也称旗帜广告	全幅（468×60 像素）、半幅（234×60 像素）、垂直（120×240 像素）等
按钮广告	由横幅广告演变而来，尺寸较小，多以具有链接功能的图标形式提示受众点击，从而获取关注	可固定、悬浮，有 125×125 像素、120×90 像素、120×60 像素、88×31 像素等多个像素尺寸
游标广告	不固定于特定位置，随滚动条或光标拖动而动态游动	多为 90×90 像素、106×106 像素，形态多样
弹窗广告	自动弹出，具有强制接触的特性，也称弹出式广告	可根据预设时间弹出，也可根据受众在线活跃度不规律弹出，形式、尺寸多样

12.2.2 销售促进

销售促进也称促销或营业推广，是以短期激励为手段，刺激顾客购买，提高中间商或销售人员的积极性与销售效率的一种市场推广活动。

1.销售促进的特征

销售促进具有刺激性强、起效快、时效性短等特征，但若不进行系统规划、科学设计，毫无规则、频繁地开展促销活动，不仅会对品牌形象造成损害，也会导致竞争品牌的促销跟进，加剧竞争，降低顾客对促销活动的敏感度与关注度，影响促销效果。

刺激性强　通过直接提供额外利益或好处，如价格折扣、抽奖、积分、礼品，对目标受众进行强刺激使其行为符合营销者的期望，是实施销售促进的基本思路。这种强刺激也使得销售促进较之其他传播工具在顾客行为转化与销售达成上的效果最好。

⊜ 讨论 12-1

促销是做增量还是卷存量

销售促进以促进销售为目标，但销售额增长的背后需要厘清是增量市场还是存量市场的贡献，需要对销售数字进行深入的结构性解读。

增量市场是因促销而额外创造出的需求，是顾客需求从无到有、从少到多的行为改变过程，如顾客为享受满减优惠而产生的"凑单"行为；存量市场是现存的已确定的市场，通常是显性需求，营销者通过促销将持币待购的顾客需求提前或滞后引爆，仅是顾客需求实现的时间、地点发生了改变，需求的量与质并未发生实质增长。显然，两个市场的顾客在品牌忠诚、购买动机、行为偏好、购后反应等方面具有截然不同的表现，其销售占比的高低直接影响企业利润率、品牌形象、顾客份额等关键绩效。

起效快　销售促进是采用利益诱导方式直接刺激目标受众，吸引力强，容易引起目标受众的关注，激发其购买欲望，能够较为快速地收到促销效果。

时效性短　销售促进活动常在限定的时间与空间内发生，围绕特定的具体目标受众展开，市场覆盖面较窄，持续时间较短，因而营销者往往会关注销售促进的可复制、可推广性，以期在其他地区、时间成功开展。

2.销售促进的类型

根据目标受众的不同，销售促进可以分为 3 类：面向顾客的促销、面向中间商的促销和面向销售人员的促销，具体目的及工具如表 12-7 所示。

面向顾客的促销　针对顾客的销售促进可进一步分为：①帮助顾客了解产品，如样品赠送、产品咨询、免费试用、人员表演、产品展示；②刺激顾客即时购买，如抽奖、优惠券、价格折扣、特价、限时优惠；③鼓励顾客大量、重复购买，如以旧换新、退费、优惠卡、积分、回报计划。

面向中间商的促销 针对中间商的销售促进包括：①提升中间商销售热情，如销售竞赛、各类折扣、展览会和广告支持；②提升中间商销售技巧，如产品知识与技术培训、专业人员辅助销售；③提升伙伴关系，如研讨会、年会、联合促销。

表 12-7 销售促进目的与工具

对象	目的	工具	对象	目的	工具
顾客	了解产品	样品赠送	中间商	提升热情	销售竞赛
		产品咨询			数量、功能折扣
		免费试用			展览会、广告支持
		人员表演			赠送、招待
		产品展示		提升技巧	培训
	即时购买	兑奖、抽奖、优惠券			辅导
		价格折扣、特价（包装）		提升关系	研讨会、年会
		赠品（礼品）、限时优惠			联合促销
		产品保证	销售人员	提升热情	竞赛
		联合促销			提成
	重复购买	以旧换新			展览会、广告支持
		退费		提升技巧	推销手册
		优惠卡			销售会议、培训
		积分		职业发展	升职
		回报计划			长期福利、股权

面向销售人员的促销 针对销售人员的销售促进包括：①提升销售热情，如销售竞赛、销售提成、展览会和广告支持；②提升销售技巧，如推销手册、销售会议、销售技巧培训；③为销售人员提供职业发展规划，激励销售人员持续地服务于本组织，如升职、长期福利和股权激励。

表 12-8 反映了销售促进的目标和工具之间的对应关系，当然，这种对应仅是原则性或指导性的。

表 12-8 销售促进目标与工具

目标	工具									
	优惠券折扣	样品试用	降价	赠品	特价包装	以旧换新	承诺	竞赛积分	教育	展览
引起尝试		※					※		※	※
改变购买习惯			※		※			※		
增加每次购买量	※		※		※					
刺激潜在购买者	※	※	※	※	※		※			※
刺激中间商	※	※					※	※	※	※
刺激组织用户	※	※					※		※	

注：※ 代表具体销售促进目标下常用的工具。

3.互联网销售促进

互联网对销售促进的影响深刻且多维，不仅发展出更多的价格促销新形式，还在活动元素及环节设置等方面不断创新优化。

价格促销 价格促销是销售促进中最为常见、最为有效的手段，大多数围绕特定主题（如节假日、周年庆）以满减、打折等形式展开。随着互联网技术的发展，秒杀、团购、拼购、竞拍等促销新形式不断涌现，并具有全天候、广覆盖的互联网特征，从而使价格促销由传统的静态优惠发展为动态交互，既对销售形成了短期刺激，又能实现流量拉新与裂变。秒杀是以远低于正常水平的价格（甚至是免费）限时限量地销售产品，其目的在于吸引受众关注，提高用户黏性与曝光度。秒杀活动包含固定时段秒杀、随机性秒杀、节假日秒杀等限时形式，常用于新品推广、品牌宣传等场景。团购本质上是一种批量折扣，受众通过联合购买提高议价能力，以求得最优价格；受众既可以借由线上平台或互联网工具自行组团，也可以由商家组织团购，第 11 章材料 11-2 所描述的社区团购不仅是团购中最为常见的一种形态，还是当前重要的销售渠道。相较于团购，拼购具有更强的社交属性，更多依赖受众间的互相邀请形成购买群体，进而享受折扣优惠；营销者通过设立丰富的奖励机制，刺激受众积极开团或参团。竞拍是指产品在竞拍期内以公开竞价的形式销售；为营造竞拍氛围，吸引受众关注，产品起拍价通常较低，甚至零价格起步；但就促销工具而言，竞拍活动能否持续主要取决于成交价，若成交价并不明显低于正常价格，受众参与的积极性就会逐步消失，竞拍效果也就难尽如人意。

游戏化激励 将签到、打卡、勋章、积分、排行榜等游戏元素或虚拟试衣间、元宇宙数字门店等新技术手段融入促销活动，以此激励受众参与促销活动是互联网销售促进的通常做法。这种融入增强了促销活动的趣味性与吸引力，使促销活动具有了社交属性，便于新受众的加入与参与；同时，不同等级的游戏任务或挑战设置、积极的正向反馈机制也有助于受众活跃度与参与度的提高，便于促销资源更精准地投放给高价值受众。

📟 案例 12-1

支付宝的"集福"新玩法

自 2016 年支付宝发起集五福的活动至今已有近 10 个年头，参与用户累计超过 9 亿人。此活动最初源于支付宝年度账单后的一个小创意，经过每年玩法上的创新与调整，现已演变成全民狂欢的春节"新民俗"。相较于往年，2025 年集福玩法又有新升级。

首先，福卡从 1 套变为 28 套。新增福卡包括甄嬛传、上美影（大闹天宫、哪吒闹海）、郑钦文、泡泡玛特、蚂蚁森林、漫威、Chiikawa、大美山西等来自影视、运动、游戏、潮玩、文旅等领域的知名 IP，用户任选 5 套搜集即可。28 套福卡的推出引发不同年龄、不同领域圈层用户的关注与参与，促进用户进行更多的连接与互动，提升了集福活动的影响力。

其次，开奖机会变为 5 次。集福活动从 1 月 15 日的早鸟活动持续到 2 月 2 日，贯穿了小年、除夕、初五等春节周期。用户任选 5 套福卡收集，集齐一套可立刻开奖，不必等到除夕。通过时间破圈，集福活动成为国内持续时间最长的互联网春节全民活动。

最后，集卡方式更多样。除了原有的扫"福"字、看视频、在蚂蚁森林和蚂蚁庄园互动得福卡以外，用户用"碰一下"支付、扫 IP 主题元素也能得福卡，这也让"碰一下"支付得以进一步普及与试用。

资料来源：创业邦 . 2025 集福玩法升级，支付宝为什么把年味做这么足？[EB/OL].（2025-01-17）[2025-04-02]. https://baijiahao.baidu.com/s?id=1821480033412653159&wfr=spider&for=pc.

传渠一体化 按照顾客购买决策过程，从需求产生到信息搜集（与传播工具接触）再到实质购买（与销售渠道接触），每个阶段都存在顾客流失的可能，销售促进实质上就是通过强刺激手段促使顾客更快地完成购买决策，缩短或简化从潜在顾客到实际购买的转化路径。互联网及新媒体的发展使这种转化得以快速提高，传播媒介与销售渠道逐渐一体化，即传渠一体化，顾客可以一站式完成从点击到加购再到支付的全过程，有效降低了不同环节（或接触点）的跳转麻烦与流失风险。在此过程中，各种数字化营销工具的创新发展及应用（详见第 2.3.2 节）也使得促销信息由单向分发转为精准触达，对促销活动的控制与评估也做到了实时、精准。

12.2.3　公共关系

公共关系是为改善与社会公众的关系，增进公众对组织的认识、理解与支持，树立良好组织形象而进行的一系列活动。

1. 公共关系特征

间接性　不同于其他传播工具，公共关系并不直接为销售服务，而是通过提升与公众的关系、塑造组织形象以扩大品牌影响力。

长期性　公共关系需要长期的互动沟通与持续的资源投入，不强调即刻见效，注重长期效益，因而被视为组织品牌建设与形象管理的重要工具。

广泛性　社会公众包括媒体、政府、社团、社区等多个群体与机构（详见第 4.3.3 节）。因此，公共关系的目标受众较为广泛、多元，需要考虑各方需求与利益，尤其是在面对利益冲突与危机时，需要妥善处理与协调，保证各方利益与自身利益的平衡。

可信性　公共关系活动及信息一般以媒体报道或故事特写的形态展现，以第三方身份对组织行为、事件、品牌及产品进行描述。就目标受众而言，这种间接、含蓄的非商业性的信息传达方式及内容更为真实、可信，对信息的戒备、抵触性较弱。

透明性　公共关系的核心是建立、维护与社会公众的有效沟通，公开、透明、诚实是公共关系管理的重要准则。在公共关系活动中，营销者应公开、坦诚地与社会公众沟通，面对问题或危机时更要及时、准确地公开相关信息，承认错误、解释原因，以实际行动改善与社会公众的关系。

2. 公共关系类型

从总体上进行分析，公共关系包括主题活动、公益活动、演讲与受访、社交互动、危机公关等活动类型。

主题活动　公共关系中的主题活动也称专题活动，是组织为了特定目的，围绕某一特定主题而开展的特殊事件或活动，如新品发布会、周年庆典、合作论坛、展览展示。主题活动以特定主题或话题吸引媒体报道，向社会传达有关信息，期望社会公众关注、参与以提升组织形象，因此活动主题的策划就尤为重要。

公益活动　向社会捐赠或无偿提供财物、知识、技术等资源，以参与某项公益事业，如慈善救助、社区服务、扶持新生事物，以展示组织的社会责任与担当，是公共关系中最常见的一种活动类型。相较于主题活动，公益活动的商业色彩较弱、社会性更强。

演讲与受访   企业家或高层管理者的公开演讲、受访是组织对外沟通、维护社会关系的重要方式，也是增强内部凝聚力、统一认识的主要手段。因演讲内容多围绕组织的核心价值观、远景、发展战略、重大突破等展开，穿插具体故事、案例、数据及交流、互动，因而更容易引发目标受众的情感共鸣，增强其对组织的认知与信任。

社交互动   社交互动旨在保持联系、增进关系。相较于其他活动，社交互动具有重复性、稳定性特征，可以形成活动惯例，如面向顾客的开放日、媒体招待会、年终答谢会。随着社交媒体的兴起，越来越多的组织开始利用社交媒体进行社交互动，包括话题互动、公告发布、短视频推送、回应质疑、顾客意见搜集、顾客反馈沟通等。

🔘 案例 12-2

中国石化"拆掉围墙"13 年

从南海之滨到西北戈壁，从了解一滴油的诞生到探秘智慧能源。中国石化（以下简称"中石化"）用了 13 年的时间，通过公众开放日逐步拆掉公众与石油石化企业之间的"误解围墙"和"心灵隔阂"，让"化工"不再等于"污染"，让工厂不再神秘，让理解、和谐成为主旋律。

时间倒回 2012 年秋冬，此时的中石化身处舆论旋涡，很多人将全国大面积雾霾天气归咎于石油石化工业的发展。为了消除误解，中石化在全系统组织发动了"开门开放办企业"活动，将每年 4 月 22 日"世界地球日"定为公众开放日，以"探索能源智慧"为主题将活动延续至今，形成了一套成熟的"1+3+X"项目流程体系。中石化所有企业在开放日当天使用 1 个标准化流程，上中下游企业结合 3 个业务板块特点，分别开展智慧油田、智慧炼厂和智慧加油站互动环节，各个企业也可展示自身独有的项目环节。活动当天，油田企业会邀请院士专家解读页岩气开发的"真假论""污染论"与"地震论"；炼化企业则着力展示绿色环保成效，打消周边居民顾虑；油品销售企业将加油站安全知识、油品数质量检验、消防设施展示、应急演习等科目融入活动，破除"跳枪揩油"等消费谣言。公众可以零距离体验"电子巡井"、VR 体验"无人"仓库、参观炼化工厂里的"污水"养鱼池等项目，天津石化的鹿苑、江西石油的红色主题加油站让人流连忘返，而镇海炼化打造的白鹭园慢直播全球平台 I-egret 也已成为展示我国工业文明与生态文明和谐发展的全球窗口：千余只鹭鸟聚集在炼塔之间的树林栖息繁衍，与炼塔油罐相映成趣；净化污水排放口处，水草茵茵，白鹭在汀……

截至目前，中石化的公众开放日已累计邀请 20 余万公众入厂参观，超 8 000 万人次通过线上直播参与活动，话题传播覆盖影响人数破亿，是国内工业企业规模最大的开放日活动。

资料来源：刘珊，曲艺，许帆婷 . 拆掉"围墙"——记中国石化"公众开放日"品牌活动创办十周年 [J]. 中国石化，2022（4）：14-18.

危机公关   危机公关又称紧急公共关系，是在发生或可能发生危害组织声誉的相关事件时，进行事态控制、处理与补救的应对活动。当然，从危机管理角度来看，对危机的监测、预警也应被纳入危机决策机制。危机具有突发性、紧迫性、可变性的特点，迅速反应、尊重事实、承担责任、坦诚沟通是危机公关的主要原则。

3. 互联网公共关系

互联网对公共关系的影响主要体现在传播媒介、响应速度、关系模式等方面。

传播媒介　官方微博、官方微信公众号、官方网站等新媒体成为当前公共关系活动的主阵地，即时、双向、互动的传播模式及网络直播、话题讨论等传播形式有利于公共关系的高效开展。

响应速度　互联网传播特性及自媒体发展往往使危机来得突然且发酵速度快、信息真伪辨别困难，迫使危机响应时间由"24h 黄金原则"缩短至"黄金 4h"，对组织的危机预警与处理能力提出更高要求。

关系模式　社会公众可以借助自媒体及社群形成舆论场，意见领袖的影响力也在日益壮大，社交媒体上的用户生成内容成为公共关系活动的重要资源，组织可以通过鼓励公众分享经历、感受及体验，使组织树立良好的形象，从而与公众的关系更加平等、互惠。

12.2.4　人员推销

人员推销是指推销人员与目标受众（使用者、决策者、购买者、中间商等）进行面对面的宣传推介，以促进产品购买的传播活动。

1. 人员推销特征

直接性　人员推销以人际为媒介传递营销信息，与目标受众直接接触是其最大特征。

互动性　推销人员在与目标受众的互动中完成宣传推介与答疑解惑工作，信息传递是双向、实时的，有利于加速成交过程与长期关系的建立、深化。

针对性　推销人员在沟通过程中可以亲眼观察目标受众对陈述和产品演示的反应，并揣摩其购买心理的变化过程，进而调整沟通方式与推销策略。

灵活性　除了根据目标受众的需求偏好与反馈进行针对性推销外，推销人员还可以根据现场的各种销售情境，灵活应对，其作业弹性大、机动性强。

作为连接组织与目标受众的纽带，推销人员不仅承担着信息媒介功能，还扮演着销售推动者、服务提供者与关系建设者、市场信息反馈者等角色。①销售推动者：在产品推介与销售的过程中，推销人员除了引导目标受众了解产品特点、认识产品及品牌价值以外，还需要作为销售顾问，了解目标受众的需求与偏好，根据现实情况为其提供专业意见，借助沟通技巧与说服策略推动产品销售。②服务提供者与关系建设者：除了售前咨询与信息提供以外，为了确保目标受众的购买体验与满意度，推销人员还要提供使用培训、调试指导、投诉处理等售中、售后服务。通过服务提供，推销人员与目标受众建立了关系，也就有了后续关系进一步深化的可能。尤其是当产品为理财、美容、机床设备等高参与型产品时，推销人员的关系建设者的职责就更加重要，需要与目标受众保持良好的沟通，为长期合作打下良好的基础。

③市场信息反馈者：推销人员身处市场一线，能够全面掌握市场动态与顾客、竞争对手的情况，需要及时将这些信息反馈给营销部门，以便于营销部门制定更加有效的营销策略。

2. 人员推销类型

人员推销类型可以从接触方式、推销主体、嵌入主题等角度进行分类。

接触方式　按照与目标受众的接触方式，人员推销可以分为面对面推销、电话推销、邮件推销、直播带货等。

推销主体　按照推销主体，人员推销分为个人推销、团队推销。当面向组织市场，且产品复杂、技术性强时，通常由专业技术人员和推销人员组成规模适度的团队进行推销。

嵌入主题　推销是一种主动"打扰"型的传播活动，目标受众多有抵触、抗拒心理。为了消除这种心理，营销者往往将人员推销融入其他主题活动，形成会议推销、服务推销、体验推销等多种推销形式。会议推销就是借助培训、学术研讨等会议进行人员推销；服务推销则在额外提供附加服务的过程中推介相关服务或产品；体验推销就是以邀请目标受众试用产品、参观游览等方式提高其购买意愿……这些推销形式本质上是销售促进与人员推销的融合，即在销售促进过程中针对重点或犹豫不定、购买动机不强烈的目标受众进行人员推销。

3. 互联网人员推销

作为一种面对面的说服式销售工具，人员推销在互联网环境中完成了数字化转型，关键意见传播者（key opinion spreader，KOS）、关键意见消费者（key opinion consumer，KOC）的口碑效应在不断强化的同时，也发展出直播带货、智能导购等新的人员推销形式，实现了个性服务的规模化。

KOS 及 KOC 推荐　表 12-9 将意见领袖进一步细化为关键意见领袖（key opinion leader，KOL）、KOS 与 KOC 3 类。相较于 KOL 的商业化色彩与高成本，KOS 以专业性与深度互动、KOC 以真实性与社交属性越来越受营销者与受众的青睐。

表 12-9　意见领袖的划分及比较

比较维度	类型		
	关键意见领袖	关键意见传播者	关键意见消费者
属性特征	在公域平台（如微博、抖音）具有高影响力；在某领域具有专业成就的人，话语权大且粉丝基础好，如专家、明星	能够激发顾客购物欲望；在社群或垂直领域具有较高的专业性与销售能力，如专业导购、品牌设计师、技术发烧友	在私域平台（如微信、app）具有较强的说服力；以使用者角度热衷分享各类产品或发表意见，推荐和影响周边人的购买决策
营销功能	快速打开知名度，对不同类型的受众实现广范围触达	通过深度互动，全面深度解析产品，推动目标受众的销售转化	通过真实体验，拉近与普通顾客的距离，建立口碑，实现对同类受众的深度渗透
推销形式	口播推荐、vlog 植入、赞助合作等	常态直播、专业测试、话题参与等	开箱视频、好物推荐、体验分享等

直播带货　直播带货是利用互联网直播技术进行产品销售的形式，是人员推销由线下到线上的延伸与转型。直播带货拥有人员推销的互动性、针对性、临场感等特性，但所服务的受众范围实现了指数级突破，且人工智能技术及数字化营销工具也让直播带货更加数智化，如根

据观看人数调整促销策略、通过分析弹幕情绪调整话术节奏、利用元宇宙空间创造销售场景。

智能导购　人员推销的成本较高，对人员的能力及素质有较高要求，但 AI 机器人、虚拟数字人的出现显然有利于上述问题的解决。尽管 AI 机器人、虚拟数字人是否能完全取代人员推销还有待商榷，但充分将其优势与人员推销相结合形成互补的销售体系已被众多企业采用，并形成了良好的效果。

12.2.5　互联网传播工具

互联网传播工具是基于互联网技术而进行营销信息传播的手段、平台的总称，其发展与应用取决于互联网技术的更新迭代，如表 12-10 所示。

表 12-10　互联网发展与营销传播工具

比较维度	阶段		
	web1.0 （静态网页时代）	web2.0 （社交网络时代）	web3.0 （语义网络与去中心化时代）
技术特征	以 HTML 网页技术为主，实现线性导航、有限交互	网页脚本技术（如 Ajax）、用户生成内容（UGC）及社交互动	语义标签和资源描述框架（RDF）、人工智能与机器学习、区块链和智能合约、虚拟现实和增强现实等
信息特征	静态、单向	分享、互动	网络化、个性化、实时参与
信息交换	超链接跳转机制	站内网页信息交换机制	底层数据库信息交换机制
交互方式	互联网 – 受众的单向浏览	互联网 – 受众 – 互联网、受众 – 受众的双向交互	互联网、受众 – 互联网、受众多向交互
传播工具	门户网站、电子邮件、搜索引擎等	博客、论坛、短视频等社群与 app	去中心化应用（Dapp）、人工智能助手等

在 web1.0 阶段，互联网主要是信息的发布、展示平台，由少数大型网站（门户网站）或机构主导信息的发布，网站导航结构简单，多通过超链接实现页面之间的跳转，受众只能进行内容的浏览与搜索，信息是静态、单向的，因而也被称为"静态网页时代"，网站、电子邮件、搜索引擎是该阶段互联网营销传播的主要工具。web2.0 阶段以社交媒体与移动互联网的兴起为特征，完成了互联网由信息展示平台向内容生成平台的重大转变，受众不再被动地接受信息，而是作为内容的创造者与分享者自由地进行信息发布与互动，这种转变极大丰富了互联网的内容生态，提升了互联网的社区性能与用户之间的连接、互动，各类社交媒体、线上社区、app 成为互联网营销传播的主要工具。web3.0 被描述为运行在区块链技术之上的去中心化的互联网或语义互联网，[⊖]旨在构建更加智能、高度互联和安全的互联网，目前正处于技术探索与应用场景试验阶段，该阶段的互联网传播工具必将随着技术进步、顾客需求及行业生态的发展不断创新、涌现。

诚如第 12.1.2 节的描述，互联网作为一种全新的传播媒介，既推动了传统传播工具的数字化转型与升级，使其在互联网环境下创新发展出更加多元、精准的传播形式；也催生出众多原生的互联网营销传播工具，成为当前营销传播的重要力量。受限于篇幅，本节主要围绕

　⊖　作为互联网的未来发展方向，语义互联网（semantic web）旨在通过为数据添加语义信息，使机器能理解数据含义，从而实现自动推理与智能处理，为构建更加智能化的互联网提供广阔前景。

官方网站及 app、电子邮件、社群进行描述。

1. 官方网站及 app

尽管官方网站需要依附浏览器访问，而 app 是基于移动设备的应用程序，两者在入口场景、设计原理、编程语言、功能深度等方面存在显著差别，但它们均是组织向外界展示产品、形象、文化及价值观的重要窗口，既是直接实现产品网络销售与顾客服务的重要工具，也是组织营销传播最重要的平台与工具。与其他互联网传播工具相比，官方网站与 app 具有如下特征。

综合性与主动性　官方网站与 app 是组织最完整的信息源，汇集了组织各方面的信息内容，且这些信息是组织主动发布的，对于准确阐述组织的业务重点、展示产品核心卖点、传递品牌价值、凸显服务能力与经营品质具有显著作用。

自主性与灵活性　官方网站与 app 是组织根据自身需要而建设的，不依赖其他网络服务商经营管理，在功能设置、运行维护与信息传递上具有绝对的自主性与灵活性。当然，就受众或用户而言，官方网站属于强搜索导向，需要受众主动接触，而 app 为强留存导向，适合受众高频使用、已建立使用习惯的场景。

可靠性与准确性　因官方网站与 app 是组织的官方平台，无论是产品销售还是信息传递，都具有天然的公信力优势，能够确保产品及信息的真实、可靠与准确，对于建立品牌信任、维护组织形象至关重要。

🔘 材料 12-3　　　　　　　　　　　　　　　　　　　　　课程思政

网站数量与 app 用户规模齐增长

2024 年是我国全功能接入国际互联网 30 周年。根据中国互联网络信息中心（CNNIC）发布的第 55 次《中国互联网络发展状况统计报告》显示，30 年间，我国互联网实现了从无到有、从小到大、从大到强的跨越式发展，建成了全球规模最大、技术领先的互联网基础设施，构建起全球最大的网络零售市场和网民群体。

截至 2024 年 12 月，我国网站数量为 446 万个，网页数量为 3 994 亿个，域名总数为 3 302 万个，国家顶级域名".cn"数量为 2 082 万个，移动互联网累计流量达 3 066 亿 GB，同比增长 12%，互联网普及率达 78.6%，网民规模突破 11 亿人，占全球网民规模的比例超过 20%；各类互联网应用 app 不断深化，即时通信、网络视频、短视频、网络支付的用户规模均超过 10 亿人次；网络文学、网上外卖、网络支付与在线旅行预订的用户规模增长最快，同期增长率分别为 10.5%、8.8%、7.9% 与 7.7%。

资料来源：中国互联网络信息中心. 第 55 次中国互联网络发展状况统计报告 [EB/OL].（2025-01-17）[2025-04-03]. https://www.cnnic.net.cn.

---

2. 电子邮件

利用电子邮件与受众交流是互联网最早开展的一种商业推广与传播手段，具有受众基础广泛、可持续性强、成本低廉等特点。尤其是随着数据追踪技术及工具的发展，营销者可以获悉邮件的打开率、阅读率等行为数据，邮件推广的转化率与营销效果得以快速提升。

受众基础广泛　随着互联网的广泛应用与新媒体的快速发展，电子邮箱在用户注册过程中扮演着重要角色，累积形成了庞大的电子邮件用户群体，为营销者基于邮件列表（mailinglist）开展传播活动提供了广阔空间。按照电子邮件的地址资源所有权，邮件列表有内部与外部之分，内部邮件列表是基于受众许可而自行收集的邮件地址资源，主要来自组织官方网站及 app 注册用户、顾客的信息资料。外部邮件列表则是利用外部资源（如电子邮件服务商）获取的邮件地址资源。组织既可以围绕内部邮件列表维护顾客关系，开展针对性、定制化营销，提升用户体验，也可以根据外部邮件列表进行潜在市场开发、在线调研与品牌宣传等活动。

可持续性强　相较于其他互联网传播工具的快速迭代，电子邮件基本伴随受众终身，具有长期价值，且不受地域、平台限制，这也意味着组织可持续利用邮件进行营销，与受众建立长期关系。

成本低廉　基于内容分发、邮件群发等数字化营销工具的广泛运用，利用电子邮件进行营销传播具有精准度与针对性较高的特点，并且相较其他传播工具，其操作简单、成本低廉、适用面广。

3. 社群

社群是在物理或虚拟空间，基于兴趣、爱好、目标、职业或地域等共同属性而聚集在一起的群体。互联网与社交媒体的发展使社群的发展不再被时间、空间所约束，社群组织及互动也更加容易、频繁。

互联网社群类型丰富多样，划分标准不一。若根据社群形成的基础进行划分，社群包括但不限于以下类型。

（1）产品型社群是基于特定产品或服务而形成的社群，社群成员通常对该产品或服务拥有共同需求，进而在群内分享资讯、交流互动，成员流动性较大，如租房群、升学群。

（2）兴趣型社群是基于共同的兴趣、爱好而形成的社群，社群成员因共同话题、兴趣而互动并形成较强的情感共鸣，成员稳定性高，涉及领域广泛，如各类军事、科技、美食、动漫、旅游、创业等论坛、豆瓣小组。

（3）品牌型社群是以品牌为联系纽带而形成的社群，通常由品牌方组建，社群成员因对品牌的关注、使用及情感认同而加入、互动，如小米社区。品牌型社群有助于建立、增强品牌与顾客之间的情感联结，获悉促进业务发展与产品改良的线索及创意，有利于提升品牌忠诚度，降低营销传播成本，是当前重要的品牌管理手段。

（4）知识型社群是以知识学习为动机的社群，通过讨论、分享、推出课程等方式促进知识的传播与学习，有付费、免费两种形态，如知乎、研习社、悟空问答、知识星球。

（5）工具型社群是因社群交流工具或平台而形成的社群，如微博、微信、小红书、钉钉等社交平台。这些工具性社群一方面本身就存在群组功能，方便用户沟通交流，另一方面也会通过算法推荐与社交功能，帮助用户找到其他社群。

相较于其他传播工具，社群具有弱中心化、多向互动、情感联结、自行运转等优势，现已成为当前互联网营销最重要的传播工具。

弱中心化　社群是一个扁平化的网状结构，尽管社群成员有活跃度、话语权的差别，但信息传播并不由单一或少数成员掌控，每个成员均可发出、传播信息，传播主体分散，这种弱中心化的信息传播结构极大激发了社群成员的积极性与参与性，促进了营销信息的广泛、快速传播。

多向互动　每个社群成员既是信息的发出者，又是信息的接收与传播者，可以自由、频繁地互动交流，信息与数据被平等互换，这种多向互动增强了成员间的联系，提高了信息传播效率与覆盖面，对品牌与口碑传播、用户黏性增强产生了极大促进作用。

情感联结　社群成员（包括品牌方、营销者）基于共同属性、持续互动而产生情感联结，这种情感联结既发生于成员之间，也发生于成员与社群之间，有利于社群的稳定性与凝聚力。

自行运转　社群基于共同属性而建立且存在情感联结，使得社群可以在缺乏外部指令或控制的情况下仍能保持一定的活跃度与参与度。社群自行运作的主要动力来自成员之间的互动与分享，进而促进社群内部的创新与进步，形成一定的自我管理与规范能力。同时，社群内通常存在若干意见领袖，他们的言行与影响力会对社群成员产生积极的正向影响，有利于激发社群成员的积极性与创造性，有助于社群的持续发展。

12.3　传播开发

作为最能体现艺术性与科学性高度融合的营销决策，营销传播遵循图 12-5 的开发流程。营销者基于市场研究与数据分析对各个流程的内容进行决策，借助创意表达与情感共鸣等手段使营销传播具有吸引力与感染力，提升传播效果。考虑到传播工具已于第 12.2 节详细描述，传播预算与营销预算的编制内容及方法、传播效果衡量与营销评价的方法及指标基本一致（详见第 14 章），因此下面在论述传播开发时主要围绕确定目标受众、设定传播目标、设计传播信息、整合传播 4 个方面展开。

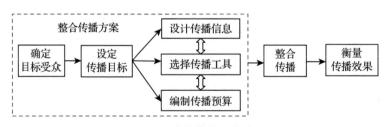

图 12-5　营销传播开发流程

12.3.1　确定目标受众

在营销传播开发的过程中，必须首先锁定目标受众，掌握目标受众的基本特征、关注的利益点、媒体偏好、当前态度等内容。

基本特征　目标受众的基本特征可从识别变量、利益变量与行为变量等角度进行描述，详见第 7.1.2 节。

关注的利益点　营销者必须清楚产品或品牌可以解决目标受众的哪些问题、满足其什么需求？什么利益点最能满足或打动目标受众？这些产品或品牌较之竞争品牌的优势是什么？对这些内容的分析与洞悉可以借由第 3 章的知识点展开。

媒介偏好　第 5.3.3 节与第 6.2.2 节分别描述了消费者与组织市场的购买偏好。营销者进行传播开发时，尤其要清楚目标受众的媒介偏好，即目标受众经常关注、接触的媒介是什么，在什么场景下接触这些媒介。信息内容引起他们注意或信任的原因是什么，影响程度如何……

当前态度　态度改变是营销传播的重要目标，营销者需要从认知、情感与行为倾向 3 个方面了解目标受众对产品、品牌的当前态度（详见第 12.1.3 节），并基于当前态度来设定传播目标。图 12-6 呈现了目标受众对某品牌的认知情况：90% 的受众了解该品牌，其中未试用者、排斥者、冷漠者、偏好者的比例基本差不多。对于营销者而言，既可以针对 20% 的未试

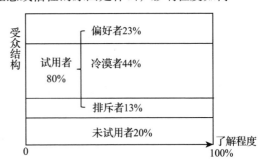

图 12-6　品牌认知调查

用者进行销售促进，鼓励他们试用、试购；也可以用理性或感性的广告去说服冷漠者，或以理解、积极的态度运用公共关系将排斥者转化为中立者；当然，借由人员继续与偏好者保持、深化良好的关系，更是传播重点，而对于 10% 的不了解者去建立品牌认知的营销意义及价值则相对不大。

12.3.2　设定传播目标

传播目标是对"为什么要进行本次营销传播、期望达到什么样的传播效果"的回答，基于目标受众的当前态度及态度生效层次设定。表 12-11 描述了高参与下（认知 – 情感 – 行为）4 个常用的目标受众的信息反应层次模型（AIDI 模型），营销者可以据此设定传播目标引导目标受众的心理演变。

表 12-11　常见的信息反应层次模型

态度成分	信息反应层次	层次效果	创新扩散	信息处理
认知	注意	知晓 认知	了解	接触 关注 理解
情感	兴趣 欲望	喜欢 偏爱 信任	兴趣 评估	接受 记忆
行为	行动	购买	试验 采纳	评价

⊖　信息反应层次模型描述了顾客从接触外界营销信息到完成购买的过程：引起注意（attention）、激发兴趣（interest）、产生欲望（desire）和促成行动（action）；层次效果模型（hierarchy of effects model）描述了消费者对广告的反应阶段：知晓、认知、喜欢、偏好、信任与购买；创新扩散模型将目标受众采纳创新的过程划分为了解、产生兴趣、评估、试验与采纳，参见第 3.1.3 节；信息处理模型则将个体对外部信息的处理过程划分为接触、关注、理解、接受与记忆 5 个阶段，详见第 5.2.3 节。

需要强调的是，传播目标的设定并非教条照搬使用这些模型，而应依据目标受众、场景的特性、传播效果的可测性，在此基础上进行修调、细化。例如，针对高参与的目标受众，传播目标可依次设定为知晓、认知、偏好、购买、推荐。

知晓　使目标受众知晓产品及品牌的存在，对产品功能、品牌元素有所印象。营销者通常借助高强度的广告频次、印象深刻的品牌元素、话题性事件、口碑等方式实现。

认知　使目标受众对产品、品牌有更为深刻的理解，清楚产品属性、利益、品牌特色等内容，营销者可采用说服性广告、试用、意见领袖示范等手段实现该目标。

偏好　使目标受众对产品、品牌甚至组织产生好感，形成某种特殊信任。情感化、故事化的营销手段、品牌形象、服务、企业文化等举措有利于偏好形成。

购买　让目标受众做出购买的决定并付诸行动，销售促进是该目标达成的主要手段。

推荐　让目标受众自发地进行口碑传播。显然，卓越的使用体验，发自内心地认同产品及品牌，对品牌社区有参与感、归属感是目标受众口碑推荐、自传播的重要驱动力。

当然，随着线上消费与传渠一体化（详见第 12.2.2 节）的发展，购买决策过程变得快速、紧凑，受众从接触信息到完成支付不再需要较长的路径与时间，对于自媒体等互联网内容产品而言，传播策略更多为增加用户数量服务，传播目标的设定与分解可依据 AARRR 模型展开，如图 12-7 所示。

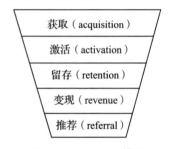

图 12-7　AARRR 模型

获取　通过各种方式获取用户或流量，可用注册率、下载量、曝光率、新增用户数等指标予以衡量。

激活　由于很多用户是被动注册或使用的，需要将其激活，使其成为活跃用户，可用日 / 月活跃用户数、日平均使用时长等指标衡量。

留存　减少用户流失，确保用户喜欢或习惯使用，提升用户黏性，可用次日 /7 日 /14 日留存率、复购率等指标衡量。

变现　变现即获取收入，常用指标为转化率、订单数、成交量、付费率等。

推荐　使用户自传播，帮助推荐，具体指标包括转发率、邀请率等。

行为有不同的形成路径、态度存在不同的生效层次，即使是用户增长也存在递进关系，这也意味着传播目标存在递进层次，呈"漏斗"状，即高层次的传播目标通常建立在低层次目标的基础上。另外，传播目标的设定一定要具体、明确，应遵循 SMART 原则（详见第 14.1.1 节），不能奢求一次传播就解决从接收信息到实现购买的所有过程。

12.3.3　设计传播信息

信息设计是传播开发的重要环节，也是决定传播效果的核心因素。营销者往往从诉求主题及方式（说什么）、信息源（谁来说）、信息结构（如何合乎逻辑地说）与形式（以什么符号说）方面进行信息设计，并使最终形成的信息满足 5C 原则：清楚（clear）、正确（correct）、完整（complete）、简明（concise）和具有建设性（constructive）。

1. 诉求主题及方式

诉求主题是指营销者所要传播的信息内容的主旨或中心思想，通常在传播目标、目标受众需求、竞争优势的共同作用下得以确定。例如，当传播目标是提高目标受众对产品的功能认知时，营销者需要明确是围绕使用场景、产品属性还是核心利益展开？若围绕产品属性，实用性、可拓展性与安全性均优于竞争对手，营销者则需要根据目标受众关注的利益点进行选择。确定诉求主题后，营销者需要明确具体的诉求方式，包括理性诉求（rational appeal）、情感诉求（emotional appeal）与道德诉求（moral appeal）。

理性诉求　理性诉求是指营销者基于目标受众逻辑和推理的思考方式，采用述理方式和客观态度来表现诉求主题。例如，营销者可以正面强调产品的功能属性及所带来的利益，也可以反面表现若不购买所产生的风险或损失。理性诉求有助于提升目标受众对产品、品牌的认知，引导其做出理性选择。

情感诉求　情感诉求是指营销者基于目标受众的直觉、感受和情感，通过情绪渲染与情感联结表现诉求主题。例如，营销者可以在主题表现中用期望、幽默、热爱、骄傲、愉悦等正面情绪唤起目标受众的类似情绪或情感体验，以情感共鸣影响其行为决策；也可以用恐惧、内疚和羞耻等负面情感促使其采取行动，当然这种反面的情感诉求需要谨慎使用，以避免引起目标受众的反感与抵触。情感诉求多用于消费者市场的营销传播中。

道德诉求　道德诉求也称道义诉求，是基于目标受众的道德标准来表现诉求主题，进而影响其行为决策的。营销传播中的道德诉求通常涉及公平、正义、责任、环保等内容。

2. 信息源

同样的信息经由不同的发出者发出会呈现出截然不同的传播效果，营销者在传播信息的设计过程中需要考虑信息源，即由谁发出信息，从可信度还是吸引力的角度来选择信息源是营销者经常面临的选择，毕竟两者并不一定同时存在。

高可信的信息源所发出的信息能更有效地改变目标受众的态度与行为。信息源的可信度（credibility）主要取决于信息发出者的真实性（trustworthiness）与专业性（expertise）。真实性是对信息源客观、公正、正直、诚实程度的描述，侧重于信息发出者的品行与信息本身的真实、可靠性；专业性则反映在传播主题涉及的特定领域内，信息发出者所具备的知识、技能和经验的广度、深度及运用能力。若信息发出者对该主题具有较高权威性、影响力与一定的发言权，其发出的信息就具有高可信度，说服效果也就更好，但若发出者德行有亏，就会降低目标受众对其信任和认可程度，影响说服效果。

有吸引力的信息源所发出的信息能更大程度地获得目标受众的注意，并留下更深刻的印象，这也是常请名人作为广告代言人的原因。信息源的吸引力（attractiveness）依赖目标受众对信息源的喜爱性（likeability）、类似感（similarity）与熟悉度（familiarity）。

（1）喜爱性描述目标受众对信息发出者或信息表现的喜爱程度，如销售人员的坦率、幽默，隽永的文案与相得益彰的图案更能赢得目标受众的喜爱，不仅能直接提高说服效果，还能加深信息的记忆程度。

（2）类似感是指目标受众与信息发出者在某些方面的相似程度，如生活背景、兴趣爱好、使用习惯、消费场景。类似感容易产生规范性影响或价值表现影响，详见第 12.1.2 节。

（3）熟悉度容易建立目标受众与信息发出者的心理亲近感，对信息形成积极预期与判断，有利于减少信息搜寻与购买过程中的不确定性。

⊖ 讨论 12-2
企业家要不要直播带货

越来越多的企业家为产品代言、发声、直播已经成为一种常态，尤其是那些自带话题和流量价值的企业家，每一次"下场"，无论是营销热度还是产品销量都有亮眼的表现。对于这一现象，认同者宣扬这是一种低成本、高收益的营销传播手段，是当前注意力稀缺状况下吸引流量、连接顾客最有效的连接器与入口；反对者认为企业家的价值在于管理和引领公司发展，不应"不务正业"去直播带货；中立者则强调企业家本身就扮演着信息发布者的角色，为自家企业代言是应有之义，但不能纯粹基于商业利益制造话题流量，更不能以打造、包装的人设而非正向的价值观去影响顾客。

企业家无论是代言还是直播带货，其实质是一种信息源，相较于明星、专家等代言方式，企业家与企业品牌存在天然联系，是企业品牌形象最为具象化、人格化的符号，在可信度、话题性方面具有明显优势。万博宣伟（Weber Shandwick）发布的《品牌与威望》报告显示，66% 的消费者认为企业 CEO 的威望会影响他们对企业本身及其产品的看法，企业高管普遍认为企业威望有 49% 取决于其 CEO 的威望，而企业的市场价值中最高有 60% 取决于企业威望。但企业家身份与形象也是一种稀缺资源，企业家被视为行业或企业的精神领袖，若频繁出现在代言、直播等营销手段中，在话题性与娱乐性被放大的同时，也会稀释企业家形象与背后的品牌价值观，导致受众对其专业性产生怀疑并降低信任感。当然，企业家要不要直播带货，也与企业性质、企业家性格、意愿有关，如消费品企业需要与市场、消费者保持高度互动与黏性，有的企业家愿意与外界密切互动，增加曝光，有的则谨言慎行，更愿意身居幕后。

3. 信息结构与形式

信息是否有效既取决于内容，也受到自身结构及形式的影响。信息结构与形式解决的是信息设计中"如何说"的问题。

信息结构是指信息表述的逻辑性，通常包括结论提出、单面展示、双面分析及表达次序等要素。也就是说，营销者在信息设计中需要考虑：是直接给出结论还是让目标受众自己寻求结论？是单面展示产品的优点还是采用双面分析——既强调产品优点也暴露产品弱点？是先给出论点再提出论据，还是先给出论据再提出论点？因目标受众的信息接收情境不一、影响因素众多，这些问题尚未形成统一、明确的结论，需要基于现实情境在实践中摸索总结。

信息形式就是信息表述的符号方式。言辞、图形、科学是 3 种最基本的符号元素：言辞是指对活动现象所做的口语或文字性的叙述说明；图形是以抽象或具象图形、静态或动态形式对对象进行描述反映；科学则以科学公式、符号等科学语言来呈现信息。这些符号元素体现在营销传播中就是具体的标题、图文、数字、示例、版式、音效、色彩、旁白、肢体语言、造型等及由此衍生出的品牌故事、新闻、软文、对比实验、案例等传播手段。

12.3.4 整合传播

确定目标受众、设定传播目标、设计传播信息、选择传播工具、编制传播预算 5 个部分构成了营销传播方案的核心内容，但无论是方案设计还是具体的执行与落地，都需要有整合思维。从营销管理角度来看，整合思维强调营销资源与策略的统一规划和协同，确保营销活动的整体性与一致性，如在传播策略的实施中就强调推拉协同。推式策略是指通过激励中间商和促销活动主动将产品推向市场，扩大市场覆盖面；而拉式策略则着眼于激发购买欲望，强调通过广告、公共关系、人员推销及互联网传播手段，以吸引顾客主动购买的方式实现销量提升，如图 12-8 所示。显然，推拉结合使用才能达到最佳效果。

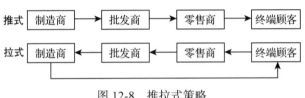

图 12-8　推拉式策略

整合思维运用于营销传播形成了整合传播理念，即通过对传播目标、工具的协调配置和综合运用，最大限度地增强营销传播活动的影响力，以有效、明确和连续一致地实现传播目标。但如何合理协调传播目标及诉求，整合传播资源及工具并无固定模式，营销者多从行动方案编制、传播工具协调两方面对传播实施进行整合管理。

1. 行动方案编制

营销传播方案到行动方案的转化、执行可参见第 14.1 节的内容。营销者需要依据外部环境与内部资源，明确整合传播的具体层次与整合的运作要求，在此基础上编制行动方案。

在整合传播具体实施的过程中，整合对象或目标存在一定的层次，由低到高依次包括 7 个层次的整合。

（1）认知整合：组织内部对整合传播的必要性及价值要形成共识。

（2）形象整合：所有媒体、信息具有一致性，能够将连续一致的信息传递给目标受众，确保品牌形象的统一。

（3）功能整合：通过编制不同的营销传播方案，使其服务于不同的营销目标。

（4）协调整合：确保人员推销与其他非人际传播工具的高度一致，保持传播时间与空间的协调性，即所有传播工具所传递的信息在时间上要有良好的周期性，将强刺激、连续刺激和弱刺激、间歇刺激相结合，在空间上既保持各区域间的相对独立，又有适当的重叠。

（5）基于顾客的整合：基于顾客需求、偏好及行为模式进行营销策略整合。

（6）基于风险共担者的整合：将员工、供应商、中间商、股东等利益相关者也纳入营销传播的目标受众。

（7）关系管理的整合：为了加强、深化与利益相关者的关系，而对营销战略、财务战略、人力资源战略等战略层面的整合。

协调一切媒介，整合一切传播工具，使用一个声音，创造一个形象是整合传播的核心思想。因此，整合传播要求各传播资源及工具在运作实施过程中，应充分互补、准确覆盖、高度一致、低成本传播，以确保传播效能的最大化。

（1）互补性：不同的传播工具与方式可以建立不同的品牌联想，传播工具与方式之间的互补性越强，品牌联想与传播效果就越好。

（2）覆盖性：目标受众存在媒介偏好，不同的传播工具具有不同的目标受众，营销者应综合考虑各种传播工具与媒介的受众范围，设计出最佳的组合方式，以保证所触达的受众比例、结构最优。

（3）一致性：营销者要确保不同传播工具与媒介所传递的信息具有高度一致性，避免目标受众品牌认知与联想的混乱。

（4）低成本：在保证传播效果的前提下，使传播成本最小。

● 案例 12-3

中国银联：支付选红的！

在移动支付市场上，支付宝、微信支付已呈双寡头市场格局，中国银联旗下的支付产品云闪付起步较晚，市场份额较小。考虑到顾客对支付工具的认知主要来源于支付终端体验，中国银联为云闪付确立了红色识别色，发起了"支付选红的"的整合传播活动，期望在用户心目中留下"蓝色支付宝、绿色微信支付、红色云闪付"的差异化认知。

首先，中国银联选择北上广深一线城市投放地铁海报，在其他省会城市的地标性媒介（如地标建筑、景观）利用巨幅海报强势曝光，制造红色风暴；同时在微信、微博 KOL 发布"支付选红的"的理由微海报，对云闪付的 12 个功能利益点进行提炼。其次，中国银联瞄准高校细分市场开展校园宣传，覆盖校内线上线下媒体，开启抖音挑战赛、线下快闪活动等内容，输出"云闪付校园红"认知并辅以跨界营销，借助一鸣真鲜奶吧与国内原创 IP 品牌 B.Duck 的粉丝优势，联合定制开发"小红瓶"鲜奶产品，以 6 款瓶身、6 种不同的红吸引学生使用云闪付。最后，为了让更多用户下载云闪付 app，中国银联借助双十二活动，开展"银联半价补贴节"，聘请毛不易为银联补贴大使，利用"每一毛钱都来之不易"的谐音创意，呼应银联"亲民、友善、关切"的品牌理念。经过一年时间的整合传播，云闪付用户数量迅速超过 1 亿人。

资料来源：数英 DIGITALING. 中国银联"支付选红的"品牌整合营销传播 [EB/OL].（2019-08）[2025-04-03]. https://www.digitaling.com/projects/140140.html.

2. 传播工具协调

传播工具各有特点，营销者往往根据传播目标、市场类型及产品生命周期等进行整合协调，传播工具的选择与整合使用需要视具体情境而定，不能一概而论、教条使用。

传播目标　相对而言，广告与公共关系在知晓目标的达成上效果较好，人员推销与广告对目标受众的认知、理解影响较大，有助于目标受众形成偏好与信任，销售促进在刺激购买方面效果最好，口碑对于目标受众的偏好形成与重复性购买（以下简称"重购"）也具有显著效果。图 12-9 呈现了在高参与购买的行为达成过程中，传统传播工具在不同阶段的效果。

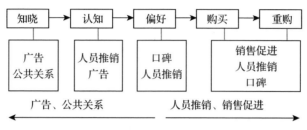

图 12-9　高参与购买行为达成中的传播工具

市场类型　消费者市场分散而又多样，具有情感性与冲动性的典型特征，易受大众信息与利益诱导的影响，因而广告与销售促进是最重要的传播工具。组织市场较为集中，是一种理性的多目标购买，最宜采用人员推销，广告作用相对较弱，如图 12-10 所示。

产品生命周期　在引入期，传播的首要目标是让尽可能多的目标顾客知道并初步认识该产品，因而广告效果相对更好，其次是促进产品试用的销售促进活

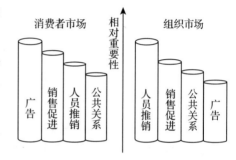

图 12-10　市场类型与传播工具

动。在成长期，需求保持自然增长的势头，口碑开始发挥作用，广告需要与人员推销配合来扩大销售范围。在成熟期，需求稳定并趋于饱和，品牌间的竞争主要是品牌形象的竞争，公共关系、提醒性广告、有规律的销售促进是该阶段营销传播的常用工具。而在衰退期，营销传播费用通常被大幅度削减，仅针对老顾客保持一定份额的销售促进费用，并辅以少量提醒性广告。

📖 本章小结

1. 营销传播是营销者以目标受众正确理解的方式，向其传递信息并使之接受、反馈的活动，其本质是通过信息设计与传递改变目标受众的行为进而实现营销目标。

2. 一个完整的传播活动包括发出者、编码、信息、媒介、接收者、解码、反应、反馈、噪声九大要素。当互联网作为全新的传播媒介与技术被普及应用后，颠覆了信息单向传递的传播模式，即时、双向、互动成为互联网传播的基本特征，传播形式数字化且更加丰富多样，信息传递更加开放、扁平、精准。

3. 行为大多数时候由态度引发，而态度由认知、情感与行为倾向 3 种成分构成，这也意味着营销者可通过传播改变目标受众的认知、情感与行为倾向来推动行为的达成与改变。当然，若有强大的外来刺激与情境压力，行为也可以略过态度自发地发生，这种对目标受众行为产生强刺激影响的方式包括信息性影响、规范性影响与价值表现影响。

4. 营销者借由传播工具将营销信息传递给目标受众，传统传播工具包括广告、销售促进、公共关系和人员推销 4 类。其中，广告具有公共性、凝练性与表现力强的特征，可分为

通知性、说服性与提醒性广告；销售促进具有刺激性强、起效快、时效性短的特征，既可以面向顾客，也可以面向中间商与销售人员；公共关系并不直接为销售服务，具有长期性、广泛性、可信性与透明性特征；人员推销以人际为媒介传递信息，因而表现出直接性、互动性、针对性与灵活性的优势。

5. 互联网推动了传统传播工具的数字化转型与升级。互联网广告具有精准推送、容易衡量、融合信息流的特征；除了发展出秒杀、团购、拼购、竞拍等价格促销新形式，互联网销售促进在活动元素与环节设置等方面也不断创新优化，游戏化激励、传渠一体化成为常态；互联网对公共关系的影响主要体现在传播媒介、响应速度、关系模式上；人员推销在互联网环境中完成数字化转型，关键意见传播者与关键意见消费者推荐备受青睐，直播带货与智能导购实现了个性化服务的规模化。

6. 互联网推动了媒介形态的演进，新媒体的发展引发了传播路径、内容生产与业态边界等方面的变革，也催生出官方网站、app、电子邮件、社群等原生的互联网传播工具。官方网站与 app 具有综合性、主动性、自主性、灵活性、可靠性与准确性的特征；电子邮件的受众基础广泛、可持续性强、成本低廉；社群则呈现出弱中心化、多向互动、情感联结、自行运转的优势。

7. 营销传播开发包括确定目标受众、设定传播目标、设计传播信息、选择传播工具、编制传播预算、整合传播和衡量传播效果 7 项内容，前 5 项构成整合传播方案。

8. 传播目标可以从认知、态度与行为 3 个方面，借助信息反应层次、层次效果、创新扩散与信息处理模型等理论模型，根据目标受众、场景特性及传播效果的可测性，进行具体化。而对于互联网内容产品而言，传播目标可围绕 AARRR 模型展开。

9. 营销传播信息的设计包括诉求主题及方式、信息源、信息结构与信息形式 4 个方面的决策，分别解决说什么、谁来说、如何合乎逻辑地说、以什么符号说的问题，最终形成的信息应满足清楚、正确、完整、简明和具有建设性的要求。

10. 诉求主题存在理性诉求、情感诉求与道德诉求 3 种方式，信息源决策主要考虑可信度与吸引力的问题，信息源的可信度取决于发出者的真实性与专业性，而吸引力则依赖目标受众对信息源的喜爱、类似感与熟悉度。

11. 整合传播是通过对传播目标、工具的协调配置和综合运用，最大限度地增强营销传播活动的影响力，以有效、明确和连续一致地实现传播目标。整合传播要求各传播资源及工具充分互补、准确覆盖、高度一致且低成本传播，根据传播目标、市场类型及产品生命周期，视具体情境进行传播工具协调。

◑ 关键术语

营销传播　目标受众　编码　解码　参照群体　信息性影响　规范性影响
价值表现影响　广告　通知性广告　说服性广告　提醒性广告　显性广告
隐性广告　信息流广告　销售促进　公共关系　人员推销　关键意见传播者
关键意见消费者　社群　理性诉求　情感诉求　道德诉求　整合传播

简答题

1. 描述传统传播与互联网传播的差别。

2. 新媒体的发展对传统传播产生了怎样的影响？

3. 参照群体如何影响目标受众的行为？

4. 4 种传统的传播工具各具怎样的优缺点？

5. 互联网对传统传播工具的影响具体体现在哪些方面？

6. 描述营销传播的开发流程。

7. 信息源应如何选择？

8. 营销传播的信息应满足什么要求？

思考题

1. 传播为什么会影响受众的行为，是如何影响的？

2. 除了官方网站及 app、电子邮件、社群外，还有哪些原生的互联网传播工具？试举一种并分析其特征。

3. 对于低参与的目标受众而言，传播目标依次递进的结果是什么？

4. 4 种传统的传播工具应如何整合使用？存在哪些影响因素？

实践与探讨

　　选取某具体进行中的营销传播活动，先依据传播开发流程就各传播决策进行分析，再试着走访活动策划者或管理者，试着采访并分析、探讨以下问题。

1. 就目标受众与传播目标而言，采访结果与你的事先分析结果是否一致？你觉得哪个更为合理，为什么？

2. 在传播信息设计上，该传播活动采用了哪些技巧？目标受众对此反应如何？

3. 你认为该传播活动的整合效果如何？在哪些方面有改进空间？

互联网实践

　　小米社区创立于 2011 年，经过 10 余年的发展，已成为企业与用户价值共创的典范平台。小米通过创建社区、圈子，消除了时空限制，促成用户和用户、用户和企业之间的双向交流，用户可以以多种方式、路径参与企业研发创新的不同阶段，降低了企业误解需求的可能性，缩短了研发时间，提高了产品研发创新的效率和精准度，满足了用户个性化、情感化需求，实现了企业与用户的双赢。

　　登录小米社区，看看小米是如何鼓励用户参与产品研发、优化的，又是如何通过情感联结与用户进行强互动的。

第 5 部分

保障控制：满足需求

在经历了需求的洞悉、阐释和连接之后，营销者使目标市场深刻认识到自身需求的存在，并接收到满足该需求的产品、品牌、价格、购买途径等信息。当目标顾客完成购买并使用满意后，也就意味着其需求从创造、传递到实现的过程得以结束，更高层次的需求创造即将拉开序幕。反之，若目标顾客未能购买，则意味着该品牌的产品未能转化成订单，企业盈利受限。

因此，企业要做好销售与客户管理，帮助具体顾客购买产品及品牌，并使之使用满意。销售承接营销的前期活动，是需求创造与传递是否成功的试金石，客户管理不仅是顾客获得良好消费体验与实现购后满意的保障，更是让顾客再次参与需求创造、传递与实现过程的前提。

当然，市场环境是多变的、营销执行是有偏差的，企业还必须建立一套行之有效的评估、控制机制，及时发现、分析营销执行中的问题，通过控制纠偏来确保营销目标的实现。

第 13 章

销售与客户管理

销售的本质就是与客户建立良好的关系，只有这样才能创造长久的商业价值。

——王石

万科集团创始人

销售与购买是卖买双方对同一过程的两种表述，是营销结果最为直接的一种体现。对于卖方，销售实现了投资回笼，使企业的经营活动得以持续和发展。销售成功说明营销的前期——洞悉、创造与传递需求是卓有成效的，同时也启动了营销后期的客户管理活动——帮助顾客正确使用产品，及时有效地解决使用过程中产生的问题，使顾客从产品消费中获得满

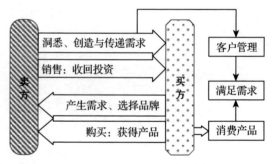

图 13-1　销售、购买与营销行为

足，进而产生新的需求。对于买方，购买获得了产品，通过使用满足了需求，解决了现实问题。购买成功说明顾客接受了卖方所主张的生活方式、经营方式及产品，从购前转入产品使用与购后反应阶段。销售、购买与营销行为的关系如图 13-1 所示。

13.1　销售流程

销售流程是销售人员通过拜访将销售机会转变为订单的过程，具体包括计划与准备、接近与约见、展示与推荐、洽谈与成交、跟进与维护 5 个阶段，如图 13-2 所示。

在此过程中，销售人员将通过各种渠道收集的销售机会转变为订单，从而实现企业的销售目标；潜在或目标顾客则在此过程中，从需求者转变为产品的具体购买者，成为客户。销售活动承接售前、售后的营销活动，售前营销强调通过对潜在顾客需求及环境变化的洞悉，

借助营销战略及战术行为，围绕目标顾客进行需求创造与传递，形成销售机会。而当销售完成后，营销者针对客户继续开展售后营销活动，提供服务与技术支持，进行客户关系管理，提升满意度，努力将渗透客户转化为忠诚客户。

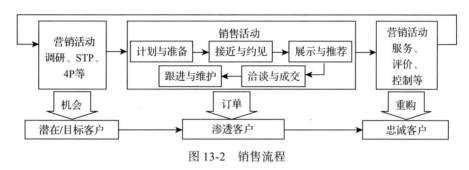

图 13-2　销售流程

13.1.1　计划与准备

计划与准备是销售流程的起始阶段，是销售人员为保证销售活动而进行的一系列筹划、预备工作，主要包括以下内容。

1. 寻找潜在客户

尽管企业一般都会为销售人员提供一些客户线索，但销售人员仍然需要具备自行寻找潜在客户的能力。通常情况下，销售人员可通过以下途径来寻找潜在客户：①向现有客户询问潜在客户信息；②向供应商、咨询公司、行业协会等询问潜在客户信息；③加入潜在客户所在的组织，如俱乐部、同乡会等；④从拥有相同客户方向但不提供同类产品的非竞争性销售人员那里寻求线索，如中央空调的销售人员可从电梯的销售人员那里寻求销售线索；⑤从事能引起潜在客户注意的活动，如论坛、展会等；⑥通过互联网搜索引擎工具、电话黄页、工商企业名录等寻找潜在客户。

为了获得更有价值的客户资源，销售人员需要对潜在客户进行更多的了解与评估鉴定。对于企业客户，销售人员需要掌握企业性质、业务量、需求内容、信誉度、经营和财务状况、连续合作的可能性、购买组织、购买行为、地址和联系方式等；对于消费者客户，销售人员则要了解其购买动机、受教育程度、具体需求、经济水平、个人偏好、性格特点等个人资料，掌握他们的消费行为。

2. 熟悉产品信息和销售政策

熟悉自身及竞争对手的产品信息和销售政策是对客户进行有效拜访的基础。销售人员若不熟悉自身及竞争对手的产品特点、营销活动、销售计划等内容，就无法向客户有效介绍与展示自身的优势、特色；若不了解自身及竞争对手的销售政策、价格策略，就无法用优惠条件来吸引客户。

3. 准备拜访及产品展示

针对不同客户，销售人员对拜访及产品展示技巧进行设计，准备好相应的文件、宣传材料、样品和道具等，如开场白、产品特色的陈述、肢体语言的运用。

13.1.2　接近与约见

准备工作完成后，下一步就是按计划接近和约见客户。接近和约见客户的方式有很多，因客户而异，既可以通过朋友、同学等社会关系先接近再约见，也可以通过商业渠道直接拜访。

1. 接近客户

接近发生在与潜在客户进行实质性洽谈之前，是销售人员获得与客户会面，为切入销售主题建立基础的过程。客户是千差万别的，销售人员必须针对不同的客户确立自己的接近方式、语言风格等，坦然面对困难，调整心态。"接近客户的前30秒决定了销售的成败"是成功销售人员的共同体验。为了顺利接近客户，为双方关系建立一个良好的开端，销售人员需要明确以下内容。

接近主题　销售人员接近客户时，客户通常都会产生购买压力，进而表现出冷漠、拒绝及有意无意地干扰和推托销售人员的接近行为。因此，销售人员必须确立一个明确的、能够消除客户压力的主题来接近客户。这种主题可以是征求客户意见、邀约客户参观体验、慕名求见寻求帮助或市场调查等。

接近方式　根据客户的性质及接近主题，销售人员可以选择会议、电子邮件、电话、信函、直接拜访等方式来接近客户。因为电话沟通能够清晰表达、实时反馈，双方压力较小，沟通成本较低，所以是接近客户最常采用的方式。在展览会、交易会等商业活动中接近客户则最为自然、高效，因为客户本身也有意获取所需产品的信息，容易形成约见或下一阶段的销售活动。

接近话语　考虑到潜在客户的时间及对接近的压力，销售人员需要设计与客户接近的话语，包括开场白、语言表情及随后谈论的内容及流程等。与客户初次接近时的话语直接决定客户对销售人员的第一印象，并影响此后的合作过程。

⊜ 讨论 13-1

这次电话接近为什么失败

以下为某笔记本销售人员对老客户一次失败的电话接近。

销售员：先生，您好。这里是××公司个人终端服务中心，您之前买过我们××型号的笔记本，现在有个调研活动，可以问您两个问题吗？

客户：你讲。

销售员：是您在使用这款笔记本电脑吗？经常使用吗？

客户：是的，工作需要，无法离开电脑。

销售员：我们最近销售的笔记本电脑有一个特别优惠的促销活动，您是否有兴趣？

客户：你是在促销笔记本电脑，不是搞调研吧？

销售员：其实，也是……但是……

客户：你不用说了，我没有兴趣，现在这款我用得很好。（挂掉电话）

2. 约见客户

约见是指销售人员与客户协商确定拜访的对象、事由、时间、地点等内容，是与客户实质性接触的开始。

约见目标　在约见客户之前，销售人员首先要明确约见目标，是建立关系、增加了解，还是介绍新产品、传达销售政策，抑或是处理投诉或跟进维护。不同的约见目标决定了约见的对象、时间、地点及正式见面时所谈论的内容。

约见对象　尤其当客户是企业时，参与部门及人员众多，销售人员要明确约见对象。若以了解具体需求为目标，那么销售人员应约见具体购买者或使用者；若以产品或方案展示为目标，那么销售人员应设法约见对决策具有影响力的技术专家；若以促进销售为目标，那么销售人员应直接约见购买决策人……相关内容可参见第 6.2.2 节。

约见时间　销售人员应以客户为中心，由客户来确定时间，以最能充分展示产品及服务优势的时间为佳。一旦时间确定，要保证守时，并合理利用约见间隙从事与销售相关的工作，提高拜访效率。

约见地点　约见地点也应尊重客户的要求。约见地点明确后，销售人员需要明确赴约路线，守时守信。

上述约见细节明确后，销售人员就应着手准备正式会晤时所需要的各种相关资料及打理个人形象。

13.1.3　展示与推荐

销售人员与约见对象正式会晤，为达成销售目标，需要进行产品及服务的全面展示与推荐，通常采用的方法包括但不限于以下内容。

固定法　固定法是指由专门人员设计科学的、有刺激性的和有诱惑力的语言、图片和行为，形成固定的推荐流程、推荐词和演示行为，销售人员熟记后向客户依次讲解推荐，而不管客户在此过程中的反应，此时客户处于被动倾听的位置。这种方法的优点是推荐流程优化、推荐词精炼、演示行为规范有效，同时对销售人员的素质能力要求较低，缺点是不能对客户的反应做出及时、有效的反馈。

需求 - 满足法　需求 - 满足法是通过鼓励客户多发言，以充分了解客户的真正需求、态度及购买风格，进而通过具体的讲解、展示向客户说明该产品是如何满足其需求的。需求 - 满足法要求销售人员具有善于倾听客户意见并能及时解决实际问题的能力。销售人员扮演的是一个拥有丰富业务知识的咨询者角色，强调对客户实际问题的解决。

启发 - 配合法　启发 - 配合法是在销售人员已充分了解客户需求后而采用的一种销售方法，销售人员根据所了解的需求与客户主动交流，通过针对性问题的设置与探讨，引发客户兴趣、形成共鸣，从而促进销售。

洽谈推销法　洽谈推销法是直接诉诸客户的主要购买动机，通过产品呈现与政策说明刺激客户购买。这种方法要求销售人员准确把握客户的购买动机，以简练、明确的语言直接进行产品推销。

无论采用上述哪种方法，FABE（feature，advantage，benefit and evidence）陈述都是销售人员通常采用的一种销售技巧，即向客户全面展示产品的属性（feature）、优势（advantage）、利益（evidence）及证据（benefit）。属性是对产品的主要特点和性能的客观描述，如芯片采用的具体技术、工艺；优势显示了相较于竞争对手，产品因具体属性所呈现的优点，如芯片因采取了某具体技术而使运行速度超过对手 20%；利益强调了因具体属性、优势，产品为客户创造的具体价值、好处，如运行速度快带给客户更流畅的使用体验，不再卡顿、延迟，可以支持更多并发任务；证据则以真实的数字、案例、实验等证据支持优势、利益，解决客户疑虑。

除此以外，销售人员在进行产品展示与推荐的过程中，也可采取以下影响策略。

（1）正统性：强调本企业在该领域的历史和传统地位，以及由此形成的企业信誉和经验、产品的可靠性和性能的优异性。

（2）专业知识：销售人员要充分表明自己对客户情况和产品的专业性，强调本企业是满足客户某一方面需求的专家，具有超越竞争对手的专业实力，但要避免言过其实，以免为今后产生纠纷留下隐患。

（3）相关力量：销售人员可以在共同的特点、利益、社会关系的基础上与客户建立良好的私人关系，承诺共享某些资源。

（4）印象建树：销售人员应设法树立自身及产品的良好形象。

⊙ 讨论 13-2

案例如何挖掘与撰写

在工业品营销中，向潜在客户宣传曾服务过的成功案例是较为有效的一种方法。在建立客户信任度方面，案例有着其他手段无法替代的作用。

案例素材往往隐藏在企业日常经营中，但案例开发是一种跨部门、跨职能的合作，需要团队合作、以品牌为导向的企业文化及激励政策的支持。销售部或项目部要及时将案例素材反馈给市场部，市场部要站在品牌和营销的角度进行撰写，如果客户积极配合，提供支撑数据或事实的材料则更有助于案例的呈现与增强说服力，而这需要来自销售部、技术部、售后服务部的配合与支持。如果案例中涉及的客户是行业标杆企业，案例效果自然不同。但标杆企业毕竟稀缺，其面临的问题与解决方案可能并不具有典型性。因此，需要将标杆客户案例与一般客户案例组合使用，明确不同案例使用的目的与情境，才能最大化地发挥案例价值。

案例撰写的基本原则是从客户角度出发，呈现出客户面临的问题、担心与困惑及本产品的优势与解决方案，以问题为导向去呈现客户价值，要能够让存在类似问题的潜在客户从案例中看到自己的影子和美好未来，从而产生进一步了解的兴趣与合作的期待。

13.1.4　洽谈与成交

通常，销售人员在展示完产品，希望客户订购时，客户大都会表现出一定的顾虑甚至抵触情绪。这种情绪有些是心理上的，有些是逻辑上的。心理上的抵触主要包括对外来影响

（强迫购买）的抵制，对展示氛围的反感，不愿改变现有购买或使用习惯等；逻辑上的抵触则主要包括对价格、性能、交付环节的疑虑。所以，展示完成后立即向客户发出成交请求是不合适的，恰当的做法是听取客户意见，在了解客户对展示产品和目前使用产品的看法的基础上，有的放矢地与客户展开深入细致的洽谈。

洽谈是销售流程中真正的沟通环节，是合作双方互相了解、共同认可的过程。销售人员应引导客户去比较所推荐产品（或解决方案）和现有产品（或原有方案）之间的差别，发现推荐产品的优势，让客户确信所推荐的产品能够更好地满足其需求，其付出是合理并值得的。

在洽谈过程中，销售人员需要掌握一定的技巧，以便更有效地开展谈判。其中最重要的技巧包括：洽谈主题和流程的控制技术及倾听技术；在压力和不确定情况下清晰与迅速反应的思维能力、判断能力、语言表达能力；洽谈过程中所表现出的正直、感染力与耐心等。与客户洽谈的具体内容包括产品质量、价格、交付方式、时间、产品数量、合同期限、物流配送、产品安全、风险等，这些内容需要双方跨部门、多人员的共同参与及多次协商，才能最终形成具有共同约束力的成交协议。

在洽谈过程中，销售人员可根据客户的动作、语言、评论及提出的问题等表现，发现可以达成交易的信号。在此时间点上，适当地给出特定的成交劝诱，如特价、免费赠送额外数量，或暗示不订货将遭受怎样的损失，将获得事半功倍的成交效果。

13.1.5　跟进与维护

如果销售人员想保证客户满意并愿意维持长期稳定的合作关系，在交易达成之后，跟进与维护是必不可少的。毕竟企业并非只是简单地追求一次交易达成，重复购买、合作才是最终目标，建立长期、稳定的客户关系是确保重复购买的基本手段。

交易达成后，销售人员首先应着手完成订单的各项处理工作，包括交货时间、购买条件及其他事项。接着，销售人员需要制定一个后续工作访问日程表，以保证客户能够适时地获得相关销售服务，如安装、调试与使用指导等，表 13-1 是某手机制造企业对中间商所采用的一种客户跟进表。销售人员通过这种定期的后续访问，还可以发现目前销售过程中可能存在的问题，使客户认可销售人员的关心与努力，并减少可能出现的认知偏差。最为重要的是，销售人员还需要制订客户维护和成长计划，特别是针对一些关键客户，更要及时了解其存在的问题，并尽量以多种方式为其提供服务。

通过客户跟进与维护，可以保持双方之间的顺畅沟通，建立起客户对企业、品牌和产品的良好形象，也有助于丰富和完善客户数据库。但在具体实施过程中，很多企业的客户跟进与维护脱离了其本来的实质意义，变成了企业对销售人员自身工作的检查，成为企业监督销售人员的一种手段；并且整个跟进与维护制度过于繁杂，销售回访、技术回访、督查回访等各类回访严重干扰了客户的正常工作或生活。

因此，对客户的跟进与维护必须注意度的把握。在时机选择上，既不能过于频繁，也不能过于稀疏，而是要充分考虑客户的产品使用习惯、频次和更新周期。在跟进内容的取舍上，应主要针对客户遇到的相关问题和产品技术进展加以跟进讨论，对销售人员的工作检查完全可以通过其他途径来进行。另外，在客户跟进与维护过程中要将所获得的相关数据及时输入客户数据库，这既是整体客户分析的需要，也是客户服务连续性的需要。

表 13-1 × × 客户跟进表

手机型号		售出时间 / 地址		
客户性质		拜访对象		
职务		手机 / 固话		
跟进记录				
跟进时间		意见和建议	改善方案	备注
第一次 　年 月 日 记录人	款式 质量 颜色 价格 其他			
第二次 　年 月 日 记录人	款式 质量 颜色 价格 其他			
……				

13.2　销售组织

根据市场的复杂性、地域性、分散性及产品线的复杂性和相关性，企业的销售组织有很多种结构形式，包括区域式、产品式、客户式等。中小型企业一般采用单一的销售组织结构，大型企业的销售组织往往是混合结构，融合多种销售组织形式，如先按区域设立销售机构，再在销售区域中按产品或客户设置销售团队或人员。

13.2.1　区域式销售组织

区域式销售组织按照地理或行政区域进行机构设置，即在企业销售总部下设立若干大区销售部，大区销售部又下设若干小区销售部，如图 13-3 所示。销售组织结构中的管理跨度与深度根据覆盖区域的范围、销售任务和销售队伍的规模进行设置，各区域销售部负责企业在该区域的所有产品销售。区域式销售组织适合产品组合相对简单、相关性较大的企业。

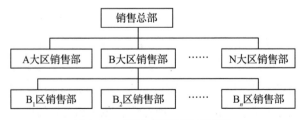

图 13-3　区域式销售组织结构

区域式销售组织具有以下优势：①销售人员可以成为某一区域的市场专家，熟悉当地市场结构、客户行为和社会文化风俗等，并能够充分利用组织在当地的社会网络资源，针对不同区域的社会文化、经济环境等制定最为合适的销售政策，而不是采用全球统一的销售政策；②销售人员可以在市场开拓、渠道管理、销售促进等活动中，发挥产品"集团军"优势，更好地整合和提升资源利用率，同时因销售人员只能在固定区域开展销售工作，差旅费用等运营成本得以降低；③销售部负责区域内的所有产品，决策链条较短，当客户有问题时，不需要面对来自同一个企业的不同销售人员，可以迅速找到负责人员，避免沟通混乱与分歧。

当然，企业采用区域式销售组织进行销售时，也会存在以下问题：①当企业拥有较宽的产品组合时，销售人员难以熟悉所有产品，服务能力容易下降；②当产品线相关性不大、获利能力不同时，销售人员容易按自己的偏好而非企业战略分配、调度资源，企业战略及意图不容易落地、执行；③各区域的销售部会极力强调本土化，忽视企业整体布局或全球化，容易造成区域分割，规模效益下降。

13.2.2　产品式销售组织

当企业拥有多条产品线或是设立了多个事业部、存在多个品牌时，可以考虑产品式销售组织，即按照产品类别（或事业部、品牌）设置销售组织，每类产品的销售由专门的销售部或团队负责，比较适合产品线之间关联性较弱、差异性大、技术性较强的企业。当然，若以事业部或品牌来设立销售组织，事业部（或品牌）经理的权责则更为广泛、复杂，其将负责该事业部（或品牌）的全部工作，包括生产、营销、销售等。图 13-4 显示了事业部经理与其他部门的关系及职责。

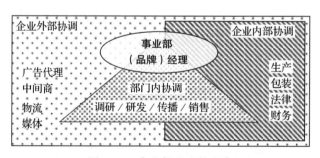

图 13-4　事业部经理的职责

产品式销售组织的优势在于：①销售人员只负责一类产品的销售，更容易熟悉产品，从而为客户提供更为专业化的服务，满足客户日益专门化和复杂化的需求；②能更好地协调整合资源，确保产品研发、生产、营销和销售各环节的顺畅衔接；③当前利润贡献较小的、新的产品能够得到充分关注与推广，避免被忽略，有利于企业的产品布局与产品的后续发展；④由于只负责一类甚至一种产品，年轻的销售人员既可以从容起步，又便于迅速掌握产品知识和销售技能。

产品式销售组织的问题在于：①当客户需要多类产品时，会有来自不同产品销售部门的人员与之接触，沟通成本较高、客户体验较差，影响客户对企业的整体印象；②每类产品都有自己的销售部门及团队，容易滋生本位主义并造成资源的重复配置与浪费；③因产品线之间存在较强的独立性，销售部门与其他部门之间存在协作障碍，信息共享不畅，跨部门协作成本较高，销售团队及人员的综合能力容易下降。

13.2.3 客户式销售组织

客户式销售组织是企业根据客户规模、购买行为或偏好等对其进行分类管理，并以此为依据设置销售机构。显然，当企业生产非标准化产品、客户需求与行为差别较大时，企业通常采用客户式销售组织结构形式，以更高效地满足客户需求，通过设立客户经理管理产品销售与客户服务。客户经理的业绩往往由其主管的客户市场的成长状况和利润水平来衡量。

● 案例 13-1

迈向第三个百万里程碑的招商银行

招商银行是国内第一家完全由企业法人持股的股份制商业银行。尽管招商银行被誉为"零售之王"，深耕零售市场，但其对公业务也一直经营有佳，银行客户数量于2024年达到300万户，完成了自2015、2019年之后的第三次百万级飞跃。

在零售业务上，招商银行按照个人资产成长值、基础服务和活跃任务将零售客户分为9个等级，对中高端客户进行分户管理，并按照金融资产额配置不同的专职理财经理。5万元以下金融资产的客户由大堂经理负责，5万~50万元金融资产的客户由理财经理助理负责，50万~1 000万元金融资产的客户由财富经理负责，1 000万元以上的则由私人银行经理负责。

对于对公业务的公司客户，招商银行按照规模及客户需求将公司客户分为头部战略客户、腰部价值客户和小微普惠客户，分别配备战略客户经理、大中客户经理和基础客户经理，为其提供最专业、最适配需求的差异化服务。通过陪护客户从初创到发展、成熟，不仅客户经理的人才队伍得以锻炼，对公业务的持续性潜力也不断被释放。

资料来源：华夏时报.迈向第三个百万里程碑，招商如何潜心打造差异化公司业务[EB/OL].（2024-09-14）[2025-04-03]. https://business.sohu.com/a/808948708_116062.

客户式销售组织中的客户经理只负责某类特定客户，因而具有其他形式不能媲美的如下优势：①可以与客户建立并保持更加密切的联系，有助于更加深入了解并熟悉客户，从而更好、更细致地满足客户多方面的需求；②更容易发现新的市场机会和客户潜在需求，有助于拓展销售内容及深度，也便于客户参与新产品的开发，挖掘客户价值；③容易与客户建立良好关系，减少因信息不对称或沟通不畅而产生的隔阂与不满；④可以更好地权衡客户价值，合理分配资源，提高资源的产出效率。

客户式销售组织的缺点包括：①当不同类型的客户较为集中时，客户经理的人员成本、差旅费用等可能会增加；②客户经理可能会因个人偏好或资源限制等因素，对客户的多种需求进行选择性对待，不符合企业战略与发展要求；③对客户经理的专业能力及综合素质要求较高；④客户容易跟随客户经理转向竞争品牌，因而客户经理的同业竞争限制对客户式销售组织而言比较重要。

13.3　客户管理

诚如亨利·福特所言，"做成一桩买卖之后，企业和顾客的关系并未就此结束，事实上它才刚刚开始"。图 13-5 反映了企业与顾客之间关系的发展过程，显然，当顾客转化为企业具体客户时，其与企业的关系就越紧密，对企业也就越忠诚，在多次交易中对企业的贡献也就越大。

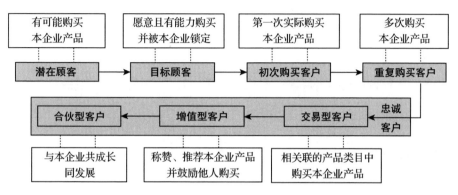

图 13-5　企业与顾客的关系发展过程

研究表明，吸引一个新客户的成本要比维持一个客户满意度的成本高 3 ～ 5 倍。这就意味着，失去一个老客户不只是失去一次订单机会，更可能是失去该客户全部的后续购买，或者说企业可能在一次交易中蒙受损失，却能从长期的客户关系中获得巨大收益。因此，建立与发展客户的长期关系，并通过这种关系获得长远性的经济回报的关系营销成为指导企业开展营销的重要思想。

客户关系管理（customer relationship management，CRM）是基于关系营销理论而发展起来的一种管理理念，即以提升客户资产为目标，以客户关系生命周期为框架，以客户管理系统为手段，通过与客户的有效互动及针对性服务，实现客户价值最大化和企业价值最大化之间的合理平衡。⊖

13.3.1　客户资产

与资产负债表中的货币资金、固定资产、无形资产等类似，客户也被视为一种资产，无论是潜在客户还是已购客户都具有货币价值潜力，包括重复购买、口碑传播、交叉购买等。客户价值是企业为客户创造的价值，与之相对，客户资产是客户为企业创造的价值，不仅指客户当前为企业带来的盈利贡献，更包括企业过去、未来从客户那里获得的价值，是一个涵盖客户整个生命周期，涉及历史、当前及未来贡献的概念。

1. 客户终身价值与客户资产

客户终身价值（customer lifetime value）是客户在整个生命周期内给企业创造的所有收益，而客户资产（customer equity）则是所有客户的终身价值折现现值之和，即客户资产 = 单

⊖　除客户较顾客更具指向性、更加具体化以外，考虑到本节为客户管理，为保证术语使用上的统一，下文中的顾客资产、顾客终身价值、顾客价值等概念均采用客户资产、客户终身价值、客户价值的提法。

个客户终身价值 × 客户基数。从收益或贡献的角度来看，客户终身价值主要体现在直接价值、创新价值与扩展价值 3 个方面。

直接价值 直接价值是客户终身因直接购买而为企业带来销售收入或利润，既包括对同一产品的重复购买，也包括对不同产品的交叉购买。直接价值是企业从客户那里获得的最核心价值。

创新价值 创新价值是指客户不断推动企业市场创新、产品创新所带来的价值，包括客户积极反馈产品使用意见、提供产品改进与优化建议、参与新概念或新产品开发等。创新价值通常是一种信息或知识价值，因企业与客户之间的密切互动与关系而形成。

扩展价值 扩展价值是指忠诚客户在形成规模、网络化和购买定式后的壁垒效应及口碑、推荐效应所带来的更为广泛的收入及利润增长和成本下降。所谓的忠诚客户是指持续关注且长期购买企业产品的客户。首先，一旦忠诚客户形成规模和网络化，客户间易于形成良性互动而不断增强其忠诚度。忠诚客户的重复购买使交易成为惯例，并形成购买定式，购买定式和不断增强的忠诚是巨大的转换壁垒，阻止客户转向其他供应商，并且大规模降低交易成本。其次，一定规模的网络化忠诚客户会自发地形成口碑，这种口碑有助于需求扩散、产品推荐，容易增加新客户，进而产生新的忠诚客户，带来更为广泛的销售收入。最后，忠诚客户极易接受企业围绕核心产品开发出的相关产品，甚至是全新的产品，这就使企业新产品的推广费用大大降低，市场推进时间大大缩短。

2. 客户及其价值划分

企业管理中的"二八法则"揭示了企业 80% 的利润由 20% 的客户创造的事实，因而从资源配置的角度来看，企业应努力识别出这 20% 的客户，将有限的营销及销售资源重点投入到这些核心客户上。但客户终身价值与客户资产强调客户对企业的贡献不限于当前，也不仅指直接价值，单纯以利润或销售收入作为客户划分、核心客户识别的依据有失偏颇，需要考虑客户的终身贡献及创新、扩展价值的创造。开展客户管理的关键就是通过客户划分，针对不同客户进行针对性服务与有效互动。

🔘 案例 13-2

动感地带 M 计划

M 值计划是中国移动为答谢动感地带客户而推出的一项回馈客户服务，包括消费 M 值与奖励 M 值两部分。

消费 M 值根据当月话费账单中的"费用合计"项计算，每一元积攒一个 M 值。奖励 M 值则由各省、市分公司具体制定，通常包括关怀类奖励 M 值与营销类奖励 M 值。关怀类奖励 M 值根据在网时间计算，在网 13 ～ 24 个月可获得当月消费 M 值的 10%，25 ～ 36 个月可获当月消费 M 值的 20%，依此类推，一直到 61 个月以上获当月消费 M 值的 50%。营销类奖励 M 值旨在推广新业务或鼓励客户参与特定营销活动，如新客户入网奖励、预存话费奖励、节日促销奖励、app 登录奖励、新业务开通奖励等。

表 13-2 按照客户终身价值与忠诚性，将客户划分为 5 类。针对 A 类客户，企业应提供一对一专属服务，尽最大可能提供高质量且响应快速的服务，在保持长期、稳定、良好关系的同时，促进其对相关产品的交叉购买；针对 B 类客户，企业可借助促销手段巩固现有业务基础，保持定期沟通，及时优化产品组合并调整相关策略；针对 C 类客户，企业应在刺激客户成长的同时，降低接触成本，强化自助服务及线上平台，引导客户主动表达需求，为企业创造和交付定制化服务提供基础；针对 D 类客户，以个性化沟通与服务，确保客户良好的购买与使用体验，定期回馈客户，通过会员折扣、积分奖励、情感联结等方式，致力于提高客户忠诚度，建立紧密关系；针对 E 类客户，提供标准化服务，控制成本，必要时可放弃此类客户。

表 13-2　按客户价值和客户忠诚性分类的服务策略

客户忠诚性	客户价值		
	VIP 客户	重要客户	一般客户
忠诚客户	A 类客户：提供专属服务，并维持长久的良好关系	B 类客户：运用促销手段来刺激成长，保持定期沟通，优化产品组合	C 类客户：刺激客户成长，引导客户主动表达、反馈，强化自助服务及线上平台
非忠诚客户	D 类客户：尽量运用各种强化客户关系的方法留住客户		E 类客户：标准化服务，控制成本，可放弃

需要注意的是，随着信息技术及网络时代的兴起，被认为对"二八法则"颠覆的"长尾理论"也得到实践检验。"长尾理论"强调小众市场的价值，认为只要产品存储和流通的渠道足够大，需求规模较小的市场也可以汇聚与主流市场相匹敌的市场能量。因此，也不能一味地忽视小客户，过去很难对数量庞大的小客户提供的针对性、差异化服务，随着信息技术的发展及 CRM 系统的运用，也越来越可行与高效，投入产出效率也在增加。

13.3.2　客户关系生命周期

客户与企业的关系也存在着一定的生命周期现象。企业与任何客户的关系都会经历从开始接触到形成较为稳定的业务合作的过程，这种关系可能持续很久，也可能由于各种原因归于终结。客户关系生命周期（customer life cycle）是指企业与客户的关系从开始建立到终止的整个过程，一般可以分为考察期、形成期、稳定期和退化期 4 个阶段，如图 13-6 所示。

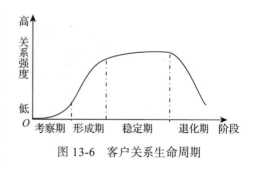

图 13-6　客户关系生命周期

考察期　考察期是企业与客户关系的探索和试验阶段。在这一阶段，双方考察和测试目标的相容性、对方的诚意、对方的绩效，考虑如果建立长期关系双方潜在的职责、权利和义务。双方相互了解不足、不确定性大是考察期的基本特征，评估对方的潜在价值和降低不确定性是这一阶段的中心目标。在这一阶段，客户会尝试下一些订单以考察目标企业。

形成期　形成期是企业与客户关系的快速发展阶段。双方关系能进入这一阶段，表明双方在考察期是相互满意的，建立了一定的信任和交互依赖。在这一阶段，随着双方了解和信任的不断加深，关系日趋成熟，双方的风险承受意愿提高，由此双方交易不断增加，从关系中获得的回报日趋增多，相互依赖的范围和深度也日益增加，逐渐认识到对方有能力提供令自己满意的价值（或利益）和履行其在关系中担负的职责。因此，双方逐步愿意承诺一种长期关系，并就这种关系的方方面面逐步达成一致。

稳定期 稳定期是双方关系发展的最高阶段。在这一阶段，双方或含蓄或明确地对持续的长期关系做出保证。这一阶段有如下明显特征：①双方对对方提供的价值高度满意；②为能长期维持稳定的关系，双方都进行了大量有形和无形投入；③大量的交易。因此，在这一阶段，双方的交互依赖水平达到整个关系发展过程中的最高点，双方关系处于一种相对稳定的状态。

退化期 退化期是双方关系水平的逆转阶段。在这一阶段，客户关系开始淡化并走向终结，关系逆转可能是不可抗力因素造成的，也可能是完全可以避免的。不可抗力的原因可能是一方业务或需求发生变化，如一方破产或转产，或客户偏好转移，不再满足于现有产品或服务的提供等，这些情况造成双方业务关系的基础不复存在；可避免的因素大多是由于业务过程中遭遇的一些问题或纠纷未能得到及时解决，如维修不到位、价格调整不能达到一致等，这些情况大体上是人为的或是某种错误造成的，因而是可以避免的。

显然，关系并非一定要退化，但退化也并非总是发生在稳定期后，在客户关系生命周期的任一阶段都可能出现退化，而关系退化的终结则意味着客户流失（customer churn），即客户与企业终止合作。客户流失与客户忠诚是一组相反的概念，客户忠诚（customer loyal）是客户满意连续积累的结果，是客户在较长时间内对企业产品保持的选择偏好与重复性购买。客户流失与客户忠诚直接影响客户资产，决定客户关系生命周期的走向。图 13-7 呈现了客户流失和客户忠诚的形成过程。

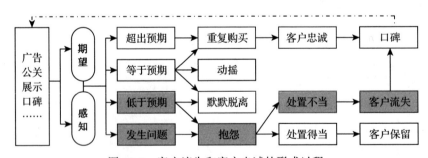

图 13-7　客户流失和客户忠诚的形成过程

造成客户流失的原因在于客户对产品的实际感知低于购前期望，或发生问题但问题没有得到有效解决。所以，企业应从以下几个方面防止客户流失，建立客户忠诚。

（1）管理客户期望：既然期望是影响客户满意与忠诚的重要因素，且受广告、口碑等营销行为的影响，那么企业应避免扩大宣传，合理管控客户期望。

（2）提高实际感知效果：企业应切实提升产品质量，与客户建立情感联结，强化客户购买与使用体验及感知效果。

（3）建立客户关联：企业应主动收集客户对企业产品、服务及其他方面的意见、建议，将其融入企业各项工作的改进中，而不是非要等到客户产生抱怨才去发现和解决问题。

（4）响应客户抱怨：企业必须正确对待、理解客户抱怨并及时反馈、解决。一方面应让客户有途径且方便进行抱怨、投诉，避免问题扩大化；另一方面要迅速解决客户所抱怨的问题，并通过相关补救措施让客户满意。

（5）传递客户满意：企业应采取激励措施，借助社会化媒体力量推动客户将满意诉诸于具体的口碑、推荐等行为。

13.3.3 客户关系管理系统

客户关系管理系统（CRM 系统）是利用信息技术开展客户管理的软件系统与平台，其核心目标是通过客户数据的搜集与分析，管理企业与客户之间的交互，帮助企业向不同客户提供定制化产品及针对性政策服务，从而提升客户满意度与忠诚度，驱动业务增长，其发展历程如表 13-3 所示。

表 13-3 CRM 系统的发展历程

发展阶段	主要特征
CRM 系统 1.0	以客户跟进、客户的信息留存为核心，以筛选客户为目的
CRM 系统 2.0	以规范企业的销售动作、销售流程为核心，以加强对销售业务的管控、聚焦客户转化为目的
CRM 系统 3.0	以连接为核心，实现企业围绕销售业务的内外协同，初步实现业务与数据的统一，其目的是进一步提升企业销售效率、挖掘客户价值
CRM 系统 4.0	以数据为核心、以连接为纽带、以客户体验为突破口，通过技术手段、营销策略赋能员工，不断创造并满足客户需求，其目的是支撑销售场景，帮助企业争夺客户心智，持续培育并挖掘客户价值

1. 主要功能

与客户直接、紧密联系的部门通常有 3 个：市场部、销售部和产品技术服务部（或客服部），CRM 系统首先要满足这 3 个部门的部门级需求，提高市场决策能力，加强统一的销售管理，提高客户服务质量。其次，CRM 系统将企业的市场、销售和服务协同起来，建立市场、销售和服务之间的沟通渠道，从而使企业能够在电子商务时代充分把握市场机会，也就是满足企业部门协同级的需求。最后，CRM 系统和企业的业务系统紧密结合，通过收集企业的经营信息，并以客户为中心优化生产过程，满足企业级的管理需求。对部门、协同与企业 3 个层级需求的满足构成了 CRM 系统的 3 个主要功能。

部门级需求 在企业中，对 CRM 系统有着强烈需求的部门是市场、销售和产品技术服务 3 个部门，但它们各自所关心的问题存在明显区别。

市场部门主要关心的问题包括：①活动管理，即对企业的所有市场活动及效果进行跟踪、评价和反馈；②市场管理，即对市场供应（竞争）、需求走势进行跟踪、分析；③客户监测，即对客户需求、财务、销售等基本资料和行为进行收集与记录，及时掌握客户动态；④客户分析，即对客户的构成、风险、利润和行为等进行分析。

销售部门主要关心的问题包括：①销售任务，即将销售任务按销售经理制订的方案进行落实；②销售信息，即及时掌握各销售区域和销售人员的销售情况；③销售评价，即对各个地区、各个时期及各个销售人员的业绩进行度量。

产品技术服务部门主要关心的问题包括：①准确信息，即及时掌握客户对服务的需求并据此进行安装、维修、培训和咨询等客户服务活动的安排；②一致性，即以企业整体形象面对客户，使客户感觉是同一个人在为他服务；③问题处理，即能够跟踪客户所有的问题、质量投诉和抱怨，并给出解决方案。

要满足部门级的需求，CRM 系统至少应该包含数据仓库、联机分析处理、销售管理、活动管理、反馈管理和数据挖掘系统。

协同级需求　对中大型企业而言，市场、销售和产品技术服务通常是 3 个独立的部门，尽管对 CRM 系统有着不同的需求，但都以客户为中心进行部门运转。协同级将市场、销售和产品技术服务 3 个部门紧密地结合在一起，从而使企业更有效地向客户提供产品及技术服务。

协同级主要解决企业在运作过程中遇到的以下两个问题：①及时传递信息，即将市场分析的结果及时地传递给销售和产品技术服务部门，以便它们能够更好地理解客户行为，达到留住老客户的目的。同时，销售和服务部门收集的反馈信息也可以被及时传递给市场部门，以便市场部门对销售、服务和投诉等信息进行及时分析，从而制定更有效的竞争策略；②销售优化，市场部门将销售信息传递给谁、由谁进行销售等对企业运营非常重要，选取效果最佳、成本最低的销售渠道是协同级要解决的核心问题。

企业级需求　在中大型企业中，IT 系统比较复杂，如果这些 IT 系统之间相互孤立，就很难充分发挥各系统的功能。因此，不同系统之间的相互协调可以充分提高企业的运作效率，同时也能充分利用原有的系统，从而降低企业 IT 系统的成本。

CRM 系统作为企业重要的 IT 系统，要与企业的其他 IT 系统紧密结合，这种结合主要表现在信息来源的需求、利用原有系统及其他系统对 CRM 系统的需求上。

（1）信息来源：市场分析需要有关客户的各种数据，销售和产品技术服务部门也需要在适当的时机掌握正确的数据。这些有关客户行为、客户基本资料的数据通常来源于其他 IT 系统，因此 CRM 系统经常需要从企业已有的 IT 系统中获得这些数据。

（2）利用原有系统：企业已有的 IT 系统中有很多模块可以直接集成到 CRM 系统中，通过对已有系统的利用，既可以增强企业各 IT 系统中数据的一致性，也可以降低 CRM 系统的成本。

（3）其他系统对 CRM 系统的需求：CRM 系统的数据及分析结果可以被企业内其他 IT 系统所利用。

📀 材料 13-1　　　　　　　　　　　　　　　　　　　　　　　　　课程思政

从引进到成熟：CRM 系统在中国的发展

1993 年，Siebel 创造了全球第一代 CRM 系统，随后海尔、联想、上海日立等国内企业开始引入国外 CRM 系统，以用友、金蝶为代表的国内 CRM 系统也开始出现，并在 2003 年左右，初步形成了由系统供应商、专业服务厂商、咨询机构等构成的国内 CRM 系统产业链，但因系统稳定性、集成性、操作性等问题，国产 CRM 系统及整个产业发展较为缓慢。

2013 年前后，我国智能移动终端已基本覆盖全国，云计算也日趋成熟。在国家大力支持数字化经济的政策推动下，立足于国情、根植于本土需求的国内 CRM 系统开始呈现百花齐放的局面，纷享销客、销售易、神州云动、金蝶等 CRM 系统迅速发展，面向中小企业的国产 CRM 系统开始占据主流市场，国产替代趋势明显，并呈现出与软件即服务（SaaS）深度融合、移动社交化及平台体系化转变的发展趋势。据前瞻产业研究院预测，到 2029 年，我国 CRM 系统的市场规模将超过 88 亿美元。前面表 13-3 从另一个侧面呈现了 CRM 系统的发展历程。

资料来源：前瞻产业研究院．预见 2024：2024 年中国 CRM 行业市场规模、竞争格局及发展前景预测 [EB/OL]．（2024-04-14）[2025-04-03]. https://bg.qianzhan.com/trends/detail/506/240412-981ebc09.html.

2. 体系结构

CRM 系统能实现对客户销售、市场、支持和服务的全面管理，客户基本数据的记录与跟踪、客户订单的流程追踪、客户市场的划分和趋势研究及客户支持服务情况的分析，并能在一定程度上实现业务流程的自动化。此外，进行数据挖掘和在线联机分析以提供决策支持也是 CRM 系统的功能之一。其体系结构如图 13-8 所示。

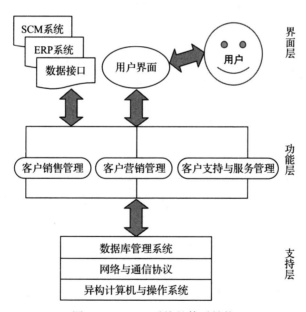

图 13-8　CRM 系统的体系结构

界面层　界面层是 CRM 系统同客户进行交流、获取或输出信息的接口，通过提供直观、简便易用和友好的界面，可方便客户提出要求并得到所需的信息。

功能层　功能层由执行 CRM 系统基本功能的各个子系统构成。各子系统又包括若干业务，这些业务构成业务层，业务层之间既有按顺序开展的，又有并列的。这些子系统总体上可分为客户销售管理子系统、客户营销管理子系统和客户支持与服务管理子系统。

支持层 支持层包括 CRM 系统所用到的数据库管理系统、操作系统、网络通信协议等，是保持整个 CRM 系统正常运作的技术基础。

3. 系统分类

传统的 CRM 系统大致可以分为操作型、协作型和分析型 3 类，具体的功能定位如图 13-9 所示，但随着移动网络及数字经济的发展，社交型、连接型 CRM 系统也得以快速发展，企业可根据所处行业和自身特点选择应用适合的系统类型。

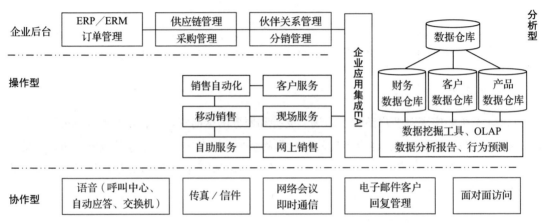

图 13-9 3 类传统 CRM 系统的功能定位

操作型 CRM 系统 操作型 CRM 系统也称运营型或流程型 CRM 系统，主要特点是方便与客户的交流，操作流程简单。操作型 CRM 系统面向客户生成统一的视图，能够直接面向客户的相关部门共享客户资源，减少信息流动滞留点。操作型 CRM 系统比较适合制造业、零售业及保险业。

协作型 CRM 系统 协作型 CRM 系统全方位地为客户实现交互服务，实现多种客户交流渠道的融合，保证企业和客户都能得到完整、准确和一致的信息。协作型 CRM 系统主要由呼叫中心、客户多渠道联络中心、帮助台及自助服务导航等构成。具有多媒体、多渠道整合能力的客户联络中心是该系统的发展方向。

分析型 CRM 系统 分析型 CRM 系统的核心在于让企业真正地了解客户。企业通过前台销售自动化、客户服务与支持的协同运作积累了大量的客户信息资源，分析型 CRM 系统的作用就是让这些资源发挥作用。该系统从前台所产生的大量交易数据中提取各种有价值的信息，并对未来趋势做出预测。系统中的数据仓库具备分析能力，能够通过建立客户的全景视图与客户保持持续的沟通，从而帮助企业获得额外竞争力。

社交型 CRM 系统 社交型 CRM 系统结合了社交媒体功能，通过与多个社交媒体的对接及持续内容的培育与客户经营，在便于企业触达各社交用户的同时，也实现了客户下单、发货、交付等 CRM 管理功能。社交型 CRM 系统适合面向消费者，并且具有强烈的识别、吸引、转化潜在市场为具体客户的获客需求的企业。

连接型 CRM 系统　连接型 CRM 系统是目前较为先进的 CRM 系统，可以连接 ERP、财务等各种异构系统，通过云计算、大数据、社交网络和移动应用等先进技术，帮助企业实现数字化工具、人（内部人员、合作伙伴、客户）和业务 3 个维度的连接，以及以客户为中心的跨部门多业务的连接，从而全面提高企业整个价值链的协作效率。

📖 本章小结

1. 销售流程是销售人员通过拜访，将销售机会转变为订单的过程，具体包括计划与准备、接近与约见、展示与推荐、洽谈与成交、跟进与维护 5 个阶段，潜在或目标顾客在此过程中，完成了从需求者到产品具体购买者的转变，成为客户。

2. 计划与准备是销售流程的起始阶段，销售人员要通过各种途径寻找潜在客户，了解其利益诉求、行为特征等，熟悉企业与竞争对手的销售政策，准备拜访及产品展示。

3. 适当的接近主题、接近方式和接近话语是成功接近客户的关键，在此基础上约见客户，开展具体的实质性接触。

4. 销售人员通常采用固定法、需求－满足法、启发－配合法、洽谈推销法等，并使用 FABE 陈述技巧展示并推荐产品。

5. 洽谈是销售流程中真正的沟通环节，是合作双方互相了解、共同认可的过程，通过消除客户的顾虑甚至抵触情绪，形成具有约束力的成交协议。

6. 跟进与维护是获取客户并保证客户满意、愿意维持长期稳定的合作关系、重复购买的关键。对客户的跟进与维护应以客户遇到的相关问题为主，以沟通进展为辅，要依据客户对产品的使用习惯、频次与更新周期选择时机和频率。

7. 区域式销售组织按地理或行政区域设置销售组织机构，即在企业销售总部下设若干大区销售部，大区销售部又下设若干小区销售部，每个区域销售部负责企业在该区域内所有产品的客户和销售，比较适合那些产品组合相对简单、相关性较大的企业。

8. 产品式销售组织按产品类别（或事业部、品牌）设置销售组织，每类产品的销售由专门的销售部门或团队负责，适合产品线之间关联性较弱、差异性大、技术性较强的企业或产品（或事业部品牌）组合相对复杂的企业。

9. 客户式销售组织根据客户规模、购买行为或偏好等对其进行分类管理，并以此为依据设置销售机构。当企业生产非标准化产品、客户需求与行为差别较大时，可采用客户式销售组织。

10. 客户管理是基于关系营销理论而发展起来的一种管理理念，以提升客户资产为目标，以客户关系生命周期为框架，以客户关系管理系统为手段，通过与客户的有效互动及提供针对性服务，实现客户价值最大化和企业价值最大化之间的合理平衡。

11. 客户是一种资产，客户资产是所有客户终身价值折现现值的总和，客户终身价值是客户在整个生命周期内给企业创造的所有收益，体现在直接价值、创新价值与扩展价值 3 个方面。开展客户管理的关键就是通过客户划分，针对不同客户进行针对性服务与有效互动。

12. 客户关系生命周期是企业与客户的关系从开始建立到终止的整个过程，可分为考察期、形成期、稳定期和退化期 4 个阶段。关系退化的终结意味着客户流失，即客户与企业终止合作，与之相反的概念则是客户忠诚。客户忠诚是客户满意连续积累的结果，是客户在较长时间内对企业产品保持的选择偏好与重复性购买。

13. 客户关系管理系统的功能主要面向部门级（市场、销售与产品技术服务部）、协同级、企业级需求进行设计，具体包括操作型、分析型、协作型、社交型、连接型等系统类型。

⌃ 关键术语

销售流程　FABE 陈述　区域式销售组织　产品式销售组织　客户式销售组织
客户管理　客户终身价值　客户资产　客户关系生命周期　客户流失　客户忠诚

⊕ 简答题

1. 简述销售流程及每一环节的主要工作内容。
2. 销售人员可以从哪些途径寻找潜在客户？
3. 任选某一产品，利用 FABE 陈述进行产品推荐。
4. 区域式、产品式与客户式销售组织分别适合具有哪些特性的企业？
5. 如何理解客户终身价值？
6. 简要描述客户关系生命周期及其阶段。
7. 客户流失的主要原因有哪些？

◉ 思考题

1. 在现场销售过程中，销售人员是按照 F-A-B-E 的顺序进行产品推荐，还是面向不同客户，采取不同的陈述顺序？
2. 如何理解"二八法则"与"长尾理论"的对立性？
3. 如何看待并响应客户的抱怨？

◉ 实践与探讨

走访企业及销售负责人，围绕其销售组织形式，就以下问题展开交流。
1. 该企业采取了何种销售组织形式？
2. 有哪些关键因素影响着企业的销售组织选择？
3. 该形式的销售组织是否与企业当前发展相匹配？存在何种问题？企业采取了哪些措施去解决？

🅓 互联网实践

　　会员积分系统在生活中随处可见，从各种购物商城、店铺到各类俱乐部、社交平台，企业利用会员积分及奖励机制不断刺激客户的正向行为，提升客户对品牌的认知与黏性，针对会员等级开展精细化管理。

　　作为中国最大的社交媒体平台之一，微博自 2009 年 8 月上线以来，注册用户一直保持高速增长，截至 2024 年第二季度末，日活跃用户为 2.56 亿，月活跃用户为 5.83 亿。登录微博账号，看看你的积分及成长等级，回想一下，平时是怎么领取积分的，享受了哪些会员福利？

　　作为微博社区的重要组成部分，微博积分代表着用户的参与度和贡献度。从客户管理角度看看微博是如何利用积分系统与制度进行用户行为培养与黏度提升的？

第 14 章
执行、评价与控制

超级战略的执行并不仅仅是做正确的事，而是必须比竞争对手更快、更经常和更有效地去做正确的事。战略制定以后，动作一定要快。不要怕犯错误，即便是犯错误也要由于我们动作太快而不是太慢。

—— 路易斯·郭士纳（Louis Gerstner）

IBM 公司前董事长兼首席执行官

营销活动的战略与战术计划由营销部门制定，但营销活动的最终绩效取决于组织能否将营销计划执行到位。图 14-1 概括了营销活动的整个过程，营销执行将营销计划转化为具体行为方案并付诸实施，在此过程中，由于环境的不断变化及内部执行的偏差，执行中往往会出现各种突发、意外状况，使得执行结果偏离预设目标。因此，营销管理者必须实时、客观地对营销执行过程与目标进行评价，及时发现、分析计划执行中的问题，通过控制纠偏确保营销目标的最终达成。

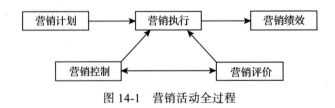

图 14-1　营销活动全过程

表 14-1 呈现了一个典型的营销方案的基本结构与主要内容，是营销计划与流程具体化的体现，最后三项内容就是对营销执行、评价与控制的明确与说明。

表 14-1 营销方案的基本结构与主要内容

序号	基本结构	主要内容
1	概要	对计划目标及内容的扼要综述，以便上级部门快速抓住计划要点
2	市场及营销现状	市场状况：描述整体市场与主要细分市场的情况，评价顾客需求、行为及主要影响因素
		竞争状况：评价主要竞争对手的品牌定位及其在产品、价格、渠道与传播中的策略
		产品状况：列出产品线中的主要产品的销售额、价格和毛利润
		渠道状况：评价主要分销渠道最近的销售趋势和其他进展
		传播状况：描述并评价当前传播策略
3	机会识别	通过对环境、竞争对手、需求和行为等方面的调研与分析，确认需求和行为的发展趋势，评估可能面临的主要威胁和机会，识别出其中所有可能的市场机会——有效细分市场
4	选择目标市场	在所有有效的细分市场中，综合竞争对手、资源优势、市场成长等因素，选择最有利的细分市场作为目标市场
5	品牌定位与概念测试	根据目标市场的需求和行为，结合自身文化，提炼并阐释品牌定位，设计品牌概念测试方案以评估是否符合目标市场心智
6	确定目标	根据环境、竞争、市场成长等因素和自身资源，确定具体的营销目标、销售目标和财务目标，如知名度、市场份额、利润率
7	产品、价格及测试方案	为满足顾客需求，就整体产品及价格进行设想，设计测试方案确认顾客对产品及其价格的认知，并确定最佳的产品和价格组合
8	渠道及销售组织	设计产品分销渠道，选择经销商及经销方式，设计企业销售组织及销售政策，确保顾客能够有效接触并得到产品
9	传播方案及测试方案	设计所要传播的信息结构，整合各种传播手段，形成可能的传播方案，设计传播测试方案以确定最佳的信息传播方案
10	行动方案	将营销计划转化为具体的行为方案，包括方案分阶段的实施过程，即各阶段做什么、谁负责、所需费用等
11	预算	列出预期收益（预期的销售数量、平均的净价格等）与营销成本
12	评价、控制和调整机制	构建方案执行的评价指标及目标标准，形成指标监测方案，设计控制和调整机制，以及时发现并解决执行过程中的问题

14.1 营销执行

营销执行是为实现营销计划目标，将营销计划转化为行动方案，再通过对资源的合理配置与调动将行动方案付诸实施的行为及过程。如果说分析营销环境、制定营销战略及要素组合是解决营销活动"做什么"和"为什么做"的问题，那么营销执行则是对"谁去做""何时做""在哪里做"和"怎样做"的具体落实与实施。

14.1.1 行动方案

1. 方案内容

营销行动方案由一系列具体、可操作、可控制、可衡量的步骤及细则构成，其任务是为未来营销行为向现在、有序的营销活动转变提供行动指南。营销行动方案的编制逻辑及内容如图 14-2 所示，具体包括目标分解、任务确认、进程安排、资源配置和状态反馈 5 个方面。

| 目标分解 | ⇨ | 任务确认 | ⇨ | 进程安排 | ⇨ | 资源配置 | ⇨ | 状态反馈 |

图 14-2 营销行动方案的编制逻辑及内容

目标分解 目标分解是将营销计划总目标细化为更便于管理的小目标，并指定具体部门、团队或个人负责。目标既可以按照时间线、层级结构等进行纵向分解，也可以按照部门、产品、渠道或人员进行横向分解，分解后的目标通常应满足 SMART 原则：①具体性（specific），目标应明确具体，不能模糊宽泛；②可测量（measurable），目标应量化以便评估进度与绩效；③可达成（achievable），目标应基于组织的现实资源、能力和时间框架，切实可行；④相关性（relevant），目标要与整体计划相关，确保每项工作及目标对整体目标的实现有所贡献；⑤时限性（time-bound），目标应设定具体的达成期限。通常，分解后的营销计划目标涉及营销、销售、财务等维度，与营销评价指标相呼应。

任务确认 任务确认是为实现具体目标，确保不同部门、团队、人员对任务内容有清晰、一致的理解，对其所要开展的营销工作、内容、活动、权责等进行明确分配与界定。任务确认的合理性、精细化将有效避免因理解偏差而导致的执行错误，有助于执行效率与营销绩效的提升。签订任务书或责任书是确认任务清晰、明确的有效手段。

进程安排 为了保证时间进度与执行效率，营销行动方案中还需要对任务内容的推进顺序、时间周期等进行明确，包括起止时间、关键节点、内容指标等。进程安排的核心在于根据任务的重要性与紧急性进行优先级排序，确保关键任务得到优先处理。

资源配置 资源配置是基于组织的自身资源及能力，立足于任务内容与进程安排，合理分配并调整所投入的资金、人力、物力、关系等资源，确保任务内容的完成得到充分支持，避免资源浪费与冗余。当然，资源配置的原则决定配置方式及结果，若以风险控制为原则，资源配置则优先强调安全性与稳定性；若以效益最大化为原则，资源配置则强调投入产出比及协同性；若以市场为导向，资源配置则紧密关注市场动态与需求变化。

状态反馈 状态反馈是对营销执行过程中的监测手段、评价指标进行预先设定，通过对竞争、客户、盈利、组织等状态信息的跟踪、监测与评价，为营销控制与调整提供支持。

根据行动方案执行期的长短，营销行动方案可按年、季、月进行编制，方案的时间跨度越短，编制的就越明确、详细。表 14-2 是某团队的一份营销计划月度目标任务书。

通常，营销人员通过对以下问题的回答与判断来评价一个行动方案是否卓有成效：①该行动方案是否具有明确的目标和主题？②各项营销职能的整体协调性如何，即行动方案在实施过程中，各部门及营销人员的整体协调情况是怎样的？③营销经理同有关营销人员、顾客及商界的关系处理是否恰当？④该行动方案是否具有较高的顾客信息收集能力，其监测、控制市场反应的工作效率如何？

2. 广泛参与

营销执行取决于实施过程中的所有相关者，尤其是一线营销与销售人员，他们是行为方案的具体执行者。执行者只有从思想上真正理解并认同营销计划与行动方案，才会欣然接受并保证行动方案的高效落实而非单纯的机械完成。为此,行动方案的制订应当建立在广泛参与的基础上。

表 14-2 某团队营销计划月度目标任务书

团队:_____ 时间:____年 月 日—____年 月 日

一、工作目标	1. 销售收入					
	品种	单位	销售量	单价(元)	销售额	完成状态
	A	台				
	B	只				
	⋮					
	2. 终端开拓 ⋮					

二、工作任务及进程安排	1. 客户拜访						
	时间	单位	受访人	事项	结果	责任人	完成状态
	2. 广告投放						
	时间	媒体	版面	尺寸	时长	费用	责任人	完成状态
	⋮						

三、资源配置	1. 资金			
	支出项目	内容	时间	金额
	2. 人员 ⋮ ××××:			

备注	

广泛参与就是营销计划及执行中的相关者都参与计划及行为方案的制订,他们可以对行动目标、任务、进程等内容发表意见、见解或建议,共同讨论商榷。广泛参与表明了管理者对相关者的信任和尊重,也有助于其对行动方案的理解、认同和支持,从而表现在具体态度及行为上,图 14-3 表明了行动方案制订过程中广泛参与对营销执行的影响。

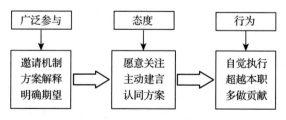

图 14-3 广泛参与对营销执行的影响

相关者尤其是执行者的广泛参与来自 3 个方面的保障:①邀请机制旨在确保相关者接收参与营销计划与行动方案的相关信息,因此组织内部应存在畅通的邀请、沟通与反馈渠道;②为确保营销计划与行动方案的编制效率,通常管理者或牵头方会提供一个讨论版本的方案,向相关者解释、呈现该方案的内容与依据,并为后续讨论、完善打下基础;③明确期望就是使相关者清楚自己在营销计划与执行中的具体角色、作用、目标、任务、投入、回报等内容。

14.1.2　预算编制

充分合理的预算（投入）是行动方案得以有效落实的基础。营销预算是组织较难做出的决策之一，这是因为营销绩效、效率很难精确衡量，并且营销活动所涉及的费用支出项目很难像产品制造那样建立精确、统一的费用（消耗）定额。德勤数据显示，2023 年中国企业平均营销预算占总收入的 9.1%，占总预算的 13.6%，但不同行业、不同品牌的营销费用相差很大。例如，化妆品行业的广告费用比例可以高达销售额的 30% ～ 50%，装备制造行业却仅占 5% ～ 14%。预算总额、预算分配与费用定额构成了营销预算的核心内容。

⊝ 讨论 14-1　　　　　　　　　　　　　　　　　　　　　　　课程思政
预算是什么

随着经济的增长与竞争的日趋激烈，企业的营销预算也在逐步增长。《2024 中国数字营销趋势报告》显示，2021—2024 年中国企业平均营销预算增长率分别为 17%、19%、16% 与 11%。但在预算编制的实践中，很多部门或营销者为了获批足够的投入，往往扩大甚至虚报预算条目及金额，先"圈钱占地"再"突击花钱"，不仅会导致资源配置的扭曲，还会引发法律与道德风险。对预算的正确认识是编制营销预算的首要前提。

预算是面向未来的投资行为，是在一系列战略及战术规划之后产生的。因此，预算应带着战略思想编制，考虑目标实现的难度、所需投入、具体行动方案等诸多问题。预算的意义不在于把费用算得多清楚，更不必锱铢必较，而是通过对费用的详细计划与配置，支撑并保障营销战略及活动。既然是一种投资行为，预算的执行并不一定会带来期望的绩效，存在一定的风险性。因此，预算及决算之间、目标与绩效之间存在一定的偏差是正常的，关键是如何控制、防止偏差的进一步扩大；另外，企业可以通过连续或滚动预算、定期常规盘点等方式在执行中降低风险、控制偏差。当然，预算编制者及管理者也应具备一定的财务素养与道德意识，应讲诚信、守原则。

1. 预算总额

由于至今尚未出现一个完全令人信服的营销预算确定方法，企业可以酌情选取或综合下列方法确定营销预算总额。

量力而行法　量力而行法是根据企业现有的财务状况或支付能力来确定营销预算。这种方法的核心在于确保财务安全，避免因预算超支而带来的财务风险，但有可能会忽略、错失市场机会，无法使营销绩效最大化。

销售百分比法　销售百分比法是基于企业销售额来编制营销预算的方法，往往根据历史销售数据或市场预测来确定未来销售额，以此为基础乘以某个百分数形成营销预算。这个百分数通常根据企业的财务状况、市场竞争情况和销售目标等因素来确定。销售百分比法是消费品企业最常采用的营销预算编制方法，也是用于描述行业或企业对营销重视程度的重要指标。该方法易于理解与操作，但在销售与投入的关系上，将销售收入视为营销费用的"因"而不是"果"，且销售收入受外部因素影响较大，因此营销预算难以精准反映企业战略及长期规划。

竞争对比法　竞争对比法是组织根据竞争对手或行业平均的营销投入来决定自己的营销预算的方法。显然，应用该方法的前提是组织基于自身的竞争战略，先明确竞争对手，进而确定自身的营销预算是高于、等于还是低于竞争对手或行业平均。该方法以竞争为导向，充分考虑了市场的动态发展与自身的竞争战略，但对组织获取信息的能力提出了更高要求，且有可能加剧市场竞争的态势。

目标任务法　目标任务法是基于明确的营销目标和所需完成的任务来确定营销预算的方法，其优点是目标明确、事项清晰，既能确保营销预算与营销目标、事项紧密结合，合理全面，有利于提高预算的针对性和有效性，又因预算按任务列支，便于按支出项目定额控制费用的合理支出，有利于执行过程中的控制与调整。其缺点是编制的工作量较大。

2. 预算分配

预算编制的另一个重点是营销预算应该如何在市场调研、品牌推广、客户管理、销售、沟通等各种营销活动（或任务）中进行分配。营销预算分配的核心是营销活动优先级的确定及彼此间的协同整合。

影响预算分配的因素众多，包括产品生命周期、产品差异化属性、销售方式、行业属性、企业声望等。一般来说，处于引入期的产品的市场调研费用会高一些；成长期品牌差异大的产品及采用电话、电视、邮购、自动售货机等方式销售的产品，其传播费用占总营销费用的比重应当高一些；功能性产品的销售费用相对较高；形象性产品的广告费用，不管是支出总额还是占营销预算的比重都会很高；而大型设备的营销预算主要是人员推销费用、客户管理费用……

3. 费用定额

营销费用定额是为了从总体上控制营销费用，对营销活动中的各项费用支出所设定的标准或上限，既可以是固定的金额，也可以是基于销售额、销售量或其他相关指标设定的比例。营销费用定额的本质是组织预先规定的费用开支标准，是组织根据制度和费用支出规律，结合计划期内影响费用升降的各项变动因素而确定的，既是控制和考核费用支出的标准，也是编制费用预算的重要依据，因此，一旦确定就应严格执行与监控。

14.1.3　执行能力

在制订了营销行动方案并配备、落实了相关资源后，营销计划进入执行阶段。营销执行效率及绩效受制于组织的执行能力，包括但不限于资源整合能力、协同联动能力、创新思维与应变能力等。

资源整合能力　在营销执行过程中，不确定性普遍存在，外部环境又是动态发展的，因此对不同来源、不同层次、不同结构和不同内容的资源及时进行调配、融合、激活，发挥资源间的联动、协同作用，是保障营销执行、提升营销绩效的基础。按照来源，组织资源分为内部与外部；按照层次，组织资源分为部门级、业务级、组织级；按照结构，组织资源分为创新性、稀缺性、一般性等；按照内容，组织资源包括人力、资金、技术、关系、信息等。若组织内部具有高效的资源共享、协同机制及流程，那么在外部与诸多利益相关者建立良好的合作关系将有利于降低内部资源损耗、创新并拓展外部资源、提升资源的整合与利用效率。

协同联动能力　协同联动能力是指不同业务、不同部门、不同团队之间协调配合、联动执行的能力，主要受组织结构、决策制度、激励机制及组织文化、信息化水平等因素的影响。营销执行的重要前提是应将集中化和专业化程度掌握在与控制系统相适应的限度内，但就组织结构与决策制度而言，扁平化结构与分权有利于调动积极性，却容易产生离心倾向。例如，销售部门会以为营销活动的成功主要归功于他们与顾客之间的良好关系，市场部门会认为是营销活动策划得好，而财务部门则会认为营销费用的充足、支撑才是成功的关键；反之，垂直化结构与集权有助于克服这种弊端，却可能使相关部门丧失积极主动性。激励机制、组织文化及信息化水平有利于工作规范的制定与实施、集权和分权的平衡，确保面对问题与变化能够快速响应、行动一致。

◉ 讨论 14-2
市场部门与销售部门如何协同

市场部门与销售部门是营销职责的主要承担者。市场部门致力于塑造品牌形象、拓宽市场覆盖面、激发顾客需求和提高品牌知名度，为销售部门创造有利的市场环境和充足的销售机会；与此同时，销售部门则依据市场部门提供的策略指导和市场需求洞察，将市场活动转化为实际销售，有效将产品送达顾客手中，完成交易并回收资金，实现整体销售目标和盈利指标。显然，两个部门的通力合作与高效协同是确保市场推广与销售转化顺畅衔接的关键因素，直接影响营销活动的开展与绩效。但工作目标的不一致、数据孤岛的存在及责任归属的不清晰让两个部门存在冲突与矛盾，企业应充分借助数字化转型工具解决这些问题。

首先，营销科技的发展使营销评价更加精准、智能，为使两个部门在共同的业绩目标下形成合力，设立一个共享的目标体系与激励机制尤为重要，如销售线索质量和转化率、新客户增长率、新产品市场接纳度。其次，组织可利用 CRM 系统或其他集成工具，将两个部门的数据进行统一管理与共享，并通过定期联席会议、项目沟通会等方式确保信息同步。再次，各部门在制订营销计划时，应邀请彼此参加。最后，要通过跨部门培训与文化融合，加深两个部门的理解与合作，使其换位思考，形成合作互助的文化氛围。

创新思维与应变能力　能否面对复杂、多变的外部环境，以新颖、独创的视角、方法解决问题、应对挑战是营销执行能力的另一体现。该能力的培育与提升在于组织是否拥有创新文化与激励机制作为保障，鼓励员工创新实践；相关部门是否拥有强大的数据分析与监测能力，能够及时发现新机会与潜在威胁；营销执行团队及人员是否能够保持持续学习和成长心态，不断提升专业素养及技能。

管理者的影响能力　管理者的影响能力是指影响他人（内部员工、外部利益相关者）将事情办好的能力，这种能力主要来自个人魅力、专业能力而非组织赋予的职位、权利，对于团队氛围、工作效率、客户关系等方面的提升有显著的正面影响。

14.2　营销评价

营销评价是对营销执行过程及其效果的判断与评估，而评价的基准则是营销计划与行动方案中所分解、设定的目标。因此，营销评价也可视为对营销活动或行为的预期目标达成程度的评价。

营销评价可以按照以下步骤进行：①确定评价指标体系及方法；②收集具体数据；③评价及结果分析。其中，评价指标体系是营销评价的前提与关键，围绕营销计划与行动方案的目标而构建，通常可从营销指标、销售指标、效率指标 3 个角度展开。

14.2.1　营销指标

营销指标主要反映营销活动对顾客及利益相关者的影响及所形成的声誉、信任等市场资产，大多从顾客状态评价、品牌状态评价、关系状态评价 3 个维度构建。

1. 顾客状态评价

营销是对需求的创造与传递，因此营销活动的首要目标是对顾客的需求、行为产生正向影响，可从认知、情感[⊖]、行为 3 个方面衡量、评价营销活动对顾客状态的推进效果。

顾客认知　顾客认知是指顾客对需求、产品或品牌的识别、记忆、理解程度。营销者通过观察、问卷或访谈等方法收集顾客认知的相关数据，具体指标包括需求满足率、产品适用率、产品价值认知、品牌识别度、品牌提及率等。

顾客情感　顾客情感是指顾客对产品、品牌的情绪、感觉，反映顾客对产品、品牌的态度与偏好。营销者可以通过投射技术、访谈、实验等方法对喜欢、满意、信任、怀疑、抵触等情感反应进行测量。

顾客行为　随着营销科技的发展，顾客行为的测量与评价较之认知、情感更具操作性，也更为准确，可围绕顾客购买行为决策的整个环节展开，具体指标包括询问度、转发率、净推荐指数、顾客转化率、使用率、复购率、退货率等。

📎 **材料 14-1**

数字视频分享时的情绪反应

《数字视频内容市场的业务布局、应用端和地域：2023—2027 年预测与分析》报告显示：2022—2027 年，全球数字视频内容市场规模预计增长 4 646.2 亿美元，年复合增长率达

⊖　第 12.1.2 节描述了态度的 3 种成分：认知、情感与行为倾向，情感是态度最核心的成分。因此，对于顾客状态的评价可从认知、情感、行为 3 个方面展开。

14.84%，其中北美将成为全球数字视频内容增长贡献最大的区域，贡献率将达到 43%。数字视频的高速发展得益于智能手机、平板等移动设备的普及与人工智能技术的突破，尤其是算法应用使个性化与定制化的视频内容备受青睐，极大地满足了用户的分享欲望。

Unruly 公司对约 4 300 亿次数字视频浏览量和 10 万个用户数据的分析，揭示了用户分享数字视频的情绪反应。就情绪而言，数字视频分享排名前 4 的积极情绪分别为温暖（58%）、幸福（56%）、狂欢（31%）、惊喜（10%）；排名前 4 的消极情绪分别为困惑（8%）、蔑视（8%）、厌恶（4%）、愤怒（1%）。基于此，在不触及隐私的情况下，研究者可以借助 web 面部表情跟踪技术抓取、统计用户观看数字视频时的实时情绪反应，并根据用户的线上行为有效获取用户的行为转化情况，包括点赞、收藏、评论、分享、注册及寻找类似视频的溢出效应等。

2. 品牌状态评价

品牌状态评价是对品牌资产或市场表现的判断与评估，可以借助相关品牌资产模型展开。品牌资产（brand equity）是指品牌赋予产品或服务的附加价值，不同学者从不同角度构建了品牌资产模型及相关定量或定性的评价指标，营销者可根据需要进行品牌状态评价指标的选择与取舍。表 14-3 列举了 3 个具有代表性的品牌资产模型及评价指标。

表 14-3　代表性品牌资产模型及评价指标

模型	具体维度及相关评价指标
Aaker 模型	1. 品牌知名：知名度
	2. 品牌联想：价值主张、品牌个性联想、企业联想
	3. 品牌忠诚：价差效应、满意度、忠诚度
	4. 品质认知：质量感知、领导性、受欢迎程度
	5. 市场状况：市场份额、市场价格、渠道覆盖率
Keller 模型	1. 品牌显著：认知广度、认知深度
	2. 品牌性能：可靠性、耐用性、服务便利性、服务水平、效率、同理心、价格
	3. 品牌形象：用户形象、购买者形象、品牌个性及价值、品牌历史与品牌体验
	4. 品牌判断：感知质量、满意度、专业性、可信度、吸引力、相关性、独特性
	5. 品牌感觉：温暖、乐趣、兴奋、安全、社会认同、自尊
	6. 品牌共鸣：行为忠诚、态度依恋、社群归属、主动融入
Interbrand 模型	1. 领导力：市场占有率、品牌知名度、品牌定位、竞争者状况
	2. 稳定力：品牌寿命、连续性、一致性、品牌识别、风险
	3. 市场力：市场类型、市场特征、市场容量、市场动态性、进入壁垒
	4. 国际力：地理扩散、国际定位、相对市场占有率、品牌声誉、品牌雄心
	5. 趋势力：长期市场占有率表现、品牌计划敏感性等
	6. 支持力：信息一致性、开支一致性、品牌特许等
	7. 保护力：商标注册与可注册性、法律保护、争议或诉讼

Aaker 模型　戴维·阿克（David Aaker）所构建的品牌资产模型由品牌认知、品牌联想、品牌忠诚、感知质量和其他专有资产（如商标、专利、渠道关系）构成，如图 14-4 所示。以此为基础，阿克提炼出 5 个维度 10 个要素指标，认为品牌贡献可由此评价，前 4 个维度代表顾客对品牌的认知，后一个维度代表市场信息。

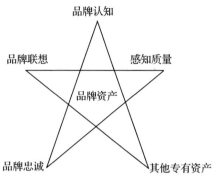

图 14-4　Aaker 模型

Keller 模型　凯文·莱恩·凯勒（Kevin Lane Keller）认为品牌资产由品牌识别、品牌含义、品牌响应、品牌关系 4 个层面构成，各层面之间具有逻辑和时间的先后关系，并依赖品牌构建了 6 个维度，如图 14-5 所示。

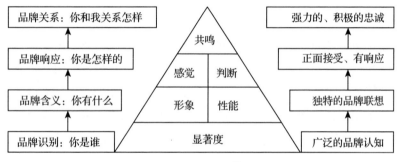

图 14-5　Keller 模型

Interbrand 模型　Interbrand 为全球最大的综合性品牌咨询公司，认为品牌资产评价应以未来收益为基础，将品牌给企业带来的年平均利润与专家评定的品牌强度相结合计算品牌价值，其中，对于品牌强度的评价涉及 7 个评价维度。

3. 关系状态评价

关系营销强调通过与顾客及利益相关者建立长期、稳定的关系来实现组织发展，因此对组织与客户关系建立、维系程度的判断与评估是营销评价的重要内容。第 13 章呈现了潜在客户到忠诚客户的发展过程，组织与中间商或其他利益相关者的关系也在不断深化发展，从最初接触、初步合作发展到稳定合作甚至形成战略联盟等关系形态。关系状态的评价指标也就基于关系的发展阶段进行开发、设计，通常包括以下内容。当然，随着 CRM 系统的发展，综合众多指标，全面反映客户价值、关系质量、关系成本的各类客户关系指标也因操作便捷而被广泛使用。

满意度　满意度是一种心理感受，是客户对实际感知是否符合、超过期望的主观评价，既可以针对产品、服务、交付、操作性等具体内容、环节甚至属性展开，也可以对组织整体进行评价。此外，投诉率、退货率等指标从另一个侧面对客户满意度进行评价。

忠诚度　满意并不一定带来忠诚，客户忠诚是客户对品牌、组织形成的一种长期、稳定的偏好与购买行为，因此对于忠诚度的评价指标包括净推荐值、回购率、交叉销售比率、客户保留率等。

参与度   参与度是指客户与组织、品牌或营销活动的互动程度。在客户关系管理中，参与度反映客户兴趣及情感投入，影响着客户与组织关系。这种参与并不是购买决策环节的某种行为，而是非购买、使用情境下的互动，如社交媒体中对组织信息的点击、点赞、转发；中间商在非促销期对品牌的主推率、出样率、上货率、反馈率等。

结构性   客户结构是不同属性、类型的客户占比情况，该类指标包括客户获得率、新客户占比、活跃客户占新增客户比率、客户流失率、高价值客户占比、客户渗透率等。

14.2.2   销售指标

对于企业而言，营销计划与行动方案应有对促进销售转化的考虑，毕竟企业以盈利为目的。销售指标是对销售业绩与努力的衡量、评价，既有针对终端顾客的，也有围绕中间商的；既有结果性指标，也有过程性指标。

1. 销售业绩

销售业绩是销售人员或团队在某一时间段的销售业务收益，通常用销售量、销售额、市场占有率等指标反映。因销售业绩是企业营收的主要来源，销售业绩的好坏直接影响企业的财务状况，因此销售利润率、回款率等财务指标也常被用于销售评价。表 14-4 罗列了反映并评价销售业绩的常用指标，通过这些指标的同比或环比变化情况可以呈现当下销售及增长现状，也可以围绕产品、客户、区域等通过指标对比反映销售结构上的不同。

表 14-4   常用的销售业绩评价指标

指标维度		具体指标
销售规模		销售量或销售额
市场占有率		绝对市场占有率、相对市场占有率
盈利能力		销售毛利率、销售净利率、营销费用率、成本费用利润率等
营运能力		客户转化率、销售回款率、应收账款周转率、滞销库存比率、资产收益率等
渠道管理指标	中间商	水平渠道客户数量、促销支持率、新客户成长率、交货及时率等
	零售商	新品上货率、交叉销售比率、单品销售集中度、重点品类销售占比、重点品类毛利占比、月促销协同率、动销产品保障率、促销单品呈现率等
动态分析指标	成长性	销售完成率、同步 / 环比 / 年复合销售增长率、同步 / 环比 / 年复合利润增长率等
	结构性	区域销售结构、产品销售结构、产品库存结构、费用结构等

2. 销售努力

销售努力是销售人员或团队为实现销售任务及目标而表现出的积极状态和行为，通常围绕工作态度与任务完成情况展开评价。显然，对销售努力的评价是一种过程评价，销售人员或团队的努力状态跟组织文化与激励制度高度关联。

工作态度   对销售人员或团队工作态度的评价往往从积极性、服务意识、责任心、团队协作、自我提升与学习等方面展开。前两个方面可以通过拜访客户的平均时长、每月新增或失去客户数、客户表扬或投诉数、创新提案数、线索转化率等定量指标反映，后三个方面则可以通过日常观察、同事及客户反馈等方式展开，以定性评价为主。

任务完成情况　围绕行动方案中的任务确认及分配，以具体量化指标进行控制、评价，包括客户转化率、客户跟进率、客户拜访次数、产品推荐次数、客户意见反馈处理数量等。这些指标虽然并不直接呈现销售业绩，却是帮助营销者发现、分析并解决营销、销售问题的关键。

🔵 案例 14-1

复星八件事

复星集团（以下简称"复星"）创建于 1992 年，是国内最大的民营企业之一，拥有很多上市公司，业务涵盖健康、快乐、富足、智造四大板块。在 30 多年的发展历程中，复星以"修身、齐家、立业、助天下"为企业文化，进而延伸出所有员工都要遵从的"复星八件事"：客户优先，企业家精神，FC2M 生态思维，持续创新、不断进化，快 0.01s，竞合，永不毕业的大学，坚持做对的事、难的事、需要时间积累的事。

前四项注重思想指引。"客户优先"是指以客户需求为中心，想方设法解决客户痛点，提升客户体验，最大化为客户创造价值；"企业家精神"则要求管理者始终从价值创造出发，坚持自我驱动、自我突破，追求极致、奋斗不止；"FC2M 生态思维"希望员工主动了解复星产业、资源与人，用于挖掘、整合内外部资源，实现工作的自我闭环；"持续创新、不断进化"是指积极拥抱变化，保持对市场的敬畏，以创造性思维解决客户痛点，推动产品和组织的不断进化。

后四项侧重行动引导。"快 0.01s"要求员工既要有前瞻判断力，也要有敏捷执行力，凡事比别人快 0.01s；"竞合"强调组织有界线、担当无边界，以良性竞争激发组织活力，以通融合作促进最终目标的达成；"永不毕业的大学"要求员工保持谦卑，终身学习，充分利用复星资源，快速学习、领悟并付诸实践；"坚持做对的事、难的事、需要时间积累的事"强调锚定对的方向，经得起考验和磨砺，做时间的朋友，不达目标誓不罢休。

14.2.3　效率指标

就具体营销计划或活动而言，效率评价是指在特定时间内，通过对营销产出与投入的比率测算与评估，反映资源配置的合理性及营销活动的高效性等。营销产出主要体现在营销（顾客、品牌、关系等状态）、销售（业绩与努力）两方面，但营销活动的规模、内容及性质不同，对特定时间内的效率指标使用也存在差异，因此可分为综合性指标与针对单一营销活动的专项性指标。此外，营销投入不仅指费用，还包括时间、人力、行为活动等，效率指标也可以体现在人效（人均效能）、时效（单位时间效能）、坪效（经营面积使用效能）等方面。

通常，营销者基于与竞争对手或自身时间线的效率指标比较完成评价。若营销活动的实施存在方式、途径、手段上的差异，营销者也可以通过效率指标进行评价、优化，如线上线下销售、折价与买赠、周末与休息日的广告投放等。

1. 综合性指标

若营销活动的规模较大、时间较长，那么营销者可采用综合性的效率指标进行评价，代表性指标如表 14-5 所示。

表 14-5   综合性的效率指标

具体指标	指标内涵
营销费用率	营销费用与销售收入的比率，营销费用包括广告费、促销费、销售人员费用、市场调查费、营销管理费用等
人均负载率	销售团队内人均承担或完成的销售收入或销售量
客单价	平均每位顾客的销售额
获客成本	获取一位新顾客平均需要的营销费用
首购平均时间	新顾客进行首次购买所需的时间
销售周期	从最初联系顾客到最终销售完成所花费的时间
销售活动比率	活动（如推荐会、电话、拜访）数量与已完成的交易数量或订单比率

2. 专项性指标

若营销活动的规模较小、时间较短，那么营销者除了投入产出比、人效等指标外，还可基于广告、促销、渠道等营销活动的具体内容，进行针对性的效率评价，所采用的指标即专项性指标。

广告效率　广告效率的常见评价指标有曝光率、触达率、记忆率、转化率等指标，对于广告效率的评价多采用每千次展示成本（cost per mile，CPM，即广告每展示 1 000 次的成本）、每次点击成本（cost per click，CPC，即广告主为每次用户点击广告支付的费用）、每次动作成本（cost per action，CPA，即广告主为用户完成注册、下载等特定动作支付的费用）等指标。

促销效率　因促销活动的目的主要在于顾客转化、销售促进，因此促销效率除了用各类销售业绩与促销成本的比率评价外，还可使用销售增量回报比（促销前后的销售差值 / 促销费用）、效益增量回报比（促销前后的毛利差值 / 促销费用）、销售机会转化率（销售机会数量 / 订单数量）、动销产品保障率（产品实际销售数量 / 产品原始库存数量）等指标。

渠道效率　渠道成本包括渠道成员代理费（或自建渠道费用）、仓储费、促销费、直接推售费等，营销者常用当期渠道成本与当期渠道销售收入的比率反映渠道整体运行效率。除此以外，存货周转率（产品销售收入 / 平均存货成本）、平均响应时间（从接收订单到交货的平均时间）、货损货差率（配送中货物损坏或丢失的比例）等衡量渠道运营效率的指标也常被使用。

14.3   营销控制

营销控制是营销者用于跟踪营销活动过程的各个环节，为确保营销计划及目标的最终实现而实施的一套完整的工作程序。作为营销管理决策的重要环节，营销执行能够及时应对环境变化，防止实际执行与原计划产生偏差，如图 14-6 所示。在此过程中，营销评价与控制相互依存、相互促进：营销控制需要营销评价提供的数据与反馈进行调整和优化；营销评价也

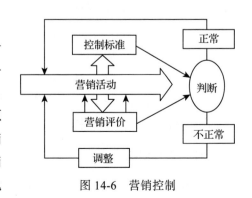

图 14-6   营销控制

需要营销控制来确保评价的准确性与有效性。

14.3.1 控制类型

依据控制的目的、内容及实施的层面，营销控制可分为年度计划控制、盈利能力控制、效率控制与战略控制 4 种类型，如表 14-6 所示。

表 14-6 营销控制类型

控制类型	主要负责人	控制目的	控制工具
年度计划控制	最高管理层、中层管理者	检查营销计划目标是否实现	营销分析、销售分析、效率分析
盈利能力控制	营销审计人员	检查企业在哪些地方盈利、哪些地方亏损	销售业绩分析、效率分析
效率控制	直线和职能管理人员、营销审计人员	评价和提高经费开支效率，优化营销费用支出效果	效率分析
战略控制	高层管理人员、营销审计人员	检查是否最大限度地寻求并利用最佳市场机会	营销效益等级考评，营销审计

年度计划控制 年度计划控制的本质是一种目标管理，其目的在于确保组织实现其在年度计划中所制定的目标。年度计划控制适合组织的所有层级及职能部门，通常年度计划制定者设定一个年度计划及目标，并将这些目标分解成具体任务及子目标，由指定部门、团队或人员完成，制定者借助第 14.2 节中的营销、销售及效率指标进行定期检查、分析和指导。

盈利能力控制 盈利能力控制通过对不同的产品、销售区域、顾客群体及渠道等盈利能力的测量、评价与分析，帮助营销者明确需要发展、缩减或淘汰的产品、渠道及市场。盈利能力控制偏向于对销售产出及效率的评估，通常由营销审计人员完成。营销审计是对组织营销环境、营销目标、营销战略和营销活动的全面、系统、独立和定期的检查，关注营销管理活动的内容、程序和方法是否符合规范，包括自我审计、上级审计、外审审计、交叉审计等多种形式。

效率控制 效率控制的相关内容及指标详见第 14.2.3 节，具体的评价及控制既可由直线或职能管理人员完成，也可以由营销审计人员完成。

战略控制 战略控制是指营销者在营销实施过程中，通过不断评审和信息反馈，尽量使实际的营销工作与营销战略相符。战略控制是面向未来的控制，是在事情尚未发生之时就对可能发生的事件进行评价和纠偏。战略控制运用的主要工具是营销效益等级考评和营销审计。

🔴 **材料 14-2**

营销效益等级考评表

1. 顾客哲学

（1）企业管理层是否认识到根据其所选市场的需要和自身欲望设计企业业务的重要性？

（2）企业管理层是否为不同的细分市场开发不同的产品和制订不同的营销计划？

（3）企业管理层在规划其业务活动时是不是着眼于整个营销系统？

2. 整合营销组织

（1）对于各种重要的营销功能是否有高层次的营销整合和控制？

（2）营销管理层是否有效地和市场研究、制造、采购、物流及财务等其他部门的企业管理层进行合作？

（3）新产品制作过程是如何组织的？

3. 充分的营销信息

（1）最近一次研究顾客、采购影响、渠道和竞争对手的营销调研是何时进行的？

（2）企业管理层对不同细分市场的顾客、地区、产品、渠道和订单的潜在销售量和利润的了解程度如何？

（3）企业管理层在衡量和改进不同营销支出的成本效益方面采取了什么措施？

4. 战略导向

（1）针对营销计划工作的程度如何？

（2）现有营销战略的质量如何？

（3）有关意外事件的考虑和计划做得如何？

5. 工作效率

（1）在传播和贯彻最高管理层的营销思想方面做得如何？

（2）企业管理层是否有效地利用了各种营销资源？

（3）企业管理层在对眼前变化做出迅速有效的反应方面是否显示出良好的能力？

资料来源：科特勒，凯勒. 营销管理：第 12 版 [M]. 梅清豪，译. 上海：上海人民出版社，2006：808-810.

14.3.2　控制流程

营销控制流程如图 14-7 所示，主要包括设定控制标准、营销监测、评估分析、纠偏调整 4 个环节。

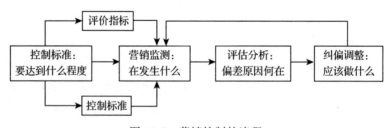

图 14-7　营销控制的流程

1. 控制标准

控制标准是判断营销状态的尺度，即营销者在进行营销评价时，所能接受的评价指标的量化范围，如市场占有率不低于10%、顾客满意度大于95%、复购率为40% ～ 50%、销售量同比增长 5% 以上、单位顾客的拜访成本低于 100 元。

控制标准一般依据长期经验或上期状态进行设定，受行业（或产品）性质和区域特征的影响，不同营销活动的控制标准内容或重点也会有所不同。若产品的市场集中度较高，对市场占有率的控制标准设定就要高些；若销售地区的经济发展水平较高，则获客成本的控制标准也会相应设定得偏高些。

📀 材料 14-3

声响份额与市场份额

　　声响份额（share of voice）也称品牌广告份额，是指一个品牌在同一类产品广告总费用中所占的百分比。倘若某产品类别在广告上的花费为 1 亿元 / 年，品牌 A 的广告投入为 1 250 万元 / 年，那么品牌 A 的声响份额为 12.5%。研究学者发现，声响份额与市场份额之间存在有趣的关联：当某品牌的市场份额超过 13% 时，广告投入稍少并不会导致市场份额的骤减；但当品牌的市场份额低于 13% 时，若要保持现有的市场份额，其声响份额要高于市场份额，具体比例如表 14-7 所示。

表 14-7　要保持现有市场份额所需要的声响份额

现有市场份额	1%～3%	4%～6%	7%～9%	10%～12%	13%～14%	16%～18%
所需要的声响份额	+2%	+1.5%	+1%	0	−2%	−3.5%

2. 营销监测

　　营销监测是对营销评价指标所对应的实时数据的跟踪、收集。只有对营销执行过程与结果有真实、及时、全面的了解，才能发现营销执行过程中存在的偏差，提出纠偏的措施。营销评价指标规定了营销者所要监测的内容，图 14-8 呈现了一个完整营销过程所涉及的监测环节及内容。

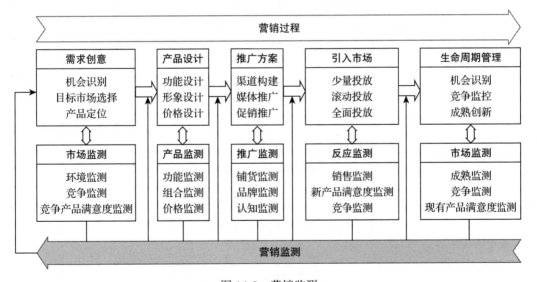

图 14-8　营销监测

3. 评估分析

　　营销者通过监测收集各种营销数据或资料之后，就可以依据评价指标与控制标准进入评估分析环节。评估分析的目的在于发现营销执行与控制标准之间的偏差，偏差分析通常围绕以下步骤展开。

（1）明确偏差内容：由于营销执行过程涉及的环节、内容、人员较多，营销评估指标也非单一，偏差最终可能出现在各个方面。例如，营销效率方面可能既有销售队伍效率低下也有分销效率不高的问题。

（2）界定偏差性质：并非所有的偏差都是负向的，有的偏差是正向且对组织有利的偏差。对于不同性质的偏差，营销控制的目的自然不同。对于负向偏差，营销控制的目的重在纠偏，使其在正常范围内进行；对于正向偏差，营销控制的目的重在找出原因、总结经验并形成扩散，向更有利的方向持续引导。此外，有些偏差是可控的，有些是不可控的；有些偏差是偶然的，因突发因素造成；有些则有客观性。

（3）探究偏差形成的原因：对于不同性质的偏差，营销者需要区别对待，尤其是要探究偏差形成的原因，才能有针对性地应对。为了真正挖掘偏差形成的根源，营销者需要对监控数据和资料做进一步分析，甚至需要借助市场调查、专家意见等手段，将问题的表象与根源区别开来。

4. 纠偏调整

根据偏差形成的原因，营销者需要提出具体的纠偏措施来及时调整营销执行，具体的纠偏调整措施可分为两类。一类是修改或调整营销计划与目标以适应环境变化。偏差有可能是由于外部环境的不可控、突发变化使营销计划及目标难以适应、匹配当前环境而形成的，也可能是由于组织资源及能力力有不逮，难以支撑营销计划及目标的完成而形成的。当营销者无法通过后续有力措施解决这些偏差存在的原因时，可以对营销计划与目标进行适时修改与调整。当然，营销评价指标与控制标准也要相应调整。另一类是指导、改变执行过程中的低效或不当行为，采用合理的工作方法提高效率。营销执行依赖具体团队与人员，若管理机制、工作方法、团队氛围等方面存在问题，必然影响营销执行过程与绩效。基于偏差产生的具体原因，营销者可以通过机制、措施、方法、工具的有效制定与提供及内部管理与激励水平的提升进行纠偏调整。

◉ 案例 14-2

京东：重回低价

在苏宁、国美把持线下渠道的年代，京东扮演的是价格挑战者的角色，依靠自营带仓模式与正品低价策略成为中国最大的家电销售渠道，并在生鲜食品、家居、母婴、服装等领域也取得突破性发展。

自 2018 年起，国内家电行业销售规模连续多年下滑，比京东更具价格优势的拼多多及直播电商开始迅速崛起，市场寒意不断袭来。在 2017 年到 2022 年这 6 年间，京东有 3 年亏损，商品交易额（gross merchandise value，GMV）增速创下 IPO 以来历史最低，虽然 2022 年净利润 104 亿元，暂时扭亏为盈，但挑战仍在。2018 年，京东与拼多多的 GMV 分别为 1.68 亿元、0.47 亿元，但到了 2021 年，两者差距已经急速缩小，分别为 3.29 亿元、2.44 亿元，虽有突发事件影响，但京东用户乏力是不争的事实。京东的新增购买用户虽然持续增长，但转化率及留存率持续下降，新增购买用户的次年留存率较拼多多低了 30 个百分点。截至 2022 年第一季度，京东年度活跃用户数为 5.8 亿，与阿里（9 亿）、拼多多（8.8 亿）差距明显，更令京东不安的是，京东与拼多多用户高度重合，都属于价格敏感型用户。

2022 年底，创始人刘强东重新介入公司运营，强势回归。内部实施严格考核机制与激励机制，将原事业群统管下的各事业部按照细分品类拆分为具体的经营单元，给予品类负责人更多决策自主权，同时全员涨薪 20%～30%，提振士气；另外，京东重回低价，并将其视为未来 3 年最重要的战略，围绕"多、快、好、省"大做文章，包括上线"百亿补贴"频道、以扣点优惠引入更多 POP 商家（即第三方商家）及低价商品，推行自营与 POP 的流量平权，对 PLUS 会员自营订单全部包邮等举措。

资料来源：最话 FunTalk. 血性京东，回归低价 [EB/OL].（2023-05-31）[2025-04-03]. https://baijiahao.baidu.com/s?id= 1767416232582085053&wfr=spider&for=pc.

📖 本章小结

1. 营销执行是将营销计划转化为行动方案，再通过对资源的合理配置与调动将行动方案付诸实施的行为及过程，是对谁去做（who）、何时做（when）、在哪里做（where）和怎样做（how）的具体落实与实施。

2. 营销行动方案建立在广泛参与的基础上，由一系列具体、可操作、可控制、可衡量的步骤及细则构成，包括目标分解、任务确认、进程安排、资源配置和状态反馈 5 个部分。其中，分解后的目标应满足具体性、可测量、可达成、相关性和时限性的原则。

3. 充分合理的预算（投入）是行动方案得以有效落实的基础，预算编制往往从预算总额、预算分配与费用定额 3 个方面展开。预算总额的确定可采用量力而行法、销售百分比法、竞争对比法、目标任务法等方法。

4. 营销评价是对营销执行过程及其效果的判断与评估，也可视为对营销活动或行为的预期目标达成程度的评价，评价指标可从营销指标、销售指标与效率指标 3 个方面设定。

5. 营销指标主要反映营销活动对顾客与利益相关者的影响及所形成的声誉、信任等市场资产，包括顾客状态评价、品牌状态评价、关系状态评价 3 个维度。顾客状态强调营销活动对顾客认知、顾客情感、顾客行为方面的正向推进；品牌状态侧重品牌资产或品牌的市场表现；关系状态则考量组织与客户关系的建立、维系程度。

6. 销售指标是对销售业绩与努力的衡量、评价，既针对终端顾客，也围绕中间商；既有结果性指标，也有过程性指标。销售业绩指标大多与财务密切相关，包括销售规模、市场占有率、盈利能力、运营能力、渠道推动等；销售努力指标围绕工作态度与任务完成情况进行设定，考察销售人员或团队为实现销售任务及目标所表现出的状态与行为。

7. 效率评价是指在特定时间内，通过对营销产出与投入的比率测算与评估，反映资源配置的合理性及营销活动的高效性等。除产出与投入的比率测算与评估外，效率指标也可以体现在人效（人均效能）、时效（单位时间效能）、坪效（经营面积使用效能）等方面。依据评价对象规模及时间跨度，效率指标可分为综合性与专项性指标。

8.营销控制是营销者用于跟踪营销活动过程的各个环节，为确保营销计划及目标的最终实现而实施的一套完整的工作程序。营销评价与控制相互依存、相互促进，营销控制需要营销评价提供的数据与反馈进行调整和优化；另外，营销评价也需要营销控制来确保评价的准确性与有效性。

9.依据控制的目的、内容及实施的层面，营销控制可分为年度计划控制、盈利能力控制、效率控制与战略控制 4 种类型。营销控制的一般流程包括设定控制标准、营销监测、评估分析与纠偏调整 4 个环节。其中，控制标准是判断营销状态的尺度，是营销者在进行营销评价时所能接受的评价指标的量化范围。

⊛ 关键术语

营销执行　行动方案　SMART 原则　量力而行法　销售百分比法　竞争对比法
目标任务法　费用定额　营销评价　顾客状态　品牌状态　关系状态　销售业绩
销售努力　效率评价　营销控制　控制标准

⊛ 简答题

1.一个完整的营销方案包括哪些内容？

2.营销方案与行动方案是什么关系？行动方案从哪些方面进行编制？

3.对营销计划总目标进行分解时，应遵循哪些具体原则？

4.试分析 4 种营销预算总额确定方法的利弊。

5.营销控制的一般流程包括哪些环节？

6.控制标准与评价指标存在怎样的关系？

7.对于营销执行与控制标准中的偏差，该如何评估分析？

⊛ 思考题

1.营销目标与销售目标存在怎样的关系？反映在具体指标上，二者表现出怎样的差异？

2.营销执行能力体现在哪些方面，怎样培育、提升？

3.任选一种传播工具（广告、促销、公共关系、展会等），描述其常用的营销效率指标。

⊛ 实践与探讨

在某个传统佳节来临前，针对身边某个经常促销的零售终端，选取合适的指标观察、记录当前顾客的行为状态，如客流量、询问度、转化率等。了解该零售终端在节日当天的促销计划与相关目标。

1.节日当天，再次使用顾客行为状态的具体指标进行观察、记录，前后两次得到的数据呈现怎样的变化？就顾客行为状态而言，该零售终端的促销效果如何？

2. 询问零售终端的负责人，了解其促销评价结果（促销目标实现程度）。该结果与你的顾客行为评价结果存在怎样的关系？

3. 结合你的观察，该零售终端是否对营销执行进行了纠偏调整？若是，采取了怎样的措施，效果如何；若否，你觉得应该如何控制、纠偏，应采取怎样的措施？

互联网实践

　　作为生活方式分享平台，小红书也一直大力推动商业化进程，努力实现内容社区的商业化变现。蒲公英平台是小红书内容种草与直播合作的官方平台，向创作者提供详尽的"种草"数据和直播转化数据，帮助品牌评估合作效果；而聚光平台则是小红书的广告投放平台，提供全局管理和数据赋能等功能，帮助顾客统一管理各广告平台的账户，提供全面的投放效果数据。

　　进入小红书营销平台页面（https://e.xiaohongshu.com/home），选择蒲公英或聚光平台，了解小红书是通过哪些指标进行"种草"与直播转化数据观测的，又是如何衡量、评价广告效果的。

参考文献

[1] 曼昆．经济学原理：第 8 版 [M]．梁小民，梁砾，译．北京：北京大学出版社，2022.

[2] 津巴多，利佩．态度改变与社会影响 [M]．邓羽，肖莉，唐小艳，译．北京：人民邮电出版社，2018.

[3] 苏莱曼，巴斯卡尔．浪潮将至 [M]．贾海波，译．北京：中信出版集团股份有限公司，2024.

[4] 科特勒，凯勒，切尔内夫．营销管理：第 16 版 [M]．陆雄文，姜青云，赵伟韬，等译．北京：中信出版集团股份有限公司，2022.

[5] 科特勒，陈就学，塞蒂亚万．营销革命5.0：以人为本的技术 [M]．曹虎，吴光权，等译．北京：机械工业出版社，2022.

[6] 科特勒，卡塔加雅，塞蒂亚万．营销革命4.0：从传统到数字 [M]．王赛，译．北京：机械工业出版社，2018.

[7] 沃茨，洛夫洛克．服务营销：第 8 版 [M]．韦福祥，等译．北京：中国人民大学出版社，2018.

[8] SCHMITT B H．体验营销：如何增强公司及品牌的亲和力 [M]．刘银娜，高靖，梁丽娟，译．北京：清华大学出版社，2004.

[9] 黑斯廷斯，安格斯，布莱恩特．社会营销手册 [M]．冯丙奇，左向明，李雪菲，等译．北京：中国传媒大学出版社，2024.

[10] 西奥迪尼．影响力 [M]．闾佳，译．北京：北京联合出版公司，2021.

[11] 迈尔－舍恩伯格，库克耶．大数据时代：生活、工作与思维的大变革 [M]．周涛，等译．杭州：浙江人民出版社，2013.

[12] 克里斯坦森，霍尔，迪伦，等．创新者的任务 [M]．洪慧芳，译．北京：中信出版集团股份有限公司，2019.

[13] 施瓦茨．选择的悖论：用心理学解读人的经济行为 [M]．梁嘉歆，黄子威，彭珊怡，译．杭州：浙江人民出版社，2013.

[14] 三浦展．第四消费时代 [M]．马奈，译．北京：东方出版社，2022.

[15] 卡尼曼．思考，快与慢 [M]．胡晓姣，李爱民，何梦莹，译．北京：中信出版社，2012.

[16] 巴登．顾客为什么购买：顾客购买行为背后的秘密 [M]．孙晓燕，译．北京：中国青年出版社，2024.

[17] 霍克. 改变心理学的 40 项研究：第 7 版 [M]. 白学军，等译. 北京：人民邮电出版社，2018.

[18] 所罗门. 消费者行为学：第 12 版 [M]. 杨晓燕，等译. 北京：中国人民大学出版社，2018.

[19] 安德森，纳罗斯. 组织市场管理：理解、创造和传递价值：第 2 版 [M]. 王永贵，译. 北京：北京大学出版社. 2007.

[20] 珀金. 敏捷营销：数字化时代的企业营销转型指南 [M]. 于楠，译. 北京：中国科学技术出版社，2023.

[21] 克雷文斯，皮尔西. 战略营销：原书第 10 版 [M]. 董伊人，葛琳，陈龙飞，译. 北京：机械工业出版社，2016.

[22] 里斯，特劳特. 定位：争夺用户心智的战争 [M]. 邓德隆，火华强，译. 北京：机械工业出版社，2017.

[23] 凯勒，斯瓦米纳坦. 战略品牌管理：创建、评估和管理品牌资产：第 5 版 [M]. 何云，吴水龙，译. 北京：中国人民大学出版社，2020.

[24] 拉马努詹，塔克. 创新变现：以价格为核心的产品设计策略 [M]. 武鑫，张笑，译. 北京：中国人民大学出版社，2018.

[25] 纳格，查莱，陈兆丰. 定价战略与战术：通向利润增长之路：第 5 版 [M]. 龚强，陈兆丰，译. 北京：华夏出版社，2019.

[26] 罗森布洛姆. 营销渠道：管理的视野：第 8 版 [M]. 宋华，等译. 北京：中国人民大学出版社，2014.

[27] 霍林德，希勒. AI 营销：从多渠道到全渠道 [M]. 王丽斌，译. 北京：中国科学技术出版社，2024.

[28] 塔腾，所罗门，北京大学新媒体研究院社会化媒体研究中心. 社交媒体营销 [M]. 上海：格致出版社，2017.

[29] 阿伦斯，维戈尔德. 当代广告学与整合营销传播：第 16 版 [M]. 林升栋，顾明毅，黄玉波，等译. 北京：中国人民大学出版社，2023.

[30] 舒尔茨 D，舒尔茨 H. 整合营销传播：创造企业价值的五大关键步骤 [M]. 王苗，顾洁，译. 北京：清华大学出版社，2013.

[31] 杰斐逊，坦顿. 内容营销：有价值的内容才是社会化媒体时代网络营销成功的关键：第 2 版 [M]. 耿聘聘，林芳，译. 北京：企业管理出版社，2019.

[32] 科恩，德卡罗. 销售管理：第 10 版 [M]. 刘宝成，李霄松，译. 北京：中国人民大学出版社，2017.

[33] 毛卡尔 U，毛卡尔 H K. 客户关系管理 [M]. 马宝龙，姚卿，译. 北京：中国人民大学出版社，2014.

[34] 布莱. 营销计划全流程执行手册 [M]. 易文波，译. 广州：广东人民出版社，2017.

[35] 孙景华. 生活方式：创造商业价值 [M]. 北京：机械工业出版社，2009.

[36] 神策研究院. 私域时代社会化营销全攻略 [M]. 北京：人民邮电出版社，2023.

[37] 周艳，吴殿义，龙思薇. 新营销变革与趋势 [M]. 北京：经济科学出版社，2021.

[38] 渠成. B2B 营销：赋能传统企业数字化转型 [M]. 北京：清华大学出版社，2023.

[39] 谌飞龙，王新刚，甄英鹏. 营销管理思想史 [M]. 北京：企业管理出版社，2023.

[40] 范小军，刘婷. 数字营销理论创新与前沿研究 [M]. 北京：科学出版社，2024.